黒田寛一著作集 第二十巻

反スターリン主義運動の前進

KK書房

凡例

一　本著作集は、著者の主要著作をテーマ別および年代順に編成したものである。

一　本著作集は、原則として最終発表の著作を原典（底本）とし、著者自身が原典に加えた訂正および補筆・削除などがある場合は、それに従った。

一　本第二十巻収録の『日本の反スターリン主義運動　2』は、こぶし書房刊、第二版第十刷（二〇〇一年五月三十日）を底本とした。

一　出典表記については底本のママとした。

一　原文に明白な誤記・誤植がみられる場合は、訂正した。

一　旧字体は新字体に訂正し、一部の文字は正字体に統一した。

一　刊行委員会による註記は［　］によって示した。

黒田寛一著作集　第二十巻

反スターリン主義運動の前進／目　次

日本の反スターリン主義運動　2

日本の反スターリン主義運動　2

はしがき

日本における反スターリニズム的共産主義運動は、すでに一二年の過去を背負い、そしてまた、一九七〇年安保闘争にむけて胎動しはじめた日本階級闘争の質的な転換をめざして執拗にたたかわれている。この闘いは、しかし同時に、わが革命的共産主義運動の組織的強さと理論的豊かさの欠如を、たえずわれわれにつきつけ、反省することを迫っている。もちろんそれなりの理論的＝組織的前進をなしとげてきたとはいえ、われわれの反スターリニズム運動は、わが革命を実現するためにはなお極めて微弱であるということも、おおうべくもない事実である。

とりわけ、わが革命的共産主義運動の脱落分子——自己変革を放棄してきた組織内のブント主義者どもによる制圧によってその変質を完成したブクロ官僚一派——、これをもふくめた反代々木行動左翼諸集団が、すべての既成左翼の運動を組織的にのりこえていくのではなく、むしろその運動からはみだした形態での左翼主義的＝武闘主義的な運動の展開を、「安保階級決戦」を旗じるしとして自己目的化しているにすぎない、という現実を、わが反スターリニズム革命的左翼（革共同・革マル派）はなお突破しえていない。突破すべき組織的基礎と展望を、われわれはかくとくしているにもかかわらず、なおそれは実現されていない。われわれは、それゆえに、一切の行動左翼諸党派との反戦・反安保の統一行動を不断に追求することを基礎とし、それを通じて彼らを組織的に解体していく闘いをも、これまで以上に断乎として現在的におしすすめるのでなければならない。それなしには、わが革命を永続的に実現すべき階級的主体を創造することは決してできないのだからである。武闘的学生運動の尻尾に、行動左翼諸党派のもとに系列化された反戦青年委員会の闘いを接続するといった、破産したブントとまったく同じような間違った貧しい政治的・組織的展望のもとに、七〇年安保闘争をたたかおうとしているにすぎない反代々木左翼の運動と組織とをのりこえていく闘いを、社会党や代々木共産党およびその「左」右の脱落分子（日本毛沢東主義者群や構造改革派など）を組織的に解体するための闘いと同時的におしすすめることは、わが反スターリニズム革命的左翼の決定的に重要な組織的任務である。——まさにそのためにこそ、われわれは、日本における革命的共産主義運動の過去を総括し、それにふまえて現在的諸課題を明確にすることが必要なのである。

本書『日本の反スターリン主義運動　2』においては、日本革命的共産主義者同盟の第三次分裂を革命的にたたかいぬくことを通じて結成された、革共同・革命的マルクス主義派の過去五ヵ年にわたる闘いの教訓がなんであったかということが追求されているとともに、一九七〇年の安保条約改定期にむかってわが同盟はいかなる展望のもとに、どのような理論的＝組織的闘いを推進すべきかということの核心的なことがらが明確にされようとしている。——本書にひきつづいて発刊されるであろう『日本の反スターリン主義運動　1』〔本著作集第十九巻〕では、革共同の第一、二次分裂、およびそれらに比してまさるともおとらない革命的意義と性格をもつその第三次分裂にかんする諸問題を反省し再把握することを通じて、わが革共同・革マル派の現在的闘いの歴史的背景と理論的根拠が明らかにされるはずである。

革共同・革マル派の結成（一九六三年四月）いぜんの日本反スターリニズム運動の理論と歴史については、すでに『革命的マルクス主義とは何か?』（一九五八年一月）、『逆流に抗して』（一九六〇年）、『組織論序説』（一九六一年四月）、雑誌『共産主義者』第六号（一九六二年五月）などで、一応はのべられているのであって、本書は、これらのいわば続篇をなすものである。

本書においては、革命的マルクス主義派建設五ヵ年の教訓が素描されているのであるが、とりわけ同盟組織建設にかかわる諸教訓が中心に展開されている。わが同盟・革マル派結成いご執拗に追求されほりさげられてきた運動＝組織論や大衆闘争論などにかんする理論的深化そのものは、たとえば『実践と組織の弁証法』などで詳しく提示されるであろう。組織現実論の一部を構成するこの二つにかかわる理論的成果には、本書では極めて結論的に、そのつどそのつどふれられているにすぎない。

革マル派結成いご追求されてきた運動＝組織論・大衆闘争論・同盟建設論などは、組織現実論という新しい分野を開拓することをめざした理論的探究であった。直接的には『組織論序説』で端緒的になされはじめた組織論上の諸問題の追求を「論理主義」として清算主義的になげすてるのではなく、まさにそれにふまえることによってのみ提示されかつほりさげることが可能となった組織論の現実論的な展開の一部が、本書の内容の核心をかたちづくっている。そのいみで本書は――『実践と組織の弁証法』とともに――『組織論序説』に直続し、その限界をつきだしつつ発展させようした、という意義をもっているのである。

『日本の反スターリン主義運動 2』第Ⅲ部としておさめられているものは、一九六八年八月に開かれた革共同（革マル派）第二回大会に提出された、討論のための諸文書のなかの一部分である。——東ヨーロッパをおそった最近の事件、スターリニスト・ソ連圏の内部矛盾とその没落の必然性を全世界のプロレタリアート・勤労大衆のまえにあらわにしたこの「八月」の事態にふまえて、若干の補筆がなされている。また、とりわけその第V章は、なお十分に内部討論にかけられていないけれども、七〇年安保闘争にむかってのわれわれの闘いの基本路線をねりあげるための討論の一素材として活用されるべきであろう。

黒田寛一

一九六八年九月七日

Ⅰ　革共同・革命的マルクス主義派　結成宣言

A　政治局内多数派の腐敗

全国の同志諸君！

革命的労働者、革命的知識人・学生諸君！

わが同盟「政治局」を僭称する政治局内多数派の、革命的マルクス主義からの逸脱と腐敗とは、いまやその極にたっした。

昨日まで「非組織性」の名を借りて、下からの同盟内闘争の組織化を抑圧しつづけてきた彼らは、今日ではついに「通敵行為者」「党破壊者」の名をもって、われわれと一切の同盟内の批判者を組織的に排除するにいたっている。

「日和見主義」「神秘主義」というまったく空論主義的な言葉で低俗な反山本キャンペーンをくりひろげてきた『前進』は、第一二二号以後は、彼らの分派機関紙として、批判者の文書を批判の材料としてのみ掲載することを公言している。そこにわれわれは「闘え」「闘え」という怒号と「闘っている」という報道を見ることはできる――だが、それらは、理論化されていない単なる報道であり自己反省のない自己陶酔的なそれでしかないがゆえに、しばしば犯罪的な組織暴露となっている。いわく「炭労スト中止・政転路線ふっとぶ」。いわく「鉱山占拠・唯一の正しい戦術」。いわく「三六拒否から物だめへ」など。しかし、そこには、今日われわれが革命的労働者として、革命的共産主義者として、いかにたたかうかをさししめす文章は何一つみいだすことができないのだ。そして、革命的労働者・学生の中核形成の闘いを「ケルン主義」とか「セクト主義」とかと罵倒するにいたっては、『前進』を占拠した政治局内多数派は、もはやわが革命的共産主義運動によって打倒されるべきものでしかないのである。

昨一九六二年一〇月、わが同盟第三回全国委員総会（三全総）〝路線〟批判に端を発したわが同盟の内部闘争のただなかで、政治局を僭称した官僚どもとその一派は、彼らの労働運動主義と官僚主義とを全面的に開花させてしまった。

『前進』第一〇六号で山本勝彦が「三全総路線」のなかにあらわれていた労働運動主義および地区的な党組織建設路線をめぐる混乱を切開するために開始した闘いは、ただちに武井健人（本多延嘉）をはじめとする他の政治局員（ただし倉川および森をのぞく）の没理論的で肉体的な反撥に直面したのであった。「社共につぐ第三の潮流」としてのわが同盟の登場などと叫びながら、わが同盟を社共両党と同一次元で論じ、その労働運動主義にもとづいてそうした幻想的段階を設定して、有頂天になっていた官僚どもにとっては、労働運動の「戦術の緻密化」によって戦闘的労働運動が「防衛」されるのではなく、まさしく革命的中核を創造する闘いにふまえた柔軟な統一戦線戦術の適用を通じてその創造や防衛も可能となるのだ、というわれわれの批判は、まさに彼らの〝路線〟の根本にかかわるものであった。しかるに、彼らは、こうした批判にたいしてもっぱら没理論的に反撥し、「書記長と議長との対立は重大であるから……」などという官僚主義的口実をつけて、理論闘争の『前進』紙上での展開を一方的に中絶した。

あばきだされた労働運動主義的偏向は、キューバ闘争・動力車闘争をはじめその後の階級闘争のすべての問題のなかで開花していき、またわれわれの批判を抑圧せんとした官僚主義は内部闘争のなかでいよいよよ深まっていった。たとえば『前進』紙上で「アメリカはキューバから手をひけ」というスターリニスト然たる右翼的スローガンが最初に提起され、次には「絶対平和主義者を暴露しなかったのは、まずかった」などとピントはずれの自己批判がなされ、さらに三転して「はじめは米帝反対、後でソ連反対」といった革命的マルクス主義の立場とはまったく無縁な二段階戦術が提起されたのであった。そして、こうしたジグザグがあばかれ追求される場合には、「キューバ危機への反応がおくれたことを自己批判せよ」などという大衆運動主義まるだしの居直りをもって、官僚どもは答えたのであった。

一九六二年秋における労働者階級の最大の闘いであった動力車労組の運転保安闘争において彼ら官僚どもは、「社民やスターリニストであっても、戦闘的ならあまりケチをつけるな」（政治局通達第二号）などといって、闘争過程でダラ幹を暴露する闘いを抑圧し、もっぱら「尻おし」に終始すべきであると主張し、そして闘争後の時点で、右派も左派もともに裏切りの責任者であって、われわれのみが断乎たる実力闘争を要求したのだということを、分裂して主張しないのは日和見主義であり党建設主義のあらわれだ、などとがなりたてた。これらは明らかに、労働戦線の内部における現実の力関係の分析と革命的ケルン創造の闘いをまったく喪失した、大衆運動主義・労働運動主義にもとづく戦術の二段階化、ならびに、かかる誤謬を補完しおしかくすための「裸おどり」の強要を端的にしめすものにほかならない。

他方、昨秋学生運動の最大のもりあがりをみせた大管法統一行動において彼ら官僚とそのエピゴーネンどもは、統一行動の組織化の過程における、またそのただなかでの、われわれの独自的闘いの貫徹を完全に否定し、もっぱら「統一行動そのものの意義を確認せよ」とか「他党派批判よりも先にまず大衆を獲得せよ」とかとわめきたてたにすぎなかった。

要するに、全逓闘争でも、合化闘争でも、炭労闘争でも、また六三年春闘でも、彼らの路線――「まず大衆を闘争に結集し、ついで裏切られた時点で既成指導部をあばく」という二段階戦術が、さまざまの形でつらぬかれた。こうして『前進』では「実力闘争」という言葉が無内容に乱発され、「闘え」「闘え」という「尻おし」がくりかえされた。そしてまた、同盟員にたいしては、キューバ危機のさい一人でもデモにいかなかったのは誤りであった、などという途方もない自己批判が強要された。

いいかえれば、わが同盟の独自活動を大衆闘争のなかでいかに貫徹していくかの組織論的解明が欠落している、というわれわれの批判を、官僚どもとその追従者たちは、なんら理解することができなかったし、また理解しようともしなかったのである。そしてまた、われわれが組織的に展開した内部闘争が「上からではなく下から」、「機関を上から順番に通さずに」おこなわれているとの理由で、これを「組織原則からの逸脱」であると彼らは恫喝し、また「フラク的会合を書記長に報告しない」という理由で政治局内少数派を政治局から組織的に排除した。さらに『前進』にはサクラ投書をのせたりしながら、さまざまの誹謗中傷をならべたて、官僚どもは「反山本」のキャンペーンを展開したわけである。

こうして、一九六三年一月の全学連第三三中委において、政治局内多数派の〝路線〟が完全に粉砕されるやいなや、彼ら官僚どもは、マル学同「中核」派なるものを、なんらの理論的同一性もなく、わずかに「反山本」を旗じるしとするにすぎない肉体派を、彼らのエピゴーネンをかきあつめて結成するとともに、他方ではわれわれを組織的に排除するための陰謀をおしすすめたのであった。

B　労働運動主義とその根拠

政治局僭称派が、今日「わが同盟の飛躍的前進のための決定的な環がなんであるかを明示した」（『前進』第一二〇号）とベタほめする「三全総路線」には、しかし実は逆に、今日における彼らの堕落の「理論的」根拠がしめされている。

「三全総」においては、労働者階級の内部におけるわれわれの闘いが基本的に全然総括されておらず、わずかに反戦闘争と選挙闘争とが不十分に、しかも間違って総括されているにすぎない。そして選挙の票数からわれわれの運動の「拡大」という評価をわりだし、そのうえにだされた現在的任務が「戦闘的労働運動の防衛」のための「戦術の緻密化」路線であり「大衆との接点を拡大するための空論主義の克服」であったのだ。

たしかに、今日の労働運動を戦闘的＝左翼的に展開するという課題が、われわれの革命的ケルンを創造する闘いの前進にともなって、より一層われわれに課せられていることは事実であり、またそのために現にわれわれはたたかっている。

しかし、今日までのわれわれの反帝・反スターリニズムの闘いは、労働運動の戦闘的展開それ自身のためにあったのでは決してない。いな、労働運動の一時的、現象的な左翼的展開を自己目的化したり、またそれによって革命が準備されるというような幻想におちこんだりする傾向にたいして、われわれは徹底的にたたかうなかで前進してきたのであった。

今日の階級闘争の問題性は、まさに労働者階級自身が社会民主主義とスターリニズムによって底深く汚染されていることにあるのであって、この汚染からイデオロギー的にも組織的にも脱却した革命的労働者が大量につくりだされ、しかも彼らによってになわれた真実の労働者党が創造されないかぎりは、労働運動の革命闘争への高揚は決してありえない、ということを自覚することのなかに、われわれの闘いの出発点があり眼目があったのである。

このようなわれわれの闘いの基本的構造を、政治局僭称派は、そもそも理論的に十分主体化することができず、「労働戦線ではまだ労働運動をやる力量がないからケルンづくりをやるのだ」というような把握をさえ部分的にはもっていた。昨日まではこうした誤謬を部分的にしか暴露することがなかった彼ら官僚どもは、わが革命的共産主義運動の一定の前進、労働運動の内部におけるわれわれの闘いの部分的な高揚、それに参議院選挙のわずかばかりの票などに眼をうばわれ、こうしていまや組織づくりや組織戦術をまったく忘れはて、わが同盟の運動と組織を大衆運動主義的に改作する道を突進しはじめたのである。

たしかに口先きでは、彼ら官僚どもも、「革命的中核の形成」といい、また「プロレタリア党の創成」などと叫んではいる。だが、彼らはそれを、どのように実現するかの組織論的反省を完全に没却しているのであって、ただ大衆運動の左翼的展開に「党建設」を接ぎ木しているにすぎないのだ。

一つ一つの階級闘争・労働運動を左翼的に展開することを通じて、またこれを媒介として、同時に革命的中核を創造する、というこの一個二重の闘いを、官僚化したわが腐敗分子は把握することができない。真実のプロレタリア党建設をめざして、われわれの組織戦術を貫徹しつつ、その時々の大衆闘争を左翼的あるいは革命的にたたかうことは、彼らには「セクト主義」「党建設主義」「大衆蔑視」などとしてしか映じないのである。だから彼らが「戦術」を提起しても、それは、大衆の意識と闘いの具体的現実やそこでのわれわれの主体的力量を無視し飛びこえた一般論にすぎないのであって、つねに原則主義と大衆追随主義のあいだをゆれうごくものでしかないのである。たとえば炭労闘争の現実的な諸問題を分析し反ダラ幹闘争をいかにすすめるかを具体的に追求することをあらかじめ放棄する彼らは、「唯一の戦術」は鉱山占拠である、というような原則主義的極左方針を提起しておきながら、その二週間後には平然として「鉱山占拠は思想であって戦術ではない」などといってすましている、この無責任さ。

さらに、大衆運動の組織化と党建設との弁証法的把握を「空論主義」としてかなぐりすてる彼ら官僚どもは、同時に〈反帝・反スターリニズム〉戦略の喪失、その「反帝国主義」イズムへの歪曲をも背後で深化させている。〈反帝・反スタ〉戦略は、われわれの革命運動の過程的構造の把握によってつかみとられ定式化されたものであるが、しかし、過程においてその過程を実践的に止揚する実体（革命主体および前衛党）の形成と組織戦術の不断の貫徹が欠落するならば、必然的に「反スターリニズム」は単なるスターリニスト官僚打倒に実体化されざるをえないのである。これこそが、キューバ問題において露呈した「反帝」イズムの根拠である。

戦術提起における二段階化の誤謬、大衆運動主義＝労働運動主義という偏向、そして「反帝」イズム――これらの諸偏向は、同盟内闘争における官僚主義と不可分にむすびついている。同盟建設におけるこの官僚主義的疎外は、前者の諸偏向を前提とし、かつ措定する。いいかえれば、思想闘争を通じて理論的＝組織的同一性を創造し獲得するという形態においてではなく、まさに没理論的に、自己の方針や路線に反対するすべてのものを諸機関から排除するだけでなく、理論上の対立を組織的分離に直結するという点に、彼ら官僚どもの同盟組織建設における変質が集約的にしめされている。

今日までのわが革命的共産主義運動の歴史は、前衛党建設における種々の誤謬や疎外とのたえざる闘争の歴史であった。太田派や西派などの純トロツキストとの闘い、ブントとの闘いも、この問題に出発し、また帰着したのであった。革命的共産主義者同盟・全国委員会の建設もまた、そのような闘いを通じてなしとげられてきたのである。

ところが、ブント崩壊後、その同盟員の一部が、わが同盟のもとに結集し、また全学連の指導権をマル学同がにぎるやいなや、たちまちブント主義的な傾向が頭をもたげた。革共同・全国委やマル学同を、反代々木左翼（ブント残党や脱党しはじめた春日派＝右翼スターリニストなどをふくむ）の運動を大きく結集したものとしてつくりかえよ、という要求にもとづいた「共産主義学生同盟」結成の策謀（いわゆる共学同問題）が、それである。この策謀は、それ自身としては、わが同盟内の断乎とした内部闘争（分派闘争のかまえをもった）によって粉砕されはした。けれども、この闘いは、かの策謀の思想的および組織論的根拠を徹底的にあばきだしながら、同時に、全同盟の思想的・組織的強化をかちとる闘いとしておしすすめられ教訓化されることなく、むしろわが同盟第一回大会において「基本的に解決された」とされてしまったのであった。

また一九六一年秋以来の「米・ソ核実験反対」の反戦闘争においては、――ブント的大衆運動主義およびわが同盟内でのその再生産ともいうべき諸偏向（典型的には第四回全国代表者会議で噴出したそれ、つまりいわゆる「六・二五問題」や「共学同問題」などに象徴されるもの）がなしくずし的に解決されたことからして――、われわれの世界革命戦略を直接に大衆闘争の戦術として提起する（たとえば「反帝・反スタの反戦闘争を！」）というような最大限綱領主義その他の諸偏向がうみだされた。破産した原水禁運動をのりこえ「米・ソ核実験反対」の革命的反戦闘争を推進する、という実践的立場が、そこには完全に欠落していた。「兵士の獲得のための反戦闘争」とか、「反帝の旗をかかげて原水禁大会へ」とか、また「帝国主義とたたかわない平和運動は無意味である」とか、といった方針や主張は、まさに現段階における反戦のための大衆運動を純粋レーニン主義的にとらえ位置づけ歪曲していることを端的にしめすものにほかならない。ここにおいて、同盟（党）組織建設と大衆運動との一個二重の論理的連関を明確化し、最大限綱領主義や純粋レーニン主義が発生する根拠がブント式大衆運動主義の未克服にあるということ、あるいは前者は後者の裏返しの誤謬であるということがあばきだされ、内部闘争が全同盟的にたたかわれた。そして、こうした誤謬そのものについては、一応の自己批判がなされた。

しかしながら、ほかならぬ政治局のなかに発生した偏向にたいするこの闘いは、徹底的に貫徹されたわけではなかった。今日政治局を僭称している官僚ども、武井健人（本多延嘉）、北川登、岡田新（清水丈夫）、岸本健一（陶山健一）、山村克（白井朗）らにとっては、反戦闘争における左翼主義的偏向の克服とは、その単なるやりかたの自己批判でしかなかった、ということを、この間の内部闘争のただなかで彼らは次々と自己暴露してきたのである。――「反戦闘争における偏向は、それを単に技術的なものとして闘い、思想的なものとして闘わなかったことにある」（武井・三全総報告）とか、「ソ連核実験の反労働者性を暴露することに重点をおく最大限綱領主義」（北川・『前進』第一一六号一面）とかのデタラメさをみよ。

今日までのわが同盟内部における思想闘争そのものの不徹底性は、党建設の闘いの外在化という点にその主体的根拠があるのであって、そのいみでは、われわれ自身が政治局僣称派と同一性をもっていたといわなければならない。この同一性のなかにこそ、わが同盟組織建設のたちおくれの原因があるのであり、またこの同一性を打破し克服する闘いを通じて、革命的マルクス主義を歪曲し放棄し官僚化した政治局内多数派を打倒する闘いは革命的マルクス主義派建設のための闘いへと前進するのである。あまりにも急速に、あまりにも深刻にすすんだ同盟指導部内における腐敗にたいする断乎たる闘いの展開として、われわれのこの自己批判は実践的に貫徹されなければならない。

われわれの革命的批判を全同盟からできるだけ隠蔽し、問題の本質を「山本の非組織性」なるもののキャンペーンによって、混乱させようとたくらんだ政治局内多数派の腐敗分子は、結局、同盟内に克服されずにひそんでいたあらゆる思想的弱さと汚物を一挙に彼らの下に湧きださせ、そしてこの汚物に依存して「反山本」フラクを形成してきたにすぎない。われわれの内にある政治局僣称派との同一性のゆえに、われわれは、今日この「反山本」フラクの形成をゆるし、官僚どもによる上からの組織排除の策謀を、完全に粉砕することができなかったのである。

いまやわれわれは、こうした自己批判のうえにたって、池ブクロにたむろする官僚一派との闘争を通じて彼らとの同一性を切断し、われわれの戦略を、われわれの運動＝組織路線を、大衆運動の組織化においても同盟組織建設においても、現実化し物質化していく闘いを貫徹していくために、分派闘争を断乎として展開しなければならない。

C　分派闘争を断乎として推進せよ！

全国の同志諸君！

革命的労働者・学生・知識人諸君！

今日までのわが革命的共産主義運動の基本原則を「古いカラ」としてなげすてつつ、スターリニストよろしく反対派を「通敵行為者」「党破壊者」として組織的に排除するまでに腐敗堕落してしまった政治局内多数派＝ブクロ官僚一派にたいして、〈反帝・反スターリニズム〉の闘いを断乎としておしすすめようとするすべての人びとは、みずからの主体性を賭けた対決をなすことなしには決して前進しえない。

あらゆる職場や学校において、大衆闘争の左翼的あるいは革命的展開のただなかで社会民主主義・スターリニズムから決別した革命的中核を創造し組織的に結集しつつ、わが同盟組織を確固としてうちたてる、というこの闘いの場において、ブクロ官僚どもの大衆運動主義の誤謬が、二段階戦術への転落が、そして同盟組織建設と組織指導における官僚主義が、徹底的にあばきだされ、粉砕されなければならない。このような理論的＝組織的な闘いを通じてわれわれは、われわれの内部から党建設を外在化する一切の傾向をたたきだし、大衆運動主義＝労働運動主義と官僚主義とを克服し、わが革命的マルクス主義派を創造する闘いをおしすすめなければならない。もちろんこの闘いは、大衆運動の不断の展開からきりはなされた単なる「立脚点」の確立を自己目的化する傾向（立脚点主義）を是認することを少しも意味しない。

われわれのかかる組織的闘いにたいして、ブクロ官僚どもは、これまで以上の下卑で没理論的な誹謗や中傷をあびせかけてくるであろう。それらは彼ら自身の自滅の一歩ではある。たとえ極めて下劣な攻撃であったとしても、その思想的根拠をあばきだしつつそれを原則的にはねかえしていくためのイデオロギー的および組織的闘いを、われわれは徹底的におしすすめるべきである。そうでないかぎり、われわれの闘いに混乱と消耗とニヒリズムがうみだされないとはかぎらないのである。

今日までの同盟内闘争、分派闘争を通じて、われわれは数多くの教訓を学んだ。そのすべてについて、ここで語ることはできない。その最大の教訓の一つは、まさに党建設における党内闘争の意義についてであった。

党内に発生した一切の誤謬や偏向にたいして、つねに主体的なかまえをもって対決し、それらを批判し克服するための理論的＝組織的闘いを通じて党組織建設をおしすすめ、不断に党組織としての理論的＝組織的同一性と同志的信頼とを創造し獲得し、さらにそれらを高度化していくこと――このことが、つねに実現されない場合には、前衛党組織の確固とした建設は決してなしとげられないのである。

われわれは、右のことを、政治局内多数派に代表される腐敗分子をうみだしたわれわれ自身の闘いの痛苦な自己批判としてつかみとると同時に、われわれの分派闘争において貫徹していくであろう。

ブクロ官僚どもの大衆運動主義と官僚主義、春闘や日韓闘争などにたいする彼らの方針および総括におけるそれらの具体的なあらわれの一つ一つをその理論的＝組織的根拠にまでほりさげ克服するための闘いを、われわれは徹底的に組織的に実現すると同時に、これをわが同盟の新しい組織建設のための思想闘争として展開しなければならない。そうすることによって、官僚化した政治局内多数派にたいする反対派としてのわれわれの自己止揚をなしとげ、わが革命的マルクス主義派を確固としてうちたてるのでなければならない。

この間の同盟内論争の検討が、われわれの闘いの経験と点検にふまえつつ、われわれ自身を強めるために、もう一度おこなわれなければならない。それを通じて、われわれ自身の過去からの脱皮が、総括としてなされなければならず、またこの闘いはそれぞれの場で物質化されなければならない。

水ぶくれと寄せあつめによる「党建設」を、われわれは絶対に拒否する。一方ではブントや「共学同」問題などの自己批判を少しも問題とせずに「常任、職革」を次々と任命したり、他方では『賃労働と資本』を半分読めばマル青労同に入れ「春闘のなかで鍛える」などという岸本式のデタラメな「組織づくり」をしたりするブクロ官僚どもとは、われわれはまったく無縁である。

われわれの機関紙『解放』は、『前進』のような「流し込み」と「尻おし」のための大衆新聞ではなく、明白に反スターリニズムのために苦闘する労働者・学生・知識人の思想闘争の武器としてつくりだされるであろう。

ブクロ官僚どもの「尻おし」的指導のもとでまったく怠られてきたわれわれの組織活動と大衆運動の組織化にかんする理論的追求を、そしてわが同盟の新たな指導部および幹部をつくりだすための自己教育とともに、われわれはおしすすめていくであろう。

わが革命的マルクス主義派に栄あれ！

反帝・反スターリニズムの闘いの前進のために、腐敗した政治局内多数派を打倒せよ！

プロレタリア党創造の闘いの前進のために、革共同・革命的マルクス主義派に結集せよ！

一九六三年四月一日

革命的共産主義者同盟・全国委員会

議　長　黒田　寛一
副議長　倉川　篤
政治局員　森　茂

国鉄委員会議長　吉野　徹
全逓委員会議長　原　晶
中央学生組織委員会議長　土門　肇

Ⅱ　革命的マルクス主義派建設の前進のために

わが同盟指導部そのものの変質、そしてそれが提起する種々の闘争戦術のゆがみと偏向をあばきだし克服せんとした政治局内少数派を指導部から直接的に組織的に排除するというスターリン方式を採用することをテコとしながら、わが同盟組織を上から下へと分裂させていくという策動をおこなってきた政治局内多数派＝ブクロ官僚派。——これにたいしてわれわれは、同盟内理論闘争を通じて形成された反対派フラクションを基礎としつつ、さらにそれを革命的マルクス主義派として純化し強化し、断乎たる分派闘争を展開することを、第一回全国代表者会議（一九六三年二月）において決定した。「政治局内多数派による革命的マルクス主義の歪曲に抗して断乎たる分派闘争を展開せよ！」という宣言（『共産主義者』第七号掲載）を発しつつ、われわれは新しい組織づくりの第一歩をふみだした。そして、わが革命的マルクス主義派の全国的な組織化の点検と総括をめぐって討議された第二回全国代表者会議（三月）を第二のステップとしておしすすめられたわが同盟組織の新しい建設、そこにおける問題点をより深くえぐりだし、われわれ自身の内部になお残存している種々の欠陥を克服しつつ飛躍的前進をかちとるために、第三回全国代表者会議（五月）が開かれた。

この三全代における討議の特質は、過去数年間にわたってとられてきた方式、指導部による運動＝組織方針の流しこみを基軸とした従来の討論方式を打破し、各地方・各地区の諸組織ならびに各産別委員会が現にいま直面させられている組織上の問題点がなんであるかを積極的に提起し、それをめぐっての活潑な相互討論とほりさげを通じて、われわれ自身の思想変革を徹底的になしとげていく、ということが軸にすえられたという点にある。あらかじめ目標を設定したり「回答」を準備したり、あるいはそのようなものを要求したりするのではなく、あくまでわれわれの組織づくりという観点からそれぞれの組織が、これまで、また現にいまかかえその解決がせまられている問題点へ、全国の同志たちがみずからの体験と教訓にふまえつつ相互にきりこむことを通じて「何をなすべきか」をうちだしていくという新しい討論のスタイルをつくりだしえた、という点にある。噴出した諸問題への主体的対決を通じて、自分の職場や学園において、また各地方機関や下部組織において、そのような諸問題をいかに克服してきたか、あるいは克服すべきなのか、ということを相互にぶっつけあい、みずからの組織的闘いの立場と方法と展望を獲得し、わが革命的マルクス主義派の前進のための踏み台がうちかためられた、という点にある。

このような討論形式がとられたのは、三年有半にわたるわが同盟組織建設のための執拗な闘いにもかかわらず、そしてそれなりの前進をなしとげてきたにもかかわらず、同時に、わが同盟の組織全体が、とくに学生細胞が、いま決定的な組織的危機に直面させられている（たとえばブクロ官僚派にぞくするS大学細胞の中心メンバーが、最近では民青的イデオロギーに近づき除名された、というような極端な事態さえもが現出している）からであり、まさにこのような危機を根本的に打開することこそが、われわれの当面の中心課題をなすのだからである。しかも、ブクロ官僚が『前進』を通じて提起している方針や時事解説の一つ一つがわが同盟組織のこのような冷厳な事実にふまえることなく、むしろ下部組織の分散化と解体に拍車をかけるという形でうちだされている以上、われわれ革命的マルクス主義派の任務は極めて重大であるといわなければならない。日本革命的共産主義運動の前進のためにわれわれは、現在のわれわれの組織的力と現実からかけはなれた主観的願望をブクロ官僚どものように吐露するのではなく、ほかならぬわれわれ自身の組織と運動の弱点や欠陥を勇敢に切開することを通じて、現実の組織的危機を打開する突破口をきりひらかなければならない。

A　わが同盟の組織的危機をいかに打開すべきか?

ブクロ官僚派の説くところによれば、一九六二年秋以降公然と開始された同盟内=分派闘争の核心は、「同盟の新しい段階」をきりひらこうとする部分とそのような「感受性」をもたない「盲目」的な部分との対立と分裂にあるという。だが、このようなとらえかたは、事態の本質をなんらとらえていないだけでなく、ほかならぬ彼ら自身の官僚的本質を如実にしめすものなのである。

なぜなら、キューバ問題・大管法反対闘争・動力車や全逓の闘いをめぐる闘争戦術における対立と分裂の根底には、そもそも、そのような闘いの先頭にたっている同志たちの苦闘にうらうちされた生々しい問題意識と、それから完全に遊離した政治局内多数派の官僚意識とのあいだのズレと亀裂があったのだからである。そしてこの亀裂の拡大と深化が必然的に同盟内=分派闘争として激烈にたたかわれたのだからである。

政治局を独占したブクロ官僚どもは、「われわれは第三の潮流として登場しなければならない」とかという彼らの主観的願望を、また、われわれは有能な組合活動家としてたちあらわれることによって労働運動の内部で声望と信頼を獲得しなければならない（これはあたりまえのことだ）というような大衆運動の技能向上主義を、「同盟の新しい段階」の名において無媒介的におしだした。そうすることによって同時に彼らは、「大衆運動を通じて党をつくる路線」といわれた・破産した共産主義者同盟の誤謬と同様のそれを、わが同盟の内部にもちこみ、しかもこれにかんしてまったく無自覚であること（つまりプロ・ブント主義）を日々にあらたに立証したのであった。まさしくこのゆえに、過去数年間にわたる日本反スターリニズム運動のわずかばかりの貴重な経験を教訓化し理論的に普遍化し主体化するために苦闘しつつある下部組織の同志たちによる痛烈な理論的批判と組織的反撃に、そのような傾向は直面させられなければならなかったのだ。その意味で同盟内＝分派闘争の核心は、わが同盟の基本路線を主体化しつつ貫徹せんとする下部組織の真に闘う部分の組織的力と、「新しい段階」の名においてそれを歪曲せんとするブクロ官僚派との対立と激突と分裂にあるのである。

しかも、この期間の同盟内＝分派闘争の展開を通じて、わが同盟の組織的危機が極めて深刻な形で進行しつつあることが、同時に明らかとなった。まさに指導部の危機は、わが同盟組織全体の危機的事態の集約的表現をなしているのである。

とくに、革命的戦旗派との統一のための闘争をおこなった一九六一年春以降今日にいたるまでわが同盟内に発生した種々の問題、さまざまな形態をとってあらわれた誤謬や偏向が根底的に切開され克服されることなく、たえず表面的にその場その場で政治技術主義的に「解決」され、のりきられてきた、ということの欠陥の現在的集約として、うみだされているのが、今日のわが同盟の危機的現実であり、地方諸組織の解体と分散化、地方諸機関の指導性喪失という状況である。われわれ自身がおちいった種々の偏向や誤謬と決別するための思想闘争を全同盟的に組織化し徹底的に深化させることなく、むしろ大衆闘争のなかでの「解決」の名においてそれが回避されてきたことのしわよせが、今日の組織的危機の根因をなしているのである。このことを、われわれは自己批判的にとらえかえし、それを克服するために闘わなければならない。だから、現在的危機の打開は同時に、これまでの政治技術主義的のりきり（それは哲学的には経験主義的「解決」をいみする）からの根底的な決裂としても実現されなければならない。

ブクロ官僚によるわれわれの基本的な運動＝組織路線の歪曲と種々の偏向を理論的かつ組織的に粉砕し克服しつつ、革命的マルクス主義の基本路線を貫徹していくわれわれの闘いの過程は、それゆえに同時に、この克服の仕方・方法における試行錯誤性・経験主義・政治主義的偏向から決別するための闘争でもある。まさにこのような闘いを断乎として推進することによってのみ、われわれがうみだしたものでもあるブクロ官僚派の理論的低水準と腐敗をのりこえ、わが革命的マルクス主義派を組織的にうちかため、これを母胎としてわが同盟の革命的純化と脱皮と自己止揚はなしとげられうるのである。

ところが、同盟内闘争の公然たる展開の約一年まえからわれわれが意識的にその克服のためにたたかってきたところの政治技術主義的のりきりによって、今日の事態も「解決」されうるというように依然として妄想しているのが、その「感受性」を誇りとしているブクロ官僚派なのである！　わが同盟の現在の組織的危機にかんする彼らの「感受性」の驚くべき鈍感さは、「階級情勢の変化」にたいする彼らのゾウリ虫的感受性の必然的な帰結ではないのか!?

しかもコッケイなことには、たとえば武井健人（『前進』第一三一、一三二号）が、彼らのゾウリ虫的感受性をルカーチ「組織論」（しかも党の観念論的規定の部分）からの引用符なき引用の羅列によって基礎づけ、彼らの政治技術主義をスターリン型の歴史主義的で現象論的な論理で正当化しようとしている、ということだ。〔ルカーチは「階級意識の最高の独立した形態」が党であるといっている。しかしそれは前衛党そのものの規定ではなく、むしろ、それによって党が党たらしめられるところのもの、つまり党綱領や党規約の規定だといわなければならない。たしかに党は階級意識から独立した客観的存在＝組織形態である。けれども、プロレタリア階級意識の独立した形態、その対象化された形態が、党（組織形態）なのではない。この両者が区別されていないところに、ルカーチの誤謬がある。一般に、意識の独立化＝対象化された形態はイデオロギー（観念形態）であって、党組織のような物質的形態が「意識の独立化」によって創造されるわけではない。にもかかわらず、党を「階級意識の独立した形態」とみなすということは、党（組織形態）、その実体（党員としての共産主義的人間）、およびその意識というような、区別と統一においてとらえられなければならないところのものが、まさに「直接的に統一」されていることにもとづくのである。「階級意識の最高の独立した形態」は、今日でもなお依然としてマルクスの『共産党宣言』であるといわなければならない。プロレタリア階級意識の最高の表現形態としてのこの『宣言』を支柱として、あるいはそれを主体化した共産主義者の組織的結集として、共産党はまさに物質的に、一つの組織形態において創造されるのである。いいかえれば、「階級意識の独立した形態」あるいは「対象化された階級意識」をさらに物質化するための闘い、しかも共産党を詐称しているスターリニスト党が現存している現代においてそれを物質化する闘い、――それが、われわれの前衛党組織づくりの闘いなのである。〕

あらたに密輸入されはじめたルカーチの権威やスターリンの単なる歴史的＝過程的弁証法などへの無批

判的＝盲目的な追随によって、自己の理論的創造力の枯渇をいやそうとしているところに、今日のブクロ官僚どものあわれむべき姿が、くっきりとうきぼりにされているではないか！

「党と大衆運動の過程的弁証法」の名においてこの両者を基本的に一対一的に対応させつつ過程的＝歴史主義的に位置づけることによって、同時に、行為的現在におけるプロレタリア党創造そのものの過程的論理を無視抹殺するという「実体論ぬきの現象論」（組織論なき運動論）こそが本ものであると錯覚するほどまでに、ブクロ官僚の頭脳は変質してしまっているのである。いいかえれば、前衛党創造の場所的＝過程的論理を、その歴史的発展過程に客体化する、というイロハ的誤謬をおかすことを通じて、彼らはスターリン哲学への逆転をいまや開始しているのだ。

〔われわれが克服してきたはずのこういうスターリン弁証法の眼鏡をとおして、かの一九五八～五九年の「解体的危機」の問題をながめわたす場合には、当然にもそれを「階級闘争からの召還主義」などと現象論的に総括することしかできなくなるのである。遠山正の裏切り・山村克の戦線逃亡・「青山到＝山村＝大川」らの恥ずべき陰謀などによる指導部の解体、そして武井健人の中間主義的日和見主義、これらに象徴される組織そのものの解体という実体論的・組織論的分析をぬきにして「新しい方法と新しい形態の創造における失敗」とか「召還主義」とかということがわめきたてられたとしても、それは教訓にならないだけでなく、総括にすらならないのである。いまやスターリン的に変質してしまっている武井の頭脳においては、彼自身が同盟第一回大会において「自己批判」したところのものさえもが今日では「確認された」というようにすりかえられてしまっているのも、あたりまえのことである。（本書の第Ⅲ部 第Ⅳ章をみよ。）〕

ブクロ官僚派が公然とはまりこんでいる大衆運動主義（あるいはプロ・ブント主義）、党建設路線における政治技術主義的のりきりを「理論的」にささえているものは、明らかにスターリン弁証法そのものである。プロレタリア運動と党との関係をラセン運動として過程的に把握すべきだということが、たとえ力説されたとしても、実はそれが直線的でしかないゆえんは、まさにその点にあるのだ。このラセン運動をラセン運動たらしめうるものは何か？　まさにこの核心的問題へのきりこみを欠如した現象論者（それはパブロ修正主義者の本質ではなかったのか）のみが、平然と山本が追求し展開しようとした運動＝組織論の一知半解を自己暴露する以外に効用のないような「批判」をなしうるのである！

しかしとにかく、党と大衆運動との武井式の把握こそは、学生細胞ならびにマルクス主義学生同盟の今日の解体的危機を現出させた岡田新式の大衆運動主義的のりきり、われわれがその克服のためにたたかってきた政治技術主義、その正当化にほかならない。そして、新しい階級情勢にみあったわれわれの活動の新しい方法と形態の創造というような彼らの「呪文」の本質は、大衆闘争における大衆追随主義（ニコポン戦術）とセクト主義・党建設主義（ハダカ踊り）との機械的結合（つまり二段階戦術）の強制でしかない。このような運動＝組織論をもってしては、しかし、わが同盟の現在の組織的危機を打開することは決してできないのである。まさにブクロ官僚どもがおちこみ、なおかつそれに無自覚である政治技術主義、彼らの大衆運動主義的のりきりからの決裂において開かれる新しい地平において、わが革命的マルクス主義派の組織的闘いは推進されつつあるのだ。

B　分派闘争におけるわれわれの理論的欠陥は何か？

いわゆる「三全総路線」なるものは、（一）「戦闘的労働運動の防衛のための戦術の精密化」方針および（二）地区の党組織建設にかんする素朴肉体派的＝無手勝流的な方針に要約されるのであるが、その提起のしかたに、またその理論的基礎づけにはらまれていた誤謬と偏向（『共産主義者』第七号の第Ⅰ、Ⅱ部をみよ）は、それ以後の実践過程をとおして純粋化され前面におしだされた。いやそもそも三全総においては、その当時の同盟諸組織が、また個々の同盟員たちが解決をせまられていた諸問題、とくに労働運動や学生大衆運動への没入傾向とか、社青同への加入戦術が実は没入という形になっているとか、というような労働運動における組織戦術上の問題を切開し克服し教訓化するための思想闘争がほとんどなされず、むしろそれらにたいしては「基本的に解決された」というような政治的判断が「指導部」から一方的にくだされるとともに、提起された「路線」に関心を集中させるというかたちで「指導」がなされたのであった。このようにして未解決のままにのこされてきた組織戦術や組織活動にかんする問題は当然にも「三全総路線」の実践過程においてますます開花し、そうすることによって種々の実践的破綻や組織的分散と解体状況がうみだされ拡大されたのである。

静かに進行しつつあった同盟組織のこのような危機的事態にかんする現実認識をまったく欠如しているにもかかわらず「感受性」をホコリとしている政治局内多数派の官僚どもは、「わが同盟の第三の潮流としての登場」というような、彼らの主観的願望から直接にわが同盟の組織活動全体を逆限定し、しかもみずからの無理論をさらけだすカッコウで「極小派スタイルからの決別」をわめきたてた。とくに動力車労働者の闘いや大管法阻止統一行動にたいして彼らは、たんなる「実力闘争」の呼号（しかしのちには、労働運動の内部へのわれわれの独自活動の直接的もちこみ、左翼セクト主義という裏返しの方針の提起となる）や、大衆追随主義まるだしのズブズブ統一行動方針を提起することによって、下部同盟員の組織活動に混乱をあたえようとしたのである。まさにこのゆえに、とくに、過去二年間にわたる自己の誤り、大衆運動主義から決別するために苦闘しつつあった学生同盟員たちによる理論的および組織的反撃が、ブクロ官僚どもに集中されなければならなかったのである（『共産主義者』第七号の第Ⅳ・Ⅴ部をみよ）。

そして他方、動力車労働者の闘いにかんするブクロ官僚の方針のジグザグ（同上、第Ⅳ部所収の論文をみよ）、最初は国鉄委員会の軽視というかたちであらわれ、次には二段階戦術の提起というかたちで露呈した彼らのこの誤謬が歴然としはじめた段階いごにおいては、同盟内理論闘争は当然にも極めて深刻なものとなった。

こうして、現実にあばかれた同盟指導部の腐敗と変質にたいする断乎たる理論闘争は、必然的に公然たる分派闘争として実現されざるをえなかったのである。

さて、この期間における理論闘争の核心的諸問題は――もちろん露呈したブクロ官僚の腐敗と変質への革命的批判を現実的契機としているのだとはいえ――、過去数年間にわたるわれわれの党建設のための闘いにおいて未解決のままにのこされ、あるいはまだ明確に自覚されていなかった運動＝組織論にかかわる本質的な問題であって、論争内容は極めて高度なものである。それは、レーニンやトロツキー、そしてコミンテルンの運動＝組織方針に学びつつも、しかしそれを無媒介的にもちこむことによっては根本的に解決されえないところのものなのである。

にもかかわらず、最初は「われわれのあいだには対立はない」などといって理論闘争を回避し拒否していたブクロ官僚一派は、もはや内容的な理論闘争を拒否しえなくなった段階においては、一方では、われわれの革命的批判にたいしてはもっぱらレーニンやコミンテルンのテーゼの権威に逃げこむと同時に、他方では、われわれによる批判の内的意味を彼ら自身の問題意識の低劣さと理論的低水準のゆえに理解しえずに一面的にとらえ、かつ形式論理的に極限を設定して居直る（これは論争の中共的スタイルとまったく同じだ）という腐敗しきったやりかたを強行したのであった。だから彼らの「理論闘争」なるものは、まったく不毛なものとならざるをえなかったのである。

たとえば、われわれにたいしてブクロ官僚どもは、むしろ彼ら自身の「知的貧困」をさらけだすようなレッテル、「神秘主義的日和見主義」・「陰謀的」・「呪文のくりかえし」などのレッテルをはりめぐらした。われわれの組織的闘い（同盟内反対派＝党内フラクション活動の展開から、さらにそれを分派闘争へ高めていくための闘い）にたいしては「解党主義」とか「分派主義的陰謀的組織分裂策動」とかという官僚意識まるだしの没理論的なレッテルが、またブクロ官僚派の大衆運動主義的あるいは二段階的な戦術にたいするわれわれの闘争にたいしては「ケルン主義」とか「党建設主義」とかというアゲアシトリ的レッテルが、そして「同盟の新しい段階」の名における大衆運動主義的偏向への陥没にたいするわれわれの理論的批判にたいしては「召還主義」などというバカげたレッテルが、それぞれはりめぐらされた。

しかも珍奇なことには、こういうレッテルばりとそのいじくりまわしに没頭する（とくにひどいのが武井）ことが、あたかも「山本派の神話」なるものへの理論的批判であるかのようにブクロ・ボケした人びとは錯覚しているということだ。ブクロ官僚どもの「反批判」に共通していることは、まさに論証の欠如である。しかもこの論証の欠如を彼らは「知的貧困」とか「はなはだしい理論的衰退」とかというこれまた空虚なレッテルをはることによっておしかくそうとしているのである。あるいは、すでに指摘したように、レーニンやコミンテルン、そしてルカーチの権威に逃げこむだけなのである。

キューバ問題・大管法反対闘争・全逓一六時間勤務反対闘争、そして動力車の運転保安闘争などをめぐって暴露されたブクロ官僚の闘争戦術の誤謬、彼らの大衆運動主義的偏向（しかし「闘う中核の創造」という言葉の接ぎ木によって隠蔽されはじめたところの）、また組織論における彼らの官僚主義（前衛党創造の場所的＝過程的把握を抹殺し、階級闘争の歴史的発展過程における党の役割というような客観主義的理解にそれを横すべりさせ、しかもそうすることによって同時に前衛党組織そのものを固定化し物神化するという誤り、これと自己の変質についての無自覚症状とが結合される場合に、「党規律」や「民主集中制」は形骸化され官僚的自己保身の別名となる、具体的には「党規律」を口実とした反対派フラクション活動や分派闘争の官僚主義的統制が発生するのだ）。――これらをあばき粉砕するための同盟内理論闘争、そしてそれの分派闘争への発展過程におけるわれわれの闘いは、しかし成功裡におしすすめられてきたわけでは決してない。

腐敗しきったブクロ官僚との理論闘争において、われわれは、たしかに彼らの卑俗現実主義、その経験主義にたいして、わが同盟の原則・基本路線を対置するという優位を確保しえた。けれども、同時にその適用・貫徹面において、われわれ自身の弱さを露呈させたのである。政治局内多数派路線＝「三全総路線」の誤謬や偏向との対決にもとづくその粉砕ではなく、それへ一対一的に対応して批判するという限界、したがって原則対置主義という欠陥から、われわれの理論闘争は完全に自由であったわけではない。

かの反戦闘争にかんする左翼的偏向（最大限綱領主義）の克服過程において提起された認識論上の問題は、まさに原則主義からの決別ということであった。（ブクロ官僚どもは、この左翼的偏向の発生根拠を認識論的にも組織論的にもつかみえなかったがゆえに、今日では、反戦闘争においては最大限綱領主義に、戦術問題一般にかんしてはその裏返しとしての大衆追随主義に、それぞれ陥没してしまっている。）思考法における原則主義（原則のあてはめ方式）から決別するためにたたかってきたにもかかわらずわれわれは、ブクロ官僚派の諸偏向への批判とその克服過程において、しばしば原則対置という欠陥におちいらなければならなかった。

すなわちまず第一に、組織論上の問題にかんしていうならば、同盟内闘争の初期の段階においてわれわれは、スターリニスト党にとってかわる新しい革命的前衛党を創成するためにたたかっているというこの確信から、現実のわれわれの組織そのものを物神化する傾向にはまりこんでいたのであって、このゆえにわれわれの組織内部に発生した官僚主義的ゆがみにたいする組織的闘い、変質した同盟指導部を変革するための闘いにおいては日和見主義におちいったのであった。レーニン主義的前衛党のスターリニスト的疎外にたいする左翼反対派の闘いの敗北に学びながらも、居直りをしめしたブクロ官僚打倒の闘争を断乎として推進することがおくらされたゆえんのものは、ほかならぬわれわれ自身の内部にあった、われわれの組織（とくにその指導部）の物神化にあったのである。いいかえれば、思想＝理論闘争の組織化にかんするブクロ官僚の官僚主義的やりかた（理論的対立にかかわる問題を上部機関で解決してから、あるいはその統制のもとに、下部組織へおろすというやりかた）そのものの暴露を組織論的にほりさげつつたたかうことが弱く、むしろこういう官僚主義的統制にたいして、われわれは、「下からの思想闘争の組織化」という原則にもとづいてたたかったにすぎなかったのである。

そして第二に、戦略戦術問題にかんしては、ブクロ官僚派の最大限綱領主義のなしくずし的訂正として提出されはじめた大衆追随主義（大衆の憤激へのベッタリ主義、統一行動の組織化の過程においてわれわれの独自なイデオロギー闘争を貫徹することの没却など）、そしてこの戦術上の誤謬を補完するものとしての「左翼的」方針の提起、——こういう二段階的な戦術提起（まず「実力闘争」を呼号し次に社民指導部の裏切りを暴露する、あるいは、まずもって反帝国主義の闘争をおこない次の段階でスターリニズムを暴露する、というような「戦術の緻密化」方式）のまやかしを、われわれは原則的にあばきだすことができたけれども、しかしそれを全面的に理論的に解明し粉砕しえたとはいえないのである。この問題は、さらに、一方では闘争戦術の提起のしかたにおける情勢分析主義的かたよりの克服、他方ではわれわれの運動＝組織路線のめんみつな具体的展開がなお不十分であることと不可分にむすびついている。

いいかえるならば、原則対置主義というわれわれの欠陥の第三のあらわれは、ブクロ官僚派の大衆運動主義的偏向（だが「闘う中核の創造」という言葉でおしかくされた）にたいする、われわれのイデオロギー闘争の未展開である。わが同盟員の組合員としての独特な組合活動ならびに組合員としてのわが同盟員の組織活動の諸形態を立体的に究明しつつ実践するのではなく、革命的共産主義者としての独自活動を直接無媒介的に（つまりわれわれの組織的力量や組織諸形態の質的・段階的なちがいを無視抹殺して）労働組合運動の内部にもちこむべきことを主張する（これは、労働運動と革命運動とを二重うつしにする誤謬、ないしは、組織実体論を欠如した・大衆運動と革命運動との現象的な合流論にもとづくものである）にすぎないような、わが大衆運動主義＝労働運動主義者どもにたいする、われわれの理論闘争は、なお「ケルンの創造」を対置するという方式の水準から完全に脱却していたわけではないのである。「労働運動の内部における新しい活動の方法と形態」を呪文のごとくくりかえしているにすぎないブクロ官僚派の労働組合運動論の現象論的本質をあばきだし克服する点において、われわれの理論闘争は明らかにたちおくれている。（右の問題にかんしては後述する。）

要するに、ブクロ官僚派の闘争戦術や思考における誤謬の本質的特徴（たとえば大衆運動主義、二段階戦術方式、「反帝」イズム、党と大衆との二元的並列化、組織問題における形式主義と官僚主義、政治技術主義、レーニン教条主義、純粋コミンテルン主義その他）を、われわれは、たしかに暴露することができた、しかし全体としては、そのような種々の誤謬を徹底的に内在的に批判することによって粉砕することができたわけではない。

ということは、われわれの内部になお原則主義的な思考法が残存していたからであり、われわれのがわの理論闘争にも、結論的レッテルによってブクロ官僚派をなでぎる傾向があったからである。

ブクロ・ボケへの批判が、同時にわれわれ自身の闘争＝組織戦術の提起ならびにわれわれの独自的組織づくりの前進として、なお全面的に現実化されていないこと、革命的マルクス主義派の新しい組織づくりの闘いの、またそこにおける思想＝理論闘争の不十分さは、ほかならぬブクロ官僚路線への批判＝自己批判そのものの原則主義的傾向のゆえなのである。

しかしながら、このことは、われわれがブクロ官僚派への批判を自己目的化して大衆運動から逃避したなどということを決して意味しない。ほかならぬわが革命的マルクス主義派の同志たちこそが、動力車や全逓の闘いの、また全学連の大管法反対闘争の先頭にたってたたかい、またこれらの闘いを通じてブクロ官僚派の数々の誤謬を実践的に克服すると同時にみずからをきたえあげ、われわれの組織的強化と拡大のためにたたかってきたのだからである。

C　革命的マルクス主義派建設における当面の組織問題

学生戦線においては大管法阻止の統一行動をめぐって、また労働戦線においては主として動力車労働者の運転保安闘争にかんする闘争＝組織戦術をめぐって、さらに激化し尖鋭化した内部対立を組織的に解決するために、政治局内少数派であったわれわれは、政治局内多数派によるわが同盟基本路線の大衆運動主義的歪曲に抗して、反対派フラクションを結成するための組織的闘いを開始した。当然のことながら、同盟内闘争の初期の段階におけるこの組織形態は、ただ否定的モメント（政治局内多数派路線反対という）による結合を基軸とした合同反対派的な性格を刻印されていたのであって、そこでは具体的実践の組織的点検と総括を基礎とした明白な理論的同一性はなおかちとられてはいない。わが同盟の基本的な運動＝組織路線から逸脱し、それを歪曲しているにもかかわらず、種々の理由づけをおこないながら自己保身をはかった官僚的指導部は、反対派フラクションそれ自体がもつこのような限界につけこんで、われわれの同盟内フラクション活動＝反対派活動の推進にたいして「非組織性」というレッテルをはりつけ、さらにロシア・ボルシェヴィキ党第一〇回大会の特別決議（「分派禁止」）を唯一のよりどころとしながら、われわれの組織的闘いを官僚主義的に封殺するための種々の陰謀をめぐらすと同時に、政治局内少数派を同盟指導部から直接に排除したばかりでなく、これをテコとしながら同盟組織全体を上から下へと分裂させたのであった。

このような分裂策動に抗して、われわれは、つくりだされた同盟内合同反対派的フラクションそのものの内部において、各級機関や各細胞における反対派活動ならびにそれをテコとした大衆闘争へのわれわれの独自的かかわりかたなどの組織的点検にふまえつつ、より高次の実践的・理論的・組織的の同一性をつくりだすための理論闘争を強化し、そしてこの反対派フラクションの内部に革命的分派組織を結成し、そしてこの中核的分派による合同反対派的フラクションのたえざる変革とそのメンバーの革命的分派への獲得のための闘いを通じて、政治局内多数派＝ブクロ官僚分派との理論的および組織的闘争をくりひろげてきたのである。否定的モメントによる結合（反政治局内多数派としての合同反対派）をイデオロギー的および組織的闘いを通じて純化し否定することによって新しい組織をつくりだすこと、あらたな理論的＝組織的同一性を創造しつつ相互に高めあい、かつそれを物質化するという組織的闘争、その一帰結として革命的マルクス主義派建設の第一歩はふみだされたのである。

この組織づくりの闘いはブクロ官僚路線との根底的な決裂をとおして、同時に自己自身の脱皮と再武装をかちとることを主体的根拠とし、たえざる自己批判と組織的点検にもとづく理論的・組織的・実践的の同一性をつくりだすことなしには決してなしえない。ところが、われわれの内部になお克服されずに残存していた原則主義および政治技術主義のゆえに、われわれの組織づくりにおいて種々の欠陥を露呈させなければならなかった。とくに「反戦闘争か大管法闘争か」、「参議院選挙闘争か大管法闘争か」といった不毛な論争の泥沼におちこみながら、一九六二年後半いご急速に深刻化しつつあった、各地の学生細胞組織の分散化と解体的危機の現実、代々木民青との闘争における部分的敗北とわれわれの一定の後退という現実のただなかで苦闘をつづけていた同志たちのあいだに、それはうみだされた。

すなわち、その第一は立脚点主義的ないしケルン主義的な傾向である。反戦闘争や参議院選挙闘争へのかかわりかたにおける従来の大衆運動主義的偏向を克服するというその前向きの姿勢にもかかわらず、その裏返しの誤謬におちこんでいたこと、そしてこれが開花したブクロ官僚の大衆運動主義的方針提起にたいする即自的な反撥と結合されることによって、革命的マルクス主義派建設そのものに原則主義的かたよりがうみだされ、したがってわれわれの独自的組織づくりが地方的・部分的にははかばかしく前進していない、という事態の根底にあるもの、それがここでいう立脚点主義である。それは、政治局内多数派路線の誤りを原則的に暴露することにふみとどまって、現存する同盟組織そのものを内部闘争を通じて革命的に変革しつつ、それを革命的マルクス主義派として止揚しえない、という欠陥をさすのである。だからそれは、ブクロ官僚どもがいうような「大衆運動からの召還主義」あるいは「現実の闘いへのかかわりあいの欠如した立脚点主義への陥没」をなんら意味しない。

右のような欠陥がうみだされたということは、しかし本質的には、政治局内多数派の間違った路線への内在的批判にもとづいたそれからの組織的決別（＝自己止揚）のための闘いが、なお不徹底であることを意味する。したがって、革命的マルクス主義派への脱皮を志向しながらも、現実には依然として同盟内フラクションにふみとどまらざるをえない結果さえもがうみだされるわけである。実際、合同反対派的フラクションを純化しつつ革命的マルクス主義派へそれを止揚するための理論的および組織的闘いが目的意識的に推進されない場合には、この合同反対派的フラクションそのものの堕落が、あるいはその中間主義的固定化が発生せざるをえないのである。――とくにマル青労同およびマル学同そのものの質的強化と前進のための内部理論闘争において、組織的分裂にまで発展した理論的対立にかんする核心的な諸問題を積極的に提起し、それぞれの組織のこれまでの組織的実践の総括や当面の闘争戦術をめぐって論争をまきおこしながら、革命的マルクス主義派への結集のための闘いが目的意識的に遂行されない場合には、いいかえればブクロ官僚派の運動＝組織路線の誤謬と偏向を原則的に確認することだけにふみとどまっている場合には、マル青労同およびマル学同の内部に種々の形態の中間主義的傾向が不可避的に発生するのである。

他方、革命的マルクス主義派建設における右のような欠陥と対極をなす誤謬は、大衆運動主義的あるいは政治技術主義的のりきり方式である。すなわち、それぞれの組織（各級機関および細胞）が、現にいまおかれている組織上および理論上の諸問題との根本的な対決を回避しつつ、もっぱらそれを、ブクロ官僚派とはことなる当面の闘争戦術の提起および大衆運動の展開へ直接に横すべりさせていくことによって、既存の同盟組織そのものを変革して革命的マルクス主義派の組織を新たにつくりだす、という問題を後景におしやる傾向が、それである。この場合も前の場合と同様に、ブクロ官僚派に象徴されるわれわれ自身の過去の誤りからの決裂を根底的になしとげることができないだけでなく、さらに中間主義者やブクロ官僚派への脱落分子をも醸成する地盤をうみだすことになるであろう。なぜなら、もっぱら当面の大衆運動へのかかわりによって政治技術主義的に事態を打開せんとするやりかたこそは、ほかならぬブクロ官僚派の本質的な特徴をなすのだからである。いいかえれば、ただたんにその時々の大衆運動における闘争戦術ないし政治方針での一致をおいもとめることによって、同時にそれを通じての革命的前衛党組織づくりのための内部理論闘争の深化を軽視ないし没却してきたところに、これまでの学生細胞やマル学同組織が学生大衆運動の裏指導部的なものにおとしめられたり、あるいはまた労働組合運動没入主義の傾向が発生したりしたところの、組織的根拠があったのだからである。

革命的マルクス主義派の組織づくりにおいて現出している右のような二つの欠陥を実践的に克服するためには、これまでの理論闘争のなかで最も核心的な問題点をなす大衆運動主義からの決別を運動＝組織論的にさらにほりさげ、しかもわれわれの独自的組織づくりのための闘いの点検と総括にふまえながら、われわれの運動＝組織路線を、われわれの闘争＝組織戦術を的確にうちだし、かつ物質化していくことが必要である。

D　前衛党建設路線における分裂

──党づくりと大衆運動の問題を中心として──

わが革命的マルクス主義派建設のための闘いの過程において露呈した共通な欠陥、──要するに、理論闘争における原則（対置）主義的な傾向、ならびに、組織づくりにおける立脚点主義・ケルン主義的傾向および政治技術主義的のりきり方式──これらを、各地の機関ならびに細胞の具体的闘いの相互点検と総括にふまえて急速に打破し克服していくことが、われわれの当面の緊急な組織的任務である。ブクロ官僚派（およびその路線）をうみだしてしまったわれわれ自身の腐敗をあばきだし、それから決別すべきことが、ただ一般的に力説されるだけでは、しかし、まったく不十分である。ほかならぬ「腐敗」そのものの内容が具体的にあばかれ、いまなおわれわれの内部に残存している大衆運動主義の種々の残りかすを払拭し克服するための方法と展望が——理論的にも実践的にも——うちだされなければならないのだからである。

ところで、今日の階級闘争の現実のなかで、しかもブクロ官僚派との組織的闘いを通じて、わが革命的マルクス主義派の独自的組織をいかに創造していくかを具体的に明らかにするまえに、とくに最近になってますます明白になりつつあるところの、われわれとブクロ官僚派との前衛党組織本質論そのものにおける分裂を、再度かんたんに確認しておく必要がある。なぜなら、みずからの変質・誤り・偏向に無自覚のまま居直りをたくらみ、自己保身的なあらゆる策略をめぐらしはじめたブクロ官僚派を打倒せんとするわれわれの闘いにたいして、今日の彼らは「プロレタリア的組織原則の解体をもたらす小ブル的自由主義」と烙印し、こうして彼らとわれわれとの対立が、あたかもプロレタリア的階級性と小ブルジョア的個人主義とのあいだのそれであるかのような欺瞞的言辞をろうしはじめているのだからである。

わが同盟指導部からその少数派を直接排除することをテコとして同盟組織全体を上から下へ分裂させる策動を開始したブクロ官僚派が、われわれの展開した反対派活動にたいして、もっぱら「党規律の否定」とか「民主主義的中央集権制の否定」とかというレッテルをはりつつ、統制にのりだしたことそれ自体のなかに、前衛党そのものの本質的把握のしかたにおける分裂が、あざやかにしめされている。

民主主義的中央集権制という前衛党の組織原則は、不断の階級闘争を通じてのわれわれの党組織づくりの闘いそのものからかけはなれたものではなく、まさにそのような闘いにおいて、またそれをとおして主体的につくりだされ貫徹されていくのである。いいかえれば、前衛党の組織問題は戦略・戦術問題と不可分にむすびついているのであって、前者が後者からきりはなされるならば前者それ自身が形式主義的に処理され、また、後者が前者から切断されるならば後者それ自身が形骸化されてしまうのである。

ところが、ブクロ官僚派においては、民主集中制は、このような党組織づくりとはまったく無関係に、あらかじめ前提とされる。それは、プロレタリア党の組織原則であるがゆえに常にまもられるべき原則として原則主義的におしだされる。だから当然にも、彼ら官僚どもは、指導部内に発生した理論的対立や戦術上および組織戦術上の分裂にかんする組織的解決の問題にかんしても、それを「組織原則」をタテにした上から下への形式主義的処理に矮小化する。と同時に、居直りをしめした官僚的指導部にたいする下部組織からの批判の組織的展開にたいして、彼らは「非組織性」ないし「解党主義」というレッテルをはりつけて、その官僚主義的封殺をはかることにもなるのである。「民主集中制」の名における官僚的指導部の居直りと理論闘争の官僚主義的統制の根底にあるものは、「組織原則」の原則主義的あてはめであり、現存する同盟組織の固定的理解であり、また上部機関による下部諸組織の闘いの指導を前者による後者の掌握・統制にすりかえるまやかしである。

一般に、前衛党の諸組織形態（各級指導部および細胞）の内部に発生した種々の対立や分裂（それは直接的に階級対立を再現するものでは必ずしもない）は、党内理論闘争の展開を通じて止揚されていくのである。しかし、この理論闘争の限界状況（とくに指導部の分裂、その多数派による種々の官僚主義的統制の発生、たとえば機関紙の排他的独占や××打倒のための策動の開始など）が露呈したとき、こうした危機的事態が確認された場合には、断乎たる分派闘争を推進することによって新しい組織形態を創造するために、われわれはたたかわなければならない。それなしには対立や分裂の実践的な解決はありえないのである。みずからの変質と偏向に無自覚であるがゆえにブクロ官僚どもが、このような組織的闘いを「組織原則の分派主義的歪曲」としてしかつかめないのは、けだし当然のことなのである。

ところでプロレタリア党の組織原則の形式主義的な理解は、他面では同時に、彼らの前衛党観の変質とも不可分にむすびついている。すなわち「党が階級にうけ入れられる」とか「党が大衆を獲得する」とかという彼らの最近の主張に端的にしめされているように、ブクロ官僚派においては、大衆あるいは階級にとって党は外的なものにおとしめられ、「職業革命家集団」としてのレーニン的前衛党観への逆転が不可避となっている、ということである。

日本反スターリニズム運動の推進をとおして獲得された前衛党組織づくりの論理、たんなる「職業革命家集団」ではない「革命的プロレタリア＝前衛」党創造の立体的構造（さしあたり『組織論序説』第Ⅲ部をみよ）の把握をなげすてた官僚どもは、いまやプロレタリアの階級としての形成と前衛党との関係を外的に、しかも階級闘争の歴史的発展過程に客体化＝投影して客観主義的に、とらえ位置づけることしかできなくなっている。あたかもプロレタリア的主体性の問題を「歴史における個人の役割」としてしかつかめないスターリニストと同様に彼らは、場所的現在におけるプロレタリア前衛党づくりの論理を、いわば「歴史における党の役割」というような客観主義的機能論にすりかえつつ、自己の誤謬を正当化しているのである。

革命的労働者党の組織原則の原則主義的おしつけ、その形式主義的で機能主義的な理解（＝官僚主義の発生根拠）を前提とし、そして党創造の場所的論理の喪失（あるいはプロレタリア前衛党の職業革命家集団への矮小化）にかんする無自覚からうみおとされたものが、まさに「労働運動の内的過程におけるわが同盟活動の新しい方法と形態」の名のもとにおしだされた「戦闘的労働運動の防衛」論であり、かの二段階戦術の提唱なのである。とくに動力車労組の運転保安闘争の敗北いご決定的にあらわとなった、われわれの闘争＝組織戦術上の対立と分裂そのもののなかに、党建設路線をめぐるわれわれとブクロ官僚一派との現段階的対立が、あざやかにうつしだされたのであった。

社民ダラ幹あるいはスターリニスト党の支配下に、またはそれらの影響下におかれている今日の労働戦線の深部に真実の革命的前衛部隊を創造し、それを党的に結集する――この組織的闘いの問題を、一般的な「大衆の獲得」のための「政治指導」（ないし戦術提起）および当面の労働運動のための「闘う中核の形成」の問題に横すべりさせているのが、ブクロ官僚の現在的立場であり路線である。このことは、一方では、これまでのわれわれの組織戦術の独自性（たとえば反幹部闘争の組織化をバネとした、革命的中核の創造とその党的結集）の矮小化された理解を裏から証明するものである。それと同時に他方では、わが同盟の「新しい段階」の名においてコミンテルン第三回大会で採択された『戦術にかんするテーゼ』を無媒介的にもちこんだ一結果でもある。

いいかえれば、このテーゼの内容を、そのままわれわれの組織戦術であるかのように錯覚しているところに、彼ら官僚どもがみずからの大衆運動主義的誤謬を擁護せざるをえない一つの理論的根拠がある、ということである。

実際、今日のブクロ官僚どもの一切の言動は、つまるところ右の『戦術にかんするテーゼ』のなかの次の一句から一歩も前進していないのである。

「共産党は、あらゆるプロレタリア組織の最前線を形成して、闘争のための実際上の提案をかかげ、プロレタリアートの日常の必要の一切にたいする闘争を強く訴えることによって、いかにして闘争は遂行されなければならないかを、すべての動揺する後れた大衆にしめし、それによってすべての非共産主義諸党の裏切り的性格を暴露しなければならない。プロレタリアートの実際の闘争の先頭にみずからをおくこと、これらの闘争を促進すること、これのみがプロレタリアートの広汎な大衆を現実に独裁への闘いに獲得する道である。」

ブクロ官僚どもは、今日では労働運動における「戦術の緻密化」という言葉をとりさげ、「労働運動における革命的共産主義者の組織戦術」といいはじめてはいる。けれども、その内容は、要するに右に引用したような、闘争戦術の提起と闘争指導いがいの何ものでもありえない。党建設にとっての職場闘争の重要性とか、「綱領的立場の日常的貫徹の必要性と限界性」とかということを、彼らはあげつらってはいる。しかしながら、わが同盟が直面している問題、同盟外の大衆諸組織（労働組合その他）の内部で、その最前線でたたかっているわれわれの同志たちが、いま解決をせまられている問題は、もっぱらそのような戦術の緻密化にかんする問題にあるのではない。「新産業体制」の確立と合理化攻勢のただなかにおかれているにもかかわらず、いやまさにそれゆえに右傾化を完成しつつ労資協調路線に完全にのしあげられつつある今日の日本労働運動のこの現状をいかに突破するか、突破するための実体的基礎をいかに創造すべきか、という組織戦術上の問題およびそのための（闘争＝組織）戦術上の問題にこそあるのだ。

にもかかわらずブクロ官僚派は、ほりさげ追求されるべきこの革命的共産主義者（同盟）としての組織戦術にかかわる問題を没却したり、あるいはそれを労働運動の戦闘的展開のための闘争戦術にかんする問題に横すべりさせたりしていることに、まったく無自覚なのだ。まさしくこのゆえに彼らは、われわれがきびしく批判し弾劾し、かつその克服のためにたたかってきたところの労働運動主義に陥没せざるをえないのである。彼らの今日的誤謬の理論的根拠は、ほかならぬコミンテルンの『戦術にかんするテーゼ』の教条主義的な理解そのものにある。明らかにブクロ官僚派は、日本反スターリニズム運動を通じて獲得された理論的一成果――闘争戦術と組織戦術との有機的結合の問題――をいまや公然とかなぐりすてて、時代おくれのコミンテルン教条主義に転落してしまっているのである。

動力車の闘いや大管法反対闘争に、右のようなコミンテルンの『テーゼ』を無媒介的・教条主義的にあてはめることによってうみだされたものが、まさに「緻密化」の名において提起されたブクロ官僚の悪名高きかの二段階戦術にほかならない。

当面の闘争戦術を有効的に実現するための、そして戦術的課題の遂行を通じてそれをたえず戦略的目標の実現へ高めていくことを可能にする組織実体にかかわる問題（労働運動の左翼的推進の担い手が同時に前衛党の組織実体へ質的に転換されていくという実体的構造）のほりさげが没却される場合には、せいぜい「党の立場からの『組合運動』の『左翼的』展開は民同的な組合運動の『左翼』化とは別のものである」などといった現象論的で悟性主義的な区別だてしかできなくなるのである。こうして必然的に職場闘争の方針は尻おし的なものにおとしめられ、たんなる実力闘争の呼号になりおわらざるをえないのである。

いやそもそも、ブクロ官僚どもが接する「大衆」なるものは、あたかも一九二〇年代の恐慌期やファシズム抬頭期の大衆ででもあるかのように、まきおこる種々の政治上および経済上の諸事件にたえず「怒り」「憤激」するものとして、観念的に想定されている。（現実の大衆は、しかし、その感覚や精神さえもが疎外され、そしてまた社共両党にさまざまの形で裏切られていてもなおかつ、それらとの闘争にたちあがろうとする気力をさえ喪失し、こうして全体として現存支配秩序にあみこまれているのだ。いわゆる大衆社会的状況におかれた砂のごとき大衆が、それである。）そして、このような「大衆」の「憤激」に、あるいは大衆の自然発生的たちあがりに、「まずもって」無批判的に追随した〝実力闘争〟方針を提起し、「次に」「裏切りが誰の眼にも明らかとなってから」それを暴露する――こういう二段階的な戦術提起のしかたは、われわれとはまったく無縁である。いや「非共産主義諸党の裏切りの可能性を警告」すべきだとするコミンテルンの『戦術にかんするテーゼ』とも、それは無縁なのである。

一般に、民同支配下の労働組合運動あるいは大衆運動の直接性においてではなく、その背後において実現されるべき革命的共産主義者としてのわれわれの独自な組織活動をも「まずもって」労働運動・大衆運動のなかに埋没させ解消させ（これがつまり大衆運動主義的偏向であって、他党派とのイデオロギー闘争をも拒否する完全な大衆追随主義として、さらにまた「反帝国主義」イズムとしても、それはあらわれる）、そして「次の段階」でこの解消されていたわれわれの独自活動を大衆運動の次元において直接的に前面化すべきことを「外」から官僚主義的に強制する（これは、労働戦線の内部における彼我の力関係を無視した左翼セクト主義的批判の強行、ないし「反スターリニズム」の接ぎ木をいみする）――これが、右のような二段階戦術が発生する運動＝組織論的根拠をなすのである。

いいかえるならば、労資協調路線にはまりこんでいる今日の労働戦線の内部で、戦闘的労働運動をつくりだすための組織的基盤の創造（それは既存の労働組合のなかに左翼的または革命的フラクションを形成するという問題にかかわる）と、そのための革命的労働者ならびにわが同盟の独自な組織活動の方法と形態の緻密化（われわれの組織戦術を貫徹するためのその諸形態の追求）とにかかわる問題をば、「労働運動の戦闘的展開のための戦術の精密化」問題に矮小化し歪曲してしまったのが、ほかならぬブクロ官僚どもだ、ということである。

わが同盟ならびに同盟員の活動は、次の三つの形態とそれらの有機的結合において展開され実現される。

（1）　わが同盟（員）の同盟（員）としての独自活動。――これの大衆運動の場面における直接的なあらわれが、わが同盟（員）の独自な宣伝・煽動などである。

（2）　組合員としてのわが同盟員が展開する種々の組織活動（典型的には、フラクション活動）。――このフラクション活動は、同盟員としての同盟員の活動が、つまりわれわれの独自活動が、大衆運動・労働運動の場面でとる一つの形態であり、かかる活動によってつくりだされるのがフラクションであって、フラクションというこの組織形態は、大衆運動づくりと前衛組織づくりとの接点の実体をなすわけであり、かかるものとして二重の性格・二重の機能をもつのである。すなわちそれは、一方では大衆運動を左翼的ないし革命的に展開するための直接的な推進母胎であるとともに、他方ではわが同盟の組織的担い手（革命的共産主義者）をつくりだすための思想闘争の場でもある。

労働戦線においては、組合員としてのわが同盟員のヘゲモニーのもとにある革命的フラクションの形成、ならびに、民同的指導部にたいする種々の「左翼的」反対派（既存の労働組合内左翼フラクションの諸形態）へのわれわれの同志たちの加入戦術、さらに学習会づくりなどとして、このフラクション活動は展開される。

他方、学生戦線においては、自治会員としてのわが同盟員の活動は全学連フラクションづくりとして、また種々のフラクション（サークルやクラスなどのなかにつくられるそれ）づくりとして、あらわれる。全学連フラクションとは、革命的学生運動の直接的な推進母胎であると同時に、わが同盟あるいはマル学同の担い手をつくりだすためのイデオロギー闘争の場でもある、という二重の性格をもっている。そしてこのような全学連フラクションの大衆運動の場面における直接的な現象形態が、種々の闘争委員会であり、また他党派との力関係の具体的分析にふまえて――自治会執行部のもとに、あるいは反執行部というかたちで――種々の共同闘争委員会づくりが、われわれのフラクション活動の一環として展開されるのである。

（3）　わが同盟員としての組合員が展開する独特な職場闘争、あるいはわが同盟員が自治会員として展開する独特な（つまり全学連的党派性をもった）自治会活動。――わが同盟員が組合員（あるいは自治会員）として展開するこの活動が、組合員としての組合員の活動（あるいは自治会員としての自治会員の活動）とは本質的に区別されることは、いうまでもない。そして、わが同盟員の組合員（あるいは自治会員）としてのこのような活動は、組合員（あるいは自治会員）としてのわが同盟員が展開する諸組織活動（典型的にはフラクション活動）や、わが同盟（員）の同盟（員）としての活動（つまりわれわれの独自活動）とともに、労働運動の左翼的ないし革命的展開（あるいは革命的学生運動）をおしすすめるためのその構成実体をなすわけである。いいかえれば、われわれの独自活動・フラクション活動・独特な職場闘争（あるいは全学連的党派性につらぬかれた自治会活動）などは、既成の大衆運動を左翼的あるいは革命的にのりこえていくために、その背後で、またそのただなかで展開されるわれわれの活動の三形態をなすのである。（本書所収の図解**5**〔二六七頁〕をみよ。）

基本的には右のような三つの活動の有機的結合にもとづいて、労働運動・大衆運動が推進されているのである。

それにもかかわらず、それらを完全に平面化し、第一の活動形態（わが同盟のわが同盟としての独自活動）を直接無媒介的に組合運動の次元に（種々の組合機関や職場集会や組合大会などに）もちこむことが、あたかも革命的であるかのように錯覚しているのが、「わが同盟の第三の潮流としての登場」を夢想しているブクロ官僚なのだ。

労働戦線の内部における革命的共産主義者（同盟）の現在的任務の眼目は、労働運動のための「闘う中核」づくりにあるのではない。まさにそのような闘いを通じてプロレタリア前衛党を創造することにこそあるのだ。われわれが展開する労働組合活動や、組合内に左翼的ないし革命的フラクションをつくりだす活動の基準は、まさにその点におかれなければならない。

たとえば××闘争において、われわれの同志たちが組合諸機関や大会などで、民同右派とそれにたいする「左翼的」反対派とを公然と串ざし的かつ原則的に批判することを直接に展開しなかったこと（およびそれを拒否したこと）からして、ただちに「組合活動における民同路線への没入」とか「組合主義」とか、あるいは「召還主義」ないし「党建設主義」とか、というレッテルをはりめぐらしながら、ブクロ官僚どもはそれを非難した。このことは、しかし、まさに非難するものそれ自身の誤謬を雄弁に物語るものなのである。すなわち、彼らは、わが同盟（員）の同盟（員）としての独自活動と、労働戦線の内部における組合員としてのわが同盟員の組織活動の柔軟な諸形態（フラクション活動をふくむ）とを明確に分化することなく、むしろ「闘う中核の形成」の名のもとにこの両者を二重うつしにしているだけでなく、さらにかかる雑炊的なものへ、あるいはわが同盟の独自活動へ、わが同盟員の組合員としての独特な職場闘争を還元し解消することを強制する、という左翼セクト主義者でしかない（これはかの大衆追随主義の反面をなすのだ）のである。

わが同盟員のフラクション活動によって、われわれのへゲモニーのもとに労働組合の内部に革命的フラクションが形成された場合には、それは、わが同盟による「外」からの働きかけと、組合員としてのわが同盟員による「内」での理論的＝組織的闘いを通じて、もちろんわれわれの基本路線を貫徹する場として、また革命的共産主義者つまりわが同盟の組織的担い手を新たにつくりだすためのイデオロギー闘争の場として活用されなければならない。けれども、たとえば民同的指導部の規範から完全に決裂してはいない既成の種々の労働組合内左翼フラクションの内部でわれわれの同志たちが加入戦術をとってたたかう場合には、そこにわれわれの基本路線を貫徹することにはおのずから限界があるということは、あたりまえである。そしてほかならぬこの限界をつきやぶるための理論的＝組織的闘いを左翼フラクションそのものの内と外とでくりひろげることによって、一方では、民同的指導部への反逆とその路線からの脱却をうながし、あるいは日共式の反米民族主義路線へのその横すべりを粉砕するための闘いが、おしすすめられなければならない。それとともに他方では、この既存の左翼フラクションの内外に革命的フラクションがつくりだされなければならない。そして、このようなフラクション活動を基礎とし、それを通じて、外にむかっては労働運動の左翼的あるいは革命的展開をおしすすめ、また内にむかっては真実の革命的左翼を創造し、それをわが同盟のもとに結集するために、われわれはたたかわなければならない。——まさにこのようなわれわれの組織戦術、われわれの組織的力量と諸組織形態の質的ちがい（細胞・フラクション・労働組合など）の認識にふまえて、闘争戦術をその内容において「段階的」に精密化することこそが問題なのである。

ところが、わが同盟の同盟としての独自な諸活動、わが同盟としての宣伝や煽動に助けられつつ、労働者細胞（活動）ならびに労働組合内の種々のフラクション（活動）を強化し、しかもこれらを基礎とし媒介として職場闘争・労働運動を左翼的ないし革命的に展開するための闘争＝組織戦術の提起、——このような運動＝組織づくりの構造の把握とその現実的適用が、ブクロ官僚どもには完全に欠如しているのである。彼ら官僚どもは、そのみすぼらしい主観的願望（「第三の潮流としての登場」とかといった）を達成するための手段にまで、労働運動の最前線でたたかっているわれわれの同志たちをおとしめ、「同盟の新しい段階」の名において彼らにハダカ踊りを強制するわけなのである。尻おし的方針の提起とハダカ踊りの官僚主義的命令との、このようなジグザグ（二段階戦術）こそは、労働運動のただなかにおいて、またそれを通じて、つねに場所的に貫徹されなければならない革命的共産主義者（同盟）としての組織戦術の多様な形態およびこれにふまえた戦術（闘争＝組織方針）の提起を無視抹殺し、「左翼的」な方針という ニンジンをぶらさげることによって党建設が可能であるかのように錯覚しているブクロ官僚どもの官僚意識のあらわれいがいのなにものでもありえない。

このような官僚的ジグザグ、二段階戦術の提起は、つまるところ、一方ではコミンテルンの『戦術にかんするテーゼ』の無媒介的・教条主義的もちこみの一結果である。と同時に他方それは、組合活動への没入や社青同への加入戦術が実質上没入戦術となってしまっているというような形ですでに露呈していた組合主義的な活動スタイルを、または大衆運動主義という誤謬を克服するという問題を、もっぱら個別的技術的なそれに解消し、それを組織現実論的にほりさげること（つまり運動＝組織論的解明）を放棄してきたことの必然的帰結でもあるのだ。大衆運動の不断の組織化を通じての、わが同盟組織の組織化の論理を追求し、そうすることによって社青同没入主義や大衆運動主義との根底的な決別がなしとげられなければならない。ところがブクロ官僚どもは、そうした理論的＝組織的闘いを没却して、ただ一般的に「党と大衆運動との弁証法」という言葉をならべたてたり、「階級情勢の変化にたいする感受性」とか「政治的指導」とかを云々しているにすぎないのである。しかしそれは言葉の遊びでしかなく、完全に空語でしかないのである。ゾウリ虫的感受性を発揮した尻おし的方針の提起や政治技術主義的な戦術指導ぐらいはなしえても、決して前衛党組織建設をなしえないゆえんのものは、まさにその点にこそあるのだ。（未完）

（『解放』第四〜六号、一九六三年五月——山本勝彦）

〔附〕「組織規律」の名における官僚主義的統制について

二〇世紀共産主義運動のスターリニスト的疎外を粉砕し、革命的マルクス主義を基本的支柱とした新しい労働者党を創造するためにたたかってきたわれわれは、一九六二年秋の動力車運転保安闘争、全逓一六時間勤務反対闘争、そして全学連の大管法反対闘争などをたたかうことを通じて、同時にわが同盟指導部の内部に、われわれの予想をこえた種々のゆがみをうみださなければならなかった。とくに大衆運動主義（あるいは労働組合主義的偏向）にもとづいて闘争方針を二段階化する（二段階戦術）という誤謬への陥没、組織建設路線における官僚主義的疎外が、それである。

一九六二年一〇月以降おしすすめられたわが同盟内理論闘争は、まさに右のようなゆがみと誤謬をわれわれの組織活動の経験と点検にふまえてつきだし、それを根底的に克服するためにたたかわれてきた。ところが、わが同盟指導部を占拠し「政治局」を僭称しはじめたブクロ官僚どもは、むしろ逆に、われわれの内部になお克服されずに残存していた種々の偏向をますます開花させ、純粋化しつつ露呈させた。うみだされたこのような疎外をとおして、われわれ自身の党組織論への根本的な反省と過去の組織活動の全過程を自己批判的に総括することをなしとげ、新しい前進の途をきりひらくべき時点に、われわれは、いまたっている。

わが革命的共産主義運動の勃興期から今日まで終始一貫してつらぬかれてきたわれわれの立場、パブロ修正主義とたたかいトロツキー・ドグマチズムを打倒しつつ今日までのわが同盟をつくりあげてきた革命的マルクス主義の立場――これを、彼ら政治局内多数派は基本的に喪失し、ますます大衆運動主義的誤謬に深くはまりこんでいった。にもかかわらず彼らは、この誤謬にまったく無自覚であるだけでなく、むしろそれをレーニンやコミンテルンのドグマの無媒介的もちこみによって正当化しさえしているのだ。こうしたコミンテルン主義ないしレーニン教条主義が、彼ら政治局内多数派の本質的特徴の一つをなしている。

しかも、いま各地方・各地区における労働者細胞および学生細胞が直面している諸問題（とくに学生戦線におけるわが同盟の組織的危機を、いかに突破していくかの問題）へのとりくみを完全に放棄し、組織指導をなんらおこないえず、ただもっぱら「第三の潮流」としてのわが同盟の登場を夢想しつつ「実力闘争」を呼号しているにすぎない肉体派運動主義者という点に、彼らブクロ官僚どもの第二の特質がある。

政治局内多数派による、わが同盟の基本路線の歪曲に抗してたたかわれた内部理論闘争の過程を通じて明らかとなったまず第一の決定的なことがらは何か？――それは、理論闘争を組織化するための方法と形態の分裂としてさえあらわれたところの、革命的労働者党建設路線における対立であり、したがってまた前衛党組織の本質論的把握における敵対である。まさに組織路線におけるこの分裂を理論的に明確につきだしつつ断乎とした闘いを推進しえなかったことを、われわれは、まずもってわれわれ自身の組織内闘争の欠陥として自己批判しなければならない。

地区の党建設路線をめぐってあらわにされた理論的対立、指導部内における少数意見を全同盟的に明らかにし物質化するためのわれわれの闘争、あらゆる機関・すべての細胞において、しかも可能なかぎりのルートを駆使して思想闘争を全同盟的に組織化するためのわれわれの活動は、まずもってわが同盟の危機を直観した同志たちによる、この危機を打開するための同盟内反対派＝党内フラクション（それは革命的分派組織への過渡形態ではあるが、直接的には分派組織ではない、まさしくこのゆえに官僚化した指導部にとってそれは〝非分派的「分派」〟として映じることになる）の結成をめざして開始された。それは、「小ブル自由主義にもとづく解党主義」のあらわれでもなければ、また「小ブル分散主義」あるいは「革命党の組織問題にかんする無知」のゆえでもない。まさしくそれこそは、前衛党組織内部に発生した誤謬や偏向を実践的に解決していくための同盟＝党内闘争の一形態であり、そのための一つの組織的保障なのである。

にもかかわらず政治局内多数派の官僚どもは、「山本の非組織性」とか「党規律の否定」とか、さらに「組織破壊」とかというようなレッテルをわれわれにはりつけ、下部組織からの革命的批判の噴出を官僚主義的に統制しはじめたのである。この事実こそは、反スターリニズムの前衛党組織をいかにつくりだしていくか、という点における根本的な分裂をあらわにしたものにほかならない。

一般に前衛党組織はその実体的担い手（共産主義的人間）の問題を捨象して論じることは決してできない。もしも後者が捨象されるならば、組織における全と個の弁証法はやすやすと破壊され、組織そのものが固定化され形骸化され、さらに物神化され、そして民主主義的中央集権制は官僚主義的集中制へと疎外され変質してしまうのである。しかも、ブルジョア的階級支配によって分断されているプロレタリアの階級としての形成を、社会民主主義党およびスターリニスト党による労働戦線の分裂という現状のもとで、なしとげることが、われわれの党建設の中心課題をなすのである。明らかに、プロレタリア的個人とその階級的全体性との、前衛党組織そのものにおける統一を、たえず主体的に追求していくことなしには、党組織づくりは決してなしえないのである。

しかも、現時点における中心問題は、ほかならぬわが同盟指導部の腐敗があばかれ、彼らによる同盟の基本路線の大衆運動主義的歪曲があらわにされ、わが同盟の組織的危機が深刻化しつつある、という点にある。

ところが、ブクロ官僚どもは、前衛党組織づくりの本質的・過程的把握をなんらなしえず、ただただ「われわれの組織はわれわれがつくったものだ」ということに、あるいは代々木共産党から決別したという事実に安住して、直接的にわが同盟組織を固定的にとらえ、組織物神化におちこんでしまっている。だから当然にも彼らは、官僚化した指導部にたいする下部からの組織的批判を「小ブル分散主義」とか「解党主義」とかというようにしかとらえることができないのだ。わが同盟の危機を打開するための同盟内反対派フラクション活動にたいしては「同志的信頼がない」などという道徳主義的空語（つまりは泣きごと）をならべたてて理論闘争を回避したり、あるいは「組織規律」とか「民主集中制」とかを楯にして下部からの批判の鋭鋒を封じようとしたりすることそれ自体は、ほかならぬ同盟「政治局」を僭称しているブクロ官僚どもの自己保身のための策略いがいの何ものでもありえない。

実際、政治局内多数派の組織観は「ハジメニ組織アリキ」方式を一歩もでず、前衛党組織をいかに創造するかの立場と理論が、そこには完全に欠落している。だから彼らは、理論的対立点にかんする内容上の問題から組織問題を機械的に切断し、それ自体を問題とするにすぎない形式主義におちこまざるをえないのである。そしてこの形式主義は、具体的には「山本派の非組織性」のがなりたてとして、したがって思想＝理論闘争の官僚主義的圧殺としてあらわれる。いいかえれば、いわゆる「山本派の非組織的活動」が、わが同盟指導部の腐敗・変質をのりこえた革命的マルクス主義を擁護し貫徹するために――理論的にも組織的にも――必然的である根拠を、彼らは決してとらえることができないのである。

しかもコッケイなことには、レーニンやルカーチの組織論を引用してはいるが、しかしその本質をなんら理解することができず、むしろ自分たちの官僚体制を維持するという視角から晩年のレーニンの組織観を御都合主義的に拝借し、一方では分派闘争を是認するといいながら同時に他方では分派禁止の種々の措置を考案したのが、ほかならぬブクロ官僚自身である、ということだ。こうして彼らは、はしなくも分派闘争を同盟内＝党内闘争の一形態としてとらえることができず、党内闘争と分派闘争とを機械的に分離し、分派闘争を組織的分裂と直結し等置するという誤謬を自己暴露した。そして実際に政治局内少数派を同盟指導部から直接に排除することをテコとして、彼ら官僚どもは、わが同盟組織全体を上から下へと強行的に分裂させることを促進したのであった。政治局内多数派の路線に反対する同盟内フラクションが結成されなければならなかった根拠そのものを反省し克服する（その場合には必然的に同盟内フラクションは消滅するのだ）という方向においてではなく、このフラクションを直接に組織的に分離していくというスターリン的方式を、彼らブクロ官僚はえらびとったのである。

ブクロ官僚派の組織論の本質は、組織問題から戦略・戦術問題を機械的に切断する点にある。（このことは同時に他方、後者が前者から切断されることによって、後者それ自身が形骸化されることをいみする。）こうして彼らの組織路線は完全に形式主義化され、官僚主義的統制と支配が発生せざるをえないのである。政治局僭称派どもがとなえる「組織原則」とか「党規律」とか「民主集中制」とかは、実はわが同盟の基本路線の歪曲、その形骸化をおしかくしたり、種々の偏向や誤謬を擁護したりするための官僚主義的集中化いがいの何ものでもありえない。

まさにこのような党組織の官僚主義的統制、民主主義的集中制の官僚主義的それへの疎外を阻止するためには、コムミューン型国家の四原則のなかのリコール制のようなものが党組織本質論の内部に位置づけられなければならない。そして、そのためには前衛党の組織的担い手の共産主義的人間としての自己形成が前提となるだけでなく、同時に党内フラクション（種々の形態の反対派）の論理が、党内＝分派闘争の論理が、あらためて本質論的に追求しなおされなければならない。党組織の内部における上部機関と下部組織との相互交通ならびに後者相互間の交通とともに、組織全体の実体的転換に媒介された前衛党組織そのものの生命化の論理を究明し、かつ具体的に実現すること――これが、現在までのわが同盟内闘争の経験を通じて学びとられるべき組織論上の第一の教訓である。

わが同盟組織を――本質的にも実体的にも――日本労働者階級の真実の前衛部隊としてつくりあげるために、われわれはたたかってきた。ところが、この期間の同盟内＝分派闘争における、政治局内多数派による官僚主義的統制と組織的排除＝分離＝分裂の行為にたいする闘争を通じて、われわれの内部に組織物神化の誤りがなお残存していたということを、われわれは自覚させられたのである。スターリニスト党からイデオロギー的にも組織的にも決裂した新しい前衛党を創成するという課題がいかに苦難にみちたものであるかということを、われわれは身をもって体験させられたのである。

直接的には、わが同盟指導部の官僚化──それは、当面の闘争戦術の提起のしかたにおける大衆運動主義への陥没と不可分にむすびついている──を根底からくつがえし克服するためには、まずもって指導部（政治局や労働者組織委員会）の労働者的本質を強化し、現場でたたかっている労働者同志自身が、みずからの指導部をつくりあげる闘いをなしとげなければならない。とくに、これまでの「労対部」が常任メンバーに固定化され、政治局の決定を下部組織へおろすためのパイプ的存在と化していた、ということの現実へのきびしい反省にふまえて、ブクロ官僚のように「労対部」をただたんに「労働者組織委員会」と改名するだけでお茶をにごすのではなく、労働者組織委員会を名実ともに労働者組織委員会として確立するための闘争を、われわれは断乎として遂行しなければならない。そうすることによって、ブクロ官僚のように自己の主観的願望（「わが同盟の第三の潮流としての登場」とか、「新しい段階への飛躍」とかというような）を実現するための手段に、わが同盟組織をおとしめる、という誤謬が発生する根もとは完全に除去されなければならない。（未完）

（『解放』第二号、一九六三年四月──山本勝彦）

Ⅲ　日本反スターリン主義運動の現段階

わが同盟組織建設の前進のために

一九五七年いらいの理論的＝組織的闘いを通じて、われわれがつみあげてきた反スターリニズムの理論と実践の核心的なものを、「わが同盟活動の新しい段階」の名において完全になげすててしまったにもかかわらず、それにはまったく無自覚なブクロ官僚一派。――われわれの内部からうみだされたこの変質分子どもにたいする断乎たる分派闘争をおしすすめてきたわれわれが、革命的共産主義者同盟・革命的マルクス主義派の結成を高らかに宣言しつつ、日本における反スターリニズム的共産主義運動の新しい段階をきりひらくために、苦闘を開始してから、すでに五ヵ年がすぎさった。

この五ヵ年（一九六三年四月～六八年五月）は、それ以前の創成期の約六ヵ年（一九五七年一月～六三年三月）と同様の苦難にみちた闘いの連続であった。一方では『逆流に抗して』や『組織論序説』などにしめされている、われわれが創造したわずかばかりの革命理論の諸成果をうけつぎ、さらにそれらを発展させるための理論闘争の推進、他方ではわが反スターリニズム運動の新しい段階をきりひらくことのできる力と可能性をもった新しい指導部を創造しつつ、同時にその時々の大衆運動へわが同盟が組織的にとりくみ、またこれを媒介として組織全体を再建するための闘いの一歩一歩の前進、――これらを通じてわれわれは、わが同盟の現在をつくりあげてきた。とりわけ中央指導部（書記局、労働者および学生組織委員会など）を当時にないはじめた同志たちの平均年齢が、二一～二二歳であったというこの事実に端的にしめされているように、わが同盟の中央および各地方の指導部、ならびに同盟組織全体の革命的再建をかちとるための闘いは、じつに苦難にみちあふれていた。だが、この若々しい生命力にささえられながら、われわれは一致団結して、あらゆる苦難と障害をのりこえつつ、わが同盟の組織建設とこれを基礎とした大衆闘争の展開のために奮闘し、首尾一貫して反スターリニズム革命運動を、しかも世界に類例をみないかたちで、おしすすめてきたのである。

ところが、大衆運動主義的偏向への陥没に無自覚のまま、しかもこの誤謬をつらぬくために池ブクロの事務所および同盟機関紙を占拠した官僚どもは、そのご彼らの組織と理論と運動の腐敗をますます深化させ、それらを完全に変質させてきた。とくに10・8羽田闘争いごの闘いを「激動の七ヵ月」というように謳歌しつつ、同時になんらの自己批判的総括をおこなうことなく欺瞞的な右旋回を公然と開始することによって、彼らブクロ官僚一派は、すでに美濃部選挙いご顕在化しつつあった決定的な組織的危機を糊塗し、かつのりきるために、前衛党にあってはならないあらゆる卑劣な手段と陰謀をまたもや駆使している。こうしたブクロ官僚一派の腐敗と変質にたいして断乎たる分派闘争をもって対決し、さらに彼らを打倒していくための能力も理論も革命的情熱も失っている彼らの下部同盟員たちは、いま次々に脱盟することに自己の活路をみいだしているかのようにみえる。「『赤旗』と『前進』とのちがいがわかった気になれるマル青労同員」は、「教師のような、労働者ではないインテリ同盟員だ」と野島三郎が平然とうそぶいているほどの「組織」をブクロ官僚どもはつくっているのであるから、そのような事態しかうみだされないのは、しごく当然のことであるかも知れない。

それほどまでに変質してしまったブクロ官僚一派にいまなお追従し、あるいは彼らから脱走しつつある労働者・学生たちにたいして、わが同盟は、いまこそ革共同の第三次分裂を現在的に教訓化しつつ徹底的な組織的闘いを、あらゆる場面で、可能なかぎりのルートを通じて、くりひろげるのでなければならない。ブクロ官僚派を全体として革命的に解体するための組織戦術を、わが同盟の各級指導部のもとに緻密化し、いま直面させられているこの党派闘争に、われわれは、わが同盟組織の底力を発揮しつつかちぬくのでなければならない。

それだけではない。われわれの党派闘争の弱さのゆえに、一九六六年九月に、マルクス主義戦線派のヘゲモニーのもとでこれと関西ブントが野合して第二次ブントが結成されたのであったが、これもまた「激動の七ヵ月」のただなかで悲喜劇的に再分解をとげた。こうして関西ブント系に純化された第二次ブントは、中共型毛沢東主義を美化しつつ急速にゲバラ路線への傾斜をしめしはじめ、その路線における最大限綱領主義（反帝闘争主義）、その闘争形態における武闘オンリー主義を、今日ますます純化しつつ自己崩壊へとつっ走っている。その他の反代々木を標榜している中間主義的諸分派〔社青同解放派、プロレタリア軍団、Ｍ（毛）＝Ｌ（林）派など〕もまた、スターリニズムとの決定的な対決と決裂を回避し、あいもかわらず「断乎たる反帝闘争」を呼号しながら、その反帝闘争主義をより一層純化し、崩壊しかかっている第二次ブントの轍をふみつつあるにすぎない。第一次ブントの破産についてまったく無自覚な、こうした反代々木の小ブルジョア急進主義的行動左翼にたいする、わが同盟の党派闘争もまた、ブクロ官僚一派を組織的に解体するための闘いとともに、組織的に実現されなければならない。

いわゆる「激動の七ヵ月」の直後にうみだされている反代々木左翼戦線の、こうした分解と流動化にたいして、われわれは、わが同盟の基本原則にもとづいて、あらゆる場面で執拗に闘いをくりひろげなければばならない。この闘いは、わが同盟組織と反スターリニズム的共産主義運動を飛躍的に前進させるための、当面の決定的な環をなすといってよい。七〇年安保条約改定の時点にそなえるのではなく、まさしく現時点においてこそ、われわれの組織的闘いは、上下の区別なく、あらゆる場面で断乎として推進されなければならない。

さて、その時々の大衆闘争とともに、またそれを媒介としておしすすめられてきたわが同盟の組織建設そのものの五ヵ年の歩み、その教訓を、ここでは、次の五点にわたって総括することがめざされている。

Ⅰ　革命的マルクス主義派建設五ヵ年の教訓
Ⅱ　組織建設路線にかんする問題点
Ⅲ　指導部建設にかんする諸問題
Ⅳ　前衛党組織建設のために
Ⅴ　激動する国際・国内情勢とわが同盟の組織的任務

Ⅰ　革命的マルクス主義派建設五ヵ年の教訓

過去五ヵ年にわたるわが同盟（革マル派）の組織建設を、労働運動および学生運動へのわが同盟の組織的とりくみ、ならびにそのただなかでの他党派との組織的闘いとの関係において、ここでは、およそ七段階にわけて総括することにする。

一　ブクロ官僚派との決別と革マル派結成のための闘い

（一九六二年一一月～六三年七月）

A　革共同の第三次分裂をみちびいた内部理論闘争にかんする諸問題は、基本的に次のようなものであった。

（1）統一行動とマル学同建設にかんする問題

直接には一九六二年九月二八～二九日の憲法中央公聴会阻止闘争において、それを指導した岡田新や梶村憲一郎らが「他党派解体のための統一行動」の名において学生デモそのものを「反社民・反構改」とするために分断する、という左翼主義的誤謬をおかしたことを発端とし、これを克服するために、大衆的統一行動の展開とマル学同組織づくりとの区別と連関を弁証法的に追求することが開始された。ところが、こうした問題の追求に反撥した彼らは、北川登・今井重雄・岸本健一らとともに、一八〇度の転換をやってのけ、大管法阻止闘争（一九六二年一一月）においてはズブズブの統一行動（他党派とのイデオロギー闘争をも完全に放棄し、またわれわれの組織戦術をもかなぐりすてたベッタリズム的統一行動）の路線をひっさげて、マル学同と学生細胞の闘いに混乱をみちびきいれた。ここにおいて、統一行動をいかに推進するか、という問題をめぐって内部理論闘争がたたかわされた。――「他党派解体のための統一行動」なるものを過去において主張し、また現在でもなお主張しつづけているのが革マル派である、などといった神話が今日なお依然として流布されているが、これはまったく事実無根であるだけでなく、運動＝組織論的にも学生運動論的にも、われわれとは無縁であることは自明のことである。われわれにたいするかの「非難」は、まさに非難するもの自身の無原則性、その無理論、その大衆運動主義をしめす以外のなにものでもない。それは、大衆運動の組織化とマル学同組織づくりにかんする弁証法的把握を拒否したことからうみだされた幻覚でしかないのである。

（2）キューバ危機をめぐる反戦闘争にかんする問題

かの「前門の虎、後門の狼」説に象徴されるブクロ官僚の「ソ連＝赤色帝国主義」論的な傾斜をもった情勢分析と、これにもとづいた世界革命戦略（反帝・反スターリニズム）の「反帝」イズム的歪曲にたいして、イデオロギー闘争が果敢に展開された。そして、この「反帝」イズムはそのご古典的レーニン主義やコミンテルン路線などの無媒介的なもちこみによって、ますます純化された。

（3） 動力車労組の運転保安闘争にたいする二段階戦術をめぐる問題

大衆運動の組織化過程においては断乎たる実力闘争ということだけを呼号し、そして運動の集約時点において、はじめて公認指導部の裏切りの本質や敗北・挫折の根拠を公然と暴露すべきである、ということの方式に端的にしめされているところの、われわれの組織戦術のたえざる「貫徹」（媒介的および直接的な）を無視した闘争戦術の二段階化、その根底にある労働運動主義（あるいは大衆運動主義）——これが、わが同盟の第三次分裂をもたらした決定的な争点をかたちづくったのであって、これをめぐる理論闘争は激烈に展開された。そして、ブクロ官僚どもが新たにうみおとしたこの二段階戦術が、かの「反帝」イズムと結合させられる場合には、必然的に「反スターリニズム」は「実力闘争」と同義語にまでおとしめられたのであった。

（4） 参議院選挙闘争にかんする問題

一九六二年参議院選挙へのわが同盟としての組織的とりくみ、そこでのイデオロギー闘争の内容（「社共両党にかわって、断乎たる実力闘争をもってたたかう労働者党」ということの空語的くりかえし）、さらに反議会戦線の位置づけと評価などにかんする、ブクロ官僚一派の政治技術主義的で清算主義的な総括、これにたいするわれわれの反撃。

（5） 地区の党組織建設と産業別労働者委員会の強化にかんする問題

わが同盟に固有な一つの組織形態、その特殊的な組織構成をなす産業別労働者委員会（産業別の経済上・政治上の諸闘争と組織建設のための特殊的指導機関）をも、「地区党」建設の名において地区的に分散化させようとした官僚ども（彼らは内部闘争の勃発いご、これを卑劣にもなしくずし的に、しかも試行錯誤的に手なおししながら、自己の誤謬をひたかくしにした）にたいして、われわれは、各地方の産業別労働者委員会の強化と、これをテコとした労働者細胞の確立、これにふまえた同盟組織の地区的確立のための闘いの推進、という基本的組織路線（『党建設論』をみよ）をつらぬくための理論的＝組織的闘いを展開したのであった。この問題をめぐる闘いが、とくに労働運動主義（あるいは大衆運動主義）の克服という問題と結合され統一されることによって、内部理論闘争は分派闘争へ、さらに組織的分裂へと必然的に高められ発展させられたのであった。

B　右にあげたような諸問題をめぐって、同盟内理論闘争が組織的に展開されたのであるが、この闘いがとくに分派闘争という形態において実現されはじめた段階において、さらに根本的な問題が深刻な問題としてうかびあがってきた。一言でいえばそれは、前衛党組織建設における決定的な対立と分裂である。ブクロ官僚どもは「分割支配の論理」をわが同盟の内部にもちこみ、風前のトモシビとなったわが同盟の基本路線をまもり発展させようとしたわれわれの理論的＝組織的闘いを官僚主義的に支配し統制し封殺しようとしたのであった。スターリニスト党官僚と同様の官僚主義的恫喝と統制に、われわれは屈することなく同盟内フラクションや分派組織を結成して断乎とした組織的闘いを推進し、これを基礎として革共同・革マル派へとみずからを純化したのであった。機関紙『解放』ならびに機関誌『共産主義者』を、われわれは一九六三年四月以降次々に発刊し、わが同盟組織建設への第一歩をふみだしたのであった。

学生戦線においては、わが同盟とマル学同（革マル派）に指導された先進的学生は、全学連第三四中委で、ブクロ官僚どもに盲目的に追従した「中核」分派にあやつられた「全学連内反全学連派」の破壊活動を粉砕し、さらにこれを踏み台として日韓闘争や憲法改悪反対闘争をたたかい、全学連第二七中委でうちたてられた革命的学生運動の基本路線を擁護し発展させるためにたたかった。こうして全学連第二〇回大会は、ブクロ＝中核派系学生による大会破壊の暴力をはねのけながら、革命的学生運動の危機を打開するための拠点をうちかためるものとしてかちとられた。この大会をくぎりとして、全学連フラクション創造のための論議が、一九六二年秋の理論闘争を教訓化するかたちで、はじめて大衆的になされたのであった。

他方、労働戦線においても、わが同盟は、ブクロ官僚どもの卑劣な非難攻撃、誹謗中傷をはねのけつつ、挫折した運転保安闘争の運動＝組織論的総括にふまえて、各産業別労働者委員会と細胞をうちかため、そうすることを通じて政治局内多数派＝ブクロ官僚一派との組織的分裂を着実におしすすめた。この組織的闘いのただなかで、われわれは同時に日韓統一行動や春闘をもたたかいぬいてきた。

C　ブクロ官僚一派と決別し、わが同盟（革マル派）の組織建設をおしすすめる闘いにおいて、われわれが直面させられ、またその克服のためにたたかってきた組織問題――その第一は、運動＝組織づくりにおける原則主義である。すなわち「戦闘的労働運動の防衛」の名のもとに大衆運動主義に、戦術提起におけるその二段階化の誤りに陥没したブクロ官僚どもにたいして、戦闘的労働運動の防衛ではなくしてその創造を、したがってそのための「ケルンの創造と強化」を、対置したということそれ自体は原則的に正しいのであるが、にもかかわらず同時に、そこにはらまれていた原則対置主義の限界を、われわれは急速に打開しえなかった、ということである。既存の労働運動の内部において、しかもそれを左翼的に展開しのりこえつつ、同時にこれを媒介としてわが同盟組織を強化し拡大していくという、この運動＝組織づくりの一般的構造を理論的にとらえかえすことを基礎として、組合員としてのわが同盟員が展開する種々の組織活動（典型的にはフラクション活動）の緻密化およびその理論化を、——大衆運動主義から根底的に決裂し二段階戦術への転落を実践的に打破するために——われわれは追求したのである。労働運動の先頭にたってたたかった経験が一度もない官僚どもが、われわれの労働者同志たちにはりつけたレッテルとしての「ケルン主義」ではなく、「闘う政転路線」のワク内にありながら同時にこのワクを突破することを組織的に追求しつつたたかわれた運転保安闘争を運動＝組織論的に反省することを基礎とした自己総括、これを通じて帰結されたケルン主義、かかる偏向から脱却し、ブクロ官僚のような変質分子を根底から拒否するかたちにおいて、わが同盟諸組織を確固としてうちたてるための理論的＝組織的闘いが深められたのである。

そして第二には、——わずかに学生戦線の一部にみられた傾向であったが——これまでの政治技術主義的な指導と大衆運動主義的ひきまわしにたいする反撥として部分的にうみだされた立脚点主義を克服するための闘いが展開された。学生運動からの召還ではなくして、まさに大衆闘争を主体的に推進しうる立脚点をそれ自体として追求する、ということの傾向が誤謬であるということを、われわれは運動＝組織論および同盟建設論の角度からあばきだし克服したのであった。

社共両党にとってかわる真実の前衛党の創造をめざしてたたかってきたわが同盟の内部に、政治局内多数派に端的にしめされる官僚どもをうみだしてしまった、というこの痛苦な現実を打破するためには、まずもってブクロ派をうみだした「われわれ自身の腐敗をみつめよ」と主張した一部の同志たちの非弁証法的で主体主義的な組織観を粉砕すること――これが、その克服のためにわれわれがたたかってきた第三の組織上の問題であった。

これは、わが同盟（革マル派）の第二、三、四回の全国代表者会議その他で提起され克服されてきたことがらである。

二　ケルン主義の克服とフラクション創造の闘い

（一九六三年八月〜六四年三月）

A　一九六二年一〇月のカリブ海の危機をめぐって、ソ連共産党と中国共産党との対立が決定的に表面化し、さらに「国際共産主義運動の総路線」にかんする中・ソ論争がますます激化し深刻さをましはじめた。この事態は、直接にわが国の原水爆禁止運動にも大きな波紋を投じただけでなく、原水禁第九回大会（一九六三年）はふたたび分裂させられた。すでに一九六一年にソ連核実験問題で原水協から除名されしめだされていた全学連は、広島でひらかれた社共の分裂集会にたいして革命的に介入してたたかった。

さらに、ブクロ＝中核派による統一行動（9・13闘争）の暴力的分断（この時以来、ブクロ＝中核派は他党派にたいして棍棒を使用するにいたったのであり、7・2早稲田大学事件［一九六四年］は中核派の暴力路線を端的にしめしたものである）を弾劾しつつ、わが同盟とマル学同（革マル派）に指導された全学連は、「ポラリス潜水艦寄港阻止・中国核実験準備反対」のスローガンをかかげて、革命的学生運動の前進のための地歩をうちかためていった。

他方、ブクロ官僚一派の大衆運動主義まるだしの職場闘争方式の非実践性は、全逓羽田空港の闘いの破産において、まさに現実的に確認された。しかも、この闘いの破産を彼らは教訓化することができなかっただけでなく、むしろ「山猫ストのための組織」論の提唱者（竹中明夫）をさえうみおとすほどまでに、彼らの運動＝組織路線は混乱をきわめたのであった。

大衆運動を展開できない大衆運動主義者、労働運動を推進できない労働運動主義者としてのブクロ官僚一派の腐敗をしりめに、わが同盟・国鉄委員会は、動力車労組の12・13反合理化闘争へ、尾久・田端の機関区統廃合反対闘争へ組織的にとりくみ、全学連の支援闘争とあいまって、時限ストライキとしてそれをたたかったのである。

全逓羽田の闘いの完全な破産と12・13闘争の実現――これが、運転保安闘争のただなかでの革共同の第三次分裂から一年後の現実であって、そこには、わが同盟の組織戦術、運動＝組織路線の正しさと、ブクロ派の大衆運動主義的誤謬とが、あざやかにしめされているといわなければならない。

B　合理化（基地統廃合）反対闘争への、また革命的学生運動への、わが同盟の組織的とりくみの背後で意識的に追求されはじめたことは、フラクション活動の運動＝組織論的解明であった。これは直接には一九六二年秋に提起されたところのものの深化をめざすものであった。しかし本質的にそれは、一九六一年秋の米・ソ核実験反対闘争のただなかで追求されはじめた、大衆運動のわれわれによる組織化と組織（マル学同やわが同盟のそれ）の組織化との構造を弁証法的に把握し、しかもそれをわれわれの実践活動へ適用する、という問題をより一層具体的に追求しほりさげることをめざした理論闘争であった。

学生戦線においては、「三全総路線」（『共産主義者』第七号をみよ）なるものをじかにもちこんで「戦闘的学生運動の防衛」をがなりたて、それをタテにしてわが革命的学生運動を棍棒で破壊しようとしたブクロ＝中核派にたいする組織的闘いにかちぬくことを通じて、わが全学連の運動と自治会組織の強化および発展をたたかいとるために、全学連フラクションの創造にかんする問題が提起され論議されはじめた。

他方、労働戦線においては、破産した全逓羽田空港の闘いを実践的に総括することを通じて、わが同盟・全逓委員会およびその細胞を基軸としながら、革命的フラクションを各職場につくりだすための組織活動が展開された。そしてまた12・13反合理化闘争をうちぬくために、わが同盟中央指導部ならびに国鉄委員会の指導のもとに各労働者細胞は、一方では合理化反対闘争のための方針内容（近代化と合理化とを機械的にきりはなす社会民主主義者のニセ合理化論や、合理化を首切りに直結するにすぎない単純な合理化反対闘争論など）をめぐる理論闘争を――たとえ当時の段階では、合理化そのものの技術論的・経済学的アプローチと、合理化反対の闘争論的アプローチとを二重うつしにする、という傾向からまぬかれていなかったとしても――組織化し深化した。それとともに他方では、ケルン主義あるいは「学習会を根底にすえた労働運動」という運動＝組織路線における一面性を組織戦術論的に反省することを通じて、わが同盟組織および同盟員によるフラクション活動とフラクション創造の理論を明らかにしながら、しかもこれを組織活動に現実的に適用していく、という問題をめぐって、各労働者細胞で討論がなされはじめた。

Ｃ　われわれによって提起され追求されはじめたこのフラクションとは、もちろんコミンテルン型のそれ（つまり労働組合の各級執行機関の内部につくられる、党員だけから構成されるフラクション――このような労働組合内左翼フラクションあるいは党員フラクションを、代々木共産党はグループとよぶ）ではない。われわれの組織戦術の大衆運動の場面への貫徹において創造される一つの組織形態として、いいかえれば、組合員としてのわが同盟員が展開する組織活動（これは典型的にはフラクション活動としてあらわれる）を通じてつくりだされる半非公然的な一つの組織形態として、フラクションは位置づけなされたのである。このようなものとしてそれは、当然にも、一方では、当面の労働運動の内部においてそれを左翼的に展開するための、あるいは学生運動を革命的に展開するための、直接的な推進母胎として、当面の戦術上の一致にもとづいてつくりだされると同時に、他方では、わが同盟（またはマル学同）に結集しその担い手となるべき革命的労働者・学生を自己変革的に創造するためのイデオロギー闘争の場でもある、という二重の性格をもつのである。

当時の段階では、しかし、フラクションを、(イ) われわれが展開する組織活動からきりはなして形態主義的にとらえる傾向、また (ロ) フラクション会議でなされる理論闘争のやりかたや内容にひきよせて理解するといった傾向などが、かなり濃厚であったことは否定しがたい事実である。

たとえば△地方の◇労働者委員会にぞくす同志たちの場合には、「学習会とフラクションとを形態的に分離する傾向があった」というような反省がなされたわけであったが、しかし、こうした「形態的分離」が発生する根拠へのほりさげが十分なされなかった。学習会とフラクションとを、われわれのフラクション活動によってつくりだされた二つの形態としてとらえかえし、しかも前者をフラクション的に機能させることを媒介としながら、前者を直接に後者へ横すべりさせる（つまり直接的な形態的止揚）のではなく、むしろ理論闘争を通じて前者の構成メンバーを後者のそれへ個別的に高める（つまり実体的止揚）という指導がなされるべきだ、というような反省がなされなければならないわけである。

あるいはまた、フラクション（活動）にかんする理解がはっきりしていないことからして、学習会を低次のそれと、高次のそれとに直接に形態分化させるにすぎない場合には、いわゆる「闘う中核」と革命的中核（労働者細胞）とのあいだによこたわる断絶が、前者から後者への——思想性における、また組織性における——質的な転化が、あいまい化されることになる。ブクロ官僚どものいう「ケルン主義」とは党建設主義の別名なのであるが、しかし、われわれのいうケルン主義とは、このような思想的および組織的な断絶を明白に組織活動において位置づけることなく、もっぱら労働運動の左翼的推進をなしうる担い手へ、学習会などでの理論闘争を通じて戦闘的労働者たちを高めていく、というような一面的な運動＝組織づくりのとらえかた、およびそれにもとづいた活動上の偏向のことである。そこに欠けているものは、その時々の労働運動への、わが同盟（員）の同盟（員）としての組織的かかわりを基礎とし、われわれの組織戦術を大衆運動の場面へ貫徹することによって、フラクション活動（フラクションづくりや学習会づくり）を展開したり、また独特な職場闘争をおしすすめる、という運動＝組織論を明確化し主体化すること、およびそれを組織活動そのものへ適用することである。

こうした諸偏向を克服するために「フラクション」論議がたたかわされたのであったが、しかし「労働組合運動――→フラクション――→わが同盟諸組織」というように図式化できる理論的アプローチのしかたのゆえに、その当時の段階においては、その正しい解決の道がはばまれ、みいだされなかったのであった。もちろん、こうした欠陥は、フラクション会議におけるイデオロギー闘争のありかたを論じることによって「補完」されはした。すなわち、われわれの戦略や革命理論をフラクションのメンバーにどのように、またどこまで、つかませるか、といった視角からのアプローチであって、これが、さきにあげた（ロ）の傾向である。この傾向は、明らかにフラクション（活動）の運動＝組織論的解明と、つくりだされたフラクションや学習会でのイデオロギー闘争のやりかたおよびその内容にかんする問題とを、未分化のまま追求した結果うみだされた誤りであるといえる。こうした（ロ）の傾向の欠陥と誤りを打破し克服することがおくらされた結果として、いわゆる「現実問題の戦略論的ほりさげ」によってフラクションを強化する、という一種のイデオロギー闘争主義的ないし思想闘争主義的な傾向が固定化されたのであった（△地方、□地方、△△地方などの場合）。

右のような諸偏向を克服するためには、なお運動＝組織論そのものの理論的深化、運動＝組織づくり（論）にかかわる問題と運動＝組織方針（論）にかかわる問題との二重うつしからの脱却、もっぱら「戦略の適用」のベクトルからフラクションをとらえたり、またフラクション会議における理論闘争の内容を考えたりする傾向との根底的な決別、などが目的意識的に追求されなければならなかった。運動＝組織論をめぐる内部理論闘争として、それらはひきつづいて追求されたのである。

このような理論闘争の推進は、同時に実践的には、12・13闘争の実現、全逓羽田空港闘争の不可避な破綻を教訓化しつつ、種々の職場に、また既存の左翼フラクションの内外に、革命的フラクションをつくりだす闘いとして実現された。

他方、学生戦線においては、ますますその腐敗を露骨にしはじめた中核派、――中・仏核実験準備反対闘争から召還しただけでなく、「国際的反戦闘争と国内的反戦闘争との区別」などというインターナショナリズムを形骸化した反戦闘争論をひれきしたり、「危険意識、危機意識、反戦意識……」などの客観主義的で形式主義的な分類をやりながら同時に統一行動を棍棒でもって分断するというセクト主義を発揮したり、また一方ではわが全学連にたいしてセクト主義を発揮するとともに他方では中間主義的諸分派（社青同や社学同など）と野合すること（ネオ三派連合の形成）によってそれらの延命を助けたり、さらに小ブルジョア急進主義的な「先駆性」論への先祖がえりを公然と開始して「韓国学生デモ無条件擁護」をがなりはじめる（このころ「魚の尻尾をおいかけるドラ猫＝中核派」という標語がうまれた）、というような腐敗を蓄積しつつあった中核派――、そして反帝闘争主義をますます純化した社学同およびそれから分裂したM・L派など、にたいする断乎たる理論的＝組織的闘いを、内部理論闘争との統一において、わが同盟はおしすすめてきた。

三　激化した中・ソ対立のもとでの、反代々木左翼の統一行動と党派闘争の推進

（一九六四年四月〜六五年一月）

A　一九六三年六月一四日に発表された「総路線」論文を起点として中国共産党指導部は、彼らとソ連共産党指導部との数々の「くいちがいの由来」を暴露する論文を、矢つぎばやに、しかも『プラウダ』の公開論争停止のよびかけをしりめに続々と発表した。

すでに「スターリン批判」問題にかんして、また「ハンガリア問題」への対応のしかたにおいて、クレムリン官僚と北京官僚とのあいだには種々のくいちがいがあったことは、公然たる秘密であった。そしてロシア革命四〇周年を記念してだされた「モスクワ宣言」、〝第二共産党宣言〟として賞揚されたこの「宣言」は、中・ソのスターリニストのあいだの妥協の産物でしかなかった。第二〇回党大会で「現代世界の構造的変化」とこれにみあった「議会的手段による社会主義への平和的移行」という路線をうちだしたフルシチョフ一派と、「帝国主義が存在するかぎり戦争は不可避である」というスターリン理論をうけつぎつつ現代修正主義者を「左翼的」に批判するというポーズをとっていた毛沢東主義者群との、かくされた論争のすえにだされた折衷的産物でしかなかった。革命戦略にかんしてすでにはらまれていたこのくいち

がいばかりでなく、軍近代化問題、中国へのソ連の経済技術援助問題、国境紛争問題その他をもふくめて、中共指導部は中・ソ両共産党の対立および分裂を公然と全世界にばらまいた。いまやソ連共産党指導部はユーゴスラビアのチトー修正主義者と同列にあつかわれ、「反米闘争」の武力的実現を放棄し「平和共存」の名においてアメリカ帝国主義者どもと妥協する反階級的裏切り者であり、反中国・反共・反革命の修正主義者である、と断罪されるにいたった。「平和共存」の戦略化にたいしては「反米世界革命」の総路線が、「議会的手段による社会主義への平和的移行」にたいしては「人民戦争」路線が、「平和共存」路線を支柱とした平和擁護運動にたいしては「反米民族解放戦争」の実現が、後進国・植民地への経済援助政策にたいしては「反米武力闘争」のための物質的援助政策が、また「全人民の国家」にたいしては「自力更生」の「プロレタリアート独裁」が、さらに「利潤導入方式」にたいしては「農業基礎」政策が、「物質的刺激」にたいしては「精神的刺激」が、中共指導部によってそれぞれ対置された。国際情勢のソ連式分析とは異なるかの「四つの矛盾」論、かかる「分析」への「反米世界革命」戦略の適用によってうちだされた「中間地帯」論にもとづいて。そして結局において、戦略上・軍事上・戦術上などのすべてにおいて間違った路線を提起しているフルシチョフ指導部にひきいられている今日のソ連邦は「国家資本主義」に変質してしまっている、というように毛沢東指導部は烙印した。

こうして中・ソ論争は、中国とソ連邦とのあいだの国家的分裂にまで発展した。一九五六年のハンガリア動乱のさいにはげしくゆすぶられたスターリニスト陣営は、いまや、クレムリン官僚と北京毛沢東指導部との公然たる対立と分裂によって、ふたたびゆりうごかされた。またしても代々木共産党は——原水禁運動の方針に端的にしめされているように実質上中共路線よりであったにもかかわらず——「沈黙は金なり」ときめこんで沈黙。

しかも中国は、フランス帝国主義と国交を回復し、そうすることによって「アメリカ帝国主義の中国封じこめ政策に重大な打撃をあたえた」などと誇らしげに論評した。――この国交回復の事態を「枢軸」という概念の内容をかえりみずに「北京＝パリ枢軸」の結成などとよび、「現代世界の構造的変化」なるものをあげつらうブクロ・ボケした現象論的情勢分析さえもが当時とびだす始末であった。

さらに、日韓条約の締結を「屈辱外交」として民族主義的に反対した韓国学生デモの激化。ケネディを暗殺したアメリカ帝国主義者によるトンキン湾爆撃事件の発生。中共指導部から「官僚制国家資本主義に変質した」と烙印されたソ連邦の「修正主義者」フルシチョフの首相解任、中・ソ対立を緩和することをねらったブレジネフ＝コスイギン体制の確立（一九六四年一〇月一五日）。これにたいする中国の「返答」ともいうべき第一回の核爆発実験。……

激動するこうした国際情勢のもとで、代々木共産党指導部は、4・17春闘ストやぶりのための「四・八声明」を発表し、そうすることによって完全に大衆から遊離。しかもミコヤン訪日のまっただなかで、部分核停条約の日本国会での批准に賛成した志賀義雄・鈴木市蔵の日共からの除名。「四・八問題」の責任をもっぱら中共路線（「反米・愛国」）の直接的なもちこみに還元した代々木宮本指導部の政治的自己批判（第八回大会九中総）。代々木系原水禁大会（第一〇回）から脱退したソ連派による――日共第九回大会直前におこなわれた神山茂夫・中野重治らの除名を踏み台とした――新党（「日本共産党（日本のこえ）」）の結成。……

B　スターリニスト戦線の動揺と新たな分解に象徴される、このような内外情勢のもとで、左翼中間主義者どもの巣ともいうべき「労働者同盟準備会」なるものの音頭とりで、一切の反代々木左翼の統一行動が提唱された。さらにトロツキスト系の「8・2－反戦全国労働者・学生大阪集会」が、次に春闘活動者会議（一九六五年一月二三、二四日）が一応実現された。

これらの集会には、わが同盟（革マル派）の排除策動を終始くりひろげたブクロ官僚どものセクト主義をあばきだしながら、一九六〇年の安保反対闘争の敗北いごも依然として四分五裂の状態に低迷していた反代々木左翼にぞくす諸党派のほとんどすべてが、なんらかのかたちで結集したということは、それ自体としての意義をもっていたといってよい。

いいかえれば、このような集会に、全力をあげてハダカ動員をおこない、もって「責任ある多数派」などとうそぶくのは、まったく無意味であり茶番だということである。理論闘争の質を問うことなく、ただただ内容空虚な量的多数を内外に誇示しようとするなどということは、まったく革命党にふさわしくない行為だからである。参加すること自体に意義をみいだすようなものは、オリンピックだけにしておけ。

革共同第三次分裂の「いたで」などと泣きごとをならべたてたブクロ官僚ども（「四全総」）は、第四インター系のトロツキスト小分派である「労働者解放闘争同盟」（通称「労闘同」）を、ほとんどまったく内容的な論議をおこなうことなく、わずかに彼らの「綱領的立場」なるものをおしつけることによって、彼らのもとに吸収したり、あるいは、ソ連邦を「官僚制国家資本主義」とみなす左翼組合主義者集団＝「長船社研」そのものの腐敗（破産した安保ブントへの集団加盟なるものをやってのけた彼らのサークル主義

・労働組合主義・産別セクト主義・純粋レーニン主義・にせ反スタ主義・陰謀的秘密主義・労組書記西村卓司への窓口一本化主義など――このような腐敗は一九六五年一二月の長船労組の大分裂にしめされる彼らの大パンクとして集約された）、これをなんらあばきだすことなく、彼らとのボスとりひきによって「交流再開」なるものを宣言したりして、自己の組織的基盤を拡大したつもりになってきた。無原則的な妥協と組織的合体や吸収によって、あたかも前衛党が創造できるかのように錯覚しているブクロ官僚どものこの腐敗の象徴が、空語的にくりかえされたかの「責任ある多数派」というウツロな叫びにほかならない。

他方、学生戦線においては、代々木共産党が、そしてまた関西ブント・中核派・社青同のネオ三派連合が、それぞれ「全学連」をデッチあげようとする種々の策動をくりひろげていた。とくに焦燥感にみなぎったブクロ官僚どもにだまされた中核派は、完全武装をして、わが全学連の大衆集会になぐりこみをかけた。前年の9・13統一行動を彼ら中核派指導部は棍棒で分断したのであったが、こんどは「全学連を解体する」と称して、わが全学連の大衆集会をまさに暴力的に粉砕しようとした（7・2早稲田大学事件）のであった。だが、こうすることによって彼ら中核派は組織的崩壊に直面させられた。こうして「わが身にてらしてもわかるように、革命家は棍棒では粉砕できない」（陶山健一）などという7・2事件のブクロ的総括がだされたのであった（「五全総」）。

7・2事件に象徴される中間主義的諸分派のさまざまな策動をはねのけ、その暴力的行為を弾劾しつつ、わが同盟とマル学同に指導された全学連は、「全学連の二重性」論（つまり全学連は学生自治会の全国的な連合体であって、それ自体としては大衆団体であるが、しかしこの大衆組織およびその運動を規定する理論によってその党派性が刻印されるということ）にもとづいて、当面の闘争課題にむけての行動上の統一、この大衆的統一行動をおしすすめるための種々の共闘機関の設置、けれどもこの共闘機関がそのまま直接に「再建全学連」の母胎であるわけではないこと、などを明確に理論化しつつ、全学連の革命的統一をめざしてたたかった。原潜寄港阻止のための横須賀現地闘争などにおいても、この闘いは執拗に追求された。

C　反代々木左翼の統一行動の展開、その組織化の過程における、またその内部でのイデオロギー闘争、第二回8・6国際反戦集会の開催、原潜寄港阻止闘争における「共闘会議」への革命的介入、そして全学連の革命的統一のための闘い。――これらの闘いの背後でわが同盟は、◯△労働組合の内部に全国的に革命的フラクションをつくりだし、また◇中央労働者委員会は××フクラションをわれわれのヘゲモニーのもとに再組織化することに成功した。さらに△地方や□地方、そして△△地方におけるわが同盟の基本組織を確立するための闘いも一歩前進をかちとった。

第五回全国代表者会議（一九六四年五月）においては、まさにこのゆえに、(一) フラクションの創造について、(二) ケルン主義あるいは学習会主義からの脱却について、(三) 方針提起における理論主義について、さらに (四) 各地方指導部の確立について、などの諸問題をめぐってたちいった討論がなされた。けれども、この段階におけるわれわれは、次のような理論上の諸欠陥から全体としては十分に脱却しえなかったことも事実である。

（a）運動＝組織づくりの理論的解明と、闘争＝組織戦術の提起およびその内容にかかわる問題の理論化とを、二重うつしにする傾向。――これは、運動＝組織づくりの実体的構造と運動＝組織づくりのための方針・戦術とを混同し、前者の解明（運動＝組織論）を後者の解明（戦術論や方針提起論）に解消するか、または前者を後者へひきよせてとらえる（この場合には実体論ぬきの方針提起＝活動論となる）か、によってうみだされるものである。

（b）方針提起における理論主義（たとえば反合理化のための闘争論的解明を「合理化」論に、賃金闘争論的解明を「賃金」論に、それぞれ直接的に横すべりさせてしまう傾向）、そして組織づくりにおける「理論」主義、つまり主体形成主義ないし学習会主義、さらに戦術の内容的展開における「理論主義」、つまり原則主義や「原則」対置主義、――これらの未分化的傾向。

（c）場所的現在における大衆運動の組織化と前衛党組織づくり（革命的共産主義運動の現実形態としての）との関係を弁証法的にとらえること（つまり運動＝組織論）なく、むしろこの両者を「切断」してとらえ、そして前者の解明が運動論であり後者の解明が組織論である、とする誤り。あるいは、この両者（大衆運動づくりと前衛党組織づくり）の場所的現在における交互関係を、直接に時間的・歴史的な関係へ横すべりさせ、現在的に展開される個別的な大衆運動から、人間の普遍的解放が実現される将来的な革命闘争への連続的な発展を想定し、しかもプロレタリアートの普遍的階級形成〝への過渡的段階における特殊的階級形成が前衛党である、とするような考えかた。

（d）もっぱら「戦略の適用」というベクトルから、諸組織形態におけるイデオロギー闘争の内容を説明したり、またフラクションにかんする諸問題の理論化を試みようとしたりする傾向。――これは、「現実問題の戦略論的ほりさげ」の〝路線〟化と、これがなお克服されていないことを端的にしめすものである。

右のような諸問題のほりさげと克服をめざした内部理論闘争を、同時に中央および各地方の指導部の形成・確立のための組織的闘いとして実現するために、われわれは拡大政治局会議を全国的な規模で、ひんぱんにもち、そこでの討論をつみかさねる、という方式をとったのであった。

四　ベトナム戦争反対闘争の推進と内部理論闘争の発展

（一九六五年二月～八月）

A　一九六五年二月七日、北ベトナムへの爆撃が公然と開始され、アメリカ帝国主義によるベトナム侵略戦争は拡大し深化した。明らかにこれは、中・ソ対立に象徴されるスターリニスト陣営の内部分裂のただなかで、ソ連圏に直接くさびをうちこむことをねらった帝国主義的攻撃であった。しかも、この侵略にたいして、基本的に「抗議」するという対処策しかとりえなかったのが、全世界のスターリニスト党であった。クレムリン官僚の提唱した「世界共産党協議会」をボイコットし、ただただ「反米世界革命」の旗をかかげ、「世界の農村が世界の都市を包囲する」という毛沢東＝林彪式の遊撃戦戦術、「人民戦争」路線を呼号する北京官僚もまた、「広がり深まる」と宣伝された「人民公社」運動の破綻のあとの調整政策さえもがジグザグしていただけでなく、この経済的危機に規定された政治的危機が深化し、それらをめぐっての党内闘争が背後でおしすすめられていた、ということの事態に決定されて、反米闘争を武力的に実現するという挙にはでなかった。

わが全学連を中心とした日本の反戦闘争のみが、一九六一年の米・ソ核実験反対の革命的伝統をうけついで、果敢に展開されたにすぎなかった。ベトナム戦争の激化に呼応して、アメリカ原子力潜水艦の日本寄港はますますひんぱんとなるとともに、佐藤自民党政府は韓国と日本における反対闘争のもりあがりをおしきって日韓条約に調印した。このような事態にたいする社共両党の完全な闘争放棄（参議院選挙や地方選挙への没入）のただなかで、断乎たる反対闘争を、そのつどそのつど強力に推進したのは、わが全学連を中心とした革命的学生運動であり、これに追従しながら分裂デモをたたかったのが三派系学生運動であった。

Ｂ　ベトナム戦争反対の大衆行動を強力に展開することを通じて、したがって反戦闘争論の理論的深化のためのイデオロギー闘争を媒介として、わが同盟とマル学同の理論的再武装と組織的強化・拡大がかちとられてきた。とくに次のような問題をめぐって、反戦闘争論の深化がなしとげられてきた。

（1）　反戦闘争の場所的実現の論理、あるいは「のりこえの立場」にかんする問題

ベトナム戦争阻止というような当面する闘争課題（戦術的課題）をどの党派がもっとも有効的に実現するか、という視点から闘争戦術を提起しつつ大衆闘争を展開する（「戦術的課題の有効的実現」論）――というような立場における方針提起が、しばしば自治会主義的な方針としてあらわれたことを契機として、われわれの展開する反戦闘争の主体的構造を再反省する闘いが開始された。

ベトナム戦争の勃発という事態を主体的にうけとめつつ、われわれは、「ベトナム戦争阻止」を当面の戦術的課題としてとりあげ、この課題の解決のために大衆闘争を展開するのである。しかしその場合、同時に、かかる課題にたいする既成左翼諸政党や反代々木左翼的諸潮流などの種々の政治的＝イデオロギー的対応にもとづいて展開される運動（平和主義的あるいは反米民族主義的な、そして行動左翼的な）そのものをのりこえていくというかたちにおいて、つまり場所的＝実践的立場において、われわれの大衆闘争とその方針は提起されなければならない。まさに大衆運動の組織化において、その前提として措定されていなければならない、このような実践的立場、既成の種々の運動を左翼的あるいは革命的にのりこえつつ大衆闘争を展開するという、この具体化された実践的立場――これを、われわれは「のりこえの立場」あるいは「闘争論的立場」と規定した。そしてこの立場における、われわれの闘争＝組織戦術の内容とその提起のしかたの緻密化をはかってきたのである。ベトナム戦争そのものの激化と拡大にともなった反戦闘争の強力な推進過程での理論闘争（一九六五年春から六六年暮までのあいだ）を通じて、われわれは、さらに「のりこえの論理」そのものの追求とか、「大衆闘争論の内的構造」とかの、新しい理論的追求を、運動＝組織論のそれとともに、おこなってきた。

（2）　情勢分析にかかわる問題

「戦術的課題の有効的実現」の立場と関連して、「戦術的課題、その戦略戦術論＝革命理論的分析」ということが論じられたのであるが、この後者のような考えかたでは、当面の闘争課題をめぐるわれわれの情勢分析と、他党派の情勢分析批判・他党派の闘争方針の批判・われわれの闘争＝組織方針の内容的展開など、とが種々のかたちで混同されたり、前者が後者にひきよせられたりする傾向がうみだされる。こうして、一九六三年暮いご論争されてきた「情勢分析の方法」、「政治経済分析と情勢分析との区別と連関」、「運動論的情勢分析の特殊性」、さらに「帝国主義とスターリン主義との相互滲透」論の誤りなどにかんする諸問題を再発掘しながら、われわれは、新たにうみだされた情勢分析にかんする欠陥や誤りを克服するためにたたかってきた。

理論闘争を通じて獲得された核心的なものは、ほぼ次のようなものであった。（1）政治経済構造の経済学的分析とは相対的に区別されるべき情勢分析の基本は、社会の直接性における階級的実体関係そのものを、この階級的諸実体を規定しているイデオロギーや方針を媒介として分析すること（だから当然にも革命理論がこの分析に適用される）にあるということ、（2）情勢分析は、情勢を構成している階級的諸実体（われわれをふくむ）とその動向の分析にかかわるのであるから、この階級的諸実体とその動向を規定しているイデオロギー（具体的には戦術や戦略）そのものを分析したり批判したりするのではないこと、（3）内外の支配階級のさまざまな攻撃をはねのけ、しかも既成左翼諸政党の運動とイデオロギーとをのりこえていこうとする、革命的左翼や反代々木行動左翼が構成する「戦線」や大衆闘争そのものの動態的分析は運動論的情勢分析であるということ。

（3）　戦術提起にかんする問題

一般学生大衆に密着し、彼らを大量に動員するための闘争方針の提起のしかたを緻密化することを自己目的化する傾向（この場合、方針の内容はしばしば自治会主義的あるいは大衆追従主義的なものとなる）、つまり方針提起論主義、また、われわれの組織戦術を没却した大衆運動のための方針内容をもっぱら緻密化することをめざす傾向、つまり運動づくりにおける方針主義、――これらを克服するために運動＝組織論と運動＝組織戦術（または方針）論との連関が、われわれの展開する、「運動の組織化」と「組織の組織化」との実体的構造にふまえつつ追求された。

（4） 戦術内容の理論的展開にかんする問題

われわれの闘争＝組織戦術は、その提起のしかた（形式――これは、われわれが展開する諸活動によって規定される）と、提起されるその内容との、統一においてとらえられなければならない。ところが、方針提起論主義におちこんでいる場合には、戦術の内容的展開はしばしば形骸化される。だが、そうでない場合でも――マルクス主義革命論一般や反スターリニズム理論の主体化の度合が弱いということに規定されて――、戦術の内容的展開が原則主義や「原則」対置主義になったり、また存在論主義的なものとなったりするのである。こうした欠陥の克服は、マル学同の同盟員一人ひとりの理論的武装を強化することという一般的問題にかかわるものである。

（5） ベトナム革命論にかかわる問題

ベトナム戦争反対の闘争論的解明が、しばしば「南ベトナム解放民族戦線」論議やベトナム革命論（一般的には現代における後進国および植民地の革命論）に直接に横すべりさせられたわけであるが、これは、直接には「のりこえの論理」の体得にもとづく大衆闘争論の追求によって克服されなければならない。それと同時に他方では、中・ソ対立のもとでのベトナム革命をどのように実現するかの構造（後進国・植民地革命一般の構造）や、「解放民族戦線」の民族主義的＝スターリニスト的ゆがみなどにたいする革命理論的批判もまたなされなければならない。こうして内容空虚な中・ソ論争とともに、スターリニストの新・旧植民地主義論や民族理論の徹底的検討と批判が開始されたのであった。

C　他方、労働戦線において、わが同盟は、一九六五年春闘をたたかうなかで、二度にわたって春闘討論集会をもっただけでなく、賃金闘争論、反合理化闘争論、運動＝組織論などを深めようと努力した。しかしそれらは十分に追求されたわけでは決してない。むしろ、なお克服されずに残存していた運動＝組織づくり（論）と闘争＝組織戦術（論）との未分化、あるいは「戦略の適用」主義的な傾向が、かたちをかえて賃金闘争論などに再生産されたのであった。それだけではない。社民＝民同の経済主義にたいして反権力闘争が、彼らの合法主義にたいして非合法闘争が、それぞれ対置されたり、また「フラクション」がわれわれの展開する組織活動の一形態としてのフラクション活動からきりはなして結果的にとらえられたことからして、ある場合には「労働運動の左翼的展開のためのフラクション」というように、他の場合には「革命的労働運動のためのフラクション」というように、一面的かつ間違った規定がなされたりもした。

フラクション（活動）の理論化におけるこの失敗は、われわれの組織戦術の大衆運動の場面への貫徹にかんする主体的構造の運動＝組織論的アプローチと、既成の労働運動の内部においてそれを左翼的に展開し、かつこれを通じて革命的フラクションやわが同盟組織の強化をたたかいとるという闘争論的アプローチとが、なお未分化であったことに起因するものであった。また、社共両党による歪曲から解放された典型的な「労働運動」、あるいは「反帝・反スターリニズムの（立場における）労働運動」なるものを、あらかじめ想定し、これを基礎として現存する労働運動の直接的なのりこえ（革命的労働運動の直接的創造から権力打倒の革命闘争へ）を論じるというような、あやまった「労働運動」論が発生する理論的根拠も、右のようなアプローチのしかたの混乱と「戦略の適用」主義との合体にあるのだ、ということが次第に明らかにされたのであった。

五　日韓闘争の敗北と内部闘争の深化

（一九六五年九月〜六六年七月）

A　一九六五年秋の日本労働者階級の闘いと学生運動は、六月二二日に調印された日韓条約の国会での批准を阻止することに基本的にはしぼられた。わが同盟は、労働戦線において、また学生戦線においても、挫折した六〇年安保闘争の教訓にふまえつつ、日韓条約批准阻止闘争へ組織的にとりくんだ。「安保共闘再開」問題をめぐって、また日韓会談の本質と背景のとらえかたにかんして、社共両党のあいだにくいちがいが発生し、このゆえに一九六二年暮いらい公認左翼指導部のもとでの日韓統一行動はほとんど展開されてこなかった。わずかにわが全学連が、韓国学生デモに呼応し、しかもその民族主義的限界をものりこえていくかたちにおいて、一九六三年春いご強力に反対闘争を展開してきたにすぎなかった。この闘いは、韓国学生デモを無条件に支持した反代々木諸分派の中間主義的な運動を、そして日韓会談にたいする反米民族主義的反対や、平和主義・議会主義にもとづいた社会民主主義的反対などに基礎づけられた闘争放棄や運動のゆがみを、のりこえつつ推進されてきた。

こうした過去三年間にわたる闘いにふまえながら、わが同盟とマル学同（革マル派）に指導された全学連は、その統一行動の呼びかけにもかかわらず暴力的にたえず統一行動を分断してきた中間主義的諸分派、とりわけ三派指導部の策動をはねのけて、日韓統一行動をたたかいとった。また社青同協会派や解放派などのヘゲモニーのもとで再建された反戦青年委員会への革命的介入をおこないながら、わが全学連は日韓闘争を革命的に実現するためのイデオロギー闘争をおしすすめた。

数度にわたる労働者・学生の国会デモをはじめとする反対闘争の一定のもりあがり、国鉄労働者の時限ストライキの敢行、それにたいする全学連の支援闘争の展開。……

だが、一一月一二日衆議院で日韓条約は強行批准、つづいて一二月一一日にそれは参議院を通過。……一九六二年暮いご、「屈辱外交反対」を旗じるしとした韓国学生デモの二度三度の高揚をはさみながら、ひきつづいてたたかわれてきた日韓闘争は、ここに敗北した。一切の既成左翼と反代々木諸潮流の日韓闘争方針にかんする種々のゆがみを暴露し、それらの運動をのりこえることをめざしてたたかってきたわれわれは、なおわれわれ自身の理論的＝組織的闘いの弱さとわが同盟の組織的基盤の脆弱性について自覚させられたのであった。

Ｂ　この日韓闘争の推進過程で論議されたことは、おもに日韓会談をめぐる国際国内情勢の分析およびわれわれの闘争＝組織戦術にかんしてであった。

中・ソ対立の尖鋭化とベトナム戦争の激化のさなかで、しかも高度成長政策によってうみだされた日本経済の種々の分野でのひずみと矛盾が露呈しつつあったとき、日韓会談が急速におしすすめられ、条約の調印および批准がおこなわれた、という内外情勢の分析を、社共両党あるいは中間主義的三派によるその分析を批判しながら、どのようになすべきか、ということをめぐって論議がたたかわされた。

すなわち、日韓条約の締結という事態を、米日反動の「反共軍事同盟」、「サンフランシスコ体制」の強化、米日反動による韓国の植民地的支配としてとらえ、もって反米民族主義的に反対闘争を組織し展開しようとした代々木共産党。「平和・中立」の路線にもとづいて現象論的に政治的動向を分析しながら、条約締結の相手が軍事政権であるがゆえに反対であるなどと主張した社会党。そして日韓条約の締結をもって、「反革命階級同盟の強化」である（社青同）とか、日本帝国主義による「韓国の植民地化」、あるいは日帝の「植民地帝国主義」への転換をしめすものである（ブクロ官僚派）とか、というようにとらえ、条約締結に反対した左翼中間主義的諸分派。――これらの情勢分析ならびに闘争方針のゆがみを徹底的にあばきだし克服するための理論闘争が展開された。

とくに、代々木の「従属国」規定とその延長において米日反動による韓国支配を基礎づけようとしたエセ理論を批判的に検討する場合の骨子となるべきことは、次のようなものであることが明らかにされた。

（一）「サンフランシスコ体制」とか「安保体制」とかの名目で、一九五二年講和条約（いわゆる片面講和）による日本国家権力の法的独立を否定し、アメリカ帝国主義による「主権侵害」＝「従属国」とするこの分析は、まず政治経済構造とそれから相対的に独立している国家権力とを区別することなく、むしろ意識的に混同することにもとづく。しかもそれは、締結された安保条約を基礎としてアメリカ帝国主義国家権力が、日本国家の権力発動やその政治経済的諸政策の実施を規制するという構造を抹殺し、むしろ両権力のあいだでむすばれた「条約」（国際的な法的とりきめ）そのものを実体化する、という誤謬の産物なのである。そして日韓会談および条約締結をめぐる情勢分析にそれらが適用される場合には、実体的な威力を付与されたものとしての「安保条約」そのものが韓国を植民地化する、というように機能主義的に基礎づけられるわけである。

（二）代々木の「反共軍事同盟」論、社青同の「反革命階級同盟」論やブクロ＝中核派の「アメリカ帝国主義への従属」論（彼らはその二年まえまでは日帝の単純「自立」論を構改派理論のぬすみとりによって主張していたのであったが）などにたいしては、ほぼ次のことが明らかにされた。――イデオロギー的にも国家的にも分裂した中国とソ連との二つの軸をもった「社会主義」陣営と対峙している帝国主義陣営、この実体的対立において、後者の陣営の中軸をなしている「ドル・核」帝国主義の極東軍事戦略、その一環としての日米安保条約の強化（さらに日・韓・台軍事同盟への布石）などを分析すること、これが、代々木や社青同やブクロ派のように軍事力学主義的にではなく、国際国内的な政治的および経済的諸関係との統一において、しかもアメリカ帝国主義の軍事的・政治的・経済的な攻撃や侵略にたいする中共型の対応（反米世界革命総路線にもとづいた）およびソ連式の対応（平和共存戦略にもとづいた）との関係において、追求されなければならないことが明らかにされたのであった。帝国主義陣営とスターリニスト陣営との相互依存と相互反撥を現実的基礎として、現代世界の動向と本質を、世界革命への過渡期におけるゆがみを、とらえかえすという、われわれの分析方法を、それは若干緻密化したものであった。

（三）ついでながら、レーニンの『帝国主義論』でただ一ヵ所ヒユ的につかわれているにすぎない「植民地帝国主義」（これは、「高利貸帝国主義」としてのフランスにたいするイギリス帝国主義の性格をヒユ的に表現したものでしかない）という用語をカテゴリー化し、日本帝国主義の現段階はそれである、とするブクロ官僚の「分析」は、日韓条約が締結されればただちに韓国は日帝の植民地になる（ある場合には、韓国はアメリカと日本の両帝国主義による「二重の軍事的植民地」である、とされる）と考える誤謬を正当化するものとしての意義をもっていたのである。このようなとらえかたは、他面では、朴政権を軍事ボナパルチスト権力としてではなく、代々木共産党と同様にカイライ政権とみなす権力規定上の誤りにも関係しているのである。

情勢分析にかんする右のような諸問題の追求は、過去の日韓闘争論にみられた諸偏向（たとえば「賃労働と資本」主義的ないし政治力学主義的な情勢分析のしかた、「対米従属の深化」にたいして「資本輸出」を単純に対置するにすぎない安直な理論闘争、「主体形成主義」的な方針提起など）を克服するという問題との統一においてなされた。この段階においても、しかし、全学連の闘争方針の内容には種々の誤りが、あらたにうみだされたことも否定しがたい事実であった。

他方、12・13基地＝機関区統廃合反対闘争をひきついで、日韓闘争のただなかで、3・31、9・20、12・10などの合理化反対闘争が動力車労組によってたたかわれた。たとえこれらの闘いは挫折したとはいえ、この反合理化闘争のただなかでわれわれが提起した闘争目標と闘争内容の質的高さは記録されなければならない。

「一人乗務反対！　ロング・ラン反対！」のスローガンをもってたたかわれたこの合理化反対闘争において、しかし、われわれは同時に、部分的に左翼主義的偏向をおかしたのであった。一言でいえば、われわれの組織戦術の無媒介的な貫徹を主張したり、あるいは民同右派が民同左派に攻撃をかけているまさにその時に動力車労組内の左右の日和見主義を一挙に同時的に、直接的に批判し暴露すべきだ、と主張した戦闘的活動家（フラクション・メンバー）たちにゆすぶられたりする傾向が一部に発生したということである。しかもこれは、われわれがつくりだしたフラクションの二重の性格・二重の機能を運動＝組織論的に反省することなく、むしろ過去の一面的な欠陥（「労働運動の左翼的展開のためのフラクション」というとらえかた）の裏返しとしての「革命的労働運動のためのフラクション」というような間違ったとらえかたに陥没し、そしてここから不可避的に「フラクションとしての労働運動」のようなものを想定し、そのような労働運動を直接に展開すべきことを「理論化」し、かつ実践した一部の同志の誤りと不可分にむすびついていたのであった。ところが、こうした左翼的偏向に無自覚のまま、しかもわれわれが労働運動の次元において提起すべき闘争＝組織戦術の性格についての一知半解にもとづいて、合理化反対のための闘争スローガンをめぐって無益にもひとしい論議さえもがうみだされたのであった。このスローガン論議は「フラクションとしての労働運動」とでもいうべき傾向の発生と不可分にむすびついていた。われわれの運動＝組織づくりにおいてうみだされたこの欠陥と誤りを克服するために、それを闘争論的にも運動＝組織論的にも切開することを基礎として、内部理論闘争は続行され、うみだされた諸問題は急速に打開され、わが同盟の全体としての組織的強化がかちとられた。

C　日韓闘争の終結時点において、アメリカの「マルクス主義的ヒューマニズム」運動の先頭にたってたたかっているラーヤ・ドナエフスカーヤをむかえて、わが同盟主催のもとに講演会がもたれた。ラジカルな運動のすべてを、——それがプッチズムにもとづいたものであろうと、また左翼スターリニズム

・毛沢東主義にささえられたものであろうと、さらにカストロ＝ゲバラ主義者や第四インター系トロツキストによって指導されたものであろうと、――とにかく無条件に讃美するにすぎなかった彼女にたいして、われわれは批判的ヤジをもって連帯の意志をあらわした。ロシア革命のただなかでレーニンはしばしば革命的群衆にやじりたおされたのであったが、彼は労働者階級と農民の先頭にたって断乎として闘い、彼らを指導し革命を実現した。このレーニンと対比するのはコッケイな話であるが、わがラーヤ女史は「批判的ヤジ」を口実として、わが同盟との人格的交通を遮断した。だが理論的交流は保持されている。

「早稲田をゆるがした一五〇日間」といわれる、一九六六年初頭から開始された学費・学館闘争の先頭にたってたたかったのは、わが全学連の中核部隊としての早大全学協であった。「統一ストライキ実行委員会」その他の創意的な共闘機関を現実につくりだしつつ、それはたたかわれたが、同時にこれを基礎としながらそれを運動＝組織論的に解明し、これまで追求されてきたフラクション論議に新しい成果がつけくわえられた。

一九六六年春闘は、過去約十年間にわたって「太田＝岩井」体制のもとで毎年毎年くりかえされ、またそうすることによりマンネリ化してしまった総評型スケジュール闘争のしめくくりとしてたたかわれた。IMF・JCの浸透、民社系＝「同盟」系組合の拡大に象徴される日本労働運動の右傾化＝ブルジョア化のより一層の進行に対応して、総評は、これまでの社会主義協会よりの民同左派路線からの転換をよぎなくされ、その構改派系への指導部のくみかえにのりださないわけにはいかなかった。あらたに「堀井＝岩井」体制が、一九六六年夏につくりだされた。代々木共産党の自主独立路線への転換とあいまって、これは、日本労働運動の再編成とそのブルジョア的秩序へのあみこみを不可避にするものとして、日本プロレタリアートのまえにたちはだかった。こうした事態への転換を象徴するかのように、一度は分解寸前の安保ブントに集団加盟したにもかかわらず・あたかも無傷であったかのような自己欺瞞からぬけだそうともしない左翼組合主義者集団＝「長船社研」そのものの破産が、長船労組の大分裂というかたちで露呈したのは、一九六五年一二月のことであった。

六六年春闘、学生戦線における四～六月闘争のただなかで、われわれは大衆闘争論をめぐる論争を一歩前進させた。学生戦線で発生した「のりこえの立場」の空語化傾向や「フラクションとしての労働運動」という左翼的偏向などを克服するために、「のりこえの論理」そのものの追求がなされた。基本的に社共両党によって指導されている今日の種々の大衆運動をのりこえる（ただし、現在の労働戦線においては、その内部におけるわれわれの力量からして、既成の労働運動の左翼的のりこえとなる）という実践的立場（＝「のりこえの立場」）において、この運動をささえ規定している戦術やイデオロギーを批判しつつわれわれの闘争＝組織戦術を提起し（＝〈理論上ののりこえ〉）、かつこれを物質化すること、またこの闘いは大衆運動・労働運動の場面への、そして既存の諸党派にたいする、われわれの組織戦術の直接的および媒介的なたえざる貫徹によって裏からささえられている（＝〈組織上ののりこえ〉）場合にのみ実現される（＝〈運動上ののりこえ〉）のだ、という大衆闘争のわれわれによる主体的組織化の論理が、すでに追求されてきた運動＝組織論的解明との統一において明らかにされた。

いわゆる「三つののりこえ」（運動上・理論上・組織上の）を、ただ結果的かつ機能的に連関づけたり「統一」したりするというような解釈論をもうみだしながら追求された大衆闘争論をめぐるこの理論闘争は、一九六三年いごひきつづいてなされてきた運動＝組織論をめぐるそれとともに、まさに、わが同盟によるその時々の大衆運動の組織化と、これを媒介としたフラクションづくりやわが同盟組織そのものの組織的強化および拡大にかんする新しい理論分野を開拓するための創造的な意味をもっていたのである。それだけでなく、われわれの種々の組織活動に不断に適用されることによって、このうちだされた理論は、たえず検証され――欠陥や誤謬などは除去ないし止揚されつつ――、深化発展させられてきたのである。これまでは経験的なものとして、あるいは政治技能的なものとして、理論的に対象化されてこなかった運動＝組織づくりそのものの領域にふみこみ、それを理論化する、という作業を、われわれは目的意識的に追求してきたのであった。このような追求は、革共同の第三次分裂を決然と遂行したかぎりにおいて、はじめて可能となったのだ、といっても決していいすぎではない。けだし、ブクロ官僚一派の大衆運動主義的偏向を克服したその理論的表現が、まさにわが同盟によってはじめて開拓された運動＝組織論であり大衆闘争論であるからだ。われわれによる運動＝組織づくりのこの理論化や同盟建設論の追求を基礎とし、かつそれらを不断にわれわれの実践へ適用しつつ、わが同盟組織を組織的に確立していくことにおいてはじめて、革共同第三次分裂の革命的意義がいよいよ確認されうるのである。

六　中国「文化革命」と代々木共産党の路線転換のもとでの、反スターリニズムのための闘い

（一九六六年八月〜六七年三月）

A　レーニン生誕九〇周年を記念して、中共毛沢東指導部が発表した『レーニン主義万歳』においては、明らかにフルシチョフ平和共存路線とは敵対的に対立する「反米世界革命戦略」と「武力闘争の戦術形態」がうちだされていた。これを決定的なくぎりとして、ロシア革命四〇周年を記念してだされた「モスクワ宣言」そのものの内部にはらまれていた相異なる二つの要素が外的な対立としてあらわとなった。中・ソ論争の公然たる展開が、それである。この論争はイデオロギー闘争のワクをこえ、中国とソ連邦とのあいだの政治上・経済上・軍事戦略上のくいちがいを相互に露呈しあいながら、ついに中国とソ連邦との国家的分裂として現実化した。しかも、この時期は同時に、「人民公社」運動の破産があかるみにだされただけでなく、中共型反米武力闘争が植民地・後進国において衰退をつづけた時期でもあった。「北京＝ジャカルタ」ラインは、9・30クーデタ（一九六五年）によって破壊されるとともに、インドネシア共産党もまた壊滅させられた。この事態に直面させられた代々木中央官僚は、その路線を転換すべきことを決定した。

中・ソ論争にかんしては沈黙をまもりながらも毛沢東主義＝中共路線よりであった日共宮本指導部（第一回中国核爆発実験を、彼らは公然と支持した）は、一方では「四・八声明問題」を日共内中共派へ責任転稼するとともに、他方では部分核停条約問題で日共内ソ連派を党外にたたきだし、これを基礎としながら、フルシチョフ路線からも毛沢東路線からも「独立」した代々木中央独自の「路線」を当時さがしもとめていた。まさにその時に、9・30クーデタがおこり、しかもそれが失敗に帰した、という点に象徴される毛沢東式反米武力総路線の破産は、彼らを根底からゆりうごかしたのであった。

こうして、一方では原水爆禁止運動が一九六一年いらい分裂に分裂をかさねてきているという現実（「米・ソ核実験反対」の旗をかかげた全学連のしめだし、部分核停問題をめぐる社会党および構改派系と代々木系との分裂、また平和運動への反米闘争のもちこみに反対したソ連派の原水協からの脱退、そして中国核実験問題をめぐる党内の動揺と混乱など）をなしくずし的に是正するために、他方また国際的には、ますます深刻化しつつあったベトナム戦争にたいして、スターリニストの戦線を「たちなおらせる」ことをねらって、宮本指導部は、一九六六年二月四日に「アメリカ帝国主義に反対する国際統一行動と統一戦線を強化するために」という論文を発表した。アメリカ帝国主義の侵略戦争と戦争政策にたいする反対闘争において北京官僚は、一切の修正主義者との共同行動を拒否しつづけてきた（「反米・反修」）。これにたいして代々木中央官僚は、志賀に代表されるソ連派を歯牙にかけようとしないにもかかわらず、ソ連修正主義者とはアメ帝のベトナム侵略反対の統一行動をとるべきことを主張しつつ、毛沢東主義路線からの離脱を、まずもって平和運動の領域において開始したのであった。――この「二・四論文」をただただ日共内の派閥抗争の表面化などというように表面的かつ政治主義的にしかうけとることができなかったのが、ブクロ官僚一派をふくめた一切の反代々木左翼の行動主義的諸党派であった。

この路線転換をひっさげて宮本書記長らは、中国・北ベトナム・北朝鮮などを訪問したのであったが、毛沢東指導部は当然のことながら日共のこの「自主独立」路線をはねのけた。それだけではない。

一九六五年暮に再燃しはじめた文芸整風は、翌六六年四月の郭沫若の自己批判、彭真第一書記解任という事態へと発展した。ここにおいて、中共指導部を中心とした党内闘争の新たな展開という性格がますます前面におしだされてきた。八月の中共一一中全会のただなかで展開されはじめた紅衛兵運動の「もりあがり」、それは「劉少奇＝鄧小平」ラインにかわって「毛＝林」体制をきずきあげるための大衆的パレードであった。「中国文化大革命」と称されはじめたこの大衆運動は、一九六六年の終りごろから「奪権闘争」というかたちでさらに激化した。「上海コムミューン」の樹立（一九六七年一月三一日）を合図に、種々の革命委員会が、そしてさらに「三者結合」の権力機構の再確立が、おしすすめられた。この段階においてはじめて公然と、「人民公社」運動の破産いごの調整期における経済政策上のちがい（「穏歩前進」政策をとった劉少奇一派にたいして、毛沢東派は「農業基礎」論にもとづいて反対したこと）、「労働の量・質分配」ないし報奨制や「利潤方式」の導入問題などにかんするくいちがいなどが、すでに公然化されていた反米世界革命戦略の実現のしかたや軍近代化政策における対立とともに、あかるみにだされたのであった。

党内闘争から権力闘争へと発展した、中国における「プロレタリア文化大革命」という名の「階級闘争」の激動は、わが日本左翼をはげしくゆすぶった。たがいに相手の誤謬や罪業の暴露合戦に終始していた中・ソ論争の場合とは比較にならないほどの動揺と混乱を、あたかも一九五六年のハンガリア労働者の武装蜂起の勃発当時のそれと同様のショックを、一切の既成左翼ばかりでなく反代々木左翼にもあたえた。いわゆる中国通といわれる人びとや自称他称の進歩的文化人なるものはまたもや沈黙し、スターリニズムを官僚主義の別名としてしかとらえていない構改派の俗物どもは毛＝林派の非人間的＝非同志的な行為をなじりつつ、スターリンの血の粛正を想起したにすぎなかった。ただわずかに日本毛沢東主義者群が「毛沢東の新理論」（じつは『人民内部の矛盾を正しく処理する問題について』で、すでに基本的に提示されていたものでしかないのであるが）にもとづいた、社会主義建設のための新しい大衆運動の形態であるとして、「中国文化大革命」を謳歌した。スターリニズムとの徹底的な対決を回避しつづけてきた反代々木行動左翼集団（ブントや社青同）もまた、日本毛沢東主義者にならって「社会主義的過渡期における階級闘争」として中国文化革命を美化するほどであった。そしてブクロ官僚どもはといえば、彼らはいわゆる革命造反派にたいして「もっと造反せよ」と無手勝流に尻おしする始末であった。……

平和運動にかんして「自主独立」路線をうちだしていた代々木中央官僚は、「八・八論文」をバックとしながら、原水禁第一二回大会で純粋中共派をしめだしただけでなく、第一〇回党大会の開催をまえにして党内から毛沢東主義者群をたたきだして自己を「純化」した。この「八・八論文」では、スターリニスト国際共産主義運動にたいする宮本指導部の態度が、フルシチョフ修正主義の「二面性」と内外の毛沢東派の極左冒険主義にたいする批判が、そして今日ではコミンテルンは不必要であるとする構改派とまったく同じインターナショナリズムの実質的放棄が、それぞれうちだされたのであった。

さらに、一九六七年に入ってから発表された「四・二九論文」では、公然と毛沢東指導部を批判しつつ、議会的手段を通じての人民民主主義革命というフルシチョフ的戦略をやや緻密化したもの（人民民主主義権力への過渡的形態としての「連合政府」論の導入）がうちだされた。そして「一〇・一〇論文」では正面きって中共指導部と毛沢東主義への没理論的な批判がなされた。これには、しかし、日共宮本指導部がソ連共産党とその路線へ接近するための免罪符としての意義が付与されていた。事実、この論文の発表にひきつづいて、「世界共産党会議」開催の問題その他をめぐって日・ソ両スターリニスト党のトップ会談がもたれたのであった。

B　もはや一つの「陣営」を構成しえないほどまでに四分五裂してきたスターリニスト陣営の、さらに新たな分解のただなかで、それをより一層促進させ解体するためのわれわれの闘い――反スターリニズムの闘い――を、われわれはおしすすめた。「二・四論文」の基底にある政治的意図とその本質を的確にあばきだしたのは、ほかならぬわが同盟機関紙『解放』だけであった。中共派しめだしにはじまった第一二回原水禁大会と日共系スターリニスト平和運動の腐敗した現実を、第四回8・6国際反戦集会において、また第二回全国マルクス主義研究会講演において、われわれは明確にあばきだした。学生戦線でも労働戦線でも、代々木共産党のこの路線転換をあばきだし、スターリニスト党を解体するためのイデオロギー的および組織的闘いに、わが同盟は全力をあげてたたかった。一九六六年秋の郵政合理化阻止闘争や日教組10・21闘争などの推進過程においても、それはたたかわれた。

他方、ブクロ＝中核派がセクト主義を発揮しながら、わが同盟と全学連に敵対し、またブント残党どもと野合することによって彼らの延命に手をかしつづけてきた結果として、「ブント再建」のための「統一委員会」が結成されただけでなく、さらに「ブント・マルクス主義戦線派」がそのヘゲモニーのもとに

「統一委員会」と合体することによって、一九六六年九月二五日に第二次ブントがうみおとされたのであった――安保ブントの悲劇的な破産の総括をなんらおこなわずに。たとえこのデッチあげ組織が、腹ちがいの奇形児どもの寄合世帯であったとしても、その成立を許してしまったことは、明らかにわれわれの敗北であった。左翼スターリニズムの母斑を色濃くつけた行動左翼集団でしかなかったがゆえに悲劇的に分解した第一次＝安保ブントの縮小版を、驚くべき変質をつづけているブクロ＝中核派の解体とともに、組織的に解体するための党派闘争を貫徹することが、わが反スターリニズム運動にかせられたのである。

わが同盟とマル学同に指導された全学連は、総評系の10・21反戦ストライキへの支援闘争をはじめ、ベトナム侵略反対・原潜寄港阻止・中国核実験反対の革命的反戦闘争をたたかうなかで、三派連合による「全学連再建」のための種々の策動を暴露しつつたたかった。だが、この策動を実践的に粉砕することができるまでに、わが全学連の闘いはなお強力ではなかった。わが同盟ならびにマル学同そのものの組織的強化と、これにうらづけられた全学連運動そのものを飛躍的に前進させるための苦闘が、ここにおいて、ふたたびわれわれに課せられた。

C　一九六六年――それは、ハンガリア革命一〇周年、スペイン革命三〇周年にあたる年であった。にもかかわらず、一切の既成左翼諸政党と反代々木の構改派や行動左翼諸集団など（ただしアナキストをのぞく）は沈黙でもって、それにこたえた。その当時ますます尖鋭化の度合を強めつつあった中国における権力闘争のエセ・マルクス＝レーニン主義的本質をあばきだすとともに、この事態をば一九五六年の蜂起したハンガリア労働者の武装闘争とかさねあわせることによって、後者の革命性と前者の官僚主義的本質（紅衛兵運動という「大衆運動」の形態をとった、新しいかたちのスターリニスト官僚どもの権力闘争にすぎない、というその本質）を鮮明にえがきだすだけでなく、さらにすすんで、同時に、わが反スターリニズムの革命的共産主義運動の創成のための苦闘とその後の数々の闘いの前進を、安保ブントの革命的解体のための闘いとわが同盟の一歩一歩の前進の足跡を、現在的にほりおこし教訓化するために、わが同盟は一一月五日にハンガリア革命一〇周年記念集会へ結集することを、全都の労働者・学生によびかけた。一〇〇〇名にのぼる集会参加がかちとられた。だが、同時にこの集会の質的内容が問われざるをえなかった。

こうして、（1）ハンガリア動乱の勃発を現実的契機として創造された、日本における反スターリニズム運動の独自性、その本質の主体的反省、ならびに（2）流産したハンガリア革命そのものの解明、ソビエトを結成してたたかいながらも、なぜハンガリアの労働者・勤労大衆はふたたびスターリニスト官僚体制のなかに没しさってしまったかの理論的および組織的根拠の解明、――この二点をめぐって内部理論闘争が全同盟的に組織化された。その一つの成果が、「ハンガリア革命と日本反スターリン主義運動」という論文（『共産主義者』第一四・一五合併号掲載）であった。だが、これをもって論争に終止符がうたれたわけではなかった。わが同盟の理論的再武装のための一環として、それいごも、この問題をめぐって広く深く理論闘争は続行されたのであり、いまなおそれは終結してはいない。わが同盟の各級指導部建設のために、過去一〇年にわたる日本反スターリニズム運動のわずかばかりの理論的成果とほんのわずかの歴史的経験とは、たえず現在的に主体化されなければならないからである。

わが同盟・革マル派結成いご、不断に追求され深化されてきた運動＝組織論や大衆闘争論にかんする理論問題とともに、革命家たらんとするものにふさわしく革命理論や経済学もまた真剣に主体化されなければならない。かくして、マル学同第八回大会（一九六七年春）においては、同盟組織建設の問題を中心としつつ、大衆運動へのマル学同の組織的とりくみとこれを媒介としたマル学同組織の組織化および確立にかんする諸問題のたちいった追求と討議が、反スターリニズム革命理論の把握とともになされ深められた。ハンガリア革命一〇周年記念集会の前後にあらわならしめられたわれわれ自身の欠陥がふたたびうみだされることのない強固な同盟組織をつくりだすための闘いの一環として、それらは追求されたのであった。

七　高揚した沖縄・反戦闘争と党派闘争の新たな段階

（一九六七年四月〜六八年五月）

A　サンフランシスコ条約第三条により日本本土からきりはなされた沖縄は、それゆえ第二次大戦以後今日にいたるまで二〇数年のあいだアメリカ帝国主義の直接的な軍事的支配下におかれている。その直接的表現が、アメリカ大統領の直轄のもとにある「民政府」という名の軍事基地権力であり、そしてこれが琉球政府を統治手段として沖縄人民の支配をこんにちなお持続している。沖縄におけるこの権力機構は、米・ソ二大陣営に分裂している現代世界における、アメリカ帝国主義の対ソ連圏（とりわけ対中国）

軍事戦略にもっぱら規定された、歴史上いまだかつてなかった特殊な形態をなしている。全島が軍事基地化されている沖縄においては、したがって大統領行政命令が「憲法」的地位と威力とをもち、また民政府の高等弁務官が発する布令・布告が絶対的な法的拘束力をもっているのであって、民政府がそれを媒介として支配統治しているところの琉球立法院で決定された一切の法律にたいして、それらは当然にも優先させられている。（たとえば、琉球政府主席任命制、軍事基地拡張のための土地接収問題、漁業権や裁判移送問題などに、そのことは端的にしめされている。）

沖縄の軍事基地を永続化せんとしているアメリカ帝国主義者が、沖縄人民大衆をスムースに支配するための一手段として利用している琉球政府は、しかし、もちろん地域資本（沖縄ブルジョアジー）や日本独占ブルジョアジーの階級的諸利害を代弁し、それにみあった諸政策をとらないわけではない。だが、これらすべては、アメリカ帝国主義の権益に衝突しないかぎりにおいてのみ部分的に是認されるにすぎない。こうして沖縄の人民大衆は、アメリカ帝国主義の強烈で過酷な軍事的支配と貧困のもとに抑圧されつづけてきた。しかもベトナム戦争の激化に呼応して、東西対立の谷間におけるアメリカ極東軍事戦略のカナメ石、〝不沈母艦〟としての沖縄の地位はますます高まった。沖縄全島は、ベトナム戦争のための軍事物資の補給基地・兵站基地としてアメリカ帝国主義により十全に活用されているだけでなく、さらに――「台風をさけるため」といった口実をつけることなく――いまや公然と、かつ恒常的にB52戦略爆撃機の発進基地にされてしまっているのである。

第二次世界大戦の末期に艦砲射撃によって全島が荒廃に帰した沖縄は、まずもってアメリカ第一騎兵師団によって占領され、そしてこの軍事占領状態が今日にいたるまで持続している。しかも、講和条約第三条によって本土からきりはなされ、アメリカ帝国主義の直接的軍事支配下におかれることを運命づけられたことへの沖縄人民大衆の怒りは、毎年毎年くりひろげられる「4・28沖縄返還デー」に象徴されるような「祖国復帰運動」として表現され、闘いは展開されてきた。社会大衆党や人民党などによって指導されてきた「復帰協」をその推進母胎として、「祖国復帰」のための闘いは、軍事基地反対・諸権利剝奪反対の闘いと結合されつつ推進されてきた。

「祖国復帰」路線にもとづいた、このような種々の闘争のブルジョア民族主義的・議会主義的ゆがみや反米民族主義的誤謬をあばき弾劾し、しかもそれらをのりこえることをめざした大衆闘争が、一九六〇年の安保闘争の高揚に触発されながら革命的に展開されはじめた。〝泣く子もだまる琉大マル研〟と称された学生組織による、革命的学生運動の創成が、それであった。

社会大衆党や人民党に指導された「祖国復帰」運動のブルジョア民族主義的および反米民族主義的なゆがみを批判しつつ「日本帝国主義国家権力打倒」の戦略をかかげ、行動左翼的な数々の闘争形態をもって琉球大学マルクス主義研究会はたたかった。創成期にはさけることのできない種々の欠陥や誤りに、それはまつわりつかれていた。たとえば戦略においては人民党の「反米」にたいして「反日帝」を単純に対置し、また闘争形態にかんしては議会主義的なそれを否定して戦闘的＝左翼的なそれを対置する、といった単純さから、それはまぬかれていなかった。しかも、一つの「研究会」にすぎないものが同時にあたかも前衛的な政治組織であるかのような役割をえんじ、かつそのようなものとして機能させられた、という組織論上の誤りに「琉大マル研」はおちこんでいた。こうした一面的欠陥や誤謬、沖縄における既成の一切の運動とりわけスターリニスト運動（人民党に指導された運動として現実化しているところの）をのりこえることをめざしながらも基本的には小ブルジョア急進主義のワクをついに突破することができなかった、ということの偏向を克服するための苦闘を、彼らは開始したのであった。……

そして、新たに組織化された琉大反戦学生会議（一九六五年に結成）は、本土におけるわが全学連の闘いに呼応しながら、アメリカ軍事基地反対・米ソ核実験反対・太田任命政府反対（一九六四年秋）・中仏核実験反対・佐藤来沖阻止（一九六五年八月一九日）・裁判移送反対・教公二法反対（一九六七年）・主席公選その他の闘争を、〈反帝・反スターリニズム〉を根底的な戦略とした革命的学生運動の沖縄的形態として推進してきたのであった。これらの闘いは同時に「沖縄解放労働者会議」に結集した戦闘的労働者の仲間たちとの連帯のもとにたたかいとられた。沖縄の特殊的現実のもとで学生大衆運動を革命的に、そして種々の労働運動や政治闘争を左翼的にたたかってきた革命的労働者・学生たちは、〈反帝国主義・反スターリニズム〉の旗を高くかかげた「沖縄マルクス主義者同盟」を一九六七年一月に結成し、「祖国復帰」運動の腐敗をのりこえつつ沖縄人民の解放をめざした革命的な闘いの前衛部隊として、そのもとに結集したのであった。

B　アメリカ帝国主義の直接的な軍事的支配のもとにおかれている沖縄での革命的労働者・学生たちによる反戦闘争、「祖国復帰」運動をのりこえるための闘いなどに呼応して、わが全学連は、一九六五年九月の第四一中委ころから沖縄解放問題をめぐって大衆的に討論を開始し、沖縄をめぐる内外情勢や沖縄における権力構造などの分析、そして既成左翼諸政党の「祖国復帰」路線とその運動をのりこえるための指針と理論の追求を、ベトナム反戦闘争論をめぐる論争とともに深化してきた。このような闘いを背景とし、これにふまえつつ、わが全学連は一九六七年の「4・28闘争」をはじめて革命的かつ大衆的にたたかった。社共両党の「沖縄返還要求」運動のブルジョア民族主義的および反米民族主義的ゆがみを暴露しのりこえ、かつ反代々木的中間主義的諸分派の民族主義的な沖縄闘争方針や完全な闘争放棄などにしめされる腐敗を弾劾しつつ、わが同盟の次のような「4・28闘争」スローガンのもとに断乎たる闘いをくりひろげたのは、マル学同（革マル派）に指導された全学連だけであった。

『I　社共の「返還要求」運動をのりこえ、サンフランシスコ条約第三条の破棄を通じて、沖縄人民の解放をめざしてたたかおう！

A　米帝と同盟した日本帝国主義の対沖縄政策粉砕！

B　ベトナム侵略拡大のための土地接収反対・軍事基地撤去の闘いと連帯し、革命的反戦闘争を推進せよ！

C　教公二法実力阻止をたたかう革命的労働者・学生を支援せよ！

D　裁判移送粉砕！　主席間接選挙制、渡航の自由制限など一切の民主的諸権利の剝奪反対！

II　サンフランシスコ条約第三条破棄！　行政命令、一切の布令・布告の撤廃！

軍事基地撤去！　安保条約破棄！

民政府制度廃止・琉球政府打倒！

祖国復帰運動をのりこえてたたかう沖縄労働者・学生と連帯し4・28闘争をたたかおう！　』

第Iのメイン・スローガンは、沖縄における「祖国復帰」運動をのりこえつつ「沖縄人民解放」をめざしてたたかわれている大衆闘争と呼応してたたかわれるべき、本土での沖縄闘争のありかたとその本質を、ベトナム戦争反対闘争のただなかで獲得された闘争論的立場にふまえつつ明示したものにほかならない。「サンフランシスコ条約第三条の破棄を通じての沖縄人民解放」という、わが同盟の沖縄問題にかんする過渡的要求の集約をも、そのうちにふくんだ「4・28」大衆闘争のスローガンとして、それは定式化されている。そしてこれにつづいて当面の主要な大衆闘争のスローガンがかかげられている。そして第Ⅱのメイン・スローガンは、沖縄人民そのものの解放のための、わが同盟の過渡的要求のスローガンである。わが全学連は、このようなスローガンを学生大衆のなかにもちこみつつ、同時に、世界革命の一環としてかちとられるべき日本革命の展望をめぐって大衆的に自覚をうながしつつたたかってきたのであった。

しかも、この「4・28闘争」にひきつづいて、砂川基地拡張反対の闘い（二月、六〜七月）を、さらに10・8闘争（佐藤東南アジア訪問阻止の闘い）、11・12闘争（佐藤訪米阻止の闘い）を、わが全学連は、反代々木左翼諸党派によって急速に地区的に再建されはじめた反戦青年委員会や三派「全学連」とともに、国家権力のはげしい弾圧をはねのけつつ、果敢にたたかったのであった。「ベトナム戦争の激化に呼応し、アメリカ帝国主義との軍事的・経済的な同盟の強化をねらう、佐藤訪米阻止！」を中心スローガンとして、羽田での10・8、11・12のゲリラ的武装闘争が綿密かつ柔軟にたたかわれた。社会党の完全な闘争放棄、当日に開催された代々木共産党の「赤旗まつり」という裏切り行為を、はげしく弾劾しつつ。

さらに、一九六七年末から六八年一月にかけて、アメリカ航空母艦エンタープライズの佐世保入港を阻止するための現地闘争と首都における闘いが、小ブル急進主義的＝行動左翼的な闘争形態と社共の日和見主義的運動とを交錯させながらたたかわれた。佐世保の現地闘争において、終始一貫して反対闘争を原則的・組織的に、かつ大衆的にたたかいぬいたのは、全九州の革命的学生を結集してたたかったわが全学連だけであった。その断乎たる組織的な闘いは、たとえ三派「全学連」にたいして量的におとっていたとはいえ、質的に高度なものであった。なぜなら、少数精鋭主義的で武闘主義的でしかないだけでなく、なんら組織性がないがゆえにたちどころに雲散霧消させられるほかなかったのが三派「全学連」の闘いであったからである。じっさい、このような激烈な闘争を通じて組織的強化をたたかいとったのは、わが全学連とマル学同（革マル派）だけであった。

しかも、この闘いと組織的成果は、王子野戦病院設置反対闘争（六八年二～五月）に、そして4・26国際反戦統一行動と「4・28」沖縄闘争などにひきつがれ貫徹されていったのである。しかも、これらの闘いの推進過程で、動力車と国鉄の労働者たちによる反合理化ストライキ闘争（3・2、3・23）への支援闘争を、三派「全学連」の支援闘争からの完全な召還を弾劾しつつ、わが全学連はたたかいぬいたのであった。

「4・28沖縄デー」にむけての一切の既成左翼と反代々木中間主義的諸潮流の「沖縄返還要求」とか「沖縄奪還」とか「本土復帰」とかという路線とそれにもとづいた運動の民族主義的腐敗をのりこえつつたたかわれた沖縄闘争の高揚を発端とし、砂川（軍事基地拡張反対）、羽田（佐藤内閣のベトナム戦争加担、対沖縄政策、核基地つき沖縄返還策動などへの反対）、佐世保（エンタープライズ寄港阻止）、王子（野戦病院開設阻止）へとひきつがれ高揚した反戦の闘い。――このような沖縄・反戦の闘いへの組織的とりくみのただなかで、わが同盟は、他方同時に、地区反戦青年委員会を種々の形態で組織化したり、また第五回8・6国際反戦集会やロシア革命50周年記念集会などへの労働者・学生の大量の参加と、熱烈な討論をかちとったり、さらに公務員賃金闘争・年末闘争・沖縄での「即時無条件全面返還要求国民大会」

への革命的介入・国鉄反合理化ストライキ・68年春闘などに組織的にとりくんだ。

とりわけ反代々木左翼諸党派が積極的に開始した反戦青年委員会の地区的結集のための闘いに、わが同盟も意識的にとりくんだ。首都の数地区においては、わが同盟のヘゲモニーのもとに反戦青年委員会がつくりだされ、また他の数地区では反戦青年委員会を他党派の仲間とともにわが同盟員たちはつくりあげてきた。この闘いは、あくまでも職場での闘いを基礎とした、その地区的結集というかたちにおいて、そしてまた地区反戦青年委員会での種々のイデオロギー的＝組織的闘いとその運動の展開を職場闘争に逆流させるというかたちにおいて、おしすすめられた。それとともにわが同盟は、反戦青年委員会の地区的結集のための闘いを、同時にわが同盟組織そのものを地区的に強化するための闘い（直接的には地区的指導部および細胞の形成と確立）の一環として位置づけつつおしすすめたのであった。ルン・プロ化した無能な常任に「地区反戦」の旗をもたせ、そのもとに職場闘争がまったくできないか、またはそれをやらないインポテ同盟員をかきあつめ、もって「多数派」を誇示することにやっきになったばかりでなく、さらに職場でたたかっている労働者たちに街頭化すべきことを官僚主義的に強制し、しかも今日の事態を革命前的情勢として主観主義的にとらえながら彼ら労働者にもケルン・パー的な武装闘争にたちあがるべきことを強要する（いわゆる〝石なげ反戦〟の自己目的化）にいたったブクロ官僚ども。――彼らとはまったく異なる形態において、わが同盟は反戦青年委員会の組織化とその運動にとりくんできた。この闘いの過程で、もちろん種々の偏向（地区反戦の闘いを街頭主義として頭から否定したり、またその逆の誤りにおちこんだりする傾向、あるいは職場闘争と地区反戦の闘いとの股ざきに直面して苦闘する傾向その他）がうみだされ、またそれを克服するために、われわれはたたかってきた。そうすることによって、地区反戦青年委員会を組織化するための闘いを、わが同盟は同時に、われわれの組織そのものの強化と種々の産業別フラクションの横への拡大としてかちとってきたのである。その場合われわれは、反代々木諸党派のきわめてセクト主義的な陰謀とわれわれの排除策動にたいして断乎たる闘いをおしすすめなければならなかった。このいみで反戦青年委員会づくりの闘いは、激烈な党派闘争としても実現されたのであった。こうして地区反戦青年委員会の闘いそれ自体もまた、わが全学連と三派「全学連」とのあいだの闘いとともに、一九六七～六八年の反戦闘争における独特な地位をしめ、特殊な役割をえんじることとなったのである。

C　高揚した沖縄・反戦闘争と密着して論議されたおもな問題は、ほぼ次のようなものであった。

（1）当面の具体的な大衆闘争についての戦術スローガンと、実現されるべき革命にかんする戦略スローガンあるいは戦略的課題を実現するための過渡的（要求の）綱領との関係にかんする問題

わが同盟（あるいは前衛党）がかかげる過渡的綱領にかかわるものを、当面の大衆運動のスローガンの一部としてもちこむのは、最大限綱領主義ではないか、という考えかたが「4・28闘争」の前後に部分的に発生した。革命的学生運動と革命的共産主義運動（あるいは革命運動――これは場所的現在においては前衛党づくりとしてあらわれる）とを機械的に、形式主義的にきりはなし、後者から切断された前者それ自体の推進にかかわる戦術問題だけを自立的に追求するところから、そのような考えかたがうみだされたといえる。

その時々の具体的な階級情勢の分析にふまえつつ、われわれの戦略を現実的に適用することによって、われわれは当面の大衆闘争のスローガン（＝戦術スローガン）を提起する。これが戦術提起におけるわれ

われの基本である。しかし、当面の大衆闘争の特殊性（たとえば沖縄闘争とか、軍事基地反対・撤去闘争とか、というような）にもとづいて、大衆闘争のためのスローガンのなかには、当面の具体的な戦術スローガンばかりでなく、また前衛党がかかげる過渡的要求の綱領の一部（たとえば安保条約破棄、サンフランシスコ条約第三条破棄というような）が同時にかかげられなければならない。またそうすることによって、われわれは戦術的課題の実現のためにたたかっている労働者・学生大衆にたいして戦略的課題の実現にかんする自覚をうながすことができるのであり、しかもかかる闘いの担い手へと彼らを脱皮させていくためのイデオロギー闘争はそれによって有効的かつ実践的になしとげられうるのである。

一九六七年の沖縄闘争にかんする第Ⅰメイン・スローガンにみられる「サンフランシスコ条約第三条の破棄を通じて」という部分は、今日の沖縄の事態がもたらされている歴史的根拠の国際法的把握にもとづいて沖縄闘争が実現されないかぎり、それは根本的な解決の方向をきりひらきえないのだ、ということを端的にしめしているものにほかならない。しかもそれは「社共の返還要求運動をのりこえ……たたかおう」という本土における沖縄闘争の場所的推進のための大衆闘争＝戦術スローガンの一環としてくみこまれているのである。そして第Ⅱメイン・スローガンでは沖縄解放にかんする戦略的スローガンがそれ自体として提起されており、「4・28闘争」のなかでかちとられるべき高い目標（これは他面同時に、前衛党の綱領においては低い目標をあらわす）が集約されているわけである。

また砂川の基地拡張反対闘争において、そしてエンタープライズ阻止闘争において、われわれが「安保破棄」のスローガンを同時にかかげてたたかってきたゆえんもまた、沖縄闘争の場合と同様である。

（2）沖縄における「祖国復帰」運動ののりこえと、本土における社共の「沖縄返還要求」運動ののり

こえとの関係にかんする問題

一九六五年春いごのベトナム反戦闘争の推進過程で論争されてきた一つの中心問題――すなわち、日本におけるベトナム戦争反対の闘いの場所的推進（既成左翼の種々の平和運動をのりこえてゆくという実践的立場における革命的反戦闘争の展開）にかかわる問題と、ベトナムそのものにおける反戦（アメリカ帝国主義の軍事侵略反対）の闘いを南ベトナム権力の打倒闘争に、さらに南北ベトナムの革命的統一のための闘いに永続的に高めていく、という反戦＝反権力の闘いにかかわる問題（これは必然的に同時に、南ベトナム解放民族戦線やスターリニズムにたいする批判の問題にむすびついている）とを、区別する（場所的立場にたつこと）と同時に統一的に把握する（たとえば、ベトナム戦争反対闘争のための戦術を内容的に展開する場合には、必然的に同時にベトナム革命の問題が問題としてうかびあがってくるのである）という問題――、これを再反省し、この大衆闘争論の論理を沖縄解放問題に具体的に適用することを通じて〝「返還要求」運動ののりこえの論理〟を明らかにし、かつ「祖国復帰」運動ののりこえの問題との統一において、それはつかみとられたのであった。

（3）沖縄や本土の軍事基地をめぐる内外情勢の分析にかんする問題

沖縄は一つの国家をなすわけではないにもかかわらず、そのようなものとして無意識的にとらえ、沖縄における権力機構（民政府と琉球政府との関係）をそれ自体として分析しようとする傾向、したがって沖縄それ自体において完結されるような「革命」を想定するような一部の傾向を克服するための理論闘争がなされた。いうまでもなく、この傾向は、沖縄問題を民族問題としてとらえ、そこから「祖国復帰」という戦略をみちびきだす人民党や代々木共産党にたいして批判を展開しようとしたことからうみだされたものであった。しかし、そうすることによっては、たかだか人民党や代々木共産党のまったくの裏返しの結論（すなわち、沖縄において打倒されるべき権力は、日本帝国主義の沖縄的現実形態としての琉球政府そのものであり、したがって反米闘争ではなく反日帝闘争こそがわれわれの課題である、とするような過去において部分的にあった見解）がみちびきだされることになるのである。こうした誤謬は、一方では帝国主義的現代における民族・植民地問題にかんするスターリニスト戦略論の批判的検討、他方ではサンフランシスコ条約第三条を直接の根拠とした沖縄の日本本土からの分断、これを基礎とした、沖縄をめぐる現時点における内外情勢の分析を深化すること、これらを通して克服された。

右の情勢分析にかかわる問題と関連して、「施政権返還のプロレタリア的実現」とか「本土復帰のプロレタリア的実現」とかという方針上の誤りもまた克服された。「施政権返還」とは、現実には日本国憲法の適用範囲にくみ入れることをいみするのであって、「祖国復帰」の法的表現でしかない。いいかえれば、「完全占領」の沖縄と「半占領」の日本本土からなる「サンフランシスコ体制」（だから全体として「半占領」と規定される）という情勢分析にもとづき、かかる体制を民族民主主義革命によって打破する、という代々木中央のこの二段階戦略が沖縄問題に適用される場合、うちだされる路線がすなわち「祖国復帰」であり、その法的表現が「施政権返還」なのである。これにたいしてわれわれは、剝奪されている諸権利をうばいかえす闘いを、また自治権を拡大し強化するための諸闘争を、反戦・軍事基地拡張反対＝撤去のための闘いと結合させつつ「民政府制度廃止、琉球政府打倒」の闘いに集約するだけでなく、さらにすすんでこの闘いを世界革命の一環としての日本プロレタリア革命を実現するための闘いにまで連続的に高め、プロレタリア的自治＝ソビエト権力をうちたてる、という戦略的展望のもとに、沖縄闘争を革命的に推進すべきことを明らかにしたのであった。こうして一九六八年「4・28闘争」においては、次のようなスローガンのもとに、われわれはたたかったのであった。

『一　米帝と同盟した日帝の「核基地つき沖縄返還」策動を粉砕せよ！
　A　日本核武装化阻止！
　B　日米軍事同盟の強化をねらう70年安保条約改定粉砕！
二　沖縄のB52侵略爆撃基地化粉砕！　基地拡張粉砕！　土地接収反対！
三　社共の沖縄「返還要求」運動をのりこえ、サンフランシスコ条約第三条の破棄を通じて、沖縄人民の解放をめざしてたたかおう！
四　サンフランシスコ条約第三条破棄！　行政命令、一切の布令・布告の撤廃！
　軍事基地撤去！　安保条約破棄！
　民政府制度廃止・琉球政府打倒！
五　祖国復帰運動をのりこえてたたかう沖縄労働者・人民と連帯し4・28沖縄闘争をかちとろう！』

（4）運動＝組織づくりにかんする問題

一九六七年春ころから、部分的に発生した「全学連フラクションとしての学生運動」とでもいうべき傾向を運動＝組織論的に反省しつつ、それを克服するための内部理論闘争がおしすすめられた。この過程で同時に、なお残存している「戦略の適用」主義的傾向を克服することもまた追求された。（イ）われわれの革命論（戦略論および組織論）の現実的適用にもとづく具体的な闘争＝組織戦術の提起（戦術論にかんする問題）、（ロ）この闘争＝組織戦術を物質化するための闘い（闘争論的解明にかんする問題）、そして

（ハ）この物質化のための闘いが他面では同時に、われわれの組織戦術（一般）の大衆運動の場面へのたえざる貫徹でもあること（運動＝組織論的解明にかかわる問題）、――この三者を明白に区別するとともに統一的に把握することもまた明らかにされた。〔（ロ）と（ハ）とは、われわれの実践への「理論」の適用にかかわるのにたいして、（イ）は「理論」（あるいは戦略論）の具体化にかかわる。〕

（5）地区の反戦青年委員会――その運営委員会――地区の労働者・学生細胞代表者会議……地区委員会……同盟細胞――地区反戦問題にかんする同盟指導部。これらにかんする組織論上の諸問題。（略）

沖縄・反戦闘争をたたかいぬくことを通じて、また右のような理論闘争を媒介として、わが同盟は組織強化と前進を現にいまたたかいとりつつある。

ところが、いわゆる「激動の七ヵ月」を経過したこんにち、諸闘争をもっぱら武闘主義的にたたかった諸組織、なかんずくブクロ＝中核派と第二次ブントは決定的な組織的危機に直面させられている。三派「全学連」は、その指導権をめぐって三月下旬に実質上中核派系と、ブント・社青同系とに完全に分裂した。

四月の王子野戦病院闘争において動員数を激減させたブクロ＝中核派は、「激動の七ヵ月」を謳歌しながらも隠然と右旋回を開始した。無原則的な波状的武装闘争による中核組織の崩壊は、しかし、ブクロ官僚どもによる右旋回の命令一つで、くいとめることができるわけのものではない。彼ら官僚のおどろくべき「指導」のゆえに、はやくも労働者・学生同盟員のなかから脱盟者が西から東へ相次いで現出している。

他方、学生運動場面でいま中核派系と分裂行動をとっているブントは、すでに三月に、旧マル戦派を武闘的にたたきだすという関西ブントのクーデタによって「純化」されている。しかもこの組織は、今日でもなおその最大限綱領主義（反帝闘争主義）と武闘オンリー主義の闘争形態をとりながら、自爆へとつきすすんでいる。

羽田・佐世保・王子の諸闘争を武装闘争一辺倒主義でたたかった反代々木左翼諸分派は、明らかに、いま決定的な組織的危機にたたされている。かかる事態にたいして断乎たる党派闘争を貫徹しながら、反スターリニズム革命的左翼の戦線を強化し拡大すること――ここに、わが同盟の当面する決定的な組織的課題があるのだ。

Ⅱ　組織建設路線にかんする問題点

わが同盟の基本路線をあらゆる面で――戦略・戦術および組織戦術にかんして、また前衛党組織建設にかんして――ゆがめたブクロ官僚どもとその追従者たちと決別してから五年後のこんにち、この革共同第三次分裂の革命的意義は、大衆運動の場面でも、また組織建設の場面でも、いよいよ現実的に確認されつつある。とりわけ、一九六七年一〇月の羽田闘争いご、「破防法」の適用にたいする対処策としてうちだされた「同盟組織のボルシェヴィキ化」の名において、その組織全体の完全な分割支配と官僚統制にのりだしたブクロ官僚どもは、まさにそうすることによって同時に、さいきんの中央指導部の運動＝組織路線に反対する下部同盟員のあいだに多数の脱盟分子を続出させ、全体として組織的危機にみまわれている。まさしくこの事態は、われわれに前衛党組織建設の問題への反省を四たびせまっている、といわなければならない。ブクロ官僚一派のこの驚くべき変質の深まりを公然と暴露し、それを革命的に解体していく闘いのためにも、われわれは、わが同盟建設五ヵ年の教訓にふまえて、前衛党組織建設そのものの問題についての総括をも、それ自体としておこなう必要がある。

一　分派闘争期における組織問題

革共同第一次および第二次分裂のさいには、わが同盟の内部に存在していた第四インターナショナル盲従分子やトロツキー教条主義者たちの戦略上の誤謬、彼らのセクト主義的組織路線と決裂し、スターリニスト党組織とは本質的に異なる・まさに生動的にして民主主義的中央集権制にささえられた・新しい革命的前衛党を創造するための基礎をうちかためることを眼目として、断乎とした組織的闘いがおしすすめられた。こうしてつくりだされた革共同・全国委員会は、一九六〇年の安保闘争、翌六一年の戦旗派との革命的統一のための原則的な闘い、そしてその年の秋の米・ソ核実験反対闘争や一九六二年参議院選挙闘争などをたたかいぬき、それを通じて同盟組織建設を強化し拡大してきた。しかし、それにもかかわらず同時に、わが同盟は、その内部に新たな偏向を、「戦闘的労働運動の防衛」路線に集約されうる大衆運動主義的かたよりを、うみださないわけにはいかなかった。このような偏向との理論的および組織的な対決、それを克服するための闘いの貫徹、これが革共同の第三次分裂として現実化したのであった。この第三次分裂の時期に、われわれがあらためて追求しほりさげなければならなかった組織づくりにかんする諸問題は、およそ次の四点であった。

（1）大衆運動の組織化とわが同盟（およびマル学同）の諸組織の組織的強化との関係にかんする問題

破産したブントの廃墟のなかからたちあらわれた季節はずれのブランキスト小集団＝「プロレタリア通信」派（岡田新や北小路敏）による全学連書記局の無条件あけわたし、これを契機とした第二七中委（一九六一年四月）における革命的学生運動の拠点の一応の確立。「政防法」反対闘争への突入、いわゆる「共学同」問題の発生とこれにもとづく全学連第一七回大会前後のきわめて困難な事態の現出とその克服。さらに米・ソ核実験反対闘争の過程における全学連の闘いのジグザグ。反戦闘争を「兵士の獲得」とするような路線（今井重雄）およびそれと踵を接して発生した「プロレタリアートによる学生の獲得」というエセ・レーニン主義的組織路線（岡田新＝清水丈夫）を打破するための組織的闘いの推進。……

学生戦線における、このような大衆運動の組織化と推進のただなかで、ブント的大衆運動主義の残滓が、政治技術主義的な指導とのりきりの傾向が、なお自己変革を十分かちとっていなかったわが同盟内ブント残党（岡田・北小路・梶村憲一郎など）によって再生産されはじめた。新たにうみだされたこの傾向にたいする組織的闘いを、直接的には一九六一年秋の反戦闘争の推進過程で、われわれは開始した。革命的学生運動の組織化とこれを通じての組織（わが同盟学生細胞やマル学同支部組織）の組織化にかんする組織論的反省を深めつつ、われわれの内部に潜入してきた政治技術主義的指導と大衆運動主義的ひきまわし、プラス・アルファ方式による闘争上および組織建設上の誤謬の技術主義的のりきりなどを根底的に打破することに、われわれの組織的闘いは集中された（『学生戦線』第二号、黒田論文をみよ）。だが、この闘いのまえには、当時の学対部長岡田新とその尻押し官僚武井健人などによる妨害工作がたちはだかった。全学連第一九回大会（一九六二年七月）における岡田式「暴力」路線の讃美とマル学同第四回大会（同、八月）の内容的破産と混乱のなかに、そのことは集約的に表現された。

ここにおいて、わが同盟学生諸組織の指導的メンバーに理論的再武装をうながすための種々の活動が、すでに一九六二年一月につくられていた同盟内フラクションを基礎として開始された（同年九月以降）。しかし、この内部闘争をはばむかのように、「他党派解体のための統一行動」（岡田・梶村）とか、その裏返しとしての「ベッタリズム的統一行動」（北川登・岸本健一・岡田・今井など）とかの路線が学生運動の内部にもちこまれた。こうしたジグザグ指導にたいする理論的＝思想的闘いはますます激化し、そしてこれが革共同第三次分裂をみちびいた論点の一つ――大衆運動主義からの脱却――をかたちづくったのであった。

革命的学生運動の組織化と同盟組織建設との区別と連関の弁証法を理論的に主体化し物質化することを拒否したこの政治技術主義者どもは、同じ時期に労働戦線でたたかわれていた運転保安闘争にたいして悪名高き二段階戦術（「はじめは処女のごとく、あとはヘッグのごとく」式の）を提起しつつ、わが労働者同盟員たちに敵対した官僚ども（武井・野島・北川ら）とともに池ブクロを占拠し、わが反スターリニズム的共産主義運動を内部的に解体する作業に、「同盟の新しい段階」の名においてのりだしたのであった。

もちろん、この段階におけるわれわれの組織論、労働運動・大衆運動の組織化とわが同盟（およびマル学同）組織の組織化とにかかわる理論的ほりさげは、決して十分なものではなかった。ようやく、大衆運動の場面においてわれわれが展開する組織活動の一形態としてのフラクション活動にかんする問題や、地方産業別労働者委員会の強化・拡大との関係における同盟組織の地区的確立にかんする問題などが、追求されはじめたにすぎなかった。前者のフラクション活動は依然として「統一戦線戦術の一つの形態」としてとらえられているにすぎなかった。いいかえれば、革マル派結成いご追求され深化された運動＝組織論というかたちでは、この問題はなお提起されていなかった。

しかしとにかく、われわれによる革命的学生運動や大衆的統一行動の組織化、そのためにその背後でなされるべきわれわれの種々の組織的＝理論的活動（他党派との組織的闘い）、われわれの組織戦術の貫徹のしかたの緻密化、そして、これらの前提となり、かつそれらを媒介とした同盟組織そのものの組織的強化・拡大、――これらにかんする諸問題を理論的に追求すべきことを、うみだされた運動＝組織づくり上の種々のブクロ官僚的腐敗との対決とそれを粉砕するための組織的闘いを通じて、われわれが自覚しはじめたことは、わが同盟の第三次分裂における組織問題の第一の決定的な意義であった。

（2）地方産業別労働者委員会の強化とわが同盟組織の地区的確立にかんする問題

戦術提起における二段階化の誤謬、すなわち、われわれの組織戦術の欠落した単なる闘争戦術の提起、つまり「断乎たる実力闘争」の呼号をワン・ステップとし、闘争の集約時点あるいは敗北のあとの段階で、その根拠（たとえば政策転換路線のまやかし）を裸おどり的にあばきだすべきだ、といった誤謬を、あるいは「同盟の新しい段階にみあった、活動の新しい形態と方法」の名において正当化されようとした労働運動主義的偏向を打破するための闘いは、同時に、わが同盟の組織形態における一つの独自性をなす産業別労働者委員会を「地区党」建設の名において地区的に分散化させ、そこに埋没させようとした無手勝流的な指導（一九六二年七月以降）に反対する組織的闘いとしても実現された。その当時おしすすめられていた全逓一六時間勤務反対闘争や動力車労組の運転保安闘争への、わが同盟の組織的とりくみと、これを通じての各地方の全逓および国鉄労働者委員会の強化、これをテコとした各労働者細胞の横への拡大とそれらの地区的組織化（直接的には同盟組織の地区的指導部＝地区委員会の確立）などをめざし、かつそれらの理論的解明をも追求しながら、われわれはたたかった。

問題の焦点は、まさに次の点にあった。――形式上産業別にたたかわれている今日の労働組合運動の内部におけるその左翼的推進にとって、あるいはまた日本型労働組合の特殊性（「企業別組合の産業別勢揃い」といわれているその特質）を打破し克服し真の産業別労働組合へそれを再編成するための闘いにとって、さらに革命的高揚期における工場委員会や工場ソビエトを、各地区ソビエトとともに全国的に結成するための革命闘争にたいして、きわめて重要で決定的な役割を演じる地方産業別労働者委員会、これをわが同盟組織の地区的再編成（直接には地区委員会の確立）という名目のもとに解体しようとする（ブクロ官僚の場合）か、それに反対するか、にあったのである。

わが同盟組織がいまおかれている組織的現実、ならびに労働運動へのわが同盟の組織的とりくみの現状（労働運動主義への陥没、同盟組織の地区的再編成のジグザグにもとづく労働運動への非組織的かかわりなど）、これらの具体的分析にふまえることなく、ただただ「党組織というものは本来地区的なものだ」という原則を天下り的にもちだして、わが同盟組織の地区的再編成を技術的に、かつ官僚的恫喝をもって実現しようとした肉体派どもにたいして、われわれは断乎たる同盟内理論闘争をもってこたえ、かつこの闘いを分派闘争へと展開させたのであった。

ところで、わが同盟組織を地区的に確立することを無手勝流に追求した、といったのでは、これは、むしろ彼らブクロ官僚一派を美化することにさえなってしまう。彼らの本音は、むしろ次の点にあったのだからである。すなわち、一九六二年の参議院選挙闘争において、われわれは二万数千票しか獲得できなかったのは「地区党」がないからだ、といった点にあったのだ。「断乎たる実力闘争の推進」といった斎藤一郎ばりの空しい演説をくりかえしたにすぎなかった官僚どもによる、参議院選挙闘争の教訓化が、それであった。次回の参議院選挙には七万から一〇万、その次は三〇万以上……といった武井健人式の発想法にもとづいた「地区党」の提起。それは明らかに「選挙のため」のそれでしかなかったのだ。わが革命的共産主義運動を、未来の或る一定の時期におこなわれるであろう種々の選挙での行動左翼的街頭宣伝と票集めとを基準としながら現在を律する、「革命的議会主義」という名の議会主義的運動にゆがめちぢめる、という発想法によって、それはそめあげられていたのであった。――そして、一〇万票以上の獲得をめざした一九六五年浜野選挙の腐敗（ブクロ派の旗をさえかかげず、わずかに破産寸前の「長船社研」をひきずりこんだにすぎず、実体的内容のまったく欠如した「社会主義労働者戦線」なるものをデッチあげた点に象徴される腐敗）と依然微々たる獲得票数。これをめぐってのブクロ派「第二回大会」なるものの大混乱、これを収拾するための議会主義ならぬ「都議会主義」の前面化（無所属立候補）、都知事選挙における美濃部支持。これをめぐってブクロ派「第四回大会」なるもののガタガタ、そして「激動の七ヵ月」（じつはブクロ派組織そのものの内部崩壊が進行した七ヵ月）に名をかりた、選挙闘争主義者にふさわしからぬ六八年参院選の放棄。……「選挙のための地区党」ならぬ「石なげ反戦のための地区党」（脱盟者竹中明夫の言葉）を武井健人に強要されたブクロ関西地方委員会の壊滅という事態の出現。……これが、「選挙のための地区党」提起以後六年の今日のブクロ官僚一派の現実の姿である。

これにたいしてわれわれは、基本的に、次のような組織建設路線のもとにわが同盟（革マル派）建設を開始したのであった。すなわち、各地方の種々の産業別労働者委員会（指導部）とそれらに所属する労働者細胞とをそれぞれ強化し組織的に確立するための組織的闘いを基礎とし、かつこれをテコとした、種々の労働者細胞群からなる同盟組織の地区的形成、そのための指導部としての地区委員会、そして数地区にまたがり、それらを統合した各地方（あるいは都・府・県）委員会〔これに直属する各地方労働者組織委員会（これは実体的には各地方の種々の産業別労働者委員会が選出した代表者によって構成されるが、しかし代表者会議ではなく組織形態＝指導部である）および各地方学生組織委員会〕などの諸機関の確立、などをめざしつつ、その時々の労働運動や革命的学生運動の展開へのわが同盟の組織的とりくみと組織的かりとりを実現し、これを通じて、わが同盟組織を全体として強化し拡大する方向にむかって、巨大な前進が開始されたのである。これが、第三次分裂において教訓化されるべき第二の組織問題である。

（3）前衛組織建設における疎外とこれにたいする組織的闘いにかんする問題

現代の公認共産党組織の官僚主義的疎外とその戦略上の変質、これにもとづく現代国際共産主義運動のスターリニスト的歪曲に抗して、われわれは革命的労働者党を創成するためにたたかってきた。その場合、一方ではトロツキー組織論の誤謬、トロツキーなきあとの第四インターナショナルの四分五裂、トロツキスト諸分派組織の硬直化と既成左翼諸政党への加入＝没入にもとづく社民化とうらはらなそのセクト主義的集団化とを打破すること、他方ではスターリニズムをただたんに官僚主義とみなすことによってそれへ右翼的＝民主主義的にしか反撥しえない腐敗のなかで混迷し、あるいは「綱領主義反対」の名において解党主義に陥没した構造改革派の諸潮流のこの理論的および組織的堕落を粉砕しのりこえること、――これらをも、われわれは同時におしすすめ、そうすることによってわが革共同・全国委員会の組織的強化と拡大はかちとられてきた。

「社共両党にとってかわる新しい前衛党の創造」をめざしてきたわれわれの内部に、にもかかわらず、大衆運動への組織的かかわりの場面にかんしては労働運動主義的偏向、そして組織建設にかんしては政治技術主義的指導や官僚主義的のりきりなどの誤謬が新たにうみだされただけでなく、さらにかかる偏向や誤謬にたいする理論的批判とその組織的実現を官僚的恫喝をもって圧殺したり官僚主義的に統制したりする傾向が、つまり同盟組織建設における官僚主義的ゆがみ、プロレタリア的民主集中制の組織原則をなげすて、これを官僚主義的集中主義にすりかえるという組織建設上の疎外さえもが発生した。しかも、この疎外は、前衛党の組織原則をまもるという仮象をともなって、つまり組織原則を形式主義的にふりまわすという形態において発生したのであった。

すなわち、「戦闘的労働運動の防衛のための戦術の緻密化」の名においてわれわれの組織戦術の貫徹にかかわる諸問題を完全に没却している（ここから二段階戦術の提起が不可避となる）にもかかわらず、これをなんら自覚しえなかった官僚どもは、彼らによる闘争＝組織戦術の歪曲を暴露し粉砕せんとした理論闘争の下からの組織的噴出を封殺するために「組織原則」をふりかざしたり、またわが同盟の運動＝組織路線にかんする内容的な論争を一切回避し、ただもっぱら「同志〔じつは官僚〕を信頼せよ」といった道徳主義的泣きごとをならべたてたりしたのであった。この事態は明らかに、大衆運動への組織的かかわりの場面におけるゆがみが組織建設そのものへはねかえり、その疎外が新たにうみだされたことをいみする。

けだし、「組織原則」を形式主義的にふりまわすということは、運動＝組織づくりや戦略・組織戦術・戦術にかかわる内容上の問題から組織問題を機械的に切断し、まさに論争されるべき内容上の諸問題、そのゆがみや誤謬をおしかくし官僚主義的にのりきるための「最高」の手段だからである。そしてまた、「同志的信頼」なるものをふりかざすということは、論争問題にかんする内容的討議を回避するための官僚的恫喝でしかなく、官僚的保身のための逃げ口上いがいのなにものでもないからである。まさに内部理論闘争を通じてのみ、その前提としての組織成員のあいだの同志的信頼もまた高められるのであって、その逆ではないのである。

一般に、前衛党の組織原則・組織規律はこの党の本質を規定している理論的支柱（つまりマルクス主義、直接的には綱領に集中的にしめされている戦略・組織戦術・戦術にかんする理論的内容）との統一においてのみ存在し実現される。前者が後者からきりはなされる場合、それは形式主義化されることによって、官僚主義的支配と統制の道具たらしめられてしまうのである。他方、前者からきりはなされた後者それ自体の自立化は、前衛党建設における分散主義、さらには解党主義が発生するだけでなく、後者の理論的内容そのものも組織問題から切断されて形骸化されることになるのである。——ところが、ブクロ官僚どもは、この両者を弁証法的にとらえることができなかった。いやそもそも、わが同盟の運動＝組織づくりの基本路線の歪曲について、労働運動主義への陥没について、彼らはまったく無自覚であった。このゆえに、全同盟的な規模で、しかも種々の形態をとって、噴出しかつ組織化された内部理論闘争にたいして彼ら官僚どもは、ただただマトはずれのレッテルをはりめぐらしつつ官僚主義的恫喝をして歩くことしかできなかったのだ。曰く「サークル主義」、「分散主義」、「解党主義」、「無謬の山本への盲従と同心円的党づくり」。曰く「同志的信頼がない」、「規律違反を自己批判せよ」、「分派は政治局に登録せよ、党中党をつくるのはやめよ」……。

こうした種々のレッテルは、前衛党組織建設にかんするブクロ官僚とその追従者どもの無知のしるしでしかなく、彼らの組織観の静態的本質とこれから必然的にうみだされる上からの官僚主義的統制（民主集中制の疎外）を美化したものにほかならない。――上部機関から下部組織への文書配布による組織的危機の打開とか、分派登録制とかを「理論化」した関西地方委員会の竹中明夫は、ところで、それから六年後のこんにち、「激動の七ヵ月」におけるブクロ中央の「小ブル急進主義を弾劾」した文書の配布を中央指導部に拒否されて、数十名の脱盟者の先頭にたちつつ「ブル転」を開始した。ブクロ官僚の盲従者であったかつての彼は、自己のにせ前衛党組織論そのものにしめあげられて脱盟せざるをえなかっただけでなく、さらに日本労働者階級にたいして背をむけはじめたのである。この事態こそは、ブクロ官僚派の組織的現実、その変質ぶりを、いかんなく発揮しているといえるのだ。それは、こんにちのブクロ派組織が「スターリニスト党に変質した」（竹中）といった問題なのではない。スターリニスト党の解体を通じて新しい前衛党をつくりだすことをめざしていたものの内部に発生した官僚主義的変質であるところに、事態の重大さと深刻さがあるのだ。革共同第三次分裂の革命的意義は、ますます変質の度合を深めつつあるブクロ中央と、これに反対して断乎たる組織的闘いを推進しえない下部諸組織の去勢された現実そのもののなかに、明白にみてとることができるのである。

大衆運動への組織的とりくみ面における大衆運動主義的疎外、同盟組織づくり面における官僚主義的疎外。――この点に集約されるブクロ官僚一派の腐敗と変質にたいするわれわれの闘いは、まずもって焦点となった論争問題をめぐる内部理論闘争の下からの組織化として実現された。そしてこの過程で同時に、政治局内多数派の変質、「三全総路線」なるものをかかげてわが同盟の基本路線を歪曲せんとする傾向に抗して組織的にたたかうことを決意した同盟内反対派（党内フラクション）を創造することがめざされた。同盟内フラクションをつくりだすこの闘いは、しかし、学生組織（細胞および指導部）と労働者組織（細胞および指導部）とのそれぞれの領域では不均等的かつ試行錯誤的におしすすめられた。

とくに論争問題の中心が学生運動の推進に密着していたということからして、そしてまた官僚どもによる直接的弾圧のはげしさとあいまって、学生諸組織における同盟内フラクションの形成、これを基礎とした革命的分派組織の結成のための闘いは、急速かつ全国的な規模でもえひろがった。大管法統一行動問題、12・14闘争支援問題などをめぐる理論闘争は、ブクロ官僚とその腰ぎんちゃくどもによる上からの組織的分断策動の開始をテコとして、とりわけ一二月二五～二六日の都学生細胞代表者会議での分裂を契機として、学生分派組織（ＳＢＦ）の結成へと発展した。

他方、労働者諸組織において同盟内フラクションを創造する闘いは、各地方委員会や各産業別労働者委員会・細胞においては進展したのであるが、しかしとりわけ東京の各地区委員会においては、そこでのわれわれの組織的力量の弱さに規定されて、はかばかしく前進しなかった。こうして労働者組織の場合、全体としては同盟内フラクションは合同反対派的な性格を刻印され、こうすることによってその止揚と純化にもとづく分派組織の結成のための組織的闘いは若干おくらされた。

それだけではない。同盟内フラクションの形成から革命的分派組織の結成への過渡期においては、ほかならぬわれわれ自身がこれまでつくりあげてきたわが同盟組織そのものを固定的にとらえ物神化するという、われわれの内なる党組織観との闘いがなされなければならなかった。スターリニスト党にとってかわる新しい労働者党の創成をめざして建設されてきたわが同盟組織、その内部にうみだされた悲劇的な疎外との対決において、断乎たる分派闘争を貫徹せんとする決意が、われわれの内部で一瞬かたまりかねたことさえもがあったことは、おおいがたい事実である。がしかし、わが同盟組織と指導部の物神化傾向を決然として粉砕しつつ、われわれは革命的分派闘争へふみきったのであった。

とにかく、変質した指導部（政治局内多数派）による理論闘争の官僚主義的統制、上からの組織的分断策動、聞くにたえない誹謗・中傷の流布などをはねのけつつ、われわれは、あらゆる面で、可能なかぎりのルートを駆使して、同盟内理論闘争を公然と下から組織化しつつ同時に同盟内（合同）反対派的フラクションをつくりだしてたたかった。たしかにこの段階の組織的闘いは、ブクロ官僚どもの眼にはそう映じたように「非分派的分派闘争」という形態を当然とって推進された。なぜなら、わが同盟の基本路線を歪曲しているにもかかわらず居直っているだけでなく機関紙を独占している官僚どもを打倒しえた場合には、当然にもこの同盟内フラクション＝反対派は解消されるところの過渡的なものでしかないのだからである。同盟内フラクションを基礎としたこの「非分派的分派闘争」を止揚し、公然たる分派闘争という形態において組織的闘いが実現されたのは、一方では政治局からのその少数反対派の実質的追放、および政治局内多数派の路線にもとづく同盟組織全体の上からの分断が開始されたことを物質的基礎としてである。他方それは、その獲得目標（労働運動主義的偏向の克服、同盟組織の官僚主義化の打破、そして変質した指導部の打倒）、その綱領的路線を明確化した革命的分派組織の結成を主体的根拠としてである。こうした組織的闘いを通じてわれわれは、革共同・革命的マルクス主義派としてみずからを組織的に表現したのであった——ブクロ官僚派的な疎外をうみだすことのない真実の労働者党の創造をめざして。

内部理論闘争の下からの組織化から同盟内（合同）反対派的フラクションの形成へ、さらに指導部の度しがたい官僚主義、間違った路線の堅持とそれをおしかくすための官僚主義的統制の強化といった組織的限界状況が露呈した段階での革マル派組織の結成へ。——このように展開されたわれわれの組織的闘いは、新しい革命的前衛党の創成をめざしながらも、その内部に新たにうみだされた大衆運動主義的＝官僚主義的疎外を打破し克服するために、貴重な教訓をのこしたのであった。これが、革共同第三次分裂における第三の重要な組織問題である。

（4）「マルクス主義青年労働者同盟」にかんする問題

わが同盟（革マル派）結成前後に論議された第四の組織問題は、「マル青労同」の組織的位置づけにかんしてであった。

すでに「三全総」の直前（一九六二年七〜九月）に、わが同盟組織の地区的再編成の問題とからんで、革共同の諸組織とマル青労同のそれとの組織的位置づけと関連について一つの大きな混乱がうみだされた。簡単にいえば「全国委の地区かマル青労同の地区かの区別だてに苦慮することなく地区党をつくれ」という官僚どもの没理論的指導にもとづいてうみだされた組織的混乱が、それである。

わが同盟組織を地区的に確立するための闘いに、マル青労同に結集している同志たちにも参加をうながしつつ同時に彼らをわが同盟に獲得する、という当然なされるべき組織的闘いは完全に放棄された。職場闘争の経験・組織活動上の経験・理論水準などにおける、わが同盟員とマル青労同のメンバーとのあいだの質的ちがいを一切無視して「地区党」建設にのりだしたことからして、一方ではわが同盟組織は基本的にマル青労同のそれの水準に低められただけでなく、こうすることによって同時に他方では、マル青労同の地区的組織（の指導部）と、わが同盟の地区委員会（組織的弱体のゆえに、これはなお同時に地区的合同細胞としての性格をもつ）とが、二重うつしにされたのであった。こうして、たとえば地区委員会の会議が開かれる場合、それがマル青労同のそれなのか、それとも全国委員会のそれなのか、といった区別さえもがあいまいにされることが、しばしば発生した。（当時の段階でも、たとえば××および○○地区の組織は極めてズブズブであったのであるが、こんにちのブクロ派の××や○○、さらに△△などの地区組織は、ますます雑炊化されることによって「地区反戦青年委員会」との区別さえもができないほどまでにふやけてしまっているのである。）

一方ではこのような組織的現状にふまえ、他方では決して組織的疎外をうみだすことのない強固な革命的前衛党を創造することをめざして、わが同盟・革マル派結成にあたっては、これまでと同様に「マル学同」は強化し拡大していくが、しかし当面「マル青労同」は組織化しないという方針を決定したのである。その場合に考慮され追求されたことがらは、次の諸点であった。

すなわち、①　学生戦線における細胞づくりは、学生の出身階級・階層が雑多であるがゆえに、労働戦線におけるそれに比してより徹底的であるべきこと（したがって「マル学同」が組織的前提とならなければならないこと）。②　運動＝組織論の深化にともなって、大衆運動の場面へのわれわれの組織戦術の貫徹の構造がますます緻密化され、こうすることによって伝統的な党員フラクションとは異なる独自な組織形態として、（革命的あるいは左翼的）フラクションが位置づけられはじめたこと。そして　③　わが同盟組織の外廓に「マル青労同」のような一種の固定した活動家組織をつくりだすことは、わが労働者同盟員の組織活動上の負担を倍加する結果をうみだすだけでなく、時間的にも技術的にもかなり困難であること。――これらを組織的根拠として、われわれは当面「マル青労同」を結成せず、わが同盟（革マル派）そのものの組織的強化と拡大を、われわれの組織的任務としたのであった。（ここで「当面」と限定されているのは、将来においては前衛党の外廓にではなく、その一つの下部組織形態として「マル青労同」のようなものがつくりだされる可能性を排除するものではない、ということである。）

なお補足的なことであるが、「分裂以前のマル青労同は、今日からすればフラクションのようなものである」といった見解が、第二回全国労働者細胞代表者会議（一九六五年五月）で提起されたことがあったけれども、これは誤りである。もちろん、当時のマル青労同の水準の低さのゆえに、現象論的にはそういえないことはない。しかし、そのような見解は二重にあやまっている。なぜなら、そこでは、そもそもマル青労同は一定の綱領をもった、革命党づくりをめざす活動家組織としてつくりだされたことがあいまいにされているからであり、またフラクションそのものもまた一面的に把握されているのだからである。

二　「主体形成主義的組織づくり」の発生とその克服

わが同盟・革マル派建設の初期の段階（一九六三年三月〜六四年四月）における組織づくりは、きわめて困難な闘いであった。日本反スターリニズム革命的共産主義運動の内部からうみだされたブクロ官僚一派の腐敗と変質は、大衆運動の場面でも、また組織建設の場面でも、おどろくべきものであった。それを粉砕するための闘いは、同時にわが同盟（革マル派）の内部に発生した種々の偏向を克服する闘いとしても実現された。うみだされた偏向は、ブクロ官僚的変質を根絶せんとするその革命的な意図にもかかわらず、いやまさにそのゆえに基本的に、組織づくりにおける「主体形成主義」というべきものであった。

A　組織づくりにおける「主体形成主義」との闘い

とりわけ学生戦線においては、これまで運動＝組織づくりの指導が政治技術主義的であり、また大衆運動主義的ひきまわしが横行していたというこの過去への反作用として、革命的学生運動を推進せんとしてきたおのれ自身の「立脚点」や「主体性」を、それ自体としてあらためて問いなおすという傾向が、部分的にではあるが発生した。これが「立脚点主義」とか「主体形成主義」とかよばれた組織づくり上の偏向である。（しかも、この偏向の闘争方針へのもちこみともいうべき傾向、たとえば「日韓闘争において主体形成を！」などといった方針を提起する傾向さえもが、あらわれた。）

他方、労働者組織の場合には、これとほぼ同様の傾向として、「ブクロ派をうみだした、おのれ自身の腐敗をみつめよ」ということを、ブクロ官僚一派との理論的＝組織的闘いの彼岸において力説した同志が部分的にあらわれた。第三次分裂いごという事態のもとでは、われわれに敵対的に対立しはじめたブクロ官僚どもにたいする理論的および組織的闘いは、同時にわれわれの内なる「ブクロ的要素」との闘いにほかならず、そしてまた後者の徹底的追求とほりさげは前者の成功的な実現として現実化されうる、という相互関係がつかみとりえなかったところから、それはうみだされたのであった。

ブクロ官僚に象徴される疎外との闘いでうみだされた、組織づくりにおける「主体形成主義」的諸偏向は、その時々の大衆運動へわが同盟が組織的にかかわり、そして、これを媒介としてわが同盟組織を形態的にも実体的にも確立する、という問題にかんする組織論的反省を通じて克服されはじめた。しかし、この克服のための闘いは、さまざまの要因によって阻害され、はかばかしく前進しなかったことも事実である。

すなわちまず第一に、大衆運動にかんするブクロ官僚派の闘争方針にたいするわれわれの批判が原則対置主義的であった【たとえば「戦闘的労働運動の防衛」にたいしては「ケルンの創造」を、「ベッタリズム的統一行動」にたいしては「イデオロギー的党派闘争」の必要を、また「反帝」イズムにたいしては〈反帝・反スターリニズム〉を、そして二段階戦術にたいしては「組織戦術にふまえた闘争戦術」を、それぞれ原則主義的に対置するという傾きがあった】のと同様に、まさに論争されていた理論的諸問題とは無関係に「組織規律」だけをふりかざして官僚主義的に内部闘争を統制し粉砕しようとしたブクロ官僚どもにたいして、「思想闘争の断乎たる貫徹」とか「共産主義者としての主体性」とかを原則主義的に対置するという傾向から、当時のわれわれは、全体としては十分まぬかれていたとは必ずしもいえない。同盟内闘争の組織的実現が問題であったときに、さらに革命的分派組織を結成してたたかうことが問題であったまさにそのときに、「思想闘争の断乎たる推進」というスローガンしか提起しえないのは明らかに思想闘争主義的な対決のしかたでしかなく、また官僚主義的しめつけにたいして、「共産主義者の主体性」を対置してたたかうだけでは主体形成主義的な組織づくりという傾向へ陥没する道をひらくことにもなるのである。この両者に共通な一面性と欠陥は、あかるみにだされたわが同盟の組織的危機にたいして、いかに組織的に対決し、かつそれを克服すべきか、ということにかんする組織論的反省とほりさげが欠落しているか、あるいは弱い、という点にある。

とりわけ後者の傾向、すなわち「組織規律」の形式主義的おしつけにたいして、「共産主義者としての主体性」を拠点としつつ断乎として理論的＝組織的な闘いを推進することそれ自体は、もちろん誤りではない。問題は、むしろ「共産主義者としての主体性」が自立化させられることによって、この主体性が同時に組織性でもあるという側面が軽視されてはならない、という点にある。いいかえれば、変質した指導部を打倒するために主体的にたたかっている共産主義者が、危機にたたされた革共同の組織成員として、同時に同盟内フラクションあるいは分派組織の担い手であるだけでなく、さらに新たにつくりだされるべき革命的前衛組織の組織的担い手でもあるということ、――このことの自覚とその組織的実践の欠如が、新たな組織建設にまでもちこまれる場合には、組織づくりにおける「主体形成主義」の種々の偏向がうみだされざるをえない、ということである。

「組織規律」の名における官僚主義的統制にたいして「共産主義者としての主体性」より以上のものを対置できなかったり、また組織づくりにおける立脚点主義や主体形成主義におちこんだりするということは、第二に、そもそも革命的前衛党（プロレタリア党）とその諸成員（党員）との関係にかんする主体主義的な理解が――無自覚的にせよ――その根底にあることをいみする。

一般に、組織というものは、その組織諸成員（組織の実体としての人間）からなりたつのだとはいえ、その逆はなりたたない。すなわち、（革命的志向をもった）人間をどのように算術的によせあつめたとしても、それで組織が形成されるわけではない。たとえ革命的志向をもった人間あるいは共産主義者であったとしても、徹底的な相互理論闘争を通じての思想変革と組織の一成員としての組織性の獲得（つまり不断の自己変革）、これらを媒介とした人間的同一性・同志的信頼の創造、これを主体的根拠とした理論的および組織的同一性のたえざる高度化とこれにもとづいた実践的同一性の創出、というような組織内闘争をとおしてはじめて、前衛（党）組織は組織として形成され確立されるのである。

もともと前衛党組織（あるいは、それをめざして苦闘しているわが同盟のような革命的組織）はマルクス主義を支柱とし綱領を理論的基礎とした、それ自体有機的全体性をなす一つの形態であるのだからして、その諸実体つまり個々の組織成員（党員あるいは同盟員）は、組織全体の有機的構成部分として（組織＝全と統一された個として）、それ自身思想性と組織性とをそのうちに統一した革命的人間なのであり、またこのような人間的・思想的・組織的な同一性にうらづけられることによって、はじめて前衛党の組織的実践の革命性が保障されうるのである。前衛党組織のこのような存在論的および主体的な構造のゆえに、それを形成し確立する場合には、いまのべたことを前提としながら、これとは逆の過程が、つまりさきにのべたような形成過程が追求されなければならないのである。

前衛党組織のこのような本質的構造が「共産主義者としての主体性」という視角から一面化される場合に、組織づくりにおける主体形成主義が発生するのである。そして「組織への形成」と「組織の形成」との区別にもとづいた「組織形成」論は、その理論的表現であるといってよい。学生活動家たちを、思想闘争と学習を通じて「組織へ形成」し、さらに基礎理論の体得と組織内理論闘争を通じて「組織の形成」をかちとる、といった組織「形成」論は、まさに思想闘争主義的であり主体形成主義的であるといわなければならない。その根底には、組織とその諸実体にかんする一面的な把握（諸個人の単なる集合として組織をとらえる主体主義的なとらえかた）がある。だから、組織諸成員の組織性の問題が「組織形成」のなかに位置づけられなくなるだけでなく、その思想問題は直接に「組織への形成」以前のそれや出身階級・階層の問題へ遡及的に解消されていくかたむきさえもがうみだされることにもなるのである。組織の内部矛盾はもちろん本質的には組織外の社会的・階級的諸矛盾の再生産としての意義をもつのだとはいえ、組織諸成員においてうみだされた種々の誤りや偏向（たとえば小ブルジョア性）は直接に小ブルジョア階層そのものの問題に還元し帰着させたのでは克服されえないのである。組織における全と個（これはプロレタリアの階級的全体性と個別性との、組織における形態である）の問題として、それは追求されほりさげられなければならない。そうでなければ、組織の組織としての形成も確立もなしとげられないのである。

組織づくりにおける主体形成主義、あるいは主体主義的な組織「形成」論がうみだされたということは、さらに第三に、実践と理論と組織の相互関係の把握のしかたが一面的であるということと不可分にむすびついている。

たとえば、まず実践と理論とを、それぞれ対象的＝客体的に、かつ対極的にとらえ、また後者をほぼ「戦略」と同じようなものとしてつかみ、そして理論の強化（あるいは戦略の体得）によって「共産主義者としての主体性」を確立することがすなわち組織づくりである、というような考えかたが、それである。このような組織づくりは、主体形成主義的なそれの一変種としての「理論」主義にほかならない。なぜなら、この場合には、組織建設が「組織諸成員の（一般的および特殊的な）理論強化および理論闘争」に矮小化されているのだからである。それだけでなく、またそうすることによって「理論家と実践家との任務分担」といった組織問題を彼岸化した機械論さえもがうみだされる。そしてさらに、理論（あるいは戦略）の適用のベクトルだけから組織および組織づくりの問題を追求しようとする傾向、いわゆる「現実問題の戦略論的ほりさげ」路線もまた、実践・理論・組織のとらえかたの誤りからうみだされた主体形成主義的な組織づくりのもう一つの変種である。

要するに、わが同盟組織づくりにおいて発生した主体形成主義的な諸偏向は、「大衆運動の組織化と同盟組織の組織化」における大衆運動主義・政治技術主義・官僚主義などにたいする即自的な反撥の産物であり、その裏返しの誤謬である。この偏向の根底にある組織論上の誤りは、組織の官僚主義的疎外にたいする「共産主義者としての主体性」の単純対置であり、したがって前衛党組織とその諸実体との関係にかんする、および実践・理論・組織の相互関係にかんする、一面化され矮小化された把握のしかたである。

このような誤謬を克服するための理論闘争を通じて、主体形成主義的な組織づくりという偏向を打破することがめざされた。しかし、この過程は同時に、新たな偏向、「戦略論的ほりさげ」路線をもうみだしたのであった。

B　「戦略論的ほりさげ」路線の発生根拠

「戦略論的ほりさげ」路線とは、直接的には、運動＝組織づくりにおけるケルン主義を、あるいは革命的中核づくりにおける学習会主義的偏向を克服するためには、わが同盟組織諸会議やフラクション会議においで革命理論上の諸問題をも提起し追求し、現実問題やわれわれの戦術をその根拠（「戦略」）にまでほりさげて解明すべきであるということそれ自体が、あたかも「組織路線」であるかのように考えられ、かつそのような指導がおこなわれた、というような偏向をさす。この偏向は、次のような種々の誤謬のからみあいの産物である。

すなわち、まず第一に、わが同盟の大衆運動への組織的とりくみ（これは闘争＝組織戦術をめぐる理論闘争に規定された、われわれの組織活動を実体的基礎とする）の問題を、当面の闘争戦術とその戦略論的ほりさげという理論闘争上の問題に一面化するという誤謬。あるいは運動＝組織づくりにかかわる問題を運動＝組織方針提起にゆがめ解消する誤謬（この場合、理論的には運動＝組織論と方針提起論とが二重うつしにされる）。

第二に、フラクションの運動＝組織論的解明と、つくりだされたフラクションの会議のもちかたやその指導内容とを二重うつしにする誤り。——この場合特徴的なことは、フラクションをわれわれの戦略を実現する「実体」というように単純に（だから間違って）〝理論化〟し、そしてこうした「フラクション」においてそのメンバーに戦略の体得をうながすといった、いわば指導技術の観点からフラクションがとらえられている、ということである。こうして「フラクション」という用語は、ある時はわれわれの展開するフラクション活動として、またその結果つくりだされるフラクションという一つの組織形態として、他の場合にはフラクション会議のいみで、それぞれつかわれることになる。フラクション活動、フラクション、フラクション会議の三つが区別と連関においてとらえられず「フラク」としてゴチャゴチャにされてしまっているということは、もっぱら「戦略の適用」のベクトルからフラクションを理解し基礎づけようとする理論上の誤り（運動＝組織論の欠如）に起因するのである。ところで「戦略論的ほりさげ」路線は、まさにこの「戦略の適用」主義（「戦略」——→戦術やフラクション）の裏面（戦術あるいはフラクションでの戦術論議——→「戦略」）にすぎない。

右のことは、そもそも戦略（または理論）と組織と実践の構造が一面化され平板化されていることをいみする。これが「戦略論的ほりさげ」路線の根底にある第三の誤りであり、第一および第二の誤謬の根底にあってそれをうみだしている根拠でもある。

一般に——存在論的にいうならば——、われわれの革命戦略のたえざる場所的実現は革命運動・革命的共産主義運動としてあらわれ、かかる実現の本質的実体をなすのが前衛党組織である。そしてこの前衛党は、当面の階級情勢の具体的分析と戦略論の現実的適用との統一によってうちだされる当面の闘争＝組織戦術、これを物質化する闘い（大衆運動）の前提となり、かつこれを通じて強化され拡大されていく。場所的現在における大衆運動づくりと前衛党組織づくりとのこの円環構造にふまえ、しかもわれわれの組織戦術を大衆運動の場面へ種々の形態で貫徹していくという主体的側面からその実体的構造を明らかにするのが運動＝組織論である。わが同盟員が大衆運動の場面で展開する組織活動（組合員ないし自治会員としての同盟員の活動）の一形態として、フラクション活動はとらえられなければならない。したがってこのフラクション活動は直接に「戦略」とむすびついているわけではない、ただ媒介的に、つまりフラクション形成の基準としてうちだされた闘争＝組織戦術およびこれをめぐる理論闘争を媒介として、それに関係するだけである。

　ところが、「戦略の適用」主義におちこんでいる場合には、フラクションはわれわれが展開する組織活動からきりはなされて客体化され、かつ「戦略」を実現する実体として、したがってその担い手として、とらえられ位置づけられる。そしてこのようなものとしての「フラクション」（「戦略」を担った「フラク」）が活動を展開すると〝大衆運動〟がつくりだされる（だから、この〝大衆運動〟は「フラクションとしての」それ、あるいは直接的に革命的な大衆運動というように解されるわけである）、といった単純な理解におちこむことになるのである。（図式的にしめせば「戦略──→フラク──→運動」ということになる。）

　ところで、フラクションのこうした誤ったとらえかたにもとづいて、大衆運動の問題やフラクション会議での指導内容が問題にされるときに、具体的闘争戦術の「戦略論的ほりさげ」とか、「どこまで戦略を提起してフラク・メンバーを自覚させるか」とか、といった技術主義的で思想闘争主義的な、あるいは主体（戦略を実現せんとする実体としての）形成主義的なアプローチのしかたがうみおとされるのである。（図式的にしめせば「運動→フラク→戦略」ということになる。）しかもこの場合、フラクション会議を指導するわれわれと、これに指導されるフラクション・メンバーとの区別がなされないことからして、あるいは、大衆を自覚させつつ同時に自己変革をもなしとげていくわれわれと自覚させられる大衆との区別があいまい化されることからして、運動＝組織づくりのための実体的構造にかかわる問題が運動＝組織方針（または闘争＝組織戦術）をめぐる理論闘争にかかわる問題に還元解消されるだけでなく、さらに「戦略」あるいは革命理論一般の学習・主体化にかんする問題とすでに主体化されている理論の現実分析への具体的適用にかんする問題とが未分化のまままとりあつかわれることにもなるのである。

明らかに、「戦略の適用」主義の場合には、理論（「戦略」）と実践（大衆運動）、これらを媒介する組織（いまの場合はフラクション）、というこの関係が客体的にとらえられ、かつ客観主義的に連関づけられているにすぎないのである。

しかも、「実践――組織――理論」というこの関係は、しばしば、一方では時間的未来にそのまま投影されて「大衆運動→前衛党組織→戦略の実現＝革命闘争」という図式（「大衆運動から革命闘争への連続的発展」観）がつくりだされ、そしてこの観点から前衛党組織づくりが客体的にとらえられることになる。それとともに他方、「実践――組織――理論」という関係が現在的に解釈される場合には、この関係は、しばしば「労働組合（運動）→フラクション→わが同盟組織」という関係とほぼ等置されたり、あるいは前者に後者のような意味付与がなされたりもするのである。こうして労働組合・フラクション・わが同盟組織のそれぞれの形態主義的な理解と連関づけが必然的にうみだされることになる。ところで、また、こうした形態主義的なとらえかたの平面においてその克服がめざされる場合には、「組織実践」というカテゴリーの解釈主義的な緻密化が、同時に「連続的発展」観をその背後にもちながら、うみだされたりもするのである。

すなわち、われわれの戦略（あるいは理論）の適用・物質化をめざすものとして「組織実践」が位置づけられ、そしてこれは二つの側面の統一、つまり「運動面」と「組織面」との統一であるとされる。「組織実践の運動面」とは当面の大衆運動にかんする情勢分析と方針提起であり、「組織実践の組織面」とはかかる方針提起（および情勢分析）を可能にする「戦略」（あるいは理論）の主体化（これにもとづく、戦略の実現としての革命闘争・その担い手への変革）である、というように解釈される。

だが、こうした「組織実践」の解釈においては、明らかに、場所的現在における運動＝組織づくりの実体的構造の分析が、あらかじめ放棄されているだけでなく、大衆闘争と革命運動の弁証法が現在から未来への運動の直線的発展論にゆがめられており、そして大衆運動づくりは基本的に方針提起に、また前衛組織づくりは基本的に理論の主体化および適用に、それぞれ一面化され矮小化されてしまっている。まさにこうすることによって同時に、運動＝組織づくりの接点においてわれわれが創造するフラクションは理論的に位置づけられなくなる。強いてそれを位置づけようとする場合には、この「組織実践」とはまったく無関係に、つまり「戦略」から直接に、それを実現する実体として、フラクションは〝基礎づけ〟られることになるわけである。

とにかく、「戦略の適用」のベクトルからする「フラクション」解釈も、「運動面」と「組織面」とをそのうちに統一した「組織実践」の解釈も、いずれも、基本的には、かの「連続的発展」観の誤りについて無自覚であることに起因するのであるが、しかし直接的には、われわれによる運動=組織づくりの実体的構造を、あるいはわれわれの組織戦術の大衆運動の場面への直接的および媒介的な貫徹の構造を、主体的に分析することをあらかじめ追放し、運動=組織づくりにかかわる問題を大衆闘争の戦術およびその根底になければならない戦略をめぐるイデオロギー闘争の問題に一面化してとらえているところからうみだされたものである。そしてこのような解釈が、わが同盟組織建設やフラクションづくりにもちこまれ適用される場合、それは必然的にイデオロギー闘争主義的なもの、あるいは「理論」主義的なものとなる。こうして、具体的闘争戦術を基礎として「戦略」(あるいは理論)を体得した新たな主体の創造、または「戦略」をたえず理論的にも実践的にも適用しうる能力をもった主体としての自己形成、これがすなわち組織づくりである、とされることになる。明らかに「共産主義者としての主体性」づくりの延長線上におけるその緻密化、これが「戦略論的ほりさげ」を「組織路線」とする偏向の本質であって、これは組織づくりにおける「主体形成主義」の一変種でしかないのである。したがって当然にも、ケルン主義の克服のために提起された「戦略論的ほりさげ」路線をもってしては、ケルン主義は克服されえない。そもそも「ほりさげ」路線は運動=組織路線の欠如、あるいは運動=組織論の方針提起論への解消、そして「戦略の適用」主義、さらに「大衆運動から革命闘争への連続的発展」観などの種々の理論的誤りのからみあいを基礎として提起されたものでしかないからである。

C　ケルン主義の克服のための闘い

青森大会で「事故防止委員会」から脱退した動力車労組が、民同的政転路線のワク内においてそれを「左翼的」にのりこえるかたちで、つまり「闘う政転路線」というかたちで、運転保安闘争を実力でたたかうことを決定したのは、一九六二年九月であった。12・14闘争に集約されたこの闘いが、たとえ挫折したとしても、いや挫折したからこそ、この闘いから、われわれは幾多の教訓を学びとっただけでなく、さらに革共同の第三次分裂をみちびいた一つの争点――左翼的・戦闘的な労働運動の組織化過程におけるわれわれの組織戦術と闘争戦術はいかにあるべきか、という争点――、これをめぐって決定的な分裂を経験させられたのであった。

動力車労組が全体として断乎たる実力闘争をめざしてたたかっているあいだは、ただもっぱらそれを尻おしし、この闘いの挫折あるいは敗北の時点でその根拠としての政転路線を内と外の両方から公然とあばきだし「組織化」をはかる――われわれの組織戦術のたえざる貫徹および組織づくりの彼岸において提起された、このような二段階的戦術。大衆的な場面で、組合のあらゆる機関や大会などで、直接かつ公然と、わが同盟の旗を高くかかげるべきことを、「わが同盟活動の新しい段階」とか「第三の潮流」とかの名において官僚的恫喝をもって労働者同志たちに強要したブクロ官僚ども。一方では組織戦術を「デモの組織戦術」とか「職場闘争技術」とかというようにゆがめちぢめて理解し、またそうすることによって他方では種々の形態で噴出する戦闘的労働運動を防衛し「広汎な戦闘的労働者大衆との生きた交通を拡大する」ということを、まさに空語的にくりかえすにすぎない〝旗あげ〟路線（街頭宣伝主義）を正当化しようとした大衆運動主義者ども。それだけでなく、突出した闘いを強引につくりだし、ひきまわすための「組合執行部のっとり」路線、また突発的な闘いの防衛や「山猫ストのための組織」路線などを提出し強制しはじめた、労働運動について無知な政治技術屋ども。

「三全総路線」とよばれた、このような偏向、――「わが同盟のサークル的・セクト的な狭いワクをうちやぶり、第三の潮流としてわれわれは登場しなければならない」と称して提起され、しかも労働者同志たちに強制的におしつけられはじめた、この「路線」――、その本質は、明らかに、われわれの組織戦術・組織づくりから完全に切断された（つまり組織実体論ぬきの）現象論的な運動論でしかないという点にある。不断にまきおこる階級闘争、そのダイナミックスへの的確な政治的対応の名において、わが同盟組織路線の基本的なものをかなぐりすてた、という点にある。日本反スターリニズム的共産主義運動の独自性をまさに「大胆にうちやぶ」ろうとした官僚どものかかる偏向にたいして、われわれは、断乎とした理論的および組織的な闘いをいどんだのであった。

労働運動（または革命的学生運動）の組織化にかんして新たにうみだされた偏向――労働運動主義（大衆運動主義）あるいは二段階戦術の提起という偏向――、これにたいしてわれわれは、突出的または突発的な「戦闘的労働運動の防衛」ではなくして、「ケルンの創造なしには戦闘的労働運動の創造はありえず、戦闘的労働運動の展開なしには革命的ケルンの創造はありえない」という原則的には正しい運動＝組織路線を対置し、かつ強制された「裸おどり」を拒否し、はねのけてたたかった。これにたいしてブクロ官僚どもは「ケルン主義」とか「党建設主義」とかのレッテルをはりめぐらした。

他方、「わが同盟の新しい段階」の名において公然とうみだされた偏向を打破することをめざした下からの理論的＝組織的闘いの実現、同盟内フラクションの形成を実体的基礎としたこの闘いにたいして、それは「非分派的分派闘争にすぎず」、「分散主義」・「解党主義」・「分派主義」を同盟内にもちこむものだ、といった官僚的非難がなげつけられた。

一方では「党建設主義」（大衆運動づくりにかんして）、他方では「解党主義」（同盟組織建設にかんして）、といった思いつき的なレッテルをその場その場で労働者同志たちにはりつけるにすぎなかった官僚どもにたいして、まずもってわが同盟の基本路線を再確認し、そしてわれわれの組織戦術をさらに緻密化することを基礎とした運動＝組織づくりの理論を追求し、かつそれを組織活動に適用することを、われわれはめざした。

すなわち、民同的指導部の規範のもとにつなぎとめられている今日の労働運動の内部に種々の形態で存在している組合内左翼フラクションへ加入戦術をとりながら、一方では民同右派の攻撃にたいしてはそれを「防衛」すると同時に、他方では左翼フラクションの内外に革命的フラクションをつくりだすために、またこれを基礎としてわが同盟の組織的基盤と影響力を拡大するために、組合員としてのわが同盟員が展開する組織活動の諸形態を緻密化すること（これらを実体的基礎とすることなしには、労働運動へのわが同盟の組織的かかわりの飛躍的前進は決してかちとられないのであり、せいぜい突発的な戦闘的闘いの尻おし的防衛を自己目的化するにすぎないか、さもなければ突出的な闘いの強引な展開による破産に直面させられるか、そのいずれかにおわってしまうのである）――、これを同盟内闘争のただなかで、われわれは組織論的に反省し深め、そうすることによって運動＝組織論という新しい理論分野をきりひらいた。そして、これをわれわれの組織活動に適用することを通じて、またそれを媒介として、わが同盟の組織的強化と確立をかちとる、という組織的展望が次第に明白にうちだされたのである。

大衆運動の場面で、わが同盟および同盟員が展開すべき種々の組織活動を緻密化するという問題は、しかし一般的には十分に追求されたわけではなかった。わが革共同・革マル派の結成いごも、この問題はひきつづいて追求されほりさげられた。

マルクス主義青年労働者同盟の結成（一九六一年一月）直後からすでにめばえていた傾向、「闘う中核の創造」ということを空語的にくりかえすという傾向、その右翼的解決の開花がブクロ官僚式の労働運動主義であるということを確認しつつ、われわれは、それを左翼的＝革命的に批判し克服することをめざして内部理論闘争を続行した。「闘う中核」の創造にとどまることなく、同時にそれを「革命的中核」（わが同盟組織）へ高め組織化するということの運動＝組織論的反省がなされた。しかしその場合、分派闘争のただなかで提起された「フラクション活動」の問題の追求に媒介されることなく、従来の活動スタイルの直接的延長線上において労働運動の組織化がとらえられ、こうして「学習会を根底にすえた労働運動」という視点が、あらためて提起されたことも事実である。もちろん、わが同盟の組織的基盤を拡大するための前提として「学習会」は位置づけられ、またそれは低次のそれと高次のそれとに緻密化されはした。しかし同時に、この両者のあいだによこたわっている、労働運動への組織的かかわりにおける転換が軽視されたり、また高次の学習会の組織化が、大衆運動の場面でのわれわれの組織活動の一環として位置づけられず、組合員としてわが同盟員が展開する種々の組織活動、つまり典型的にはフラクション活動の一形態としてとらえられなかったりしたのであった。こうして、労働運動の左翼的展開に、学習会づくりやケルンづくり（革命をめざすケルンとしての主体の形成）を、いわば接ぎ木するという偏向が固定化される傾向がないわけではなかった。これが、われわれのいうケルン主義である。

ケルン主義には二つのモメントが、労働運動の左翼的展開および学習会＝ケルンづくりという二つのモメントがあるのであるが、ところで、この二つのモメントが切断されて、（1）前者の側面が自己目的化される場合には左翼組合主義が、また（2）後者の側面が自立化される場合には学習会主義（あるいは戦闘的労働者の「主体形成」主義）が、それぞれ発生するわけである。さらに（3）運動＝組織づくりにおけるこの疎外がたとえ意識化されたとしても、これがなしくずし的に克服されるような場合には、左翼組合主義と学習会主義との折衷的統一（この場合「ケルン」は左翼的労働運動のための裏指導部的なものとなる）とでもいうべき傾向がうみだされる。

このようなケルン主義とそれから派生する諸偏向を克服するためには、これまでの運動＝組織路線を徹底的に打破することが不可欠の条件であった。

すなわち、まず第一に、組合運動の内部におけるその左翼的展開を通じて学習会をつくりだし、そこでの理論闘争および学習会メンバーをいわゆる〝つきあげ部隊〟として活動させること（または学習会をフラクション的に機能させること）を媒介として革命的ケルンを創造する（つまり、労働運動の左翼的展開――→学習会づくり――→ケルンの創造）というような従来の運動＝組織づくりのやりかたは、次のように位置づけなおされた。すなわち、つくりだされたわが同盟組織（直接的には労働者細胞＝「革命的ケルン」）の労働運動への組織的とりくみ（同盟組織⟷労働運動）における、わが同盟員の組織活動の一つの形態として、あるいはわれわれの組織戦術の大衆運動の場面への貫徹にかかわる諸形態の一環として、それは位置づけなおされたのである。こうしてフラクションや学習会は、わが同盟員が大衆運動の場面で展開するフラクション活動によって創造される二つの形態として、運動＝組織論的に位置づけられたわけである。

前者すなわち学習会は、既成の労働運動を左翼的にのりこえていく諸活動を直接に展開しえないが、しかしそのような実践的な志向と情熱をもった戦闘的労働者たちから構成される。そしてわが同盟員は、こうした学習会での理論闘争を指導したり、またこの学習会をフラクション的に機能させたりすることを通じて、学習会のメンバーをフラクションの担い手へ高め、またこれを媒介として学習会そのものをフラクションへ形態的に止揚することをめざしてたたかうべきであって、学習会を直接に低次と高次のそれにわけ、前者を後者へ直線的かつ直接的に止揚することをめざすことが問題なのではない。低次の学習会のメンバーといえども、彼らなりの労働運動へのかかわりを通じて、実践的にも理論的にも自己脱皮をかさねているのであるからして、彼らの実践的側面を強化することによってフラクションの形成やその一構成メンバーへの転換を彼ら自身にうながすために、わが同盟員はたたかうべきである。

このようなフラクションには、もちろんコミンテルンにおける労働組合内党員フラクションとはまったく異なる組織論的位置づけがあたえられている。すなわちそれは、既成の労働組合運動や種々の大衆闘争の内部においてそれを左翼的にのりこえていくことを直接の目的とし、当面の闘争課題にたいする具体的戦術の一致をもってつくられる一つの組織形態である。そして「反民同・反代々木」という性格をもち、われわれのヘゲモニーのもとにあるそれは革命的フラクションと規定され、また協会派系・構改派系・または代々木系・さらにまたブクロ系などの諸党派とともに、ある場合には「反民同」的な、他の場合には「反代々木」的な種々の闘い（これらは時と場合によって多種多様な形態をとるのであるが、その根底にはわれわれの組織戦術がつらぬかれているがゆえに無原則的な闘いとは決してならない）を推進することを直接めざしたそれは組合内左翼フラクションと規定される。——そして後者のような組織形態がつくりだされた場合には、当然のことながらその内外に革命的フラクションがつくられなければならないのであって、そこではフラクションがいわば二重化されるのである。わが同盟員あるいは革命的フラクションのメンバーは、この左翼フラクションにおける種々の闘いを通じて当面の労働運動の左翼的展開を目的意識的に追求するだけでなく、また同時に左翼フラクションのメンバーをわれわれのがわ（さしあたり革命的フラクション）に獲得するための個別的組織活動をも不断に展開しなければならない。このような活動は、わが同盟（員）としての同盟（員）の活動（つまり独自活動）を基礎とし、それにささえられた、組合員としてのわが同盟員が展開する組織活動の諸形態である。それは、われわれの独自活動が、大衆運動の場面に、諸党派のあいだの政治的および組織的な力関係に規定されてとる諸形態にほかならない。

ところで、既成の労働運動を左翼的にのりこえていくためのその直接的な推進母胎としての（革命的）フラクションは、他面では同時に、そのメンバー（「闘う中核」）をわが同盟組織の担い手（「革命的中核」）へ高めるためのイデオロギー闘争の場でもある。フラクションは、こうした二重の性格、二重の機能をもつ。というわけは、もともとそれは、われわれの独自活動が大衆運動の場面においてとる形態としてのフラクション活動によってつくりだされた一つの組織形態として、大衆運動づくりと同盟組織づくりとの接点におけるその実体をなすのだからである。——ところで、この後者の側面を、つまりフラクションのメンバーに思想性と組織性と高度の実践性などを付与するための理論闘争を、それ自体として追求するためには、フラクション会議とは別に、フラクション・メンバーからなる独自の学習会（いわば高次の学習会）が組織されなければならない。

フラクション活動、これによってつくりだされるフラクション、そこでの会議などを、われわれの組織戦術の貫徹のベクトルから主体的かつ立体的にとらえることができない場合には、かの「戦術あるいは現実問題の戦略論的ほりさげ」路線や、「革マル派の立場」から大衆運動へかかわるという「立場」主義、あるいは「運動を媒介としたフラクションの創造」とか「フラクションを媒介とした労働運動の左翼的展開」とかといった現象論的な活動論、さらにまた「革命的労働運動のためのフラクション」ないし「フラクションとしての労働運動」といった左翼主義的な考えかたなどが必然的にうみだされるのである。

そして、このようなフラクション活動を展開する主体であると同時に、これを媒介として強化拡大される同盟組織そのものもまた、たんに「ケルン」として実体的に固定化されることなく、それ自体の構造をもつものとして、つまり指導部（直接にはそれぞれの産業別労働者委員会）と細胞群とからなる「有機体」として立体化され、指導部を指導部として確立するための闘いが目的意識的に追求されなければならないことになる。これが、ケルン主義の克服のためにめざされた第二の組織的課題であった。

じっさい、労働運動の左翼的展開を通じて学習会をつくりだし、そのメンバーのなかからケルンを創造する、という運動＝組織路線のもとに組織活動を展開している労働者同志にしばしばみられる傾向は、つくりだされた「ケルン」を、わが同盟組織にとってはその基本形態としての細胞であるにもかかわらず、むしろ単に左翼的労働運動のための裏指導部的なものとしてとらえ、またそのように機能させている、ということである。こうした「ケルン」の裏指導部化傾向を打破するために、わが同盟組織を組織的に確立するための組織内闘争が、さらに一人ひとりの労働者同盟員が自己自身をわが同盟指導部（中央・各地方および各産業別の諸指導機関）の担い手にきたえあげていくための主体的な闘いが、全同盟的におしすすめられたのであった。

そして第三に、ケルン主義におちこんでいる労働者同志たちが提起する戦術（または運動方針）の内容が、しばしば階級闘争主義的なもの、ないしは反権力主義的なものとなっているのであるが、これを克服するための理論闘争がおしすすめられた。民同的あるいは代々木的な労働運動の方針にたいして階級闘争主義的なそれが単純に対置されるということの根底には、次のような諸欠陥があることが明らかにされた。

すなわち、（1）国家権力打倒のための革命闘争（未来）と革命運動・革命的共産主義運動（現在）とを分化してとらえることができず、むしろこの両者を――無自覚的にではあるが――直接的に同一視したり二重うつしにしたりする傾向があること。〔それだけでなく、ある場合には、革命運動と革命闘争とが二重うつしにされたものへ、現在的にくりひろげられている労働運動を直接に高めていく、といった運動観（「連続的発展」観）がうみだされた。〕いいかえれば、ソコ存在する大衆運動を左翼的あるいは革命的にのりこえていくという実践的＝場所的立場（あるいは「のりこえの立場」）が欠如していること。（2）運動＝組織づくりの実体的構造を運動＝組織方針（または闘争＝組織戦術）の提起にひきよせたり、あるいは前者を後者へ解消したりして理解する傾向。そして（3）社共的な運動方針を、そもそも革命理論的に十分に批判しえていないこと、など。

要するにケルン主義とは、社共両党ならびに総評・同盟会議指導部などによって歪曲されている今日の労働運動の腐敗した現実を弾劾し、それをのりこえ、プロレタリア革命をめざす革命的共産主義者（ケルン）を創造するという、それ自体としては正当なこの立脚点が、直接に労働運動の組織化および同盟組織の組織化にもちこまれることによって発生した、運動＝組織づくりにおける一種の主体形成主義的偏向のことである。現実的にはそれは、労働運動の左翼的展開と学習会を通じてのケルンづくりとの機械的な結合（ないし分離）としてあらわれたのである。こうした偏向は、組織づくりにおける「主体形成主義」を克服すると称して提起された組織「形成」論や「戦略論的ほりさげ」路線をもってしては決して理論的にも実践的にも打破することはできない。

わが同盟組織の組織的確立、指導部と細胞群とから構成される同盟組織そのものを形態的および実体的に確立することを主体的根拠としつつ（さきにあげた第二の問題）、かかる同盟組織の大衆運動への組織的とりくみにおいて展開される、その実体的構造をなす種々の組織活動（第一の問題）と戦術をめぐるイデオロギー闘争（第三の問題）との統一。――このような運動＝組織づくりの構造を組織論的に反省しほりさげることを通じて、ケルン主義的偏向を実践的に克服するための闘いがおしすすめられたのであった。

動力車労組の12・13反合理化闘争の組織化過程で、またあかるみにだされた全逓羽田空港の闘いの破産を教訓化する過程で、ケルン主義を克服するための理論闘争が開始されたのであったが、しかしこの闘いは十分に深化されたとはいえない。一九六三年秋いご意識的に追求されはじめた運動＝組織論をめぐる内部論争、そして一九六五年春以降新たにほりさげられはじめた大衆闘争論をめぐる理論的追求などの深化とあいまって、ケルン主義の克服という問題は、その後種々の角度から、さまざまのかたちで、たえずとりあげられ、その克服のために全同盟的な規模で理論闘争が続行された。

とはいえ、実践的には、まずもって12・13闘争の過程においてわれわれは、あらたにDBFや地区共闘機関などをつくりだすことを通じて、ケルン主義の克服を現実的になしとげた。これを物質的基礎として運動＝組織論をめぐる内部理論闘争はおしすすめられ、わが同盟組織建設の一歩前進がかちとられたのである。

三　思想闘争主義的および政治技術主義的な組織づくり路線との決別

代々木共産党による4・17ストやぶり問題や部分核停条約問題をめぐって日本左翼一般がゆすぶられ流動化し、またこれを契機として反代々木左翼諸潮流の統一行動が提起され、こうすることによって党派闘争は新たな段階をむかえた――これが一九六四年の闘いを特徴づけたものである。他方、一九六三年暮の二つの教訓的な闘い――動力車反合理化闘争の一応のぶちぬきと、全逓羽田空港の闘いのパンク――にふまえながら、わが同盟は、あるいは全国的な規模で、あるいは地方的に、各産業別労働者委員会の指導のもとに種々のフラクションをつくりだす闘いを成功裡におしすすめた。

A　組織づくりにおける思想闘争主義の発生根拠

このような情勢のもとで、第五回全国代表者会議がもたれた（一九六四年五月）。ここでは基本的に、わが同盟・革マル派結成いご一年間における運動の展開と組織建設にかんする総括、ならびに指導部の創造にかんする問題が提起され論議された。

まず前者にかんしていえば、次のような諸問題をめぐってのほりさげと論争がなされた。

すなわち、（一）革共同の第三次分裂いご部分的に発生した「立脚点主義」あるいは「主体形成主義」をめぐる諸問題、（二）ケルン主義を克服するための運動＝組織論的解明、あるいはフラクション創造にかんする理論的追求、ならびに組織づくりにおける「理論」主義（われわれの種々の実践を規定する「理論」それ自体の学習や主体化に、組織づくりの問題を解消する、という傾向）の打破などの諸問題、（三）方針提起における理論主義（闘争＝組織戦術の闘争論的解明を没却し、戦術ないし方針の内容を経済学的または革命理論的に解明することにそれを横すべりさせて追求するという偏向）の克服にかんする諸問題など。

こうした諸問題の追求とほりさげは、しかし不十分にしかおこなわれなかっただけでなく、むしろ失敗したといわなければならない。

たとえば、まず（1）組織づくりにおける「理論」主義と方針提起における理論主義とが、〈理論主義〉の名のもとに区別されることなく混同したままで「切開」された点にも端的にしめされているように、運動＝組織方針（戦術）にかんする問題と運動＝組織づくり（の実体的構造）にかかわる問題との二重うつし、したがって前者にかんする理論（運動＝組織方針論）と後者にかんする理論（運動＝組織論）との混同があらわにされたということである。

これと関連して、（2）運動論的情勢分析と運動論（組織論からきりはなされたそれ）との混同、（3）情勢分析へのわれわれの戦略（論）の現実的適用と、われわれの闘争＝組織戦術を内容的に展開する場合に不可欠な革命理論や経済学などの適用との未分化、そして（4）方針提起における理論主義と、戦術（または方針）の内容的展開における原則主義や「原則」対置主義（これは、われわれの革命理論でもって直接に他党派の戦術や理論をなでぎるというイデオロギー闘争上の偏向であるが、これもまた一部では「理論主義」とされた）との未分化および混同、などの誤りが新たにうみだされた。これらの誤謬の根底によこたわるその真理は、（5）「戦略の適用」主義という安直な・天下り的な思惟方法と、これにもとづいた存在論主義的な理論展開である。これが第五の核心的な謬点である。

ところで、この「戦略の適用」の視角から運動＝組織づくりの問題へアプローチする場合には、（6）大衆運動の組織化と同盟組織の組織化とが機械的に切断されて、前者は運動論として、後者は組織論として、それぞれ別個にとりあつかわれるだけでなく、前者は運動＝組織方針論（『戦略の適用」による戦術の提起――しばしば現実分析と統一されない――の理論）に、後者は「適用」されるべき「戦略」の体得による主体「形成」論に、それぞれゆがめちぢめられたり、またこの両者が直接的ないし機械的に〝統一〟されたり（つまり「運動面」と「組織面」とをその二契機とした「組織実践」なるものの想定）、さらに（7）主体形成主義的な組織論からきりはなされた運動論を緻密化したものとしての「大衆運動から革命闘争への連続的発展」観が提起されたりすることにならざるをえないのである。

さらに「戦略の適用」のベクトルからフラクション（活動）そのものにかんする問題があつかわれる場合には、（8）場所的現在における大衆運動の組織化と同盟組織づくりとのラセン的円環構造そのものの理論化（つまり運動＝組織論）からきりはなして、「戦略の担い手」としての「フラク」なるものを形態的に位置づける（戦略──→フラク）と同時に、フラクション会議における「戦術の戦略論的ほりさげ」（戦術──→戦略）ということを客体的に基礎づける、といった間違った把握がうみだされるのである。

それだけではない。（9）そもそも主体形成主義的およびケルン主義的な運動＝組織づくりの誤謬は、「戦略の適用」のベクトルからしては明らかにされえないのである。というよりは、むしろ「戦略の適用」主義の立場からする主体形成主義への批判は、共同的＝組織的実践に密着した理論（戦略）の主体化とこれにもとづく「高次の実践の展開」ということにならざるをえないし、またケルン主義への批判は「戦略論的ほりさげ」という視角の提起ということになるわけである。すなわち、たとえば、次のような見解がうみだされる──「共同の実践を共通の基礎として、その諸結果および過程を、われわれの目的（戦略）から反省し、われわれ自身の戦略（および思想）そのものを深め、一人ひとりの思想的形成・深化をかちとり、実践的問題を分析して、そこにおける組織実践の目的を明らかにし、適当な組織形態〔学習会、フラクション、前衛組織など〕を形成し、さらに高次の実践を展開していくこと」、これが「組織の形成過程」である、ということになる。

こうした見解の根底には、本質的に、実践・理論・組織の弁証法の客観主義的な一面化、「戦略の適用」主義にもとづくその歪曲がよこたわっている。けれども、さしあたりここでは、「戦略の適用」主義におちこんでいる場合には、組織づくりは「適用」されるべき「戦略」（あるいは理論）を主体化するための思想闘争に一面化され解消され、また運動づくりは「戦略の適用」による闘争戦術の提起に一面化され矮小化される、ということを確認しておけばよい。

ということは、(10)組織（わが同盟組織や、フラクションといった一つの組織形態など）づくりが基本的に、理論（「戦略」）の主体化および適用をめぐる思想闘争に一面化されていること（つまり思想闘争主義的な組織づくり）をいみするのである。これもまた、組織づくりにおける主体形成主義の一変種である。どのように「戦略の適用」の問題が力説されたとしても、それが立脚点主義やケルン主義などを実践的に克服するための指針たりえないゆえんは、そこにある。

B　「運動の単位としての組織」観の誤謬

さて、他方、五全代で提起された第二の問題は、わが同盟指導部の創造にかんする問題であった。とりわけ各地方指導部（地方委員会）の創造、そのための常任づくりの問題であった。これは現実には一九六五年初頭から部分的に解決されはじめた。だが、わが同盟指導部づくりにかんする理論的追求においては、いま簡単にふりかえった「戦略の適用」主義にもとづく思想闘争主義的な組織づくり路線とならんで、もう一つの誤謬が、つまり「大衆運動の単位」としての組織という考えかたが、うみだされたのであった。すなわち――わが同盟組織は、基本的に、労働者・学生細胞、各地方および産業別指導部、および全国指導部という三つの単位からなりたっているのであるが、これらは「同盟組織内の指導部の単位であるだけでなく、その各々の単位がいずれも独自の大衆運動の単位である」とする見解が、それである。

一般に、前衛党組織の基本単位＝原基形態は細胞であり、細胞と指導部とはその基本形態をなし、各級の指導機関とそのもとにぞくす細胞群とは民主集中制の組織原則にもとづいた指導と被指導との関係によって有機的に統一されている。まさしくこのゆえに、階級闘争のなかからつくりだされ、またそれを通じて拡大・強化される党組織は、その時々の階級闘争・大衆闘争への組織的かかわりが、前衛党としての一致した闘争＝組織戦術にもとづいた大衆闘争の組織化が、可能となる。ところが、右の見解においては、党組織のこうした有機的全体性、民主主義的中央集権制を基軸とした党組織としてのその組織性があいまい化され、組織は「三つの単位」に分化させられている。（もちろん、国家権力による組織破壊という危機的事態のさいには、党組織の有機的全体性はうしなわれ、そうすることによって、まさに基本単位としての各細胞それ自体が有機的全体性として活動しなければならないのであるが。）このことについては、いまは問わない。ここでの問題は、一般に組織が「大衆運動の単位」としてとらえられ位置づけられている点にある。

党組織の一単位である細胞は他面では同時に「大衆運動の単位」でもある、というようにいえないわけではない。けれども、それは客体的な結果解釈論でしかないだけでなく、そもそも場所的現在における前衛党組織づくりと党による大衆運動の組織化のための闘いとの関係を理論化することを、あらかじめ断念したことの表現でもある。しかも、組織づくりが「戦略」の主体化および適用をめぐる理論闘争に一面化されているかぎり、つくりだされるこの組織（あるいは細胞）は必然的に「大衆運動の単位」としての側面（運動面）に重点がおかれることになる。すなわち「運動の単位」としての組織の実践性そのものを高度化するための、直接には大衆運動を左翼的あるいは革命的に展開するのに有効な戦術を提起するための、「戦略」をめぐる思想＝理論闘争がすなわち組織づくりである、とされざるをえないわけである。だから要するに、その時々の大衆闘争に直接かつ的確に、政治的に対応しうる力をもった組織を、思想＝理論闘争を媒介として形態的につくりだし強化し拡大するということが、「大衆運動の単位としての組織」ということの根底にあるものなのである。

じっさい、大衆運動の組織化にふまえた前衛組織の組織化、後者を基礎とした前者のより一層の推進、という円環的な運動＝組織づくり、その実体的構造の分析を彼岸化し、「運動面」と「組織面」とをその二契機とした「組織実践」なるものを想定するような方法上の誤りが、そのまま同盟組織建設の解明にもちこまれる場合には、それは「政治的＝組織的形成」と「理論的＝組織的形成」との統一をなす、といった現象論的な見解が、当然にもみちびきだされないわけにはいかなくなるのである。

同盟組織建設における「政治的＝組織的形成」とは、その時々の大衆運動への的確な政治的対応にもとづく闘争方針の提起とこれを基準とした種々の組織づくりを、他方「理論的＝組織的形成」とは、政治方針の的確な提起を可能にする根拠としての理論（基礎的および特殊的なそれ）のたえざる主体化にもとづく同盟組織づくりを、それぞれいみするのである。前者は前衛組織の大衆運動への政治的な（ある場合には政治技術的な）対応の側面であり、そしてかかる対応を保障するための思想闘争の側面が後者である、とされるわけである。たしかに、同盟建設のこの二つの側面は、それぞれ「組織的形成」というように規定されている。けれども、一方は政治方針をめぐる理論闘争とその物質化（＝大衆運動の展開）を通じてのそれでしかなく、また他方は「戦略」（あるいは理論）の主体化および適用をめぐる思想＝理論闘争に媒介されたそれでしかないのである。したがって、前者においては、大衆運動への同盟組織としての組織的かかわり、あるいはわれわれの組織戦術を大衆運動の場面へ貫徹するための、またこれにもとづいたフラクションなどの組織化のための、種々の組織活動にかかわる問題が、また後者においては、同盟組織諸成員の思想性・組織性・実践性の強化と高度化に媒介された同盟組織そのものの形態的確立、およびこれを基礎とした組織諸成員のより一層の実体的確立にかかわる問題が、それぞれ脱落することになるのである。いいかえれば、同盟組織の形態的および実体的な確立の側面（X面）も、また大衆運動への同盟としての組織的とりくみ（これはそれ自身「運動の組織化」と「組織の組織化」という二契機をもつ）の側面（Y面）も、いずれも基本的に組織活動にかかわる問題が欠落し、思想闘争主義的に一面化されているのである。そして、同盟組織づくりにおける思想闘争主義というこの欠陥は、「運動の単位」としての組織（形態）づくりという視点によって、あるいは大衆運動への政治的対応の的確さを尺度とするにすぎない技術主義によって補完されるわけである。

もちろん、わが同盟（革マル派）はプロレタリア前衛党の確固とした創造のためにたたかっている革命的組織である以上、その時々にまきおこる政治上および経済上のもろもろの闘争課題に敏感に対応し、的確な政治的判断をくだしながら、大衆運動へ組織的にとりくむのでなければならない。この組織的とりくみは、しかし、闘争課題や大衆運動への単なる政治的対応でもなければ、いわんや政治技術主義的なそれでもない。ブクロ官僚のような大衆運動主義者だけが、その時々の政治上・経済上の諸課題へ政治技術主義的に対応し、しかもこれを自己目的化するところに、前衛党は創造されるのだ、などと妄想しうるのである。政治経済的諸情勢の変化や激動にみあった組織形態の創造（「運動の単位」としての組織の形態的確立）とか、階級闘争の新展開に対応した「われわれの活動の新しい形態と新しい方法」の採用とか、支配階級の激烈な攻撃にたえうる強靱な党の形成とか、ということは、彼ら政治技術主義者どものお題目であった。階級情勢のなかに前衛党を客体的に位置づけ、しかもそれを客観主義的にながめわたす場合に、そのような性格を前衛党はもっている、といえないことはない。けれども問題は、われわれの組織戦術を直接的あるいは媒介的に貫徹するための種々の形態の組織活動と組織建設の彼岸において、そうした政治技術主義的な対応が空語的に強調されるならば、必然的に党組織は大衆運動のためのそれとして、運動にみあった組織形態として一面化され、またこれをステップとして組織全体が技術主義的あるいは機能主義的に、さらに官僚主義的に変質させられていくのである。――「革命」をめざしながらも、大衆闘争の激烈な展開を自己目的化し、その直接的延長線上に権力打倒の闘いを夢想し、またそのゆえに破産し崩壊しなければならなかった安保ブント、その悲劇を教訓化しえないどころか、むしろそれを美化し模倣さえしはじめた政治屋ども。反戦その他の大衆闘争それ自体を、「日本の参戦国化」とか「日本全土の臨戦態勢化」とかという主観主義的判断にもとづいて、まさに革命闘争として武闘主義的にたたかうことを官僚的恫喝をもって強制しつつあるブクロ官僚ども。彼らの政治技術主義、彼らの極左革命主義とは、われわれはまったく無縁である。

要するに、いわゆる政治方針の一致のもとに大衆運動の組織化のための種々の闘いが実現されるのだとしても、この運動への組織的とりくみの側面は「政治的＝組織的形成」というように一面的に規定することはできない。そのようなとらえかたをもってしては、大衆運動の組織化が政治技術主義的になされるだけでなく、同時にかかる誤謬が同盟組織建設そのものにもはねかえったり、またもちこまれたりすることによって、組織建設そのものまでもが阻害されたり、ゆがめられたりすることにもなるのである。

いいかえれば、わが同盟組織は「大衆運動の単位」ではなくして、まさに既成の大衆運動の現実的止揚（直接的にはその左翼的あるいは革命的のりこえ、本質的には革命闘争へのその媒介的止揚）をめざした「単位」として、だから労働者コムミューンの創造による政治の根絶をめざした政治的組織、つまり前衛党組織として、大衆運動の外部につくりだされるのであり、またこのようなものとして同時にそれは大衆運動の内部に実存しなければならないのである。このことは、「大衆運動から革命闘争への連続的発展」の否定を、またこの連続的発展の過程に前衛党を客体的に位置づけることの否定を前提としているのである。

　国家権力を打倒する革命闘争の実現（戦略の実現、プロレタリア階級独裁権力の樹立――ここにおいてプロレタリアートは「支配階級として組織」される）によって、プロレタリア階級は普遍的に解放されるのであるが、しかし、こうした解放への過渡的段階あるいはそれへの過程においては彼らの一部分が共産主義者として自覚し自己を前衛党に組織化するにすぎないのであって、前衛党は自覚したプロレタリア個人の特殊的な階級形成である、というような把握のしかた。つまり、プロレタリアートの普遍的な階級形成（将に来るべきもの）を規準ないし理念とし、これから、プロレタリアの特殊的階級形成としての前衛党を存在論的に基礎づけようとすること。――これがすなわち前衛党組織論であるわけではない。場所的現在における階級闘争を通じてプロレタリアは不断にプロレタリア階級として形成され組織化されるのであり、その前提となりテコとなり、さらにそれを媒介として強化されるのが革命的労働者党である。階級闘争・大衆運動の推進と前衛党組織づくりとの関係は、現在から未来への時間の流れのなかに、あるいは革命（「普遍的な階級形成」）への過程のなかに客体的に位置づけるのではなく、まさしく行為的現在における運動＝組織づくりの場所的構造として位置づけつつ解明されなければならない。まさにこうした場所的＝主体的立場において、いいかえれば革命的プロレタリアの自覚内容として、プロレタリア階級の普遍的解放の理念（これは将来からの逆限定として意義をもつ）は問題とされなければならない。

革命的労働者党を創造するために場所的にたたかっているわが同盟は、たしかに直接的には政治的組織ではあるが、しかしあくまでも政治そのものを根絶し、プロレタリアートの普遍的解放をめざしてたたかっている前衛組織である。このようなものとしてわが同盟は、その時々の政治的および経済的な諸課題を左翼的に、ある場合には革命的に実現するために、それらと組織的に対決しとりくんでいる。この側面は、大衆運動への政治的対応でもなければ、たんなる「政治的＝組織的形成」でもない。そして、この組織的とりくみの前提をなし、かつそれを媒介として遂行されるわが同盟組織の組織的な（形態的および実体的な）確立もまた、たんなる「理論的＝組織的形成」でもない。ところが、わが同盟組織建設における大衆運動の組織化の側面（Y面）と組織の組織的確立の側面（X面）とが、それぞれ「政治的＝組織的形成」と「理論的＝組織的形成」というようにとらえられ表現されるということは、前者の側面が政治対応主義的に、あるいは政治技術（主義）的に、また後者の側面が思想闘争主義的に、それぞれとらえられていることをしめすものにほかならない。「大衆運動の単位としての組織」ということは前者の誤りを端的にしめしたものにほかならず、そしてこの誤謬は同盟建設そのものにまではねかえったり、もちこまれたりすることによって、組織建設上の種々のゆがみをうみだすことにもなりかねない。けれども、この誤謬は他面では同時に、後者つまり思想闘争主義的な組織づくりによって、あるいは「戦略」の主体化にもとづく「共産主義者としての主体性」の確立がすなわち組織づくりであるとする主体「形成」主義によって、おしかくされ補完されているわけなのである。

わが同盟指導部の創造にかんする提起のなかに潜在していた組織論上の誤り、同盟組織づくりの理論的把握における右のような欠陥や誤りを克服するためには、前衛党組織とその構成員との関係ならびに党組織形態にかんする本質論的把握、大衆運動の組織化と前衛党組織づくりとの場所的現在における弁証法の把握、「大衆運動から革命闘争への連続的発展」観や「戦略の適用」主義の否定などが基本的になしとげられなければならない。

C 「運動に対応した組織づくり」との最後的決裂

中央および各地方指導部を実体的にも形態的にも確立するための組織内闘争をおしすすめるための一環として拡大政治局会議を全国的な規模で、かつヒンパンにもつことが決定され、一九六四年七月からそれは実施された。

A　五全代から六全代をへて、第五回拡大政治局会議および第二回全国労働者細胞代表者会議（一九六五年五月）にいたる約一年間に追求された組織問題は、次のようなものであった。

（一）各地で部分的にうみだされた立脚点主義や主体形成主義的な組織づくりといった偏向を克服するために、革共同の第三次分裂のただなかで深化されはじめた「大衆運動の組織化と同盟組織の組織化」の理論にふまえつつ、さらに運動＝組織論の追求、とりわけフラクション創造の理論的把握とそれらの組織活動への適用にかんする諸問題が、ひきつづきほりさげられたこと。

（二）「戦略の適用」主義の発生にもとづく、戦術提起論と運動＝組織論との未分化ないし混同を打破しつつ、革命的フラクションづくりおよびわが同盟組織建設の前進がはかられてきたこと。――「戦略の適用」主義におちこんでいる場合には、戦術の内容的展開がしばしば原則主義的なものとなる、ということの誤謬を、いわばそのワク内で「解決」することを意図した新たな偏向、つまり「戦略（論）を方針として提起する」という方針論がうみだされた。これは、次のような理論上の諸欠陥に起因するものであった。すなわち（イ）階級情勢の具体的分析とこれへのわれわれの戦略論の適用とが統一的にとらえられていないこと。（ロ）「情勢分析内容の方針化」あるいは「戦術的課題における戦略戦術論」というような表現にもしめされているように、情勢分析と戦術との関係がカテゴリー的にもあいまいであること。（ハ）闘争戦術または運動方針を提起する場合に、それは変革対象の特殊性の分析に媒介されなければならないのであるが、しかしこのことそれ自体が自立化させられたこと。（たとえば学生戦線では「一般学生大衆の意識にふまえる」ということが自立的に強調され、そうすることによって自治会主義的な方針を提起するという偏向がうみだされた。）――そしてこれらの欠陥は、基本的に運動＝組織論の深化と、これにもとづいた方針提起論の緻密化、これらをめぐる同盟内論争を通じて克服されはじめた。しかし同時に、これらの諸欠陥の未克服のゆえに、そのご「大衆の意識にふまえて方針を提起する」とか「意識にみあった組織形態をつくる」とか、といった単純で機能主義的な活動論がうみだされた。

（三）一部の地方において発生した傾向、従来の学習会づくり路線の固定化傾向（しかし必ずしも学習会主義的な偏向におちいっていたわけではない）を打破するための理論闘争。——その場合次のような諸問題をめぐって論議がなされた。（イ）学習会のメンバーをフラクションのそれへ高め変革する（実体的止揚）ための闘いを、学習会のフラクションへの形態的止揚と直結する誤り。（ロ）「運動のためのフラクション」というようなフラクションの一面的なとらえかた、つまりその二重の性格の抹殺。（ハ）運動＝組織づくりそのものの理論的究明と、把握された運動＝組織論を現実的に適用する場合になされなければならない運動論的情勢分析との混同（これは「戦略の適用」主義が払拭されていない場合に不可避的にうみだされる誤りである）。（ニ）学習会の直接的なフラクション化、フラクションの学習会化。さらに（ホ）わが同盟の下部組織が部分的に大衆運動の裏指導部的なものとなり、あるいはフラクション化されたこと、など。これらは、とくに△や△△地方の□労働者委員会づくりとの関係において追求された。

（四）革命的学生運動の強化・拡大と「全学連の革命的統一」をおしすすめるために、わが同盟の組織戦術が緻密化されただけでなく、「全学連の二重性」（つまり学生自治会の全国的な連合体としての全学連は、それ自身大衆団体ではあるが、しかしそれをささえている指導理論に規定されて同時に党派性を刻印されるのだということ）にかんする論議が深められたこと。それとともに他方では、「8・2労働者学生集会」へのとりくみを組織的におしすすめるために、とくに労働戦線での種々の統一行動や組織的提携などの可能性やその具体的形態をめぐって論議がなされたこと。――ところで、もちろんエピソード的なものではあったが、わが同盟組織を「大衆運動の単位」として一面的にとらえることを自立化させ、そうすることによって左翼中間主義的諸分派に指導された「戦闘的」学生運動へ政治技術主義的に対応し（つまりわが同盟としての組織戦術を彼岸化し）、こうしていわゆる「統一戦線全学連の展望」が一部で提起されたことがあった（一九六四年六月）。こうした誤謬を克服するために、（イ）統一行動の推進、（ロ）そのための種々の共闘機関の設置、しかし（ハ）この共闘機関はただちに「再建全学連の母胎」ではないこと、要するに「全学連の革命的統一」をたたかいとるための統一行動の推進にかかわる諸問題のほりさげが一九六四年秋の原子力潜水艦寄港阻止闘争の過程でなされた。「全学連の二重性」論は、この過程での理論闘争の一産物である。

（五）ベトナム戦争の勃発を契機として強力に推進された反戦闘争、4・17ストライキの挫折と敗北を教訓化するかたちでおしすすめられた六五年春の賃金闘争――これらをたたかうなかで、運動＝組織論とともに大衆闘争論をめぐる新たな論争が開始され、これを通じてわが同盟組織の理論的再武装が一歩一歩たたかいとられたこと。

B　わが同盟を中核とした大衆運動の展開および同盟組織建設を革命的かつ有効的に前進させるための理論闘争は、右のような諸問題をめぐって、さらに続行された。おもに賃金闘争論・反戦＝日韓闘争論・フラクション論などのほりさげが、第六回全国拡大政治組織局会議（一九六五年七月）から第九回のそれ（一九六六年六月）にかけてなされた。この過程は、最終段階をむかえた日韓闘争（一九六五年秋）や動力車労組の反合理化闘争、そして六六年春闘などへ、わが同盟が組織的にとりくんだ時期であった。

わが同盟組織建設にたいして、とりわけ重要な教訓をのこしたのは、反合理化闘争をめぐる諸問題であった。

（1）　9・20および12・10闘争のスローガンをめぐる論議

このスローガン論議は本質的には不毛なものであった。なぜなら、「一人乗務反対！　ロング・ラン反対！」だけをかかげるのがわれわれの方針であって、これに「助士廃止反対、二人乗務とせよ」とか、「検修合理化反対」や「事務近代化反対」その他、というような未解決の諸闘争課題にかんするスローガンをかかげることは、大衆運動主義的な方針提起であり、その立場は危機あおりたてだ、というような論議がなされたにすぎなかったのだからである。運動＝組織論との関係における方針提起論のほりさげというかたちでの追求さえもが、この場合まったくなされなかったのである。

（2）「フラクションとしての労働運動」路線の発生とそれを克服するための闘い

スローガン論議の一面性の基底には、方針提起論と運動＝組織論との二重うつし、後者の理論的追求における混乱、とくにフラクション活動のとらえかたにおけるジグザグなどがよこたわっていた。

われわれの組織戦術を貫徹するための一形態としてのフラクション活動、およびフラクションの二重性にかんするとらえかたの一面化（すなわち「労働運動の左翼的展開のための」それとか、その逆の「革命的労働運動のための」それとかといったとらえかた）を、まさに運動＝組織論的に徹底的に反省し克服することなく、むしろそうした一面性をなしくずし的に是正することによってうみだされたのが、「フラクションとしての労働運動」という考えかたであった。これは、われわれによる大衆運動の組織化にかんする闘争論的解明とその運動＝組織論的解明とが直接に合体させられたところから、あるいは学生戦線においては可能な革命的学生運動の創造にかんする理論が――無媒介的に、ないしは類推的に――労働戦線にもちこまれたことから、うみだされた左翼的偏向であったといえる。

既成の労働運動の内部で、それを左翼的に推進するための闘い（これは闘争論的に解明される）と、この闘いの実体的構造――すなわち、わが同盟員が展開するフラクション活動、つくりだされたフラクションを基礎とした職場闘争、あるいは同盟員の組合員としての独特な職場活動の展開など（これらは運動＝組織論的に追求される）――とが立体的にとらえられない場合には、「フラクションを実体的基礎とした組合運動」ということが自立化させられることになる。これが「フラクションとしての労働運動」という考えかたとそれを「路線化」しようとしたことの根底にある誤謬である。

こうした誤りは、他面からすれば、その克服のためにたたかわれてきたケルン主義をめぐる理論闘争が十分に理論的に反省されてこなかったことからうみだされたものであるといえる。なぜなら、労働運動の左翼的展開とそれを補完するためのものにまでおとしめられてしまった「ケルンづくり」とを折衷的に統一するといった傾向を克服することなく、むしろ逆に、「ケルンづくり」の大衆運動場面における一形態としてのフラクションづくりを基礎とし、これを直接的に運動化すること、あるいは種々の組合機関をいろいろなかたちで直接的にわが同盟員がフラクション的に機能させること、などがめざされているのだからである。そのいみで「フラクションとしての労働運動」を「路線化」しようとした一部の傾向は、従来のケルン主義の一側面としての左翼組合主義的かたよりの裏返しの誤謬であるといえる。

新たにうみだされたこの「路線」の誤りが組織的にあばきだされたのは、しかし反合理化闘争のただなかにおいてではなく、その一応の終結いごにおいてであった。闘争スローガンをめぐる不毛な論議とからみあいながら、「フラクションとしての労働運動」という左翼主義的な路線が部分的に浸透し、またこれにたいして組合活動家としての側面から即自的に反撥する傾向が若干うみだされ、しかもこの潜在的対立が理論的・組織的に打開されるのではなく、むしろ発生したこの対立へ政治技術主義的に対応するというゆがみが部分的にうみだされた。しかし、このような事態は、もちろん大衆運動の場面での組織活動の諸形態をめぐる理論闘争を通じて、わが同盟組織の全体としての質的強化をかちとるための跳躍台へと転化されたのである。すなわち、わが同盟・革マル派結成いご追求されてきた運動＝組織論や大衆闘争論を再把握するための理論闘争をテコとしながらスローガン論議を整理し、「フラクションとしての労働運動」路線の誤謬を理論的につきだし、これらを通じて組織内闘争は前進させられたのである。

（3） 同盟内闘争における日和見主義と政治技術主義との闘い

闘争スローガンおよび運動＝組織路線をめぐって発生した部分的対立がただちに組織的に打開されなかった根拠は、直接には内部理論闘争そのものの低水準ならびにその組織的実現（＝同盟内闘争）の弱さ、そして組織指導上の欠陥などにある。

その時々の大衆運動のただなかで、またそれを通じて次第次第に理論化され、またきわめて高度な内容をもった運動＝組織論や大衆闘争論にかんする系統的で計画的な追求がおろそかにされている場合には、必然的に種々の組織会議でのさまざまの論議がなかなかほりさがらない、という事態がうみだされる。それだけでなく、対立が存在しないところにわざわざ対立が「発見」されたり、またすれちがった論議がなされたりすることにもなる。論議している双方が、運動＝組織づくりにかんしてそれぞれちがった欠陥や弱点をもっている場合に、そうした事態が発生する。理論闘争上のこのような欠陥を打破するためには、第一に、同盟内論争問題を系統的かつ計画的にたえず整理し、恒常的にそれと対決し解決する闘いが、全同盟的にも、個々の同盟員にあっても、なされなければならない。とりわけ運動＝組織論や大衆闘争論が、革命理論一般のたえざる体得とともに主体化されなければならない。

そして第二に、もしも戦術上の問題や運動＝組織づくりにかんする問題において対立が発生した場合には、体得した種々の分野の理論を総動員して誠実な理論闘争がなされなければならない。たえざる学習と研究がなされていない場合には、自信をもって理論闘争ができないだけでなく、さらに自分自身の方針・路線・理論のほうがたとえ正しいと確信していたとしても、これを組織内全体に貫徹するための理論闘争を組織的に実現することにおける日和見主義さえもがうみだされることにもなるのである。

たとえば「フラクションとしての労働運動」とでもいえる路線の誤りをたとえ即自的に直観（「そんなことでは組合運動はできない」というように）したとしても、それを理論的に明らかにすることができず、また自分自身の内部になお克服されていない諸問題をみつめるにすぎない場合には、むしろ「自分自身のほうが間違っているのではないか」というようにエセ主体的に反省し、その結果として組織的に問題を提起することを回避したり、あるいは組織成員として遂行しなければならない諸任務を放棄したりする、といった犯罪的な行為をおかしかねないことにもなるのである。

他方、たとえば「フラクションを基礎とした労働運動」ということはそれ自体としては誤りではないとはいえ、その実体的構造の内容的とらえかたがゆがんでいるときには、それは左翼的偏向として現象するのだ、ということが大衆闘争論的および運動＝組織論的に明確につかみとられていさえするならば、うみだされた反撥や対立も、ただちに理論的かつ組織的に解決されうるはずである。

わが同盟組織は絶対的に固定した組織ではない。指導部であれ下部組織であれ、それらは種々の欠陥をもっていないわけではないし、また誤りをおかす場合もある。問題は、この欠陥や誤りが不断に解決されていくという構造が組織内に存在しているか否かにある。わが同盟は、大衆闘争・労働運動のたえざる組織化を媒介として不断に創造されていく生動的な前衛組織である。内部理論闘争の不断の実現によってのみ、それは保障される。そしてまた、運動＝組織路線や同盟建設路線などにかんして重大な過誤が発生したり、あるいはそれが持続され固定化されるという兆候がもしもうみだされたりするようなことがある場合には、もちろん内部理論闘争の組織的実現ばかりでなく、さらに同盟内フラクションを結成し、それを基礎として組織的闘いを完遂することさえもが、わが同盟においては完全に保障されているのである。

ところで、同盟内闘争に政治技術主義をもちこむことにたいしては、もちろん、われわれは断乎としてたたかわなければならない。発生した内部対立、戦術上および組織戦術上の対立を、あらゆる角度から理論的に分析しほりさげることを通じて解決するのではなく、むしろそれに政治的に対応しつつ技術主義的な打開策をたてるような組織建設路線は、われわれとはまったく無縁である。運動＝組織論・大衆闘争論・同盟建設論などにかんする理解の種々のゆがみが克服されずに残存している場合には、まさにこのゆがみに規定されつつ政治技術主義的な組織指導がなされることがある、ということに、最深の注意がはらわれなければならない。同盟内に、どのように些細なものであったとしてもなんらかの対立が発生するということは、それ自体の理論的および組織的な根拠があるのだからして、まさにこの根拠をえぐりだすことをめざして組織内闘争はおしすすめられなければならず、決して政治技術（主義）的に内部対立は処理されてはならない。内部理論闘争の系統的で計画的な推進が放棄ないし回避されていたり、経験（主義）的な組織指導や組織建設がなされたりしている場合には、ひとたび問題が発生するとそれに政治技術（主義）的に対処するという誤謬がうみだされるのをつねとする。反合理化闘争方針とわれわれの運動＝組織路線をめぐって発生した若干の内部対立を解決するための組織内闘争において部分的にみられた政治技術（主義）的な対応――たとえエピソード的なものでしかなかったとしても――、これは、わが同盟組織建設から徹底的に駆逐されなければならない。

要するに、それなしにはわが同盟組織を組織的に形成し確立していくことができないところのもの、それによってのみわが同盟組織の生々とした発展が確保され保障されるところの内部闘争（理論的および組織的な）にかんして発生した二つの偏向――日和見主義と政治技術主義――から、われわれは断乎として決裂しなければならない。

前者、同盟内闘争における日和見主義とそれから発生する一切の事態は、まず組織建設論的には、革共同の第三次分裂においてわれわれが教訓化した組織的闘いの諸形態を反省しなおし主体化することを基礎として克服されなければならない。〔ついでにいっておけば、この第三次分裂において、ブクロ中央官僚の官僚主義的な組織づくり路線に屈服しただけでなく、それを「理論的」に正当化しさえしたかつての仲間たち、内部思想闘争の組織的実現を組織的分裂と直結して考えることしかできないがゆえに「分派禁止」や「分派届出制」をわめきたてたりしたかつての仲間たちが、あれから六年後のこんにち、ブクロ中央官僚の驚くべき腐敗と変質を弾劾した〝文書〟の配布を政治局から拒否され、しかもなんら内部闘争を展開することなく「脱盟」という形態のなかに自己の針路を発見してしまったということは、きわめて教訓的なさいきんの事態である。脱盟者を続出させているブクロ派の組織的現状については、第三次分裂における組織問題の再反省を、一切の革命的左翼にせまっているといってよい。」

他方、同盟内闘争における政治技術主義は、直接的には、組織づくりやその指導における技術主義的のりきり、あるいは「下部」主義的組織づくりや「カチカチ山」ないし「つきあげ」型組織づくり、そして内部理論闘争の系統的で計画的な主体化および組織化の放棄、これにもとづく組織会議での理論＝思想闘争の質的低下などとして、また媒介的には大衆運動にみあった組織形態づくりとして、それぞれ現象する。「運動の単位」としての組織という考えかた、同盟組織建設を「政治的＝組織的形成」と「理論的＝組織的形成」との統一とみなす組織論は、組織づくりにおける種々の政治的対応主義や政治技術主義の理論的表現にほかならない。こうした政治技術主義は、もちろん「理論的＝組織的形成」なるものをめざした思想闘争主義的な組織づくりによって補完されはする。しかし、この「組織的形成」のための「理論」は、しばしばマルクス主義や反スターリニズムにかんする一般的なもの（「戦略」ともよばれる）とされ、したがって同盟内論争問題と密着したものとしては必ずしもとらえられてはいない。こうして組織づくりにおける思想闘争主義は、しばしば内部理論闘争やそれにかかわる理論的諸問題の独自的な追求を実質上放棄することとしてあらわれる。すなわち思想闘争主義が、大衆運動への政治技術主義的な対応、それにみあった組織形態づくり路線の補完をなすゆえんである。

わが同盟組織建設における、このような政治技術主義的偏向を最後的に打破するためには、組織建設にかんする間違ったとらえかたを組織論的に反省し、それから脱却するだけでなく、同時に運動＝組織づくりにかんする種々の理論化を再把握することが絶対に必要である。このことは、当然にも同盟内闘争における日和見主義にも妥当する。

9・20闘争スローガン問題に端を発したわが同盟内における理論的＝組織的闘いにかんして、教訓化されるべきことがらは、右の三点である。わが同盟の労働運動への組織的かかわり（Y面）と、これを媒介とした同盟組織の組織的確立（X面）にかんしてうみだされた諸偏向――前者にかんしては「フラクションとしての労働運動」の路線化、後者にかんしては政治技術主義的および思想闘争主義的な組織づくり、という偏向――、これらと最後的に決裂するための思想＝理論闘争が、一九六六年二月から全同盟的に開始されたわけである。

Ｃ

一九六五年以降くりひろげられてきた反戦闘争論をめぐる論争成果にふまえつつ、さらに9・20反合理化闘争にかんするスローガン問題をほりさげることを通じて、われわれは、まずいわゆる「のりこえの論理」を明らかにした。

社共両党に指導された既成の労働運動の直接的のりこえ（つまり革命的労働運動の直接的創造）ではなく、その左翼的のりこえをたたかいとるために、われわれの闘争＝組織戦術を、他党派の運動方針（もちろん情勢分析との関係における）にたいする批判を媒介としてうちだし、かつこれを物質化するために職場闘争を展開する、という闘争論的アプローチの基本的構造が明らかにされた。これと同時に、うちださ れたこの当面の戦術を物質化するための闘いは、他面では、われわれの組織戦術の労働運動の場面への媒介的な貫徹との統一において実現されるのであり、そしてこの後者の実体的構造そのものの追求が、まさに運動＝組織論にかかわる問題として明らかにされたのであった。ここにおいて、一九六三年暮いご論争されてきた運動＝組織論と大衆闘争論との理論的な連関と、それらの統一的な理論化の展望が、明白にうちだされた。だが、内部理論闘争の高度さのゆえの限界状況もまた、同時に露呈しはじめたのであった。

わが同盟・革マル派結成いご執拗に追求されてきた運動＝組織づくりにかんする諸問題の理論的ほりさげが、あらためて開始された。それだけではない。ハンガリア革命一〇周年記念集会（一九六六年一一月五日）を前後して、新たに思想上の問題がうみだされた。わが反スターリニズム的共産主義運動の創成期における苦闘がなお十分に主体化されていない、という事態があかるみにだされたからである。

「スターリン批判」につづいて勃発したハンガリア労働者の武装蜂起を決定的な契機として勃興した、わが反スターリニズム運動が、なぜ「二つの戦線上の闘い」を断乎としておしすすめることができたのか、第四インターナショナルの屍をのりこえてそれがたたかわれたのはなぜか、また安保闘争を通じて破産したブントの革命的止揚のためにわが同盟が原則的な闘いを展開することができたのはなぜか、そしてまた一九六一年秋以降「米・ソ核実験反対」闘争が一切の既成左翼の動揺と沈黙をしりめにたたかわれたのはなぜか、さらに革共同の第三次分裂としてさえ結果した分派闘争をわれわれが展開しえたのはなぜか、――これらの諸問題を根本的に再反省することを、わが同盟はみずからの組織的任務とせざるをえなかったのである。

それとともに、当時ますます雑炊化し変質しつつあったマル学同・中核派をたてなおすために提起された珍奇な「反帝・反スタ」論（中核派第八回大会報告）にたいする内在的批判を通じて、同時にわれわれの世界革命戦略を理論的に深化するための闘いをも、われわれは組織化したのであった。

あかるみにだされたわが同盟の思想的＝理論的脆弱性を打破するために、これまで論争されてきた運動＝組織論や大衆闘争論ばかりでなく、革命理論一般、とりわけ反スターリニズム革命理論などを再把握する活動に、われわれは組織的にとりくみはじめた。わが同盟労働者細胞ならびに学生細胞のより一層の質的強化をかちとるための系統的で計画的な学習と理論研究活動が、とりわけ中央および地方指導部の徹底的な点検を基礎としながら、それらを形態的にも実体的にも確立するための組織的闘いが、新たな組織的展望のもとにおしすすめられた。わが同盟・革マル派結成いご四年のあいだに論議されてきた一切の問題をほりおこし、さまざまの偏向を根絶することをめざした徹底的な理論闘争が、一九六七年はじめから全同盟的に開始された。

それとともに、マル学同（革マル派）第八回大会（一九六七年三月）においては、同盟建設論をめぐる諸問題を中心とした新たな理論闘争がまきおこされ、そしてまた「フラクションとしての学生運動」とでもいうべき傾向を克服するための闘いも展開されはじめた。

Ⅲ　指導部建設にかんする諸問題（略）

一　中央指導部建設について

二　各地方（地区）指導部建設をめぐって

三　各地方産業別労働者委員会の確立のために

Ⅳ　前衛党組織建設のために

わが同盟（革マル派）の過去五ヵ年にわたる闘いは、運動＝組織づくりにかんしても、また同盟組織建設にかんしても、いくたの貴重な教訓をのこした。それらにかんして、じつにさまざまの偏向や誤謬をおかしながらも、それらを、われわれはたえず理論的にほりさげることを通じて実践的かつ組織的に克服してきた。革共同第三次分裂を敢然とたたかいとることを通じてのみ、われわれは、たとえ偏向をおかしながらも、いやまさに偏向をおかしたからこそ、組織論の新しい分野を、運動＝組織論とか大衆闘争論とかの未開拓の理論的分野を、きりひらき展開し深化させることができたのである。われわれは革命的マルクス主義を立脚点としていながらも、なおかつ誤謬や偏向をおかしてきたのであり、また今後もおかすであろう。おかすかもしれない誤謬や偏向をおそれるのあまり、われわれは萎縮しては決してならない。問題は、たとえ運動＝組織づくりで誤謬をおかしたとしても、それをたえず教訓化することのできる理論的武器をもった同盟組織をつくりあげるところにこそある。そして事実わが同盟は、大衆運動の組織化や同盟組織の組織化の過程でうみだされた諸偏向との対決と理論闘争を媒介として運動＝組織論や大衆闘争論を深化してきたのであり、また同時に、この同盟内闘争を通じてのわが同盟組織そのものの形成と確立をかちとってきただけでなく、かかる組織建設そのものをも同盟建設論として理論化してきたのである。

それゆえに、われわれは、ここではまず第一に、わが革命的共産主義運動の約十年にわたる歴史的経験のなかで、同盟建設（一般的には前衛党建設）論がどのように発展させられてきたかということの要点を反省し、そして第二に、わが同盟（革マル派）結成いご一貫して追求されてきた運動＝組織論や大衆闘争論にたいして、この同盟（あるいは党）建設論がどのような理論的位置をしめるかを明らかにし、最後に同盟建設の基本的構造を、われわれの組織論的追求、理論的闘いの教訓化にふまえて簡単にまとめておくことにする。

一　党組織建設論――その過去と現在

A　第一段階（一九五七年一月～五九年八月）

わが革命的共産主義運動の最初の約三ヵ年は、トロツキズム運動の伝統がまったく欠如していたわが国において、公認共産主義運動と敵対した運動を創造するという苦難にみちた闘いであった。この運動の創成は、当然のことながら、公認共産党のイデオロギー――スターリニズム――の呪縛からみずからをときはなつための思想=理論闘争として、そしてこれを基礎とした代々木共産党の革命的解体のための種々の組織的闘いの遂行として開始されなければならなかった。しかも、この闘いは、スターリンに虐殺されたトロツキーの革命理論と第四インターナショナルの運動を土着化させると同時に、それをものりこえ発展させていく、という革命的マルクス主義の立場において実現された。いわゆる「二つの戦線上の闘い」が、それである。

一方では、直接的には代々木共産党に体現されているスターリニズム、しかもソ連圏という強大な物質的基礎をさえ獲得しているそれと理論的にも組織的にも決裂するとともに、他方では、このスターリニズムに敵対する、現代マルクス主義としてのトロツキズムを無媒介的にもちこもうとするトロツキー教条主義（じつは社民化されたトロツキズムとしてのパブロ修正主義）と決別しつつ、新しい革命的労働者党をつくりだす闘いは、まずもって日本トロツキスト連盟の結成（一九五七年一月）として、そして日本革命的共産主義者同盟へのその名称変更（同年一二月）にもとづく革命的マルクス主義運動の創造としてたたかいとられた。

わが反スターリニズム革命的共産主義運動の、出発点におけるこの独自性は、その創造的展開の過程と本質を決定したのである。日本労働者階級の闘いを二度三度敗北させてきたにもかかわらず、なお前衛党を詐称している代々木共産党を、社会民主主義者党とともに革命的に解体する組織的闘いを通じて、それらにかわる真実の前衛党=革命的プロレタリア党を創造する――これを、わが反スターリニズム運動はみずからの課題としてとりくんだ。こうして当然にも、革命的共産主義運動の出発点から、組織問題は戦略問題とともにきわめて重大な意義と地位とをもち、かつ決定的な論争点をかたちづくったのである。

　さしあたりまず、伝統的トロツキスト、第四インターナショナルが西ヨーロッパなどでそれを適用してたたかっている、社会党や公認共産党への「加入戦術」を検討することを通じて、われわれは「組織戦術」という新しい概念をつくりだし、加入戦術はこの組織戦術の特殊的一形態としてとらえかえされた。当面の闘争課題にたいする社共両党の闘争戦術に対立したわれわれ独自の闘争戦術の横流しを自己目的化するのではなく、戦術やその根底にある戦略およびイデオロギーなどをめぐる理論闘争とこれを物質化するための種々の闘いを媒介として、革命的ケルンを創造する――このようなわれわれの組織活動そのものを規定するその一般的指針として、組織戦術はとらえられた。

　わが同盟は、一方では同盟組織としての独自活動（直接的には機関誌活動やビラの配布など）を、他方ではわが同盟の担い手（革命的ケルン）を社共両党の内外につくりだすための種々の組織活動（加入戦術をもふくめたわれわれの組織戦術の駆使）を、それぞれ展開することによって、組織的拡大と強化をたたかいとってきた。その場合、論争された組織問題としては、加入戦術の対象を当面は社会党とすべきか代々木共産党とすべきかということ、また他党派への加入戦術が「没入戦術」となる危険があること、そして同盟組織の雪ダルマ式拡大方法と統一戦線戦術との関係について、さらに同盟組織づくり上の問題としてはトロツキー教条主義者を中軸とした同心円的組織観（これは、運動面におけるロクロ首的な運動づくり、つまり既成指導部と下部大衆とのあいだのミゾを拡大するという視点からの方針提起と不可分に結びついている）を打破することについて、などがあった。

　このような同盟建設および組織戦術にかんする、われわれとトロツキー教条主義者との対立は、現代世界革命戦略にかんする対立（「反帝・労働者国家無条件擁護」が第四インターナショナルの戦略であって＜反帝・反スタ＞は小ブルジョア的極左主義者の空論でしかないと断罪した自称トロツキストと、それに反対するわれわれとの対立）とあいまって、わが同盟の第一次分裂という形態において現実化された（一九五八年七月）。この分裂における一大教訓は、理論上の対立をじかに組織的分裂に直結するという「反レーニン主義的な分派闘争」をトロツキー教条主義者太田竜が強行したということである。こうした組織的分裂に反対した純トロツキスト（西・岡谷）とわれわれ（いわゆる「探究派」ないしＲＭＧ）とによって、第一次分裂いごのわが同盟組織はになわれた。

だが、わが同盟指導部（直接には中央書記局）は、革命的共産主義運動をになうためにはあまりにも弱体であった。それだけではない。中央書記局そのものの内部から、太田派に転落したもの（遠山正）、当時結成過程にあった「共産主義者同盟」（通称ブント）にのりうつることを志向したもの（青山到の陰謀にのせられた大川）、受験勉強を名目として戦線逃亡をはかったもの（山村克＝白井朗）などがうみだされただけでなく、さらに西派（政治局メンバーであった）が中央書記局との組織的連絡を遮断したことなどのゆえに、同盟中央書記局は実質上解体した。——こうした事態の現出の根拠を、かつては青山個人の陰謀に還元解消していた（『共産主義者』第四〜五号、田宮論文）のであるけれども、しかしそのごは「探究派」のサークル主義・セクト主義・論理主義なるものに書記局解体の根拠を帰着させているのが、一九五八年秋の拡大書記局会議では部屋の隅で終始沈黙していたか、さもなければただ一回「運動方針をだすべきだ」とボソボソとつぶやくていどであった本多延嘉（田宮健二＝武井健人）なのである。組織実体、とりわけ指導部の実質的解体という現実を無視した現象論的な、それゆえきわめて欺瞞的なこのような「総括」がなされているということは、今日ますます開花している彼の政治技術主義・官僚主義・政治的陰謀・大衆運動主義・方針主義的ひきまわし（あるいは雑巾主義）が過去にも投影されていることを如実にしめす以外のなにものでもありえない。

中央書記局の解体の責任、ブント結成に「理論的支柱」をあたえたことなどのゆえに山本は政治局員を「解任」されるとともに政治論文の執筆を禁止され、そして関西派のヘゲモニーのもとに革共同・政治局および書記局が再建されたのは、ブント結成（一九五八年一二月一〇日）の直後であった。こうした組織的処分をもってしては、しかし、革命的マルクス主義の立場を、∧反帝・反スターリニズム∨戦略を、わが同盟の内部からたたきだすことはできなかった。「労働者国家無条件擁護」をめぐる論争は、かたちをかえて再燃された。植民地革命や労働組合の無条件擁護とか、炭鉱国有化とかを主張した関西派トロツキストとわれわれとのあいだに理論闘争が開始され、しかもこれが「規律違反」問題とからみあわされることによって、革共同の第二次分裂（一九五九年八月）が結果した。ここにおいて、革命的マルクス主義を支柱とし∧反帝・反スターリニズム∨を戦略とした革共同・全国委員会が、自称純トロツキストからの革命的分裂を通じて、日本プロレタリアートの前衛部隊となることをめざして結成された。

第四インターナショナルの枠内で、しかもそれをのりこえるかたちでたたかわれた約二年半のこの組織的闘いは、まさにそれゆえに、あらゆる面で、戦略・戦術にかんしても、また組織戦術や同盟組織づくりにかんしても、自称百パーセント・トロツキスト、その教条主義的堅牢さへの断乎とした闘いの過程であった。組織論的には革命的中核組織をどのように創造するか、および分派闘争はいかに推進されてはならないか、という問題をめぐって、われわれは貴重な教訓を学びとった。――このことは、『革命的マルクス主義とは何か?』、『逆流に抗して』、『組織論序説』などで論じられている。

B　第二段階（一九五九年九月〜六一年八月）

第四インターナショナルの枠内においてではなく、まさに公然と〈反帝・反スターリニズム〉の旗を高くかかげて再出発したわが革命的共産主義運動は、11・27国会デモを端緒として開始された安保反対闘争のただなかで自己をきたえあげた。一切の既成指導部の誹謗と中傷をはねのけ、市民主義的に高揚した闘いばかりでなく、反代々木の旗をかかげた行動左翼集団＝ブントの戦術左翼主義的闘いをものりこえつつ、わが同盟（全国委員会）は、6・4政治的ストライキを積極的に組織化する闘いをおしすすめ、しかもこれらを通じて、労働戦線においても学生戦線においても、自己の組織的力量を拡大し質的強化をたたかいとったのであった。そしてこの過程でマルクス主義学生同盟がそのうぶごえをあげた。

一九六〇年安保闘争の〝立役者〟であったブントは、まさにその行動左翼主義、そのブランキズム的本質のゆえに、闘争のただなかで、またその直後に自己破産を鮮明にしながら、悲劇的な分解をとげ、その過渡的使命をはたしおえた。自己崩壊をとげた安保ブントの廃墟のなかから、三つの分派がたちあらわれ、敗北した安保闘争における戦術をめぐって相互闘争がくりひろげられはした。だがそれは、所詮彼らの断末魔のあがきでしかなかった。

安保闘争をたたかいぬくことを通じて組織的力を少しばかり蓄積したわが同盟は、ブント残党の分派闘争に介入し「革命的マルクス主義者の原則的統一」のための闘争をくりひろげた。原則的に展開されるべき党派闘争を政治屋どものボスとりひきにすりかえたり、また他党派や「擬制の終焉」主義とのイデオロギー闘争を抑圧したりした政治技術主義者ども（たとえば武井健人）にたいして、われわれはなお鉄槌をくだすことができなかったとはいえ、とにかく、一方ではマルクス主義青年労働者同盟の結成（一九六一年一月）を、他方ではつくりだされた「戦旗」派とのイデオロギー闘争を、それぞれおしすすめた。しかも長船社研や関西ブントなどによって試みられた新しい政治組織（〝社会主義労働者同盟〟なるもの）づくりのための策謀を粉砕しながら。……

だが、わが同盟と「戦旗」派との革命的統一のための闘いは挫折し（一九六一年三月）、わが同盟への一切の革命的共産主義者の結集がよびかけられた。この結集のための理論的＝組織的な闘いは、しかし成功裡に実現されたわけではなかった。安保ブントが破産しなければならなかった根拠（反代々木を旗じるしとした左翼スターリニストでしかないというその本質）へのほりさげは、一部の同志をのぞいては、ほとんどまったく真剣になされなかった。このことは、わが同盟の内部に、いわゆるブント主義が直接もちこまれたことを意味する。

そして事実、一方では革命的学生運動を創造するための拠点が全学連第二七回中央委員会を契機としてようやくきずかれたにもかかわらず、これをぶちこわすためのさまざまの陰謀が、象徴的にはマルクス主義学生同盟を解体して「共産主義学生同盟」を統一戦線同盟的なものとして（つまり、わが同盟に結集しなかったブント残存分子をもまきこむ、という意図のもとに）つくりだそうとする陰謀が、わが同盟指導部を無視して背後でたくらまれた。そして他方、こうした陰謀は組織問題としても提起された。すなわち、まずわが同盟・政治局を機能集団的なものに改組すべきこと、次に同盟の名称を変更すること、その他といったかたちで提起された。かかるたくらみの主唱者が唐牛健太郎（家代）・陶山健一（岸本）・清水丈夫（岡田新）であり、その腰ぎんちゃくが篠原（秋月）・梶村・剛谷・井上らであり、わが同盟の撹乱をねらった彼らの尖兵が北小路敏（中条高也）・芳村三郎・鏑木潔などであった。

すなわち、一九六一年六月二五日に開かれた第四回全国代表者会議における、当時（そして今日でもなお）なんら自己変革のために苦闘せず自己批判を回避しつづけてきた岸本・中条らの発言、すでにサンジカリズムへの傾斜をもっていた芳村三郎の「意見書」に賛同していた鏑木によるその配布、そしてかかる発言と文書配布への反応を、うかがっていた家代と岡田新。——これらは、わが同盟を変質させることをねらった破廉恥きわまるものであった。一言でいえば、代々木共産党内の構造改革派グループ（いわゆる春日派）の脱党さわぎにしめされる左翼戦線の流動化状況にたいして、革命的マルクス主義者としての原則を放棄して政治主義的に対応すべきことを、そしてまたわが同盟の「脱皮」の名におけるその統一戦線同盟化を、彼らは異口同音にわめきたてたのであった。いわゆる「6・25問題」が、それである。

わが同盟になだれこんだ（それを許したわれわれにも責任の一端があるとはいえ）、挫折感のとぼしい左翼スターリニスト的大衆運動主義者たちの政治技術主義的運動観・組織観は、四全代の会場そのものでの理論闘争を通じて形式上は粉砕された。それを実質的にうちくだくことは、同盟内フラクションないし革命的分派を結成してたたかうことなしには不可能であることを、われわれは直観し、そのための組織的闘いを開始した。だが、いちはやく表面的な自己批判的転身をはかった岡田新に武井がのりうつること（全学連第一七回大会直前）を契機として、「6・25問題」のなしくずし的解決がはかられた。自己批判を回避した岸本・家代は、かくして一九六一年七月〜一二月のあいだ国内亡命をはかって「時間による解決」に自己の活路を見いだした。

当時のわが同盟指導部は、「わが同盟内のブント主義」との決定的な対決を通じてそれを変革するという組織内闘争において、きわめて日和見主義的であった。というよりはむしろ、この闘いを実現するだけの組織的力がわれわれの側には不足していただけでなく、その時々の大衆運動に政治技術主義的に対応する点に前衛党の本質がある、という考え方が当時の書記長の脳裡にあったこと（これは、わが同盟第三回全国委員総会いごの彼の言動において、とりわけブクロ官僚としての彼の一切の言動において前面化し開花する）というこの否定しがたい事実からして、同盟内闘争は竜頭蛇尾におわったのであった。事実、わが同盟第一回大会（一九六一年八月）においては、「6・25問題」の根本的な切開は放棄された。わずかに、米・ソ核実験反対の反戦闘争における左翼的偏向の克服過程で若干の討論が政治主義的になされたにすぎず、むしろ参議院選挙闘争へのとりくみのなかに「問題」は解消させられたのであった。

「6・25問題」とそのなしくずし的解決は、まず第一にわが同盟組織を確固として組織的にうちかためるためには徹底的な内部理論闘争とその組織的実現が絶対的な条件であるということを、われわれに教訓としてのこしたのである。そして第二に、わが反スターリニズム運動がうみだした唯一の成果ともいえる「組織戦術の貫徹」にかかわる問題を主体化することができない場合には、「政治的指導部」の名においてわが同盟（一般的には前衛党）を政治技術屋の集団に変質させてしまうことになるということを、われわれに教えたのである。

〔そして、政治技術主義を正当化するだけでなく〝商品泥棒〟の指導さえあえてする今日のブクロ官僚どもは、わが反スターリニズム運動の過去をも当然のことながら否定的に総括することにもなるのである。すなわち、トロツキズムにたいして〝理由なき反抗〟をくりかえしていた本多延嘉が田宮健二へと脱皮させられた当初の段階のわが同盟の組織づくりは「哲学的サークル主義」であり「論理主義」でしかなく、また唐牛や陶山らによって提起されたあの「路線」は階級闘争と前衛党建設とのダイナミックスにもとづいたものであって、かかる「路線」に反対するような政治感覚のもちぬし(つまり、いわゆるメクラ)のみが『組織論序説』にみられるような「論理主義」的な組織論を提起したり「三全総路線」に反対したりするのであり、「大衆運動からの召還主義」なるものに陥没したりするのだ(ブクロ官僚派の「四全総」および「五全総」)というように。……そしてまた、わが反スターリニズム運動の一つの妨害物でしかないばかりか破産寸前にあった「長船社研」という小サークルにたいして、まったく清算主義的な、前衛党をめざすものにあってはならないわび状を書いて屈服したり(一九六四年五月)、あるいは、「戦旗」派から逃亡してブント「共産主義の旗」派にかつがれたかと思うと、またそこから出たりするような無節操なルンペン「職革」田川和夫を、週刊大衆ホラ吹きデマ新聞のゴミ記事書きのためにやとい入れるだけでなく「政治局員」にまでしたり、また「労働者解放闘争同盟」をほとんど論議することなく吸収したりすることをもって、あたかも同盟組織の強化がかちとられうるかのような錯覚さえもがうみだされるわけなのである。それだけではない。いわゆる「激動の七ヵ月」における官僚主義的恫喝の連続は、「問題がある」「三全総以来の古い同志」(岡田新)を脱盟においやり、ブクロ関西派は旧「労闘同」系のみをのこす結果となり、しかも相次ぐ脱盟者の西から東への続出としてさえも結果しているわけである。これは、まさに政治技術屋集団

の破産の現在的な姿であるといわなければならない。〕

わが反スターリニズム的共産主義運動の第二段階における前衛党組織論にかんする特徴は、何よりもまず安保ブントの破産の根拠ならびにそれを革命的に解体するための組織戦術にかんする諸問題を組織論的にほりさげることを通じて、それを理論的に深化した、という点にある。

いうまでもなく、破産し自己崩壊をとげた安保ブントの本質は反代々木的な左翼スターリニズムという点にあり、したがって極左的街頭行動を自己目的的に追求し同盟組織づくりを完全に放棄するという点に、その運動＝組織路線の特質がある。いわゆる「大衆運動によって党をつくる」路線が、それである。このような誤謬を克服するために、われわれは、一方ではレーニン型の前衛党、「職業革命家集団」としての党の位置づけと把握のしかたを批判的に継承すると同時に、他方ではレーニンの時代とは異なる国際・国内情勢のもとでの大衆運動をいかに推進すべきかということを組織論的に反省せざるをえなかった。

すなわち、まず現代世界は直接的には帝国主義陣営とそれに対立している「社会主義陣営」とに分割されているだけでなく、後者のスターリニスト的変質（ソ連労働者国家の官僚主義的疎外）と、それに対応した前者の国家独占資本主義への全体としての推転とによって、前者の一部を構成するわが国の政治経済構造も階級闘争も明らかに形態変化させられている。日本プロレタリアートの階級闘争にかんしてのみいえば、これは、既成指導部（社共両党や総評など）によって、基本的には社会民主主義的に変質させられ、またスターリニスト的にゆがめられている。それだけではない。レーニン時代のロシアでは労働組合づくりそれ自体が革命的意義をもっていたわけであるけれども、第二次世界大戦以後のわが国にはアメリカ式の民主主義が直輸入されるとともに、いわゆる「ポツダム組合」が上から企業別につくりだされた。しかも、いわゆる大衆社会的状況が国家独占資本主義そのものによって、その直接性としてうみだされている。つまり支配階級のがわからも、また被支配階級の「前衛」と称する公認指導部のがわからも、労働者階級と勤労大衆はさまざまの形態で――政治的にも経済的にも精神的にも――攻撃され自己疎外につきおとされているだけでなく、またその闘いはたえず挫折させられ敗北させられてきているのである。

二〇世紀現代のかかる事態を根底からくつがえすためには、社会民主主義者やスターリニストの諸政党によってその自己解放がおしとどめられている労働者階級への、その「外部」に存在する「職業革命家集団」としての党による働きかけにふまえつつも、同時にこの党そのものをまさに「前衛＝革命的プロレタリア」の党として、つまり社共両党から完全に分離し独立した革命的労働者党として創造することが絶対的な条件である。まさにこのような前衛党とその不断の創造がテコとなることによってのみ、今日の労働運動の腐敗、そのゆがみを左翼的あるいは革命的にのりこえていくことが可能となり、またこれを通じてプロレタリア党そのものも強化・拡大されること、そしてこれを実体的基礎としてはじめてブルジョア国家権力を打倒するための革命闘争を勝利的に実現することが可能となること、――これを基本的に明らかにすることがその当時のわれわれの理論的中心課題をなしていたのであった。このことは、たとえば『組織論序説』では、次のように展開されている。

〈革命的指導部が真の革命的指導部でありうるのは、つねにそれがプロレタリア階級の内的可能性を現実性として意識的に対象化し表現する「外的」指導部、プロレタリアート全体の階級的諸利害とその運動全体の利益を代表し体現する指導部であるかぎりにおいてであり、またまさにこのゆえにこの「外部」からの働きかけは同時に「内部」における闘争として意義をもちうるのである。そして労働戦線の内部に実存してたたかう前衛組織とその「外部」の指導部とが、前衛党の構成要素として、それらの本質的あるいは実体的な同一性を確保し実現してゆく場合には、「外部」と「内部」とが有機的に結合された統一的な闘争の全面的な推進はプロレタリア階級の内的可能性の現実的な展開となり、かかるものとしてその解放の必然性は措定されうるのである。プロレタリア階級闘争のかかる必然性を措定する前提、その絶対的基礎が、ほかならぬ革命的前衛党なのである。〉（二八一頁）［本著作集第十八巻三〇四頁］

ここでは前衛党組織の労働者的本質がのべられている、というかぎりにおいて、それは正当である。レーニン型の前衛党論の一面性にかんする組織本質論的反省が、そこでなされているからである。けれども、労働者党の組織形態にかんする理論展開としては、それは――わが反スターリニズム運動の初期の段階における狭い経験が直接的に色濃く刻印されているといういみで――きわめて一面的である。なぜなら、そこでは「前衛党の構成要素」が「内部」の前衛組織と「外部」の指導部とに局限され、前衛党そのものの組織形態を論究するというかたちにはなっていないからである。いいかえれば、たとえば次のような理論化は、われわれの運動の歴史的限界によって制約された、単純で一面的なものでしかないということなのである。

〈「反スターリニズム・反社会民主主義」のさまざまの闘いを通じて労働戦線の内部に確固としてうちたてられる革命的中核、革命的プロレタリアートの前衛組織は、一方では、堕落した既成左翼諸政党や労働運動の公認指導部と鋭角的に対立した真の革命的前衛党、あるいはその創成のためにたたかっているその母胎としての革命的マルクス主義者の政治集団との関係においては、その実体的基礎をなし、革命的指導部がうちだす闘争戦術を物質化し既成公認指導部をのりこえつつ闘いを推進してゆくための下部組織としての政治的機能をはたす。このようなものとして前衛組織は、他方、既成諸組織（社共両党や種々の労働組合およびその連合体など）の内部にあって、その指導部の日和見主義的指導や誤った闘争方針を是正し克服し当面の闘争戦術を的確にうちだすことにより階級闘争を全体として左傾化し革命化してゆくための革命的分派組織としての役割をも、同時にえんじるのである。すなわち、労働戦線の内部に実存したたかう前衛組織は、プロレタリア前衛党ないしその母胎の構成実体として位置づけられることにより、その指導部の統一的な闘争方針のもとに既成諸組織の内部における種々の分派闘争を推進し、こうすることによってそれは労働運動の本質的な転換をかちとってゆくための実体的基礎となりうるのである。〉（二八〇頁）〔同三〇三〜三〇四頁〕

ここでは明らかに「前衛組織」は、いわば扇の要としての組織的地位があたえられ二重に規定されている——すなわちそれは、一方では前衛党の「下部組織としての政治的機能をはたす」ものとして、他方では既成諸組織の内部において「階級闘争を全体として左傾化し革命化してゆくための革命的分派組織としての役割をも、同時にえんじる」ものとして。今日的視点から表現するならば、前者は「前衛組織」の組織面、後者はその運動面である、といえる（第1図の〔1〕をみよ）。

労働者階級の内部につくりだされ実存するとされている「前衛組織」は、さしあたりまず、直接には社共両党の組織の内と外にまたがってつくりだされる革命的ケルンとしてとらえられているがゆえに、既成指導部にたいしては「革命的分派組織としての役割」をえんじるとされているのであるが、しかしこの「分派」は既成左翼諸政党内の分派としてだけでなく、また労働組合内の革命的フラクションとしてもと

〔図解・1〕前衛組織づくりの一面的把握

〔1〕

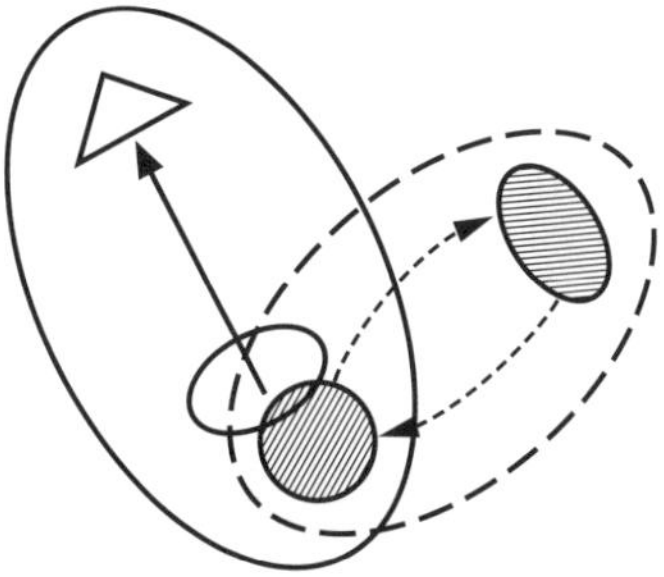

〔2〕

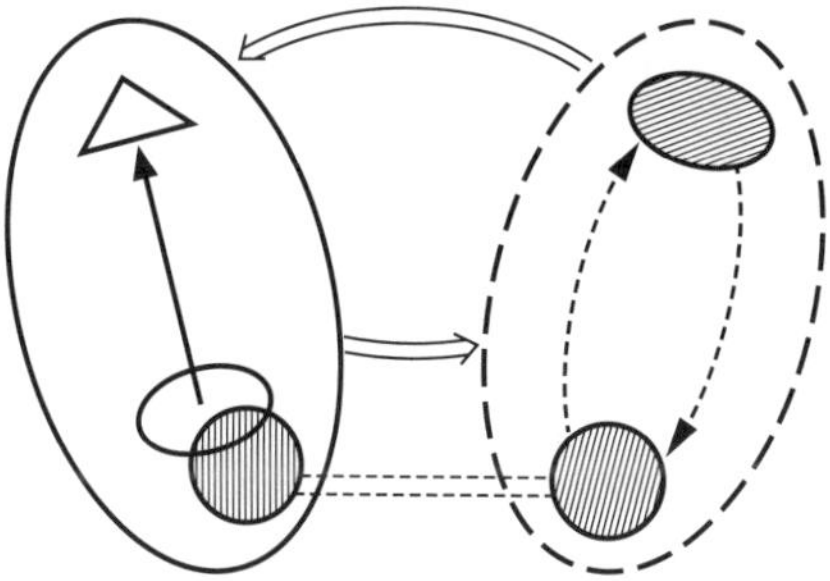

〔3〕

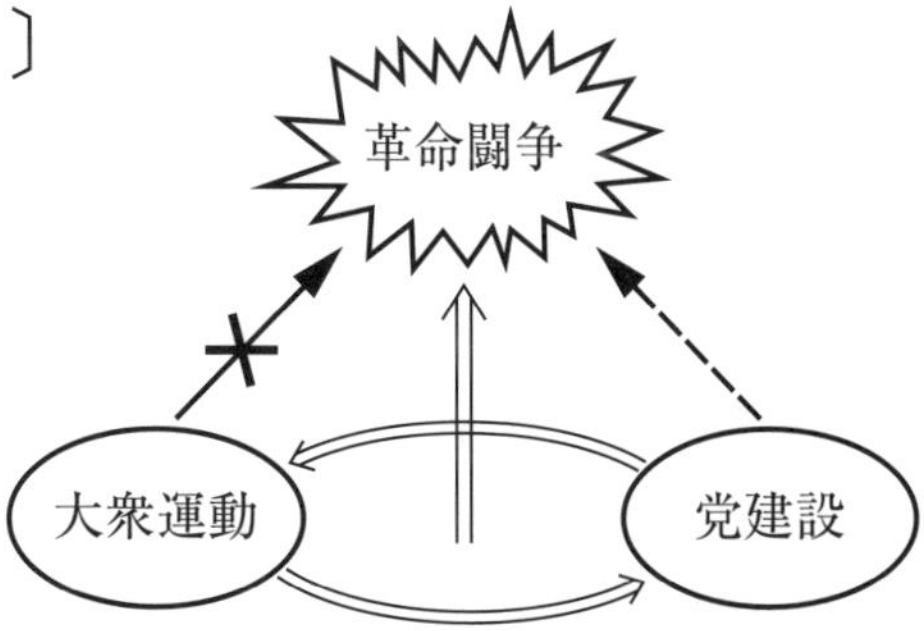

らえられている。したがってそこでは、この両者（党内分派と組合内フラクション）の本質的なちがいはまったくとらえられていない。だから当然にも「分派闘争」ということも、党内分派闘争と組合運動における反幹部闘争との二重の意味でつかわれているわけである。

ところで、こうした未分化的な理論化がなされている根拠は、およそ次の諸点にあるといえる。

（イ）民同的あるいは代々木的に歪曲されている今日の労働運動の内部において、反幹部闘争などをテコとして、それを左翼的に展開し、これを通じて、社共両党の内部に革命的ケルンをつくりだす、というベクトル（労働運動──→ケルン）からの追求が、その根底にあること。いいかえれば、質的にも量的にも強化された「内部」の革命的ケルンが、「外部」の指導部とともに、労働運動へ組織的にとりくむこと（ケルン──→労働運動）そのものを組織論的に追求することが欠如しているということである。

他方、（ロ）「外部」に存在する党組織は──わが反スターリニズム運動の創成期的段階を直接的に表現したかたちで──「指導部」（政治局や地方委員会、産業別労働者委員会など）として一面的にとらえられ、またこのゆえにその「下部組織」としての「内部」の革命的ケルンは同時に「外部」に実存するのだ、ということがとらえられていないこと。いいかえれば、革命的ケルンが「内部」に実存しながらも同時に「外部」の指導部とともに、まさに「外部」に前衛党組織を形態的に確立するための組織的闘いを実現する、という党組織づくりそのものの構造（指導部←→ケルン）が追求されていないということである（第1図の〔2〕をみよ）。

さらに（ハ）「前衛組織」そのものの規定にも関係していること。前衛党が「前衛組織の政治的結集体」であると規定されていることの根底には、一方では前衛党になお結集していない、あるいは政治的に結集されていない種々の前衛組織（＝革命的プロレタリアの組織、たとえばわが同盟が指導している学習会やフラクション、ある一定の党派に所属していない戦闘的あるいは革命的プロレタリア、「反社民・反スタ」のアナルコ・サンジカリストその他）が存在していることの確認が、他方ではプロレタリアートの独裁国家の死滅（政治の根絶）とともに前衛党もまた死滅するのだけれども、しかしプロレタリアート独裁の実体的＝組織的基礎としてのソビエトあるいはコミューンとその先頭にたってイニシアティヴを発揮すべき前衛的労働者組織は自己止揚的にせよ存続するということの認識が、よこたわっているのである。この後者にかかわる問題は、ソビエト組織論として（階級・党・ソビエトの相互関係の追求として）独立的に追求されなければならないのであるが、これへの橋渡しのいみをこめて「前衛組織」というあいまいな概念がことさらに設定されたのであろう。ところで、前者にかんする問題は、当然にも、「外部＝内部」という形態において創造される前衛党組織のその時々の労働運動への組織的とりくみにおける、いいかえればわれわれの組織戦術の大衆運動場面（あるいは諸党派のあいだのイデオロギー的および組織的闘いがくりひろげられている場面）への貫徹における、組織活動の実体的構造として解明されなければならないところのものである。

要するに、（イ）は——革マル派結成以後の段階で——わが同盟組織づくりにおけるその運動面（Y面）として、（ロ）はその組織面（X面）として、それぞれ位置づけられ追求され理論化されはじめた領域にかかわることがらであり、そして（ハ）の第一のモメントはそのご運動＝組織論として解明されはじめた領域にかかわるものなのである。ところが、当時（一九六〇年）の段階では、このように組織現実論的に、あるいは組織実体論的に追求されなければならない諸問題をも、もっぱら組織本質論的に（前衛党とは何か、という存在論的な視角から)、あるいは組織形態論的に(「指導部」とその「下部組織」、「前衛組織」と既存の組合指導部などとの形態的相互関係を追求する、という視角から)しか分析していないことからして、さきに指摘したような「分派組織」および「分派闘争」にかんする未分化な把握のしかたが不可避となったといわなければならない。

『組織論序説』で展開されている、もっとも核心的な問題も、現時点からするならば理論的アプローチのしかたの欠陥に貫ぬかれているわけである。そこでは、前衛党による運動=組織づくりとこれを媒介とした前衛組織そのものの組織的確立にかんする問題が未分化のままにとりあつかわれている。(イ)と(ロ)にかかわることがらは、党(同盟)組織建設論として、また同盟組織づくりにおける運動面(Y面)をば既存の大衆運動を左翼的あるいは革命的にのりこえていくというがわから追求する場合には大衆闘争論として、そして(ハ)の第一のモメントは運動=組織論として、その後それぞれほりさげられ理論化されてきたわけである。したがって当然のことながら「革命的労働者党の組織化の論理」も、この運動=組織論および党(同盟)建設論として止揚されるにいたる。

『組織論序説』で追求されている前衛党組織本質論には、現時点からするならば、当然にも分化されなければならない理論領域が未分化のままあつかわれていることにもとづく欠陥や誤りがある。とはいえ、そこでは、レーニン型の前衛党論を批判的に摂取するとともに、大衆運動の激烈な展開の直接的な延長線上に革命闘争を想定するような、組織戦術および党づくりの欠如した大衆運動主義・行動左翼主義を粉砕することがめざされているのである。

その時々の政治上および経済上の諸課題をめぐってくりひろげられる大衆闘争を直接的に革命闘争(ま

たは武装蜂起）へ高め発展させることを追求したり（これは反権力主義にもとづいた左翼冒険主義として、または武闘主義的闘争形態の自己目的化としてあらわれる）、あるいはまた大衆闘争を左翼的ないし革命的に展開することがすなわち革命的共産主義運動であると錯覚したりするような傾向と決別するためには、まずもって次のことがふまえられていなければならない。

すなわち、ブルジョア国家権力打倒をめざす革命闘争は「ソビエトづくりと前衛党」の問題として追求されなければならず、また革命運動あるいは革命的共産主義運動は場所的には前衛党組織づくりとしてあらわれるのであって、この党が大衆運動を不断に組織化するとともに、またこれを媒介として党そのものも組織的に強化されるということのなかに実現されるものとしてとらえられなければならない、ということである。つまり場所的現在における大衆運動づくりと党組織づくりとのラセン的円環構造を組織論的に把握することをとびこえて、「反帝」とか「反権力」とかを呼号することによっては革命闘争は決して現実化されえない、ということなのである。そのいみで同時に、レーニンにおける「政治闘争」というカテゴリーが当然にも検討されなければならない。

「あらゆる階級闘争は政治闘争である」という意味での「政治闘争」や国家＝政治権力を打倒するための政治闘争（＝革命闘争）などとは区別された、大衆運動としての政治闘争（つまりその時々の政治的諸要求をくみあげつつたたかわれる政治闘争）を、われわれは、経済的諸要求を貫徹するための経済闘争とともに、現在的にたたかっている。しかも、国家独占資本主義の段階においては、たとえ経済上の諸課題を解決することを目的とした経済闘争（たとえば賃金闘争）であったとしても、これは国家権力や第三者機関などの介入をきっかけとして必然的に同時に政治闘争としての性格を刻印される度合が倍加するわけである。したがって国家権力の粉砕を直接にめざす革命闘争としての政治闘争と大衆運動としてのそれとは明確に区別されなければならない。そうでないかぎり、政治的諸課題をめぐって展開される大衆運動を——たとえば「革命の現実性」の恣意的な解釈や主観主義的情勢分析にもとづいて——直接に革命闘争としてたたかう、などという極左的理論さえもがうみだされるであろう。この問題は、当然にも、大衆運動と革命運動あるいは党組織づくりとの相互関係の問題につながっているのである。

わが反スターリニズム運動の第二段階における前衛党論は、要するに組織本質論的な角度からのアプローチにすぎなかった。そこではプロレタリア階級闘争の社会民主主義的およびスターリニスト的な歪曲を暴露するイデオロギー的および組織的な闘いを通じて真実の革命的前衛党は創造されなければならない、ということが展開されてはいるが、つくりだされたこの党がその時々の大衆闘争をどのように組織化するか、またこの闘いを通じて自己をいかに拡大し強化するか、という運動＝組織づくりそのものの具体的な理論的追求は、その後のわれわれの闘いの前進とともになされたのである。

C　第三段階（一九六一年九月〜六三年三月）

いわゆる「ブント主義」との決別のための同盟内理論闘争が「解決」されたという一応の確認（一九六一年八月の全国代表者会議）のうえにたって開かれたわが同盟第一回大会の直後から、わが同盟の内部においてなお残存していた北川式ＡＧ（反戦学生同盟の略）主義あるいは純粋レーニン主義が「同盟の飛躍的前進」の名において首をもたげはじめた（第一回大会第四議案＝「プロレタリアートによる非プロレタリア大衆の獲得」に、それは端的にしめされている）だけでなく、これがわが同盟内の「ブント主義」の残滓と結合・統一されることによって、わが同盟の内部に数々の新たな偏向がうみだされた。

ついに強行されたソ連官僚政府による核実験にたいして、わが全学連は、ただちにアメリカ帝国主義者によるそれとともに断乎とした反対闘争を大衆的に、かつ激烈に展開した。右翼スターリニスト＝構造改革派なるものをもふくめた一切の既成左翼と平和主義者たちの驚くべき動揺とはかり知れない混乱をのりこえて、それはたたかわれた。「米・ソ核実験反対」の革命的スローガンは、学生戦線においても、また労働戦線の内部にも、広く深くしみとおっていった。これは一九六一年秋のことである。

わが国の平和運動の歴史において類例のないこの革命的反戦闘争のただなかで、ＡＧ主義ないし純粋レーニン主義と「ブント主義」との奇妙な混合物がうみおとされた。すなわち「プロレタリアートによる学生の獲得」路線（岡田新）とか、「反戦闘争とは兵士の獲得であって、われわれは徴兵制に反対すべきではない」（今井重雄）とか、といったものが、それである。それだけではない。「米・ソ核実験反対」というスローガンをかかげてたたかわれている全学連の大衆運動を「反帝・反スタの反戦闘争」というようにとらえ規定するような傾向もまた発生した。これらは、明らかに反戦闘争における左翼的偏向、最大限綱領主義のあらわれである、といわなければならない。しかも、こうした偏向の裏返しの誤謬さえもが、同時に一部の地方で発生した。すなわちソ連政府による核実験の強行を「人類史的危機の表現」としてとらえ、こうした「人類史的危機」を打開するために反戦平和の闘いはおしすすめられなければならない、とする右翼的偏向がうみだされたのであった。

反戦闘争にかんする、このような左右の偏向を、理論的および実践的に克服するための組織的闘いが全同盟的に、しかもマル学同をもまきこんで、くりひろげられた。だが、この理論闘争において、わが同盟・政治局はほとんどなんらの指導性をも発揮しえないほどの低水準にあったことが、同時にあばかれた。「帝国主義とたたかわない反戦闘争は無意味である」とか、「帝国主義打倒をめざした反戦闘争」とかの主張、また「反帝・反スタの反戦闘争を！」というスローガンをなしくずし的に訂正した「反戦・反帝・反スタの闘いを！」といったスローガンの提起——これらは、またしても理論闘争を回避した一部の「同志たち」によって、一九六二年春の段階においても、とりわけ「アメリカ太平洋核実験反対の革命性」なるものの空語的くりかえしのなかでも、くりかえされた。

「米・ソ核実験反対」闘争において発生したこの二つの偏向を革命理論的に克服する闘いと同時に、われわれは、現段階における反戦闘争のような大衆運動の推進とこれを通じての組織（直接的にはマル学同、そしてわが同盟細胞）の組織化にかんする問題への組織論的反省をも開始した。直接的には、「戦旗」派との統一のための組織的闘いを通じて、量的に拡大されたマル学同の組織的強化と質的向上をたたかいとる内部闘争の一環として、それはおしすすめられた。マル学同の諸組織が学生大衆運動を組織化するための裏指導部的なものにおとしめられたり、またかかる運動の組織化やマル学同そのものの組織づくりが政治技術主義的になされたり（プラス・アルファ方式によるなしくずし的な是正）していたことからして、大衆運動の一定の高揚にもかかわらずマル学同組織そのものが理論的あるいは質的に低下してきていた、ということの組織的現実を打破することが、めざされた。

反戦闘争にかんする戦術の革命理論的ほりさげとともになされた、「大衆運動の組織化と前衛組織の組織化」にかんする組織現実論の追求。――これが、わが反スターリニズム運動の第三段階において深化されたまず第一の組織建設論上の問題であった。「二つの偏向」にかんする論文や『学生戦線』第二号掲載の黒田論文（いずれも『ヒューマニズムとマルクス主義』に所収）を発端として、その理論化のための努力がつみかさねられた。

さらに、一九六二年秋の憲法中央公聴会阻止闘争において発生した岡田＝梶村流の「他党派解体のための統一行動」路線、また大管法反対闘争の組織化において混乱をまきおこした「ベッタリズム的統一行動」路線（これは前者の裏返しの誤謬である）、さらにまた「批判文書」をもちあるいて関西ブントを解体しようとした竹中明夫式のイデオロギー闘争主義的党派闘争路線などをも、理論的に批判し実践的に克服することをめざして、内部理論闘争は展開された。だが、マル学同およびわが同盟を質的に強化し高度化することをめざしたこの理論闘争は、わが同盟指導部の――一九六二年参議院選挙闘争ないし「三全総」を契機とした――著しい変質にたいする断乎とした組織的闘いとあいまって、革共同の第三次分裂の決定的な導火線ともなったのであった。

「組織づくりは運動づくりなしにはありえないが、しかし運動づくりだけでは組織づくりはなしえない」ということを「何百ぺんくりかえしてもダメだ」といって自己の石頭ぶりを発揮して、学生同盟員たちから嘲笑され浮きあがりブクロ官僚どもにワビを入れて屈服した岡田新に象徴される腐敗をあばきだし粉砕することが、革共同第三次分裂の学生戦線におけるまず第一の決定的な意義であり目標であったのである。そして、ようやく追求されはじめたにもかかわらず、分派闘争の激化によってその追求の中断がよぎなくされた、大衆運動の組織化と前衛組織の組織化にかんする問題の解明は、わが革共同・革マル派結成いごの段階において全同盟的な規模で追求され、運動＝組織論とか大衆闘争論とかの新しい理論分野の開拓として実現されたのである。

ところで、われわれの運動の第三段階において追求された第二の党組織論上の問題は、わが同盟組織の地区的再編成と確立にかんする理論的諸問題についてであった。

高揚した「米・ソ核実験反対」闘争、参議院選挙闘争を通じてのいわゆる「支持者の拡大」を物質的基礎とし、これを組織的に刈りとることを目標として、わが同盟組織の地区的再編成の問題が、直接的には地区委員会の確立にかんする問題が提起された。（ここでは、参議院選挙闘争の位置づけ、その評価のしかた、「反議会戦線」にたいする否定的評価などをめぐる諸問題は捨象する。）このような提起それ自体は誤りではないとはいえ、ほとんど理論的ほりさげもなしに「地区党」建設の方針が実施されはじめたことからして、当然にも種々の組織的混乱がうみだされた。

すなわち、北海道地方の各地区、埼玉や神奈川や名古屋その他の地区ですすめられてきた同盟組織の地区的形成（これらはしばしば、細胞として意義をもつ地区委員会、あるいは地区委員会として意義をもつ細胞として形成され実存している）の経験を理論的に教訓化することなく、直接に同盟組織の地区的再編成の方針が提起された結果、次のような種々の誤謬がうみだされた。

（イ）いわゆる「地区党」を地区委員会づくりとして矮小化してとらえる傾向、しかも（ロ）「全国委の地区か、マル青労同の地区か、という区別に苦慮することなく地区党をつくれ」などという方針がだされて、二つの組織が完全に相互浸透させられてしまったこと、さらに（ハ）職場での組織づくりに失敗している同志たちの運動＝組織づくりのための諸活動を点検し、その欠陥を克服するための闘いをおしすすめることなく、むしろ「お前は××に骨をうめろ」式に地区的活動への参加を官僚主義的に強制するというかたちで問題の「解決」がはかられようとしたこと、㈡同盟組織の地区的再編成のために、わが同盟組織に固有な産業別労働者委員会を解体させようとする傾向がうみだされたこと（もちろん、この誤りがつきだされるや否や、各地区に産業別労働者委員会＝細胞をつくりだすという訂正をブクロ官僚どもはおこなったが、しかし彼らの「地区」主義のゆえに、これは同時に肝心な地方産業別労働者委員会の否定をうみだした）、など。

問題の核心は、「地区党」建設の名において地方産業別労働者委員会を解体するか否かにあるのであって、「地区党」そのものの否定か否かにあったのではない。しかも、これをめぐる論争は、新たにうみだされた大衆運動主義（これは戦術提起においてはその二段階化の誤謬としてあらわれる）にたいする、下からの組織的な弾劾の波にのみこまれた。こうしてわが同盟組織の地区的再編成と確立にかんする問題は、革共同第三次分裂における一つの決定的な論争点となったのである。

地方産業別労働者委員会を解体し「地区」にもぐらせようとしたブクロ官僚どもの傾向にたいして、われわれは断乎として反対し、それを前衛党組織の基本的構成のなかに明確に位置づけることを通じて、前衛党組織の形態論的な解明をおこなった。「党建設論」（『共産主義者』第七号所収）が、当時の論争にふまえた前衛党組織形態論の一成果である。ここにおいて、「内部」の「前衛組織」と「外部」の「指導部」とをその構成要素とする革命的前衛党といった党組織形態の一面的な把握は理論的に克服されただけでなく、こうした党組織の形態的確立（X面）の問題とともに党組織による大衆運動の組織化（Y面）の問題をも統一的にとらえ、「運動の組織化と前衛組織の組織化」の実体的構造をより一層現実論的に究明するための突破口がきりひらかれたのである。わが同盟・革マル派結成いご次第に明らかにされてきた同盟建設論・運動＝組織論・大衆闘争論などは、前衛党を創造するための組織現実論をかたちづくるものにほかならない。

統一行動と党派闘争およびマル学同建設との関係、大衆運動主義的偏向、二段階的戦術、同盟組織の地区的確立などの諸問題をめぐって、ますます激化した内部理論闘争が分派闘争という形態で実現されはじめた段階（一九六二年一二月下旬いご）において、教訓化されなければならない前衛党組織建設論上の第三の問題がある。それは前衛党の組織づくりとその指導における官僚主義的疎外の発生と、これをいかに組織的に粉砕し克服するか、ということにかかわるものである。

同盟内理論闘争が全同盟に波及することをおそれて、ほかならぬ偏向におちいり変質しつつある指導部が理論闘争を上から統制し管理するという、まったく形式主義的で官僚主義的なやりかたが、「民主主義的中央集権制」の名においておしつけられた。もちろん民主集中制は前衛党の組織原則である。だが、それにもかかわらず、その指導部が自己の誤謬や偏向を正当化し居直ろうとするものとそれに対抗するものとへ「分裂」しているというような危機的な事態のもとでは、しかも機関紙が前者によって独占されている場合には、集中制は必然的に指導部内の多数派による官僚主義的支配と統制のための手段にまでおとしめられてしまうのであり、理論闘争の全同盟的な波及を阻止し分割支配を強行するための道具たらしめられてしまうのである。しかも、あらゆる機関、あらゆるルートをつかって理論闘争を全同盟的に組織化しようとする闘いにたいして、ただただ「組織規律」を論争問題から切断してがなりたてるにすぎないということは、ほかならぬがなりたてるもの自身の官僚的保身のためであるか、さもなければ官僚どもへの絶対的盲従主義者の泣きごとであるか、そのいずれかでしかないのである。まさに論争されている内容の問題とはまったく無関係に「組織規律」がおしつけられるかぎり、この「組織規律」は形骸化され完全に形式主義的なものと化してしまうのである。いやむしろ自己の誤謬や偏向をおしかくすためのイチジクの葉としてのみ、それはもちだされるにすぎないのである。――このことは、すでに代々木共産党の党内闘争の腐敗、その官僚主義的本質のなかに端的にしめされている。ことの重大さは、社共両党にとってかわる新しい労働者党の創成をめざしてたたかっているわが同盟の内部に、「組織原則」や「組織規律」をタテにした官僚主義的疎外がうみだされたのだ、という点にある。

新たにうみだされたこの組織上の疎外にたいして、われわれは同盟内フラクションを形成し、さらに事態の進展に呼応して革命的分派組織を結成しつつ、変質し官僚化したわが同盟指導部を打倒し改造する闘いをおしすすめた。同盟指導部と組織体制の官僚主義的な疎外、「分割支配の論理」をもってする理論闘争の官僚主義的な抑圧と圧殺にたいするわれわれの組織的闘いは、前衛党組織建設（論）に貴重な教訓をのこした。革共同の第一、第二次分裂と同様に、その第三次分裂は、とくに前衛党組織建設にかんして、きわめて革命的な意義をもっていたのである。

しかもなお教訓的なことがらが、いま発生している。第三次分裂のさい、ブクロ中央官僚に屈服しただけでなく彼らの官僚主義的な組織建設方針を「理論化」するという愚かさをしめしたブクロ関西派、その大多数（約七割強）は、中央官僚を批判した「文書」の配布が彼らによって拒否されたという、あまりにも当然なこの事態に直面させられて、しかもなんらの組織的闘いをもおこなうことなく、きわめて反前衛的な脱盟行為にでたのである。いまから六年まえには「規律違反」をヒステリックにわめきながらわれわれに反対していた彼らは、こんにちではブクロ官僚どもの恫喝に屈しただけでなく次々と脱盟し、しかも「共産主義といってもイロイロあらあナ」とか、「オレはもともと〝職革〟否定論だった」とか、「オレは日本人の島国根性がきらいだ、とくに革マル派のセクト主義は大キライだ」とか、とつぶやき自分をなぐさめながら〝ブル転〟を開始しつつあるのだ。もちろんブクロ官僚一派からこんど脱盟したり除名されたりしたもののなかから、きわめて少数であるとはいえ、革共同の第三次分裂の意義を問いかえそうとする傾向もあらわれていないわけではないが。

要するに、以上の三点は、わが反スターリニズム運動の前進によってのみ獲得することができた前衛党組織論にかかわるものである。それらは、われわれの運動の第二段階ではなお未分化ないし未解明のままにのこされていた諸問題が、わずかばかりであるとはいえ、分化され解明されはじめたことをしめすものにほかならない。

労働運動づくりにかんしては「党建設主義」、同盟建設にかんしては「解党主義」というレッテルをわれわれにはりつけつつ官僚主義的に固着化したブクロ一派は、第三次分裂いご、その純粋レーニン主義・コミンテルン主義という傾向をますます濃化した。基本的にレーニン以外によるべきものを失った彼らにふさわしく、時代おくれのルカーチの『組織論』をかつぎだしたりしてはみたものの、しかし、これをもってしては分派闘争の理論も前衛党組織建設論も解明することができないことに、ブクロ官僚どもは気がついたのかどうかは知らないが、とにかく彼らは第三次分裂直後からは組織論的追求を一切放棄してしまった。ただただ経験主義的かつ政治技術主義的に、弱体化した組織の官僚主義的たてなおしと無原則的な水ぶくれ的な組織拡大に狂奔した。ほとんど理論闘争らしい理論闘争もやらずに「労闘同」を吸収してみたり、長船労組のダラ幹と「交流再開」なるものをやってみたり、さらにインバイ的雑文家田川を「政治局員」にしたてあげたりしながら……。

ところで、組織論的反省のかわりに登場させられたものが、「綱領的認識の深化」なるものであった。すなわち政治経済分析とも、情勢分析とも、また運動論的情勢分析ともいえない、それらの雑炊のようなもの、あるいはロシア革命いごの世界情勢の歴史的動向・国際共産主義運動のスターリニスト的変質の歴史・労働運動の腐敗の歴史などの寄せ木細工のような作文をデッチあげることが、「綱領的文書」の作成なのだそうである。その低水準、その混乱、その雑炊性、その支離滅裂さは、ほかならぬブクロ官僚どもの内部世界の対象的表現いがいのなにものでもない。

これにたいしてわが同盟（革マル派）は、組織建設の過程で第三次分裂をみちびいた諸問題を徹底的に理論的にほりさげることを踏み台として、組織現実論にかかわる新しい理論分野をきりひらき、その理論化のための努力をつみかさね、しかもこれを現実的に適用しつつ、わが同盟の現在をつくりあげてきたのである。わが同盟建設そのものにかかわる組織問題は、すでに第Ⅱ、第Ⅲ章でとりあげられているので、わが同盟建設の五ヵ年の歩みのなかから理論化されてきた組織現実論の内的構造についての概括的な把握が、次になされなければならない。

二　組織現実論の展開

A　マルクス主義における革命理論の展開とその構造

マルクス主義とは一言でいえばプロレタリアートの自己解放の理論であり、かかる解放の物質的基礎、労働力商品としてのプロレタリアの階級的搾取に立脚した資本制商品経済の政治経済構造を明らかにすることをその課題とするのが、マルクス主義における政治経済学であり、そしてこの資本制社会を人間社会の特定の歴史的発展段階としてとらえ、その没落の歴史的必然性、共産主義社会へのその転化の必然性を明らかにするのが史的唯物論である。しかもブルジョア支配階級はプロレタリアートの経済的搾取を維持し、かつ正当化するために、その政治的＝集中的表現としての国家権力をつくりだしているがゆえに、プロレタリアートはその自己解放をかちとるためには、直接にはこのブルジョア国家権力を打倒しなければならない。前者つまりプロレタリア階級が打倒対象としている国家権力そのものを理論的に解明するのが国家論である。

史的唯物論や経済学を武器とした資本制社会の政治経済構造の論理的＝歴史的把握、国家論による直接的な打倒対象としての国家権力の分析などにふまえて、それらを前提としながら、現存する国家権力をいかに打倒するかの過程と構造を、あるいはプロレタリアートの階級的自己解放を実現するための目的および手段を、まさに主体的に、つまり革命的実践論として明らかにするのが、マルクス主義における革命理論にほかならない。だから、革命理論は国家論（あるいは政治的支配の構造を明らかにする政治学）とは異なるだけでなく、また革命の物質的基礎（資本制社会の政治経済構造）の分析、その変化や動向の具体的分析にとってかえられたり、またこれらに解消されたりしてはならないのである。革命の問題を現存する国家権力の規定に矮小化するのは国家論主義的な誤りであり、またそれを現実の政治経済構造とその変動の分析に横すべりさせたり解消したりするのは経済主義（あるいは基底体制還元主義）の誤りである。いずれも、革命理論そのものが究明すべき対象領域と課題をあいまいにしたり、すりかえたりする誤謬の産物である。革命理論は、国家論とも経済学とも区別された、それ独自の分野をもっているのである。じっさい、マルクス主義の理論的発展の歴史は、そのことを明白にしめしている。

　すなわち、まず、一九世紀中葉の産業資本主義の段階にふまえて――最初はこの段階での後進国ドイツの学問的および政治的現実に、次には全ヨーロッパの政治経済的現実に、それぞれふまえて――、プロレタリア世界革命（または「共産主義革命」）の論理的＝歴史的な必然性を、その客体的および主体的な諸条件を、賃労働者の「疎外された労働」の経済学＝哲学的分析と「種属存在」としての人間のイデーにみちびかれながら、理論的に明らかにしたのが、若きマルクスとエンゲルスとであった。『ドイツ・イデオロギー』、『共産党宣言』、『共産主義の原理』などで展開されている世界革命論が、それである。この世界革命論（Ⅰb）は、資本制商品経済の段階的特殊性、その産業資本主義的段階としての特殊性をそのうちに刻印されているとはいえ、プロレタリア世界革命の普遍的本質論（Ⅰa）としてとらえかえされ整序され再構成されるべき性格をもっている。資本制経済の特殊的段階をなすイギリス産業資本主義の法則性にふまえて、同時にその普遍的運動法則が『資本論』として解明されたのと同様に、マルクス・エンゲルスの世界革命論は、そのうちに産業資本主義の段階的特殊性を色濃くもっているとはいえ、同時に世界革命の普遍的本質論としての意義をもっているのである。

産業資本主義的段階の後進国ドイツにおける「政治的解放」の「人間的解放」への「永続的な」完遂、しかも同時にドイツのブルジョア革命の全ヨーロッパのプロレタリア革命への波及および後者の前者への逆流に媒介されたそれ。――当時このように世界革命を展望していたマルクスとエンゲルスとは、一八四八年の諸革命の敗北ののち、ヨーロッパにおける階級関係の現実的分析にふまえながら、彼らの永続革命論を実体論的にほりさげようとした。すなわち、ブルジョアジーから小ブルジョアジーへ、そしてプロレタリアートへ、というように革命を遂行する主体が歴史的＝連続的に転換することを彼らは論じ、いわゆる「権力移動」論が展開された。それとともに、かかる革命を実現するための革命的組織として第一インターナショナルが樹立されたのであった。一方では実現されるべき世界革命の本質からのとらえかえしが欠落していること、他方では同時に、革命を遂行する歴史的主体そのものをいかに組織化するかというように問題がたてられず、むしろ現存する諸階級のあいだの政治力学をまさにかかるものとしてしかとらえることができなかったこと、この両者の合体された産物がまさに「権力移動」論である、といわなければならない。そしてさらにマルクスは、パリ・コムミューンの経験を通じてプロレタリアート独裁の本質（いわゆるコムミューン型国家の四原則）や、共産主義の第一段階としての社会主義における分配法則

（いわゆる等量労働交換）を、明らかにしたのであった。

ところで、資本制経済の帝国主義的段階への突入を物質的基礎としながら、この段階の後進国ロシアにおける「社会主義革命」のための戦略および戦術を明らかにしようとしたのが、レーニンとトロツキーであった。

まずレーニンは、初期の段階（『帝国主義論』を執筆する以前）においてはなお、資本制経済が全体としてその「最高発展段階」としての帝国主義に突入したという認識をもっていなかっただけでなく、かかる段階における後進国ロシアの資本主義化の構造を経済学的に解明することができなかった（いわゆる「市場の理論」ないしは「両極分解」論によって、そのような把握のしかたがはばまれた）。その結果、ロシア革命の戦略的展望にかんしても、「ブルジョア民主主義革命（労農民主独裁の樹立）から社会主義的独裁＝革命へ」というレーニン型の二段階革命論がうみだされた。これは、直接には、かのマルクスの「権力移動」論がロシア革命戦略の定式化のためにあてはめられたことにもとづくのである。だから要するに、一方ではマルクスの時代とレーニンの時代との政治経済構造のちがいにかんする明確な分析が欠如していること、他方では実体論的革命論としての「権力移動」論の限界についての自覚がないこと、――これらのゆえに、労農民主独裁論が不可避的にうみだされたのである。「農民分解を促進するための階級闘争」という路線のなかに、その誤謬は象徴的にしめされている。いわゆる「切りとり地綱領」が、それである。もちろん、中期のレーニンは、いわゆる「二つの途」理論（農業の資本主義化におけるプロシア型とアメリカ型にかんする理論）にもとづいて、『二つの戦術』の段階ではなお予感されていたにすぎなかった労働者と農民の闘いの「合流」という問題を明確に「労農同盟」という組織問題として一応は提起することができたのであった。ロシア革命の主体が「労農同盟」でなければならないということが提起されたにもかかわらず、その根底にあるレーニンの農業理論は、しかし帝国主義的段階における農業問題の経済学的解明であるとはいえないものであった。それは、かの「両極分解」論のなしくずし的是正でしかなかったのである（渡辺寛著『レーニンの農業理論』を参照）。そしてレーニンの間違った「市場理論」、間違った「農業理論」が、かの二段階革命論と結合されつつ民族・植民地問題に適用される場合には、後年スターリンや毛沢東によって完全に民族主義的に理解されてもやむをえないような「民族の自決権・主権」にかんする理論さえもがうみだされたのであった。だから、レーニンの農業理論は帝国主義的段階における農業問題の経済学的解明として批判的に再構成されなければならないし、また彼の民族・植民地理論は――帝国主義的段階論にふまえて――革命理論的に批判され摂取されなければならない。この後者は、レーニン型の二段階戦略論の理論的＝論理的な克服とわかちがたくむすびついているのであって、レーニン革命論のなかのその特殊理論として再構成されなければならない。

ところで、さらに、ロシアにおける階級闘争の発展に対応してレーニンは、マルクスがなお未解明のままにのこしていた前衛党組織そのものの問題を理論的に追求しただけでなく、さらにいわゆる「二つの途」理論にもとづいて「労農同盟」という一種の統一戦線戦術を提起したり、また『帝国主義論』をしあげることを通じて世界革命の展望を明白にうちだしながら、「帝国主義戦争を内乱へ！」というスローガンのもとに、しかもかの「四月テーゼ」を決定的なくぎりとしながら、ついにロシア・プロレタリア革命を労働者と農民の先頭にたって実現したのであった。

他方、若きトロツキーは、その『一九〇五年革命の結果と展望』において、国際革命の一環としてたたかいとられるべきロシア革命はブルジョア民主主義革命から社会主義革命へと「直接的に成長」するであろう、という展望をうちだし、これを永続革命論として定式化した。その根底には、レーニンとは異なり、帝国主義的段階への突入という時代認識があった。投機屋にまでおちぶれる以前の経済学者としてのパルブスの現実分析に、トロツキーはささえられていた。こうして彼はマルクスの「権力移動」論の適用限界をつきだしながら、レーニン型の「不確定戦略」を批判することができた。しかし、その純粋プロレタリア主義、その国際主義とヨーロッパ的感覚などのゆえに、レーニンの提起した労農同盟論も、また前衛党組織論も、ついに彼の永続革命論のなかにくみこまれなかった。ここに、階級情勢の政治力学主義的判断にもとづいた単なる政策論に堕す危険が、トロツキー革命理論にはらまれなければならなかった根拠がある。組織（戦術）論のぬけおちた戦略論――これが、トロツキー永続革命論の特色であり盲点でもある。

しかしとにかく、レーニンの労農民主独裁論やトロツキーの永続革命論（Ⅱb）はいずれも帝国主義的段階における後進国革命の理論という性格をもっている。このようなものとしてそれらは、世界革命の――帝国主義的段階における――特殊的段階論（Ⅱa）として批判的に再構成されなければならない。産業資本主義の段階的特殊性を刻印されているところのマルクス・エンゲルスの世界革命論（Ⅰb）を普遍的本質論として再構成すること（Ⅰa）を媒介としてはじめて、それはなしとげられるであろう。

ボルシェビィキたちがそのためにたたかっていた世界革命の連続的完遂が挫折し、革命ロシアは孤立化され、しかも経済的後進国であったという、このさけられない物質的基礎に規定されて、レーニン死後のソ連邦労働者国家は、トロツキー派との分派闘争に勝利したスターリンとその一派によって変質させられたのであった。「一国社会主義」が、その理論的表現にほかならない。うちだされた反マルクス・レーニン主義的なこの理論を支柱として、ソ連邦の国家およびその政治経済構造は完全に官僚主義的に変質させられただけでなく、国際共産主義運動を規定している戦略・戦術もまた、さまざまなかたちでゆがめられ、したがって共産党も変質させられた。一国社会主義論にもとづいたスターリン＝ブハーリン型の二段階戦略論、主要打撃論、社会ファシズム論、その裏返しとしての人民戦線戦術などの提起、そして「独ソ不可侵条約」の締結と破壊、「大祖国戦争」なるもの、「ヤルタ体制」の形成などに象徴される反プロレタリア的な諸政策などの本質が、すなわちスターリニズム（Ⅱc）にほかならない。しかも、スターリンなきスターリニズムとしてのフルシチョフ主義。世界革命戦略を実質上放棄し「平和共存」を戦略化したこの「修正主義」に抗して、「反米世界革命」の武力的実現（「反米・救国」の民族解放戦争）を呼号しつつ同時に「プロレタリア文化大革命」という名の権力闘争をいま遂行しつつある毛沢東主義、その別動隊ともいえるカストロ主義。——こうした四分五裂の状態にたたきこまれているのが、今日のスターリニズムの現実の姿なのである。

他方、国際共産主義運動のスターリニスト的疎外に抗してたたかってきたトロツキーの第四インターナショナルは『過渡的綱領』（Ⅱd）をかかげてたたかってきたにもかかわらず、今日のそれは完全に七花八裂の状態につきおとされている。

レーニン死後の国際共産主義運動のこのような事態にかんする科学的分析にもとづいて、現代世界革命戦略が「反帝・労働者国家擁護」ではなくして、まさに〈反帝国主義・反スターリニズム〉でなければならないことを明らかにした（Ⅱ′a）のが、ほかならぬわが日本革命的共産主義運動なのである。

〔図解・2〕マルクス主義革命理論の構造

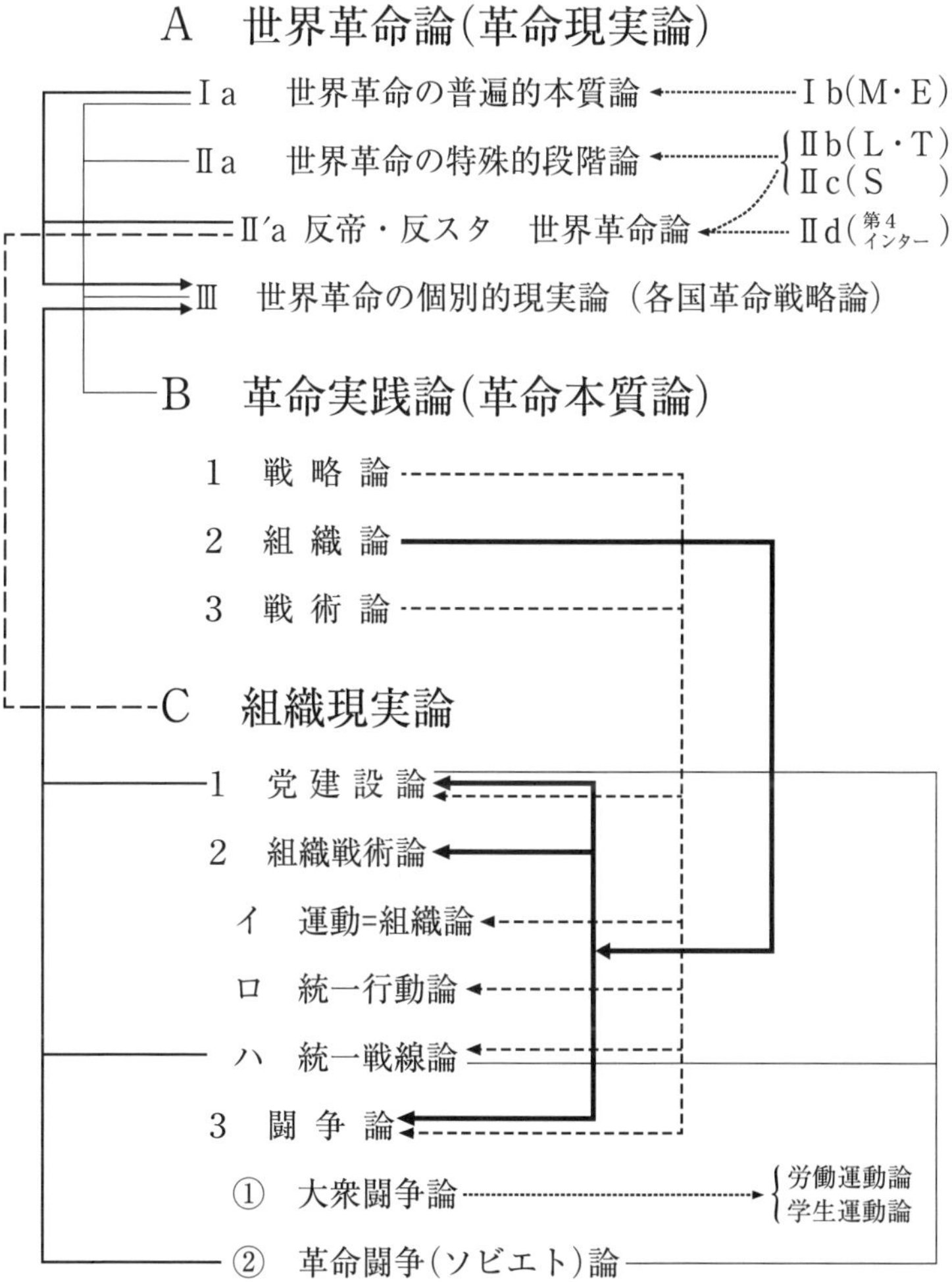
A　世界革命論(革命現実論)
Ⅰa　世界革命の普遍的本質論
Ⅰb(M・E)
Ⅱa　世界革命の特殊的段階論
Ⅱb(L・T)
Ⅱc(S　)
Ⅱ′a 反帝・反スタ　世界革命論
Ⅱd(第4インター)
Ⅲ　世界革命の個別的現実論（各国革命戦略論）
B　革命実践論(革命本質論)
1　戦 略 論
2　組 織 論
3　戦 術 論
C　組織現実論
1　党 建 設 論
2　組織戦術論
イ　運動=組織論
ロ　統一行動論
ハ　統一戦線論
3　闘 争 論
①　大衆闘争論
労働運動論
学生運動論
②　革命闘争(ソビエト)論

われわれの世界革命戦略およびその理論的解明（Ⅱ′a）は、直接には第四インターナショナルの戦略論（Ⅱd）を、変質したソ連邦とその国家群、これを物質的基礎としたスターリニスト運動、この両者を根底から規定している一国社会主義論およびこれからみちびきだされた反マルクス主義的なすべての革命論（Ⅱc）の理論的粉砕を媒介としながら、批判的にうけつぎ改作したものである。しかし同時にさらに、レーニンやトロツキーの革命理論（Ⅱb）を世界革命の特殊的段階論（Ⅱa）として再構成し、またマルクス・エンゲルスの世界革命論（Ⅰb）をも普遍的本質論（Ⅰa）としてみがきあげ、かつこれらすべてを適用する、という理論活動に、それはささえられ、かつ今後とも理論的に深化されなければならない。

一方では、マルクス主義における革命理論を整備するためのこうした理論的追求、直接的には∧反帝国主義・反スターリニズム∨世界革命戦略（Ⅱ′a）の解明、他方では、それぞれの内部に対立および矛盾をはらんでいる帝国主義陣営と自称「社会主義陣営」との、種々の形態でのゆちゃくと反撥にもとづいて激動している現代世界そのものの政治経済構造およびこの動向に規定された各国の個別的な政治経済的構造の分析――この両者の統一においてうちだされる各国革命戦略論が、世界革命の個別的現実論（Ⅲ）にほかならない。そしてこれは各国の革命的前衛党の「綱領」のなかに集約的に表現されるのである。一般に「綱領」とは、世界革命の一環としての各国革命の戦略とこれを実現する過程にかかわる実体的および現実的な諸規定、あるいは戦略とこれを実現するための目的および手段にかんする理論体系、それを本質的に表現したものなのである。そして各国の革命綱領は、共産主義インターナショナルまたは世界党の世界革命綱領の有機的な一構成部分をなすべきものなのである。なぜなら、各国プロレタリア革命は存在論的には世界革命の一環をなすのであり、このようなものとしてのみそれは成功的に実現されうるだけでなく、同時にまたその国際的な波及、その永続的な完遂も現実的に可能となるのだからであり、世界革命と各国革命とのこのような連関構造が「綱領」のなかに再生産されるのだからである。

＜反帝・反スターリニズム＞戦略の必然性とその構造

いうまでもなく、各国プロレタリア革命の永続的完遂、その国際革命への連続的波及、という世界革命のこの有機的構造を、産業資本主義的段階の政治経済構造にふまえて本質論的に明らかにしようとしたのが、若きマルクス・エンゲルスであった。

すなわち一方で、「ブルジョアジーにたいするプロレタリアートの闘争は、その内容からではないが、その形式上、最初は民族的である、いずれの国のプロレタリアートも当然まず自国のブルジョアジーをかたづけなければならない」（『共産党宣言』）というように、各国プロレタリア革命の民族的＝国際的な推進構造が、彼らによって明らかにされた。それとともに他方では、資本主義の産業資本主義的段階の社会的現実にふまえ、――つまり一方におけるブルジョア的生産諸力の巨大な世界史的発展ならびに世界市場の形成、他方における世界史的に普遍的な経験的存在としてのプロレタリアートの創造、ということを物質的基礎とし――、その現実認識にもとづいて、実現されるべき世界革命の「一挙に、あるいは同時的に」という性格、その「永続的」完遂という性格をも、彼らは同時に解明したのであった。前者は各国革命のプロレタリア的な主体的推進構造の解明であり、そして後者はプロレタリア世界革命の一環としての各国革命の存在論的構造の解明であって、この両者の統一において現実の革命運動および革命闘争は推進されなければならないのである。

世界革命の一環として各国革命を実現するということは、プロレタリア階級の自己解放（これはやがてまた同時に全人類の解放として実現される）という普遍的課題を、インターナショナリズムにもとづいて個別的・民族的に実現すること――つまり世界革命の個別的＝普遍的実現――にほかならない。（各国プロレタリア革命の存在論的構造。）

ところで他面、各国革命を形式上では民族的に、内容上では国際的に実現するということは、各国革命をば、それぞれの民族的または国家的な政治上および経済上の特殊性を物質的基礎とし、それの現実的分析と世界革命戦略の現実的な適用との統一において、しかもインターナショナルを主体的および実体的根拠として、普遍的に実現すること――つまり各国革命の普遍的＝個別的実現――にほかならない。（各国革命の主体的推進構造。）

各国のプロレタリア革命は、このような存在論的および主体的推進の構造をもつのであって、これが世界革命の本質論的構造をかたちづくるのである。まさしくこのような構造をなすからこそ、各国革命は、タテにも（民主主義的または改良的任務の遂行を端緒とし、それからプロレタリア的または社会主義的任務の遂行へ、あるいは、戦術的課題をたえず革命的に遂行することを通じて戦略的課題の実現へ、という関係）、またヨコにも（インターナショナル・世界党を実体的根拠とし、インターナショナリズムにもとづいた、各国革命の国際的な波及、という関係）、連続的あるいは永続的に完遂されるのである。

マルクス・エンゲルスの世界革命論から帰結されうる、プロレタリア革命の構造にかんするこのような本質論は、資本主義の最高発展段階としての帝国主義の時代における、そしてまた現代における階級闘争

・革命闘争にも現実的に適用され、かつ貫徹されなければならない。なぜなら、マルクスやエンゲルスによってつかみとられた産業資本主義的段階におけるかの世界史的な事態は、資本制生産様式の段階的発展(これは資本蓄積様式および賃労働の存在形態の歴史的転換のなかに集約的に表現される)に規定されて、たしかに形態上の特殊性をもつとはいえ、帝国主義的段階にもつらぬかれている本質的なものだからである。そしてまた、『資本論』が、一九世紀中葉のイギリス産業資本主義の法則性を物質的基礎としながらも、たんなる産業資本主義的段階論(図解3のレーニン型、つまり2にみあったG=2′)ではなくして、まさしく資本制商品経済の普遍的本質論(つまりG)として創造され、そして帝国主義の法則性の現実的分析に媒介されながらこの本質論は帝国主義的段階論として〝具体化〟(G⟶3′)されなければならないのと同様に、マルクス・エンゲルスの世界革命論(Ib)から再構成(2′⟶G)された世界革命の普遍的本質論(Ia)は、レーニンやトロツキーの革命論(IIb)の批判的摂取を媒介として、世界革命の特殊的段階論(IIa)として〝具体化〟(G⟶3′)されうるのであり、またそうしなければならないのであり、そして革命的実践にそれらは適用されなければならない。

しかも、二〇世紀後半に突入した現代は、ロシア革命いご数年の世界情勢とは異なる様相を呈している。革命によってうちたてられたソ連労働者国家は世界革命の挫折と経済的後進性とを物質的基礎として変質し、ソ連邦の政治経済構造は官僚主義的に疎外された。それだけでなく、世界革命への過渡期におけるソ連邦のこの悲劇的な変質は「一国社会主義」というイデオロギーによって正当化されさえした。このようなスターリニスト政治経済体制の出現は、他面では同時に、国際共産主義運動そのもののソ連中心主義的な編成がえ(コミンテルンのスターリニスト的疎外)、戦略上および戦術上の種々のゆがみの発生にもとづくその変質をもたらした。こうして「一国社会主義」ソ連邦の官僚主義的な経済建設は自己目的化され、また軍事力を背景としたその地理的拡大政策がとられ、しかもこの政策にもとづいて「大祖国戦争」と呼称された第二次世界大戦における反ファシズム闘争をたたかうことを通じて形成された東欧人民民主主義諸国はソ連邦の「衛星国」化され、そしてユーゴスラビアや中国においてはスターリニスト党に指導された「革命」が実現され、そうすることによって、強大な軍事力と物質的基礎をかくとくしたスターリニスト国家群＝ソ連圏が成立したのである。しかも、ソ連労働者国家の官僚主義的疎外に対応して、また一九二九年恐慌を契機として、帝国主義経済は国家独占資本主義という新たな形態をうみだすことによって延命し、しかもプロレタリア階級闘争のスターリニスト的歪曲（人民戦線戦術、「社会主義への平和的移行」路線と平和共存の戦略化、「自主独立」の名におけるインターナショナリズムの実質的放棄、各国スターリニスト党そのものの変質などにもとづいたそれ）に助けられながら、アメリカ帝国主義を盟主とした「陣営」は——もちろん内部矛盾をはらみながらも——全体として「強化」された。そして「強化」されたこの帝国主義陣営にたいする戦略および政策をめぐって、スターリニスト陣営も、中国とソ連邦との対立に象徴されるような内部分解におとしいれられた。それだけでなく、さらに中・ソからの「自主独立」化傾向さえもが、「非同盟・中立」の旗をかかげたユーゴスラビアのニセ共産主義を模範とし「非スターリン化」の名において、ソ連圏の内部にも各国スターリニスト党のなかにも、いま続出しつつある。このような傾向は、一九五六年のかのハンガリア革命（たとえそれはソ連軍のタンクによって壊滅させられたとはいえ）のような革命的形態においてではなく、まさに右翼的に、ソ連中心主義体制を、党と国家と運動などのクレムリン官僚による官僚主義的支配および統制を、打破することをねらった腐敗のあらわ

〔図解・3〕理論の段階構造

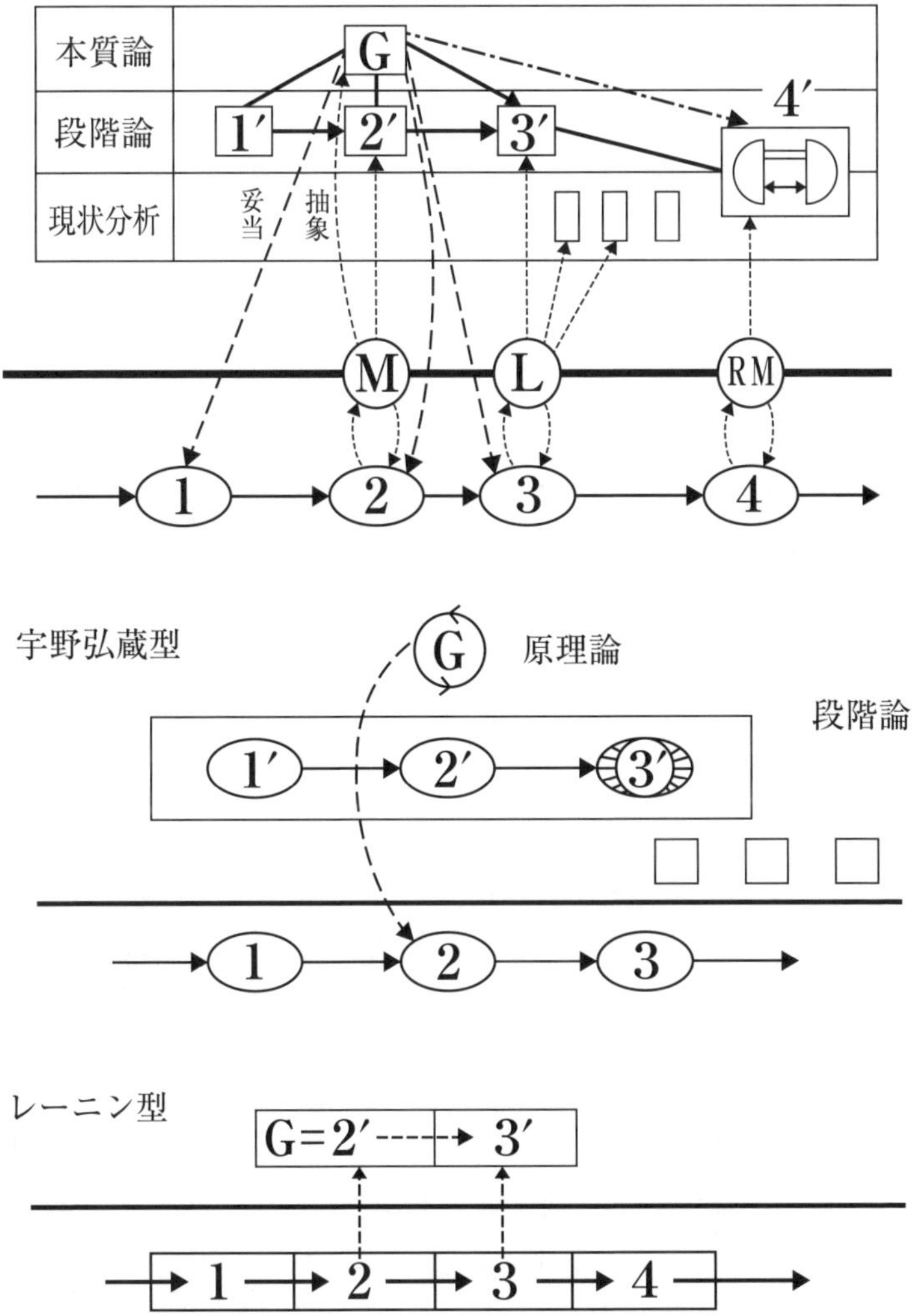
本質論
段階論
現状分析
G
1′
2′
3′
4′
妥当
抽象
M
L
RM
1
2
3
4
宇野弘蔵型
G
原理論
段階論
1′
2′
3′
1
2
3
レーニン型
G=2′
3′
1
2
3
4

れ以外のなにものでもありえない。

明らかに、一九一七年革命によってきりひらかれた世界革命への過渡期にある現代世界は、レーニン時代の帝国主義的段階とは一変している。基本的には「社会主義」陣営と自称しているソ連圏と帝国主義陣営との二大体制に、現代世界は分割されているだけでなく、それぞれの「陣営」はその内部に深刻な分裂と内部矛盾をはらんでいる。とりわけソ連邦と中国との国家的分裂と戦略上およびイデオロギー上の対立、つまるところスターリニズムの「左」右への分解、そして世界のスターリニスト党およびその運動へのこの分裂のもちこみのゆえに、ベトナム戦争の泥沼化に象徴される現代世界そのものの全体としての危機は依然としてなお突破されてはいない。ベトナム戦争とドル危機によってゆりうごかされているアメリカ帝国主義、ポンド切りさげによってその崩壊的危機をのりきるためにやっきになっている老イギリス帝国、そして「五月」の階級闘争によってゆすぶられながらも水爆実験の成功を背景としてその威信をとりもどしつつ「第三世界」をなお夢想しているド・ゴールの帝国主義などは、クレムリン官僚の平和共存路線や毛沢東指導部の反米武力総路線の誤謬に助けられて、いまなお延命している。と同時に、いま帝国主義陣営はいまだかつてない危機にさらされているのである。

このように、帝国主義とスターリニズムとによって分割されている現代世界、しかも全世界のスターリニスト党によって各国のプロレタリア階級闘争がさまざまのかたちで歪曲されているという現実、――こうした悲劇的な歴史的現実を転覆し変革するための、革命的プロレタリアートの現段階における世界革命戦略（Ⅱ′a）が、まさに∧反帝国主義・反スターリニズム∨にほかならない。

いうまでもなく、「反帝国主義」は資本主義の帝国主義的段階におけるプロレタリアートの世界革命戦略（Ⅱa）であって、帝国主義国家権力が存続するかぎり貫徹され実現されなければならない。ところが、世界革命への過渡期において――レーニン死後の、とりわけ一九三〇年代のスターリン・テルミドールを結節点として――ソ連官僚制国家が出現し、さらにスターリニスト圏が形成され、そしてこれらを物質的基礎として各国共産党とそれに指導された一切の運動は変質した。このような事態の根底にありそれを規定しているのが「一国社会主義」のイデオロギーである。そしてこれらの総体につらぬかれている本質を、われわれはスターリニズムと規定する。ソ連圏という強大な物質的基礎をかくとくし各国共産党を実体的基礎としているこのスターリニズムという二〇世紀現代における怪物との対決とその粉砕を徹底的に遂行することなしには、現代プロレタリアートの自己解放は決して実現されえないのである。まさにこのゆえに反スターリニズムの闘いが反帝国主義の闘いとともに同時的におしすすめられなければならないのである。

たしかに、帝国主義的段階におけるプロレタリアートの普遍的課題としての「反帝国主義」という戦略（Ⅱa）にとっては、反スターリニズムは歴史的にも現実的にもプロレタリアートの特殊的課題をなす。なぜなら、直接には帝国主義的段階におけるヨーロッパ革命の永続的完遂が挫折することによってもたらされた、世界革命への過渡期におけるソ連労働者国家およびその政治経済構造の官僚主義的疎外、これを根拠とした歴史的産物がスターリニズムであるがゆえに、反スターリニズムは歴史的に特殊的な課題として登場したのだからである。そしてまた現実的にも、スターリニスト官僚制国家によって支配されていない現代世界、つまり帝国主義陣営の内部においては、スターリニスト党官僚は権力をにぎっているわけではない。彼らは各国のプロレタリア階級闘争を種々のかたちで現実に歪曲しているのであって、かかる歪曲を暴露し粉砕しのりこえていく革命的共産主義者（党）の闘い、帝国主義諸国における反スターリニズムの闘いは、ブルジョア国家権力を打倒するための闘いにたいしては現実的に特殊的な課題をなすのだからである。

けれども、帝国主義とスターリニズムとに基本的に分割されている現代世界そのものを革命的に変革するための戦略、現段階における世界革命戦略（Ⅱ′a）としての〈反帝国主義・反スターリニズム〉を構成するその一契機である〈反スターリニズム〉、あるいは、〈反帝〉と直接的に統一されている〈反スタ〉は、全世界のプロレタリアート・人民の普遍的課題をなすのであって、〈反帝〉と〈反スタ〉とは論理的に同時的な戦略をなすのである。たしかに、帝国主義的段階において、その論理的解明としての帝国主義論（3′）に基礎づけられた「反帝」戦略（Ⅱa）にとっては反スターリニズムは特殊的ではあるが、〈反スタ〉と直接的に統一されている〈反帝〉、あるいは〈反帝・反スタ〉戦略（Ⅱ′a）の一契機としての〈反帝〉は、帝国主義的段階におけるプロレタリアートの普遍的課題としての「反帝」そのものではない。あくまでも「社会主義陣営」と称されているスターリニスト・ソ連圏に敵対している帝国主義諸国家権力の打倒を、帝国主義陣営に対立しているスターリニスト官僚制国家群のそれとともに実現することをめざした〈反帝〉にほかならない。

要するに、〈反帝〉は〈反スタ〉と直接的に統一されているそれであり、〈反スタ〉は〈反帝〉と直接的に統一されているそれであって、この両者はいずれも現段階におけるプロレタリアートの普遍的課題をなすのであり、現段階の世界革命戦略（Ⅱ′a）を構成するその二契機なのである。このことは、〈反帝・反スタ〉戦略が帝国主義的段階の世界革命戦略（Ⅱa）としての「反帝」に反スターリニズムを接ぎ木ないし結合したにすぎないものではないことをいみする。スターリニズムによって変質したソ連圏にたいして種々の対立をしめしている帝国主義諸国家権力と、帝国主義陣営にたいして平和共存戦略にもとづいて対応したり反米武力総路線のもとに反撥したりしているスターリニスト官僚制国家群との、物質的対立において、相互に依存しあい相互に敵対しあいながら運動している現代世界（4）——これは、帝国主義論および現代ソ連論にふまえた世界情勢論（4′）として、あるいは帝国主義段階の・世界革命への過渡期における・一つの現実形態論（3′——4′）として、明らかにされるのである——、かかる現代世界そのものをインターナショナリズムにもとづいて根底からくつがえすことを自己の普遍的課題とした革命的プロレタリアートの戦略が、すなわち〈反帝・反スターリニズム〉だということである。したがって当然にも〈反帝・反スタ〉とは、「反帝」と「反スタ」とを時間的に同時に実現すべきことを意味するものでもなければ、また「帝国主義陣営においては反帝、ソ連圏においては反スタ」といった機械的な分離＝結合をあらわすものでもないし、また「反スタ」は「反帝」を実現するための「方法概念」であるわけでもない。〈反帝・反スタ〉は、現代世界の腐敗しきった危機的現実を根底から変革するための世界革命戦略であって、具体的には、帝国主義およびスターリニズムの諸国家権力を打倒するための個別的戦略をうちだす場合にも、また革命的共産主義運動やその時々の戦術的闘争課題をめぐって展開される大衆運動のための種々の実践的指針を提起する場合にも、それはつねにかならず現実的に適用されなければならないのである。——大衆闘争の戦術にかんしていえば、たとえば「米・ソ核実験反対！」とか「ベトナム戦争阻止！中・仏核実験弾劾！」とかのスローガンは、社共両党によって指導された既成の一切の運動をのりこえていくという実践的立場（$O \Longrightarrow P_1$）において、われわれの世界革命戦略（R）を情勢分析にふまえて現実的に適用することを通じてうちだされたわれわれの闘争＝組織戦術（E_2）を集約したもの（図解４をみよ）である。そしてこれらの内容は、大衆闘争論あるいは戦術（提起）論として明らかにされるのである。

現段階におけるわれわれの世界革命戦略は、現代革命を勝利的に実現するために、あるいは各国革命を普遍的＝個別的に実現するために、不断に現実的に適用されなければならない。

すなわちまず第一に、帝国主義陣営にくみこまれている各国における革命は、〈反帝・反スターリニズム〉という現代プロレタリアートの普遍的課題を――インターナショナリズムにもとづき、かつ反スターリニズムの世界党を実体的基礎として――個別的に実現することをめざすのである。（これは、現代世界革命の一環としての、資本主義各国および後進国・植民地におけるプロレタリア革命の存在論的規定である。）ところで、このような各国革命を主体的に推進するためには、それぞれの国家権力の本質規定（帝国主義的・ブルジョア的・後進国型ボナパルチズム的・植民地的・半植民地的などのそれ）、それぞれの政治経済構造の特殊性の政治経済学的分析、階級関係および階級闘争の具体的分析（つまり情勢分析および運動論的情勢分析）などを基礎とし、しかもそれらと〈反帝・反スタ〉戦略の適用との統一において、各国革命戦略・前衛党の組織戦術・過渡的諸要求あるいは具体的な闘争＝組織戦術、などを的確にうちだすこと（このような、戦略とこれを実現する過程にかかわる実体的および現実的な諸規定を集約的に表現したものが、前衛党の各国革命綱領である）、これが出発点とされなければならない。各国の特殊的な政治経済構造のもとで、それに規定されながら、うちだされた戦略・組織戦術・戦術などを物質化するための闘いは、まさにそれらには〈反帝・反スタ〉世界革命戦略が現実的に適用されているがゆえに、各国革命の単なる個別的実現（一国革命主義的ないし民族主義的な遂行）ではなくして、その普遍的実現となるのである。いいかえれば、種々の形態で現存するブルジョア国家権力を前衛党の綱領にもとづいて打倒することをめざした闘いは、それぞれの特殊的な政治経済構造のもとでの、プロレタリア・インターナショナリズムを主体的および実体的根拠とした、∧反帝・反スタ∨世界革命戦略の個別的で（タテにもヨコにも）永続的な実現となるのである。直接的には、既成左翼諸政党、とりわけ各国スターリニスト党によって種々のかたちで歪曲され堕落させられている現代のプロレタリア階級闘争を、ある時は左翼的に、ある場合には革命的にのりこえていく闘いを積極的におしすすめ、またこの闘いを通じて、それらを媒介として、真実の革命的前衛党を――われわれの世界革命戦略のもとにインターナショナルに――創造する闘いとして、しかもこれを基礎として、うちたてられるべきプロレタリアート独裁権力の組織的母胎をたえず場所的につくりだすという自覚をかくとくする闘いとして、したがってまたソ連圏のスターリニスト官僚制国家をも打倒するための革命的展望を明らかにし、かつその組織的基礎をつくりだす闘いとして、それはあらわれるのである。帝国主義陣営の内部において∧反帝・反スターリニズム∨世界革命戦略を個別的＝普遍的に、永続的に物質化し完遂していくための、このような現実の闘いのただなかにおいて、もちろんスターリニズムの本質を、その現代的諸形態の反マルクス主義的本質を暴露し粉砕するためのイデオロギー闘争もまた独立的に推進されなければならない。各国のブルジョア国家権力を前衛党の綱領にもとづいて打倒し粉砕するための闘いの全過程において、現代のスターリニズムとの理論的＝組織的な闘いが断乎としてくりひろげられなければならないのである。

ところで他方、「社会主義」を自称しているソ連圏における労働者・人民もまた、∧反帝・反スターリニズム＞戦略のもとに、自分たちを種々の形態で支配し抑圧し搾取しているスターリニスト官僚の諸国家権力を打倒し、ソビエトを実体的基礎とした真実のプロレタリアート独裁をうちたてることをめざした革命闘争を、世界革命への過渡期においてうみだされた政治上・経済上・イデオロギー上の一切の疎外からの自己解放をかちとる闘いを、――帝国主義陣営の内部でスターリニスト党の裏切り行為を弾劾しはねのけてたたかっているプロレタリアート・勤労大衆および革命党とのインターナショナルな団結を実体的基礎として――実現するのでなければならない。この闘いは、もちろん反官僚主義に矮小化されたり民族主義的にゆがめられたりしてはならない。党および国家権力や政治経済機構などにたいしては「民主主義」とか「自由化」とかを、また官僚主義的計画経済にたいしては「企業の自主性」（「利潤方式」の導入その他）とか「労働の量・質分配」の厳密化とかを、そしてソ連中心主義体制ないし大国主義にたいしては「自主独立」ないし「民族共産主義」を、あるいはワルシャワ条約機構やコメコンからの離脱（「非同盟・中立」）を、それぞれ対置するにすぎないような右翼的反撥をもってしては、蓄積されたスターリニスト陣営の諸矛盾を解決することは決してできないのだ。あるいはまた、今日のソ連邦を「官僚制国家資本主義」に変質したと断罪しつつ「反ソ・反修」の旗をかかげたり、また変質した党および国家権力にたいして紅衛兵を動員し革命的造反派なるものをつくりあげその尻おしをしたりするにすぎない毛沢東指導部の「造反」方式（新しい形態の権力闘争）をもってしても、問題の真実の解決とはなりえない。核心的な問題は、まさに今日のソ連圏の変質・ゆがみを決定している根拠そのもの――スターリニズム――をえぐりだし粉砕していくためのたたかいが、完全に形骸化されているソビエトを復活させ、それを実体的基礎として実現されなければならない、という点にある。来るべきソ連圏における革命は、クレムリン官僚どもによって壊滅させられたハンガリア革命の血の教訓を主体化しつつ、反スターリニズムの闘いとして実現されなければならない。

現段階におけるわれわれの世界革命戦略、〈反帝国主義・反スターリニズム〉は、帝国主義陣営の内部でも、またソ連圏の内部でも、プロレタリア・インターナショナリズムを主体的および組織的根拠として、永続的に完遂されなければならない。

たしかに、われわれの直接的な革命戦略は、日本帝国主義国家権力の打倒にある。しかし、このような戦略の設定において、またそれを実現するための過程におけるあらゆる場面に、われわれの世界革命戦略は不断に適用されるのでなければならず、かつ物質化されなければならない。〈反帝・反スターリニズム〉戦略の内的構造を把握し主体化することができない腐敗分子、それを「反帝」イズムにゆがめちぢめているにもかかわらずそれに無自覚のまま「反スタ」づらをしている官僚どもだけが、いまなお依然として「日帝打倒」に「反帝・反スタの綱領的立場」なるものを接ぎ木して平然としていられるのである。だから彼らは当然にも、一方では種々の大衆闘争を直接的に国家権力打倒の革命闘争として武闘主義的にたたかうべきことを恫喝をもって強要し、そして他方では毛＝林一派の別動隊にすぎない造反派にたいして「もっと造反せよ」などと尻おししたり、また東ヨーロッパにおける「自由化」ないし「民主化」の右翼的波をあたかも反スターリニズムの闘いが噴出したかのように錯覚してそれを讃美し美化したりするほどにまで、自己の腐敗を赤裸々に自己暴露しないわけにはいかなくなっているのである。

こうした腐敗をも、わが反スターリニズム運動はうみだしてきたのであるが、それをものりこえて、われわれは〈反帝・反スターリニズム〉戦略を実現するためにたたかうのでなければならない。

現段階における世界革命戦略論は、マルクスやエンゲルスの、そしてレーニンやトロツキーの、革命理論を批判的に摂取しつつ同時にそれを現実的に適用して構成されつつある。そしてわれわれは、革命論の歴史的諸形態（Ⅰb、Ⅱb、Ⅱc、Ⅱd）の分析を通じて世界革命の本質論（Ⅰa）および段階論（Ⅱa）を再構成するとともに、革命本質論（B）を理論的に整序するだけでなく、さらに組織現実論（C）をもいま追求し展開しつつあるのである。

B　戦略論・組織論・戦術論

実現されるべき革命の本質規定としての「戦略」をめぐる諸問題を理論的に解明することが、革命理論の中軸をなすのであるが、しかしこれはいわゆる戦略論につきるわけではない。

いうまでもなく「戦略」とは、現存する国家権力の本質的把握〔これは国家（現実）論の対象領域であって、国家権力の具体的分析には国家論が適用される〕に立脚しつつ、国家権力を打倒するための目的および手段にかんする総体を本質論的に規定したものである。だからそれは単なる目標のようなものではない。現存する国家権力を打倒しプロレタリアート独裁国家をうちたて自己解放＝共産主義社会の創造をめざす、という目的（1）、これを実現するための過程の実体的および現実的な構造（論理的には目的を実現するための手段）をもふくんだ本質的な概念である。いいかえれば、現代革命の主体としてのプロレタリアの階級的組織化および階級同盟あるいは統一戦線の結成、そしてこれらの現実的闘いの前衛としてたたかう革命的労働者党などにかんする理論問題（2）、さらに革命戦略を実現する場所的な闘い（つまり共産主義運動、あるいは革命運動）の先頭にたってたたかう前衛党が、現実にくりひろげられる階級闘争にたいして提起する独自の戦術（あるいは革命への過渡的諸要求）にかんする問題（3）、などから抽象された〝戦略〟なるものはありえない、ということである。だから、実現されるべき革命の本質規定としての戦略を論じるということは、これを実現するための組織上および戦術上の諸問題をも同時に明らかにすることなしには一面化されてしまうのである。前者は革命戦略における実体的＝特殊的な規定であり、後者はその現実的＝個別的な規定をなすものとして、革命戦略の本質的＝普遍的な規定とともに、それらは統一的に把握されなければならない。

革命理論は、プロレタリア革命（経済学的には賃労働制の撤廃＝労働力商品化の止揚、哲学的にはプロレタリアートの階級的自己解放、そしてこれを勝利的に遂行するための独裁国家の樹立）を実現するという、きわめて主体的な闘いの構造を明らかにするものとして、革命実践論（B）として追求されなければならないのであり、革命実践論としての革命理論の普遍的構成部分をなすのが、戦略上・組織上・戦術上の諸問題を本質論的に明らかにする「戦略論」（Bの1）なのである。そしてこの戦略論のなかの実体的＝特殊的契機をなしている組織問題をそれ自体として本質論的に解明するのが、革命実践論の特殊的構成部分としての「組織論」（Bの2）であり、戦略論のなかの現実的＝個別的契機をなしている戦術問題をそれ自体として本質論的に解明するのが、革命実践論の個別的構成部分としての「戦術論」（Bの3）なのである。しかし、もちろん、戦略論においては同時に組織上および戦術上の問題があつかわれなければならないのと同様に、組織論の場合には戦略上および戦術上の問題が、また戦術論の場合には組織上および戦略上の問題が、それぞれ同時に追求されなければならない。そうでないかぎり、組織論も戦術論も、いろいろなかたちで一面化されてしまうであろう。

じっさい、たとえばマルクスの世界革命論が展開されている『共産党宣言』においては、戦略論・戦術論・組織論などが「統一的」に展開されている。産業資本主義的段階におけるヨーロッパの各国革命が連続的に――タテにもヨコにも永続的に――完遂されていくという構造と展望が、プロレタリア的諸要求や諸政策の提示および共産主義者による党の公然たる宣伝煽動の活動にかんする展開とともに、うちだされている。もちろん、共産主義者の独自な組織やプロレタリアートの階級的組織化そのものにかんする問題などは、なお未展開のままに残されている。そのご第一インターナショナルとして創造されたような共産主義者の組織にかんする方針も展望も、なおそこでは明確にはうちだされてはいない。

まさにこうした組織問題を独自にとりあげ、ツァー専制下のロシアにおける共産主義運動の前衛部隊、「職業革命家集団」としての革命党の必要性と必然性を根拠づけたのが、ほかならぬレーニンであった。ここにおいて、戦略・戦術論とならんで党組織論が、マルクス主義革命理論のなかに明白に位置づけられたのである。『二つの戦術』で展開されている「労農民主独裁」論と、『何をなすべきか?』で論じられている前衛党組織論とは、レーニンの革命理論における決定的に重要な二つのモメントをなすのである。これに反してトロツキーの場合には、その革命論のなかに、党組織論はついに明白にくみこまれることがなかった。レーニン式の党組織（論）にたいする彼の反対、ロシア革命の実現以前に彼がとっていた種々の中間主義的な態度、そしてスターリンにたいする分派闘争における左翼反対派の決定的な敗北、さらにドイツ革命にかんする彼の統一戦線戦術の現象論的本質のゆえの非有効性や、第四インターナショナルの創立の遅延。――これらの歴史的事実のなかには、トロツキーの組織活動および党組織にかんする考えかたの一面性と誤りが如実にしめされている、といわなければならない。この組織観のゆがみが、トロツキーの永続革命論の現象論的本質、その政治力学主義的な政策論への傾斜などを決定していることもまた、みおとされてはならない。

そして一国社会主義を『レーニン主義の基礎』たらしめたスターリンにひきいられた共産党が、ソ連共産党第一〇回大会の「分派禁止」の特別決議を絶対化しながら、一切の反対派を党外に駆逐したり肉体的に抹殺したりすることによって、同時にその党組織そのものまでもが官僚主義的に疎外されてしまったというこの事実のなかにも、あるいはまた人民戦線戦術や民族民主統一戦線戦術の裏切り的本質のなかにも、われわれは戦略・戦術論と組織論との不可分性をみてとることができるわけである。

だからして明らかに、われわれの世界革命戦略（Ⅱ′a）を内容的に深め展開していく場合には――われわれの打倒対象である帝国主義（国家）およびスターリニズム（国家）にかんする政治経済学的（および国家論的）な分析を前提とし、これにふまえながら――、革命実践論としての革命理論の内的構造、戦略論・組織論・戦術論の立体的な構造を本質論的に把握することにもとづいて、それはなされなければならない。

ところで、わが反スターリニズム的共産主義運動の勃興期において、われわれは「組織戦術」という新しいカテゴリーをつくりだした。レーニンの前衛党組織論にもとづいて、これまでは政治活動とか組織活動とか「活動の内容と方法」とかと表現されてきたことがらを、社共両党への加入戦術という第四インターナショナルの用語の批判的検討にふまえつつ、一般化してとらえ表現したもの――それが組織戦術である。

すなわち、組織戦術とは、不断に展開される大衆運動や階級闘争、他党派との組織的闘い（党派闘争）などにたいする前衛党（およびその諸成員＝諸実体）の組織活動および組織づくりそのものにかんする指針（党という組織形態およびその実体が展開する諸活動を規定し、それらをふくみつつ否定したところの、組織的実践の一般的＝本質的な指針）である。このような組織戦術のたえざる貫徹を通じて戦略を実現する（これは国家権力打倒の革命闘争としてあらわれる）ための本質的な実体としての前衛党、あるいは世界革命の実現（ソビエトを基礎とした階級独裁権力の永続的樹立）をめざした、プロレタリアートの階級的組織化のためのテコとしての労働者党は、その組織的拡大と強化をかちとり、またこれによって自己の任務を遂行することを保証されるのである。

その時々の闘争課題にむけて前衛党が提起する「戦術」（当面の運動にたいする変革的実践の具体的方針）は、したがって、一方では当面の国際・国内的な階級情勢の分析にもとづいて戦略（論）を現実的に適用することによってうちだされるとともに、他方では同時に、つねにかならず党の組織戦術にふまえられているのであり、このようなものとしてそれはつねに「闘争＝組織」戦術という性格をもっている。いいかえれば戦術が提起される場合には、戦略論および組織戦術論が現実的に適用されるということである。たとえば「米・ソ核実験反対」とか「中・仏核実験反対」とかは、たんなる闘争スローガンではない。われわれの世界革命戦略（〈反帝国主義・反スターリニズム〉）を「現実的」に（つまり階級情勢の具体的分析にふまえて）適用することによってうちだされているものとして、それらは同時に、われわれの前衛党組織づくりのための前提を創造すること（大衆の革命化ないし革命的大衆の大量的つくりだし）をめざした闘争スローガン、つまり「運動＝組織づくり」のためのスローガンなのである。

われわれが提起する戦術は、このようにつねにかならず「闘争＝組織戦術」にほかならず、そして、その時々の政治上および経済上の闘争課題にたいして提起されるものとしては特殊的あるいは個別的な性格をもつ。たとえば、わが反スターリニズム運動の組織的基盤を拡大し強化するための特殊的な大衆運動として位置づけられている反戦闘争は、「ベトナム戦争反対」とか「原潜寄港阻止」とか「砂川基地拡張反対」とかの個別的闘争スローガンのもとにたたかわれている諸闘争の総体として、いいかえれば後者は前者の一環として、推進されているのである。（現在の労働戦線における賃金闘争、合理化反対闘争は、学生戦線における反戦闘争と同じような意義と役割を、わが反スターリニズム運動にたいしてもってい る。）直接的な闘争課題の異なる「個別的」な大衆闘争の諸形態につらぬかれている「特殊的」本質（たとえば「反戦」というような）をしめす運動＝組織づくりの指針を、われわれは運動＝組織「路線」というように表現する。（毛沢東主義者のいう「総路線」とは革命戦略の中国的表現である。）

ところで、うちだされた「闘争＝組織戦術」においては、個別的闘争課題をめぐっての、闘争戦術と組織戦術とが統一されているのであるが、これは組織戦術にふまえた「闘争戦術」と闘争戦術に媒介された「組織戦術」との二つに分解して、それぞれ分析することが可能である。――そして前者の側面から個別的な闘争＝組織「戦術」を内容的に明らかにするのが、大衆闘争論的解明である。他方、後者の側面から、個別的な闘争＝組織戦術の背後にある、われわれの組織戦術（一般）の特殊的な貫徹の構造（その場合、貫徹の場面、つまり階級関係＝階級闘争の分析に媒介されなければならないが、これは運動論的情勢分析にかかわる）を明らかにするのが、運動＝組織論的解明である。

戦術についてのべてきたことからして、うちだされた「戦術」は、（1）それの物質化によって変革されるべき対象的現実（階級情勢）の分析、つまり情勢分析、（2）そこに適用されている戦略（論）、および（3）組織戦術（論）、そして（4）それをうけとる大衆、などとの関係において分析されうるといえる。

ところで、個別的な闘争＝組織「戦術」を物質化するための闘い（これは大衆運動としてあらわれる）は、他面では同時に実体的には、この物質化の中核的主体による「組織戦術」（一般）の貫徹と統一されているのであって、一般に戦術の物質化と組織戦術の貫徹とはわれわれの革命的実践そのものへの「理論の適用」の現実的な二契機をなすのである。そしてまた、大衆運動の場面そのものにおいて戦術を物質化する形態が、すなわち「闘争形態」（デモンストレーション、ピケはり、ストライキその他）である。

要するに、「組織戦術」というカテゴリーがつくりだされることによって、「戦略」と「戦術」の内的＝有機的な結びつきが現実的に可能となっただけでなく、階級闘争や大衆運動の場面や他党派との闘いへ組織戦術を不断に貫徹しつつ、さらにこれを媒介として前衛党組織そのものを拡大し強化していくという構造も、また明らかにされる基礎がかたちづくられたのである。

さて、十年前の段階（『探究』第五号の塩谷論文その他）においては、「組織戦術」を革命理論上の一つの重要なカテゴリーとすることによって、革命実践論としての革命理論そのものを構成する三つの部分、戦略論・組織論・戦術論のそれぞれは、革命理論のなかの普遍的本質論・特殊的実体論・個別的現実論というように論理的に位置づけられた。〔もちろん、戦略論には、実現されるべき革命の本質的規定としての戦略、その実体的規定としての組織（戦術）、その現実的規定としての戦術がふくまれ、この第二のモメントのそれ自体としての措定によって組織論が、第三のそれによって戦術論が、それぞれ構成されるということについては、すでにふれたとおりである。〕しかも、これらは全体としてそれ自身革命本質論（B）を構成する三つの部分であり、革命現実論としての世界革命論（A）の歴史的および論理的な諸形態（Ⅰb・Ⅰa、Ⅱb・Ⅱc・Ⅱd・Ⅱa、Ⅱ′aなど）につらぬかれている骨組みである。

ところで、革命本質論（革命実践論）をBとし、革命現実論（世界革命論）をAとしたこと（いいかえればAを革命本質論、Bを革命現実論というように位置づけなかったこと）、これは、次のような理論的理由による。すなわちマルクス主義における革命理論は、産業資本主義的段階にふまえたそれ（Ⅰb）、さらに帝国主義的段階を物質的基礎としたそれ（Ⅱb）、帝国主義陣営と自称「社会主義陣営」とへの現代世界の分裂（世界革命への過渡期におけるその疎外）という国際情勢のもとでのそれ（Ⅱc、Ⅱd）、というように、歴史的かつ段階的に発展させられてきたし、また世界革命戦略の種々の歴史的形態の批判的分析を通じて、世界革命の普遍的本質論（Ⅰa）やその特殊的段階論（Ⅱa）などが理論的に再構成されなければならないものとして、われわれのまえに存在している。こうした世界革命の種々の現実論を論理的＝歴史的に整序すること（Aの内部構成の立体化）を基礎とし、これに立脚しながら、革命本質論を革命実践論として構成すること（AにもとづいたBの理論化）のほうが、まさに現実的であり実践的であるからにほかならない。本質論から現実論へ、という順序が存在論的展開の順序ではある。しかし革命理論の場合には、それは、なお理論的に体系化されていない現状にある。まさにこのゆえに、われわれは世界革命の現実論をAとし、革命本質論をBとしてそれぞれ位置づけたわけなのである。しかもさらに革命本質論の三つの構成部分のそれぞれは、本質論・実体論・現実論としての有機的な構造連関をもっているだけでなく、たとえば組織実体論（Bの2）それじしんが組織本質論として位置づけなおされ、そうすることによって組織現実論（C）がそれから分化されなければならないことが、わが反スターリニズム的共産主義運動の第三段階以降に直観されはじめたのである。かつては（『組織論序説』の段階までは）、組織本質論も、組織形態論も、また組織現実論として追求されるべきものも、すべて「前衛党組織論」のもとに一括してとらえられていたのであるが、これらの諸モメントが第三段階において次第に明確に分化されはじめ、さらにわが同盟・革マル派建設の推進過程での理論闘争を通じて、組織現実論が組織現実論として追求されてきたのである。すなわちまず革共同・第三次分裂のただなかで、すでにみたように前衛党組織の形態論的追求（Cの1）がなされはじめ、次に運動＝組織論（Cの2のイ）や統一行動論（Cの2のロ）が、それにつづいて大衆闘争論（Cの3の①）、さらにこれらにふまえて同盟建設論（Cの1）が、それぞれほりさげられ理論化されてきたのである。組織現実論にぞくすこのような分野の理論化をおこなう場合には、もちろん、革命本質論としての戦略論や戦術論もまた同時的に具体化される。こうしてたとえば、かつては戦術論（Bの3）において解明されるべきものとして位置づけられていたソビエト論などは、組織現実論のなかの闘争論（Cの3）、その一構成部分としての革命闘争論（Cの3の②）として位置づけられるべきである。しかしこれは、他面では同時に、組織戦術論のなかの統一戦線論（Cの2のハ）とも、また党建設論（Cの1）とも直接つながっている。そしてこれらの三つが、世界革命の本質論（Ⅰa）や反帝国主義・反スターリニズム戦略論（Ⅱ′a）とともに、国際および国内の現実分析にふまえて適用される場合、各国革命戦略論（Ⅲ）がうちだされるのだ、といえよう。

理論的に関連しているといういみでは、とりわけ、党建設論（Cの1）と、運動＝組織論（Cの2のイ）と、大衆闘争論（Cの3の①）とは、とくに密接不可分の関係にあるものとして、わが同盟（革マル派）建設の過程で追求されてきたのである。（本書二五一頁〔本巻二三九頁〕の図解2の記号をみよ。）

C　同盟建設論・運動＝組織論・大衆闘争論の相互関係

組織形態論的および組織現実論的に追求されるべき組織上の諸問題は、従来は組織本質論そのものの内部における現実論的なモメントとして追求されてきたのであった。ところが、まさにそのような諸問題を――とりわけ分派闘争期から革共同・革マル派建設のための闘いの推進過程で――、われわれは、明白に分化しつつ組織現実論を展開してきたのである。

すなわちまず第一に、分派闘争のただなかで、わが同盟組織を地区的に再編成し確立するという問題と関連して、わが同盟の独自な組織形態としての産業別労働者委員会をも特殊的な組織構成としてそのうちにふくんだ、前衛党の組織構成および組織形態を、われわれは理論的に追求したのであった。党組織の基本形態としての種々の労働者細胞群とその各種指導部（中央、地方、都・府・県および地区などの）とからなる党組織の一般的構成とともに、特定の産業の労働者細胞群とその指導部（さしあたり各地方産業別労働者委員会）とからなる党組織の特殊的構成を確固としてうちたて、この両者の統一において革命的労働者党は創造されなければならないことが、明らかにされた。わが同盟の地区的再構成の名において地方および中央の産業別労働者委員会を解体したり、あるいはそれをも各地区に解消したりする傾向にたいして、われわれは断乎として反対してたたかった。党組織のこの一般的および特殊的構成は、党組織のたんなる二重化ではない。各産業別労働者委員会は、まさに全国的あるいは地方的な産業別の労働運動を左翼的ないし革命的に推進するための指導部であるだけでなく、同時にこの闘いを通じて産業別の諸労働者細胞そのものを拡大し強化し、かつこれをテコとして各種の労働者細胞群から構成される地区的党組織とその指導部（地区委員会）を強化する、という党建設のための特殊的指導機関として位置づけなおされたのである。党組織をその一般的構成（各級指導機関と諸細胞）にもとづいて地区的に確立していくだけでなく、同時に、その時々の労働運動への党としての組織的とりくみを通じて、党組織全体に新たな活力をあたえるとともに産業別の諸労働者細胞を全国的および地区的に拡大し強化していくための特殊的指導機関としての地方および中央の産業別労働者委員会をも確固としてうちたてるべきことを、われわれは形態論的に明らかにしたのであった。

そして、第二に、党組織が労働運動・大衆運動を通じて、またこれを媒介としてどのように強化され拡大されるか、いいかえれば前衛党の組織戦術のたえざる貫徹はどのように実現されるか、要するに大衆運動づくりと党組織づくりは、どのような弁証法的構造をなすか、ということを、われわれは運動＝組織論として追求し理論化しはじめたのである。フラクション創造にかんする独自な追求、あるいはフラクション活動にかんする理論的ほりさげのなかに、それは集約的にしめされている。

こうした運動＝組織論の追求とならんで、さらに第三に、前衛党組織（あるいはその創造をめざしているわが同盟）が、不断に展開される階級闘争や大衆運動をその内部において左翼的に展開したり、または既成の種々の大衆運動を革命的にのりこえていくための闘いを推進したりする、という構造は、大衆闘争論として追求され解明されてきたのである。

このような理論的追求は、直接には運動＝組織論や大衆闘争論のほりさげにふまえながら、さらにわが同盟組織（あるいは前衛党）を組織的に確立するための構造が、とくに一九六六年以降ふたたび追求されはじめたわけである。

もちろん、わが同盟（革マル派）建設のはじめの段階においては、もっぱら「戦略の適用」のベクトルから運動＝組織づくりの構造やフラクション、さらに戦術の内容やイデオロギー闘争などをとらえ「解明」しようとする傾向、したがって運動＝組織づくり（論）と運動＝組織方針（論）との二重うつしとこれにもとづく機能論的活動論への傾斜、あるいは「運動論的分析」の名における運動論的情勢分析と運動＝組織論との混同ないし二重うつしなどの理論的欠陥から、われわれは全体としてはまぬかれていなかった。それだけではない。新しい理論分野を開拓する場合にはつねに不可避な理論的未分化が、とくに運動＝組織論的アプローチと大衆闘争論的アプローチとの未分化があったことを、われわれ自身がおかした運動＝組織づくり上の種々の偏向や誤謬を理論的にも実践的にも克服する過程で次第に自覚させられ、かつこの未分化を打破するための理論闘争がおしすすめられたのであった。こうして現時点では、およそ次のようなかたちで、大衆闘争論と運動＝組織論と同盟建設論などの相互関係がとらえられるにいたった（図解**4**および**5**を参照）。

すなわちまず、既成指導部、とくに社共両党によって歪曲されている今日の労働運動、ソコ存在する既成の大衆運動（P_1）を左翼的あるいは革命的にのりこえていく（P_1 ⬇ P_2）という実践的＝場所的立場（＝「のりこえの立場」）において、それ（**1**〈運動上ののりこえ〉）を実現していくためには、まずもって

〔図解・4〕〈のりこえ〉の構造

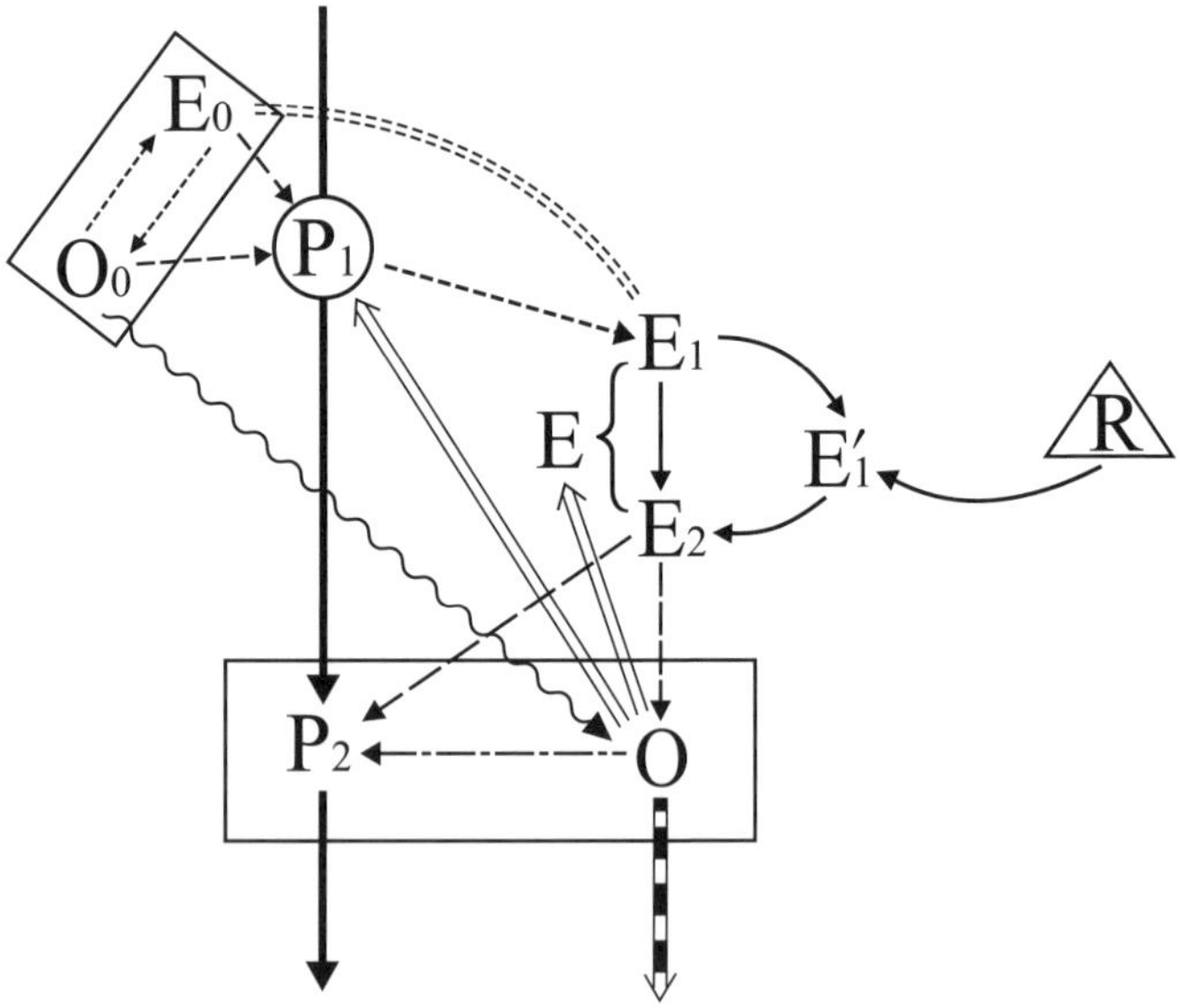

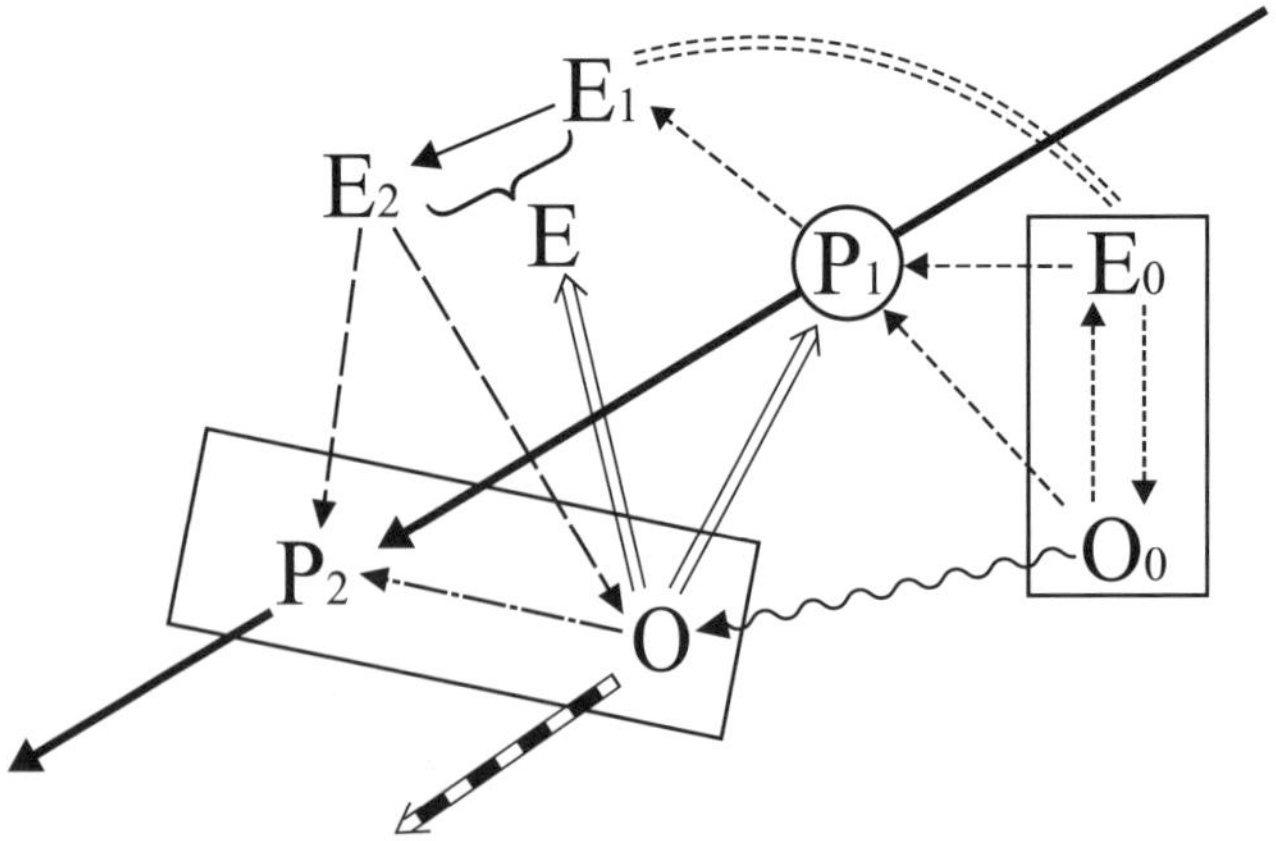

〔図解・5〕運動＝組織づくりの構造

〔1〕

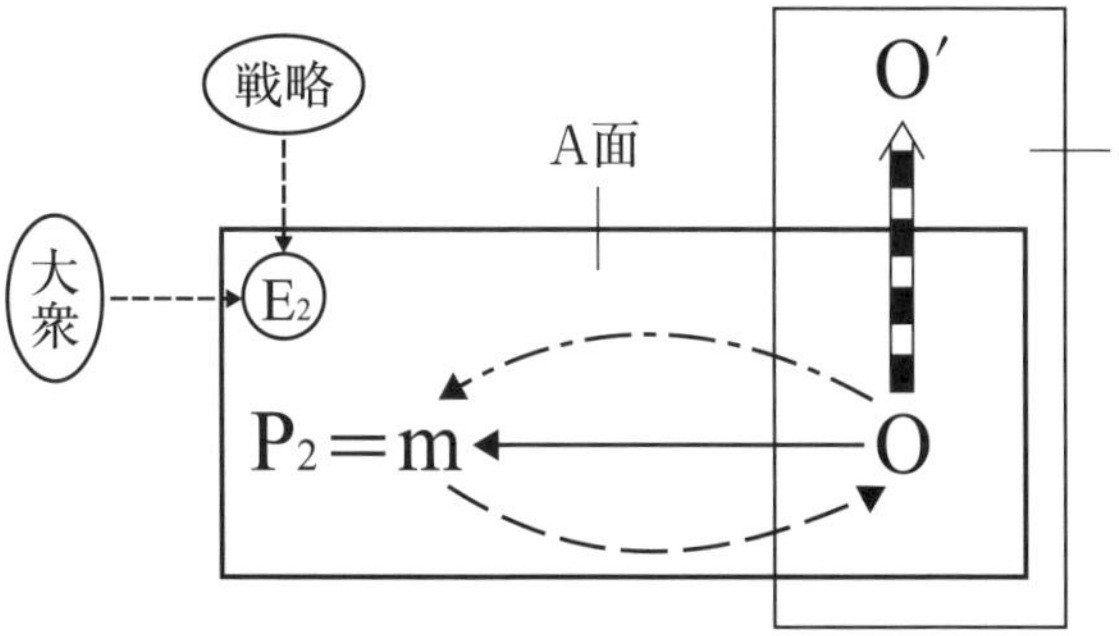

〔2〕

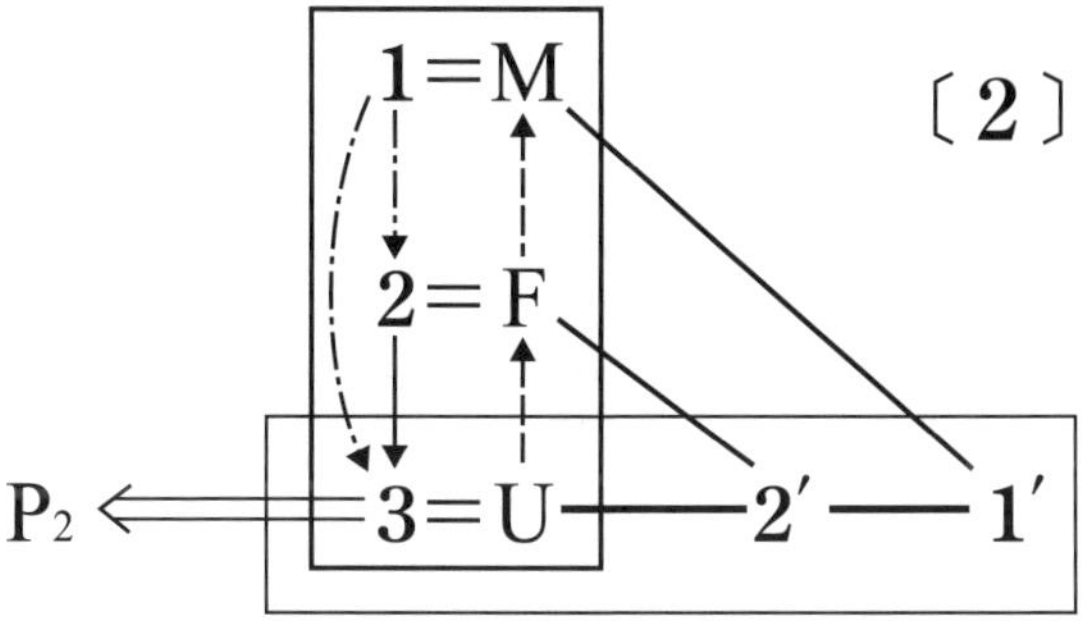

〔3〕

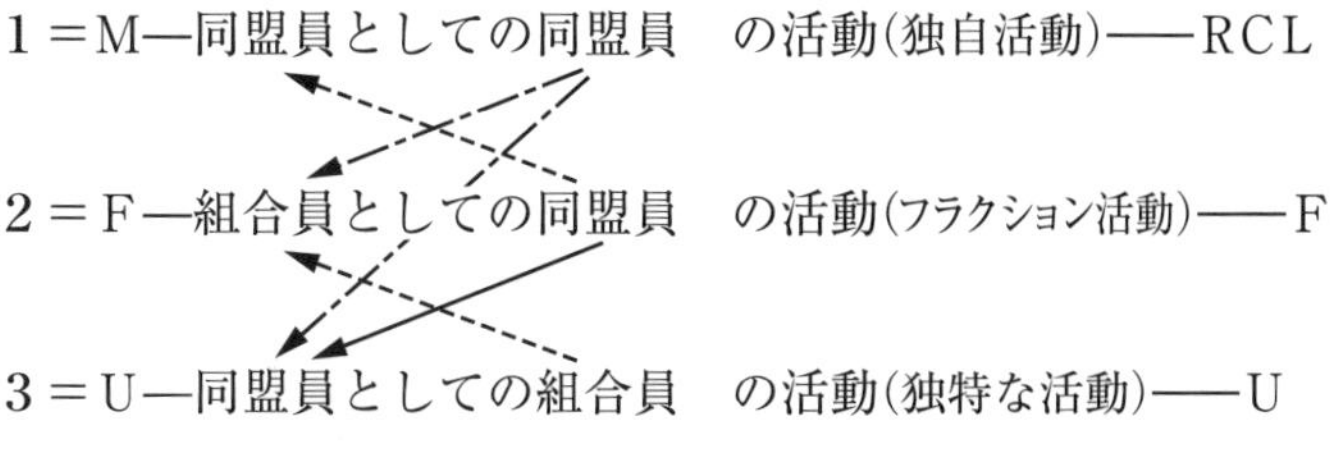

既成の運動（P_1）をささえ規定している理論（他党派の戦術やイデオロギーとしてのE_0）をわれわれがとらえ（E_1――これはE_0と媒介的に合致する）、かつそれへの批判を通じてわれわれの独特な（あるいは独自な）闘争＝組織戦術（E_2）を提起し（$P_1 \cdots\cdots\rightarrow E_1 \longrightarrow E_2$）、そしてこれ（**2**〈理論上ののりこえ〉）を物質化する（$E_2 \cdots\cdots\rightarrow P_2$）ために組織的にたたかう（$E_2 \cdots\cdots\rightarrow O \text{-}\bullet\text{—}\bullet\rightarrow P_2$）とともに、これらの闘いを通じて既成の大衆運動を実体的にささえている諸組織、直接的には社共両党（O_0）を革命的に解体する（$O_0 \rightsquigarrow O$）ための党派闘争（**3**〈組織上ののりこえ〉）をかちぬく。――こうした〈のりこえの論理〉、イデオロギー的および組織的闘いを基礎とした大衆運動の展開の構造を、理論的に明らかにするのが、大衆闘争論であること、そしてこれの構成部分は、⑴われわれの情勢分析、⑵他党派の情勢分析および運動方針にたいする批判に媒介された、われわれの闘争＝組織戦術、および⑶かかる闘争＝組織戦術を物質化するための実体的構造の解明（つまり運動＝組織論的解明）の三つであること、などが明らかにされた。

　ところで、他党派の戦術やイデオロギーを批判し（**2**〈理論上ののりこえ〉）、他党派を革命的に解体するための組織活動を展開する（**3**〈組織上ののりこえ〉）ことを通じて、〈運動上ののりこえ〉（**1**）を実現するということは、他面からすれば、われわれの組織戦術を、たえず大衆運動の場面へ（$O \text{—}\bullet\text{—}\bullet\rightarrow m$）、また直接に他党派にたいして（$O \bullet\text{—}\bullet\rightarrow O_0$）貫徹する闘いが成功裡になされていることをいみする。この〈組織上ののりこえ〉をめざしてたたかっているわが同盟組織（O）が、他党派の組織（O_0）にたいして、またそれが展開している大衆運動（P_1）やその戦術およびイデオロギー（E_0あるいはE_1）にたいして決定的に対決している（$O \Longrightarrow P_1 \cdot E$）がゆえに、〈理論上ののりこえ〉（$E_1 \longrightarrow E_2$）を媒介として〈運

〔図解・6〕組織面と運動面との連関構造

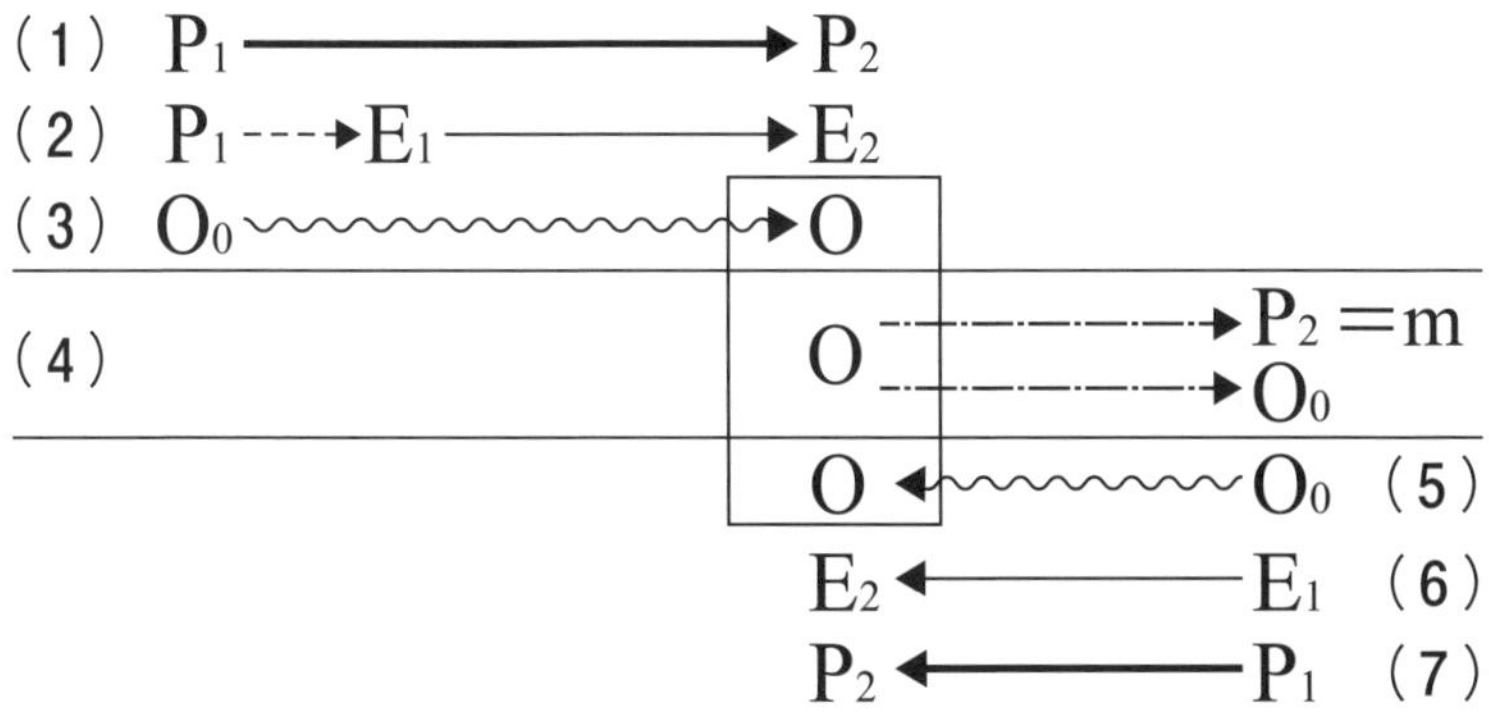

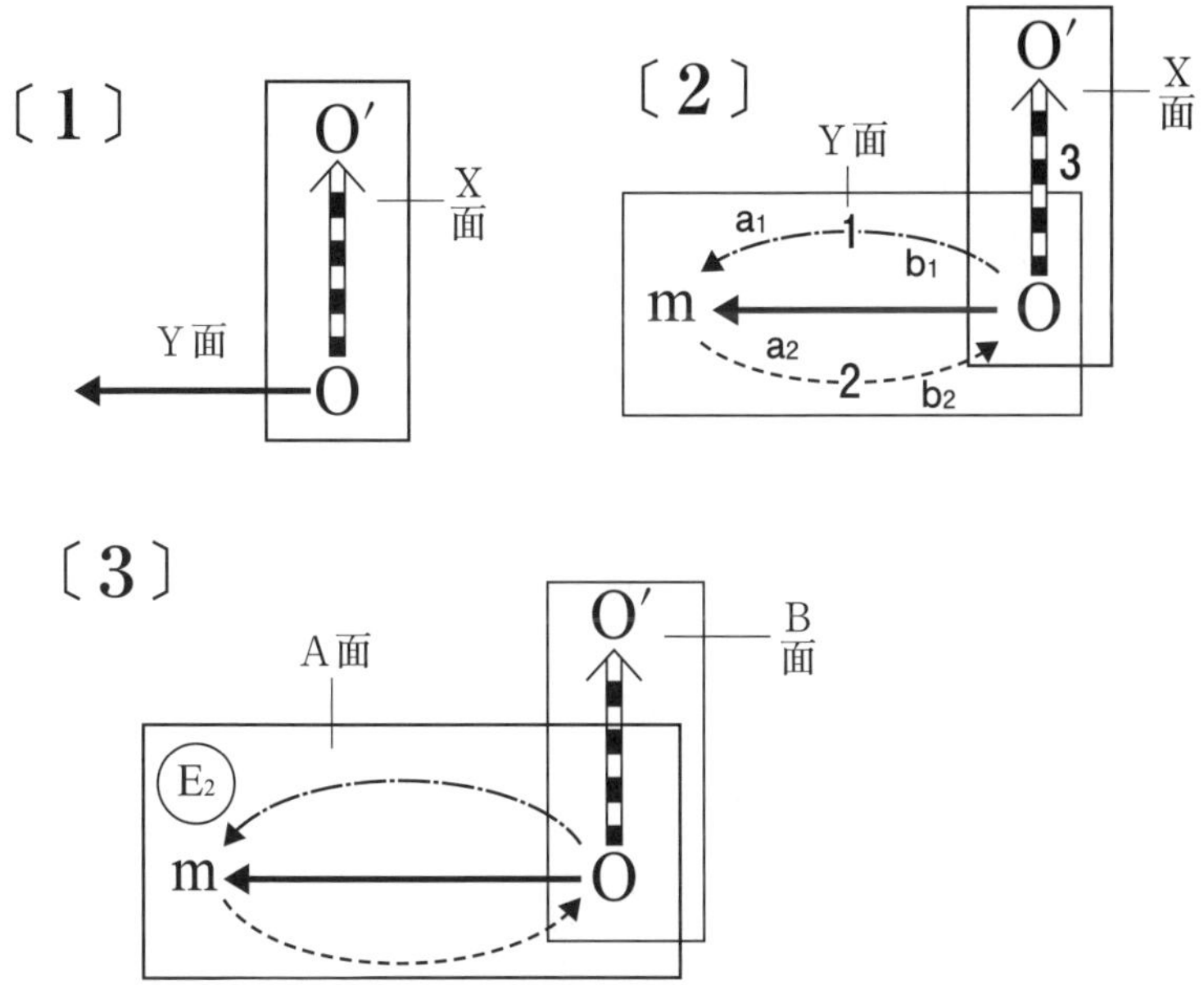

動上ののりこえ〉（P_1 ⬇ P_2）が現実的に可能となるのである。このようなわが同盟（員）の組織戦術の貫徹を基軸（4）としつつ、〈理論上ののりこえ〉（6）と〈運動上ののりこえ〉（7）とを実現していく闘い、その実体的構造〔これは他面では同時に他党派の解体として、〈組織上ののりこえ〉（5）として現象する〕を解明するのが、ほかならぬ運動＝組織論なのである（図解6を参照せよ）。

運動＝組織論とは、大衆運動の左翼的あるいは革命的のりこえを、その裏側から、つまり〈組織上ののりこえ〉（3あるいは5）のがわから、その実体的構造を明らかにすることを、その課題とするといってよい。いいかえれば、われわれがうちだした闘争＝組織戦術（これには、すでに解明された運動＝組織論が現実的に適用されているのであるが）を物質化するための組織的闘い（E_2……→O—•—•→P_2＝m）、その実体的構造そのもの（O—•—•→m）を、つまりわが同盟（員）が大衆運動を組織化し種々の組織形態（フラクションやわが同盟組織その他）を組織化するという構造を、われわれの戦術（E_2）との関係において、解明するのが運動＝組織論なのである。

ところで、われわれの組織戦術の貫徹による運動＝組織づくり、その前提となり、かつそれを媒介として拡大・強化されるわが同盟組織そのもの（O）、これを形態的にも実体的にも確立していくための組織内闘争・組織建設（O ⇣ O′）の構造（X面）を明らかにするのが同盟（党）建設論にほかならない。

要するに、大衆闘争論と運動＝組織論とは、大衆運動・労働運動の前提となり、かつこれを媒介として強化・拡大される同盟（党）組織が、大衆運動づくりと種々の組織づくりを展開する場面（Y面）を、一方は〈運動上ののりこえ〉のがわから、他方は〈組織上ののりこえ〉のがわから、それぞれ理論的に明らかにすることを、その課題とするのであり、そしてこの運動＝組織づくり（Y面）を媒介とした同盟

（党）組織の組織的確立（X面）の問題を明らかにするのが同盟（党）建設論なのである。このようなものとして、これらの三つは組織現実論の核心的な構成部分をかたちづくる。

それ自体大衆闘争論として明らかにされる領域である〈のりこえの論理〉、その実体的契機をなす〈組織上ののりこえ〉そのものをそれ自体としてとりだし、これを対象領域として理論化したものが、すなわちわが同盟（員）による運動の組織化と種々の組織形態の組織化にかかわる領域（A面）とこれに媒介され、かつ規定されるその根拠（A面とかさなっているB面）を明らかにするのが、運動＝組織論であり、そしてかかる運動＝組織づくり（A面）とその根拠（A面とかさなっているB面）とをみずからの一側面（Y面）とする同盟（党）組織を組織的に確立する（X面）というこの領域を明らかにするのが同盟（党）組織づくり論である。――このように、大衆闘争論・運動＝組織論・同盟（党）建設論の三つは、それらの対象領域において階段的につながっているのであり、またこれを物質的基礎として分析視角が段階的に転換されなければならないのである。

いいかえれば、大衆闘争論は、諸党派に指導され、あるいはゆがめられた大衆運動をのりこえていくためのわれわれの闘争＝組織戦術を内容的に解明した、戦術論の具体的展開であり、かかる闘争＝組織戦術を物質化するための組織活動の実体的構造あるいは組織戦術を現実論的に分析し解明することを中軸とするのが運動＝組織論であり、そしてかかる戦術の物質化のための組織的闘いをば、その前提をなす同盟（党）組織を組織的に拡大し強化することによるその確立へむかって集約していく、という構造を形態論的および実体論的に明らかにするのが同盟（党）組織づくり論なのである。このようなものとしてそれらは、直接には組織論の現実論的展開であるとともに、戦略論・戦術論をも具体化するものなのである。

――そして運動＝組織論は大衆運動の統一的展開のための理論としての統一行動論や、さらに統一戦線戦術の独自的な追求としての統一戦線論などとともに、組織現実論（C）の第二の構成部分としての組織戦術論を構成する。この組織戦術論は、党（同盟）建設論や闘争論とともに、本質論的実体論としての組織論の具体化された組織現実論を構成するものとして位置づけられるわけである（本書の二五一頁〔本巻二三九頁〕の図解2をみよ）。

三　同盟組織建設の基本的構造

基本的には（労働者および学生）細胞と各級指導機関とから構成されるわが同盟組織――一般的には前衛党組織――を、かかるものとして組織的に形成し確立していくための闘いは、同時に階級闘争・大衆運動への同盟としての組織的とりくみにたえず媒介されることなしには実現されえない（第6図の〔1〕をみよ）。前者は同盟組織づくりにおける組織面（X面）を、後者はその運動面（Y面）をかたちづくるのであり、この両者の統一において同盟組織は同盟組織として、プロレタリア革命の前衛部隊として建設されていくのである。この両側面が有機的に統一されなかったり、それぞれが一面的にとらえられたりする場合には、当然のことながら同盟組織建設は種々のかたちでゆがめられたり、ある種の変質（たとえば官僚主義的または政治技術主義的な疎外）がうみだされたりするのである。

たとえば同盟組織建設における組織面を「理論的＝組織的形成」、その運動面を「政治的＝組織的形成」としてとらえることの根底には、その時々の大衆運動へ直接的＝政治的に対応しうるような組織形態をつくりだすという政治技術主義的な考えかた（「運動の単位としての組織」という考えかた）があるだけでなく、また運動づくりの側面を当面の大衆運動へかかわるための「政治」方針の提起とその物質化に、組織づくりの側面をかかる運動へのかかわりの的確度をたかめるための一般的および特殊的な「理論」の学習と主体化に、それぞれ一面化してとらえる考えかたがあるのである。たとえこの両側面がそれぞれ「組織的形成」というように規定されていたとしても、前者においてはわれわれの組織戦術の貫徹あるいは種々の組織活動の展開にかかわる問題が、後者においては同盟組織をまさに組織的に形成し確立していくという問題が、それぞれ欠落したり一面化されたり、あるいは接ぎ木的に解釈しなおしたりされることになるのである。

それゆえに、さしあたりまず同盟組織建設の運動面と組織面のそれぞれについての総括的な整理を簡単におこなっておく必要がある。

A　同盟組織づくりにおける運動面

わが同盟員がたとえ個別的に組合員あるいは自治会員として大衆運動にかかわる場合でも、これは、大衆運動へのわが同盟の組織的とりくみの一環としてなされるのであって、たんに個別的に、つまり個人プレイ的になされるのではない。まさにこのような同盟組織の同盟組織としての大衆運動へのかかわりの全体的（および個別的）な構造が、同盟組織建設における運動面（Y面）にかかわる問題として、しかもその組織づくり面（X面）との有機的関連において、追求されなければならない。

しかも、この運動づくり面は、またそれ自体二つの契機を、すなわち（1）われわれ（わが同盟）による大衆運動の組織化と（2）種々の組織形態（たとえばフラクションや学習会、さらに同盟組織）の組織化という二契機をもっている。しかもさらに、この両契機はそれぞれ「二重性」をもっている。すなわち、大衆運動への同盟の組織的かかわりにおける第一の契機（「運動の組織化」のベクトルであらわされるそれ）は、一方ではわれわれ（同盟）の組織戦術の大衆運動場面への貫徹という組織活動（a_1）、他方では当面の闘争課題にたいする闘争＝組織戦術をめぐる理論闘争（b_1）との統一として展開される。またその第二の契機（「組織の組織化」のベクトルであらわされるそれ）もまた、一方では種々の組織形態（典型的にはフラクション）を組織化し、さらにそのメンバーを個別的に同盟細胞員へ止揚し組織化する活動（a_2）と、他方ではこのために必要な種々の理論闘争（b_2）とが統一的に推進される場合にのみ、同盟組織づくりのための前提を創造することができるのである（第6図の〔2〕をみよ）。そもそも、その時々の大衆運動への同盟としての組織的とりくみが、当面の闘争課題をめぐる理論闘争に規定された組織活動の展開として、あるいは、われわれ（同盟）の組織戦術にうらづけられた、戦術をめぐるイデオロギー闘争として、実現されるのであるからして、その二契機（「運動の組織化」と「組織の組織化」）のそれぞれが理論上および組織上の闘いの統一として現象するのは当然のことである。また運動づくり面（Y面）がかかる構造をなすがゆえに、同盟組織の組織的確立（X面——これは1および2のベクトルにたいしては、3＝

「組織の組織的確立」というベクトルでしめされる）が実践的に保証されるのである。

ところで、このような構造をなす運動づくり面は、――すでにみたように――闘争論的にも、運動＝組織論的にも解明されうる領域である。大衆運動への同盟の組織的とりくみが、ソコ存在する既成の大衆運動をいかにのりこえていくかという立場において、追求され分析される場合、それは大衆闘争論的解明となる。ここでは、いわゆる〈三つののりこえ〉にふまえて、われわれの闘争＝組織戦術の理論的解明（具体的な戦術論）がなされるわけである。ところで他方、この組織的とりくみを、われわれの組織戦術の貫徹のベクトルからアプローチし分析する場合には、それは運動＝組織論的解明となる。ここでは、〈組織上ののりこえ〉のための、われわれの組織活動の実体的構造が明らかにされる。しかし、この場合には、当面の闘争課題にたいするわれわれの闘争＝組織戦術（E₂）は前提的に措定されたものとしてあつかわれ、もっぱら大衆運動を組織化するための実体的構造（a₁）とこれを媒介とする種々の組織形態を組織化するためのそれ（a₂）が分析されるのである。このような運動＝組織づくりのための種々の組織活動、――わが同盟（員）の同盟（員）としての活動（つまり独自活動）、組合員としてのわが同盟員の諸活動（典型的にはフラクション活動）、そしてわが同盟員の組合員としての独特な職場闘争を組織化する活動など――、これらの連関構造を解明する場合には、たしかに戦術をめぐるイデオロギー闘争に直接あるいは間接に関係するとはいえ、これらを直接あつかう（つまり〈理論上ののりこえ〉の解明）のではなく、かかるイデオロギー闘争に規定されたものとして、それは分析されるのである。そしてまた、このような種々の組織活動の展開（運動＝組織づくりにおけるA面）は、これを規定している主体的＝組織的根拠（運動＝組織づくりにおけるB面）との関係においてほりさげられなければならない。

このような運動＝組織論の対象領域（A面）は、同盟組織建設における運動面（Y面）のそれと直接あいおうわけであるが、しかしアプローチのしかたそのものは異なる。すなわち同盟組織づくりの問題へアプローチする場合には、同盟組織を組織的に確立する（X面）ために不可欠な側面として、大衆運動への組織的かかわり（Y面）がとりあげられるのである。これにたいして、運動＝組織論的アプローチの場合には、まさに運動＝組織づくりそのものの実体的構造（A面）が分析の対象とされるのであって、同盟組織づくりの問題はかかる組織活動の根拠、あるいはその組織建設へのはねかえり（A面とかさなっているB面）としてのみ問題とされるのである。これが、同盟建設論的視角からする運動づくり面へのアプローチのしかた（X面──→Y面）と、運動＝組織論的視角からするそれ（A面──→B面）とのちがいである。たとえ形式的には、X面もB面も同盟組織づくりの側面の記号的表現であり、またY面もA面も大衆運動づくりの側面のそれであったとしても、アプローチのしかたに規定されたそれぞれの内容上のちがいが決してみおとされてはならないのである。

要するに、大衆運動の組織化にかかわる問題は、（1）同盟組織づくりにおける運動面（Y面）として、（2）運動＝組織づくりのための組織戦術の貫徹にかかわる側面（A面）として、さらに（3）既成の大衆運動ののりこえとして、それぞれアプローチし解明することができるわけである。こうして（1）は同盟建設論の一構成部分として、（2）は運動＝組織論として、（3）は大衆闘争論として、それぞれ明らかにされることになる。

大衆運動の組織化にかかわる組織活動および理論闘争は、右のような三つの視角から分析し解明することが可能なのである。ところが、これが明確に分化されていないか、あるいは一面的に理解されているかの場合には、およそ次のような諸偏向が必然的に発生せざるをえないことになる。

（一）大衆闘争への政治技術主義的な対応――これは、同盟組織としてのその時々の大衆運動への組織的かかわりが、たんに政治的な、つまり政治主義的な対応に矮小化されている場合である。しかも、この矮小化は同盟組織建設面にもはねかえる。すなわち、同盟組織そのものが大衆運動の裏指導部的なものにおとしめられたり、また同盟組織建設が、政治（技術主義）的対応の的確さと質を高度化するための「理論」（直接的には戦略論や賃金・合理化などにかんする特殊理論、本質的にはマルクス主義や反スターリニズムにかんする一般理論など）の主体化や学習に一面化されたりする場合が、しばしば発生する。

「第三の潮流」的なものとして革命的共産主義運動はたちあらわれなければならないという「新しい段階」においては、これにみあった「活動の新しい形態と方法」がさがしもとめられなければならない、といったブクロ官僚どもの主張。これは明らかに、階級情勢への一対一的な政治技術主義的対応に同盟建設をゆがめちぢめる以外のなにものでもなく、こうして彼らの同盟としての独自活動はもっぱら大衆的な宣伝および煽動の活動に集約されることになるだけでなく、同時に彼らの同盟組織そのものも無原則的な量的拡大と質的低下におびやかされる、という事態さえもがうみだされる。こうして大衆運動主義的な政治技術主義へ「世界観の形成」というギプスをはめるといった、前衛党をめざすものには決してあってはならない応急策がとられたりする。それだけではない。さらに「革命的共産主義運動の飛躍的前進」の名において今日の階級情勢にたいして恣意的・主観主義的な判断（たとえば「日本本土の全面基地化」とか「臨戦態勢化」とかといった）をくだし革命前的情勢であるがゆえに大衆運動そのものを革命闘争として、まさに武闘主義的にたたかうべきことを官僚主義的に強制しさえする、という極左主義への転落が、政治技術主義から必然的にうみだされる。しかも、こうした組織的変質と腐敗の進行は、かかる極左主義や官僚主義にたいする反撥を「脱盟」という形態においてしか表現しえない堕落分子の続出としても同時にあらわれざるをえないのである。

政治技術主義的対応にもとづいて組織そのものの官僚主義的変質が不断に深化し、いまや底なしの泥沼におちこんでしまったブクロ官僚一派のこの悲喜劇的な現実を最後的に粉砕せんとしているわれわれは、大衆闘争や他党派（社共両党や中間主義的諸潮流）にたいする政治的対応を政治技術主義的にのりきるのではなく、まさに組織的に実現するのでなければならない。この組織的実現を保証するものこそは、わが同盟の内部から一切の政治技術主義（的のりきり）を排除し根絶することであり、わが同盟を革命的前衛党へ脱皮させるための内部闘争のたえざる推進であり、そしてこれらを組織的根拠とした当面の大衆運動への同盟としての組織的とりくみの、理論的・質的な高さにささえられた、実践性と組織性と機動性などのより一層の高度化にあるのだ。

（二）大衆運動への個人的対応および個別オルグ主義――本質的には、前衛党とその構成実体としての党員との、同盟組織とその一成員としての同盟員との、一般的には前衛組織における全と個との、関係のつかみかたの一面性（「主体形成」主義、あるいは小ブルジョア的連合主義・分散主義への傾斜、さらにサンジカリズム的組織観の密輸入など）、あるいは同盟内理論闘争を意識的に追求することを回避ないし放棄することなどにしめされる同盟組織建設上のゆがみ、これらの大衆運動の組織化における表現形態が、運動づくりにおける個人的対応ないし個人プレイであり、これはさらに組織づくりにおける個別オルグ主義として現象する。この両者は、大衆運動への組織的かかわりにおける二契機（「運動の組織化」と「組織の組織化」）のそれぞれの疎外形態であるといえる。

このような運動づくり面における疎外は、同盟組織そのものの建設にかんするゆがみを前提するとともに、同時にまた措定することになる。すなわち種々の組織会議は、運動づくりや個別オルグのための理論的内容を吸収するための場としてプラグマティックにとらえられ位置づけられ、またそうすることによってそのようなものにまで同盟組織（とくに細胞）がおとしめられることになる。これは、大衆運動のための裏指導部的なものにまで同盟組織そのものがゆがめちぢめられたことをいみする。同盟組織建設におけるこの疎外は、大衆運動づくりにおける個人的対応という誤謬とむすびつき、かつこの両者は相互に制約しあっているのである。

（三）主体形成主義的偏向――これは直接には同盟組織づくりにおける一つの偏向であるが、大衆運動づくりの場面にまでそれがもちこまれるときには、たとえば「日韓闘争において主体形成を！」といった方針の提起とこれにもとづいた個別オルグ主義的な組織づくりがなされたり、また他の場合には大衆運動からかけはなれた形態での「主体」＝「組織」形成なるものが自己目的的に追求される、という傾向がうみだされたりするわけである。このような傾向は、もちろんマル学同（革マル派）づくりの初期の段階に発生したものであるが、しかし運動＝組織づくりにおける失敗や他党派との組織的闘いにおける敗北などの理論的および組織論的な反省がゆがんでいる場合には、しばしば部分的にうみだされるわけである。これを克服するためには、大衆運動の組織的な組織化と同盟組織の組織的確立という構造を反省し、かつこれを自己の実践に適用するための組織的闘いが実現されなければならない。

(四) ケルン主義的偏向――労働運動の内部におけるその左翼的展開、これを媒介とした学習会づくり、これを通じての革命的ケルンの創造、というように図式化できる運動＝組織づくりのやりかたの固定化(およびこれにもとづいて派生する種々のゆがみ)からうみだされたこの偏向は、直接的には運動＝組織論的に、また闘争論的に分析され実践的に克服されてきた。すなわち、一方では、わが同盟の労働運動への組織的とりくみの一環をなす、同盟員による種々の活動の展開、とりわけフラクション活動にもとづく学習会やフラクションなどの創造にかかわる問題、そして他方では社共両党や総評指導部の間違った運動方針によってゆがめられている今日の労働運動をいかに左翼的にのりこえていくかにかかわる問題、この両者のほりさげがなされた。これと同時にさらに、運動＝組織づくりにおけるこの一面性の組織的根拠、つまり同盟組織を同盟組織として確立するための闘いの弱さ、とりわけ労働者同盟員たち自身が中央・各地方・各産別の指導部をつくりだし、かつこれらの担い手となるための組織的闘いの弱さもまた、つきだされ、これを克服するための内部闘争が展開された。

要するに、その時々の労働運動へのわが同盟の組織的とりくみ(Y面)と、その前提をなし、それを媒介としたわが同盟組織の組織的確立(X面)を基軸としながら、運動＝組織づくりにおけるケルン主義的偏向を運動＝組織論的にも闘争論的にも、さらに同盟建設論的にもほりさげつつ、われわれはそれを実践的に克服してきたのである。直接にはフラクション活動の理論化にもとづいたその具体的展開の緻密化、これを実体的基礎とした労働運動の左翼的推進として、他方では、産業別の諸労働者細胞およびその指導部の形態的確立、ならびに種々の労働者(学生)細胞群とその地区的指導部からなる同盟組織の地区的確立をめざした闘いとして、それは実現された。

（五）「フラクへのかかわり」主義あるいは「フラクがため」主義という偏向――既成の大衆運動を左翼的（労働戦線の場合）あるいは革命的（学生戦線の場合）にのりこえていくための直接的な推進母胎としてのフラクションを「強化」していくという視点から、同盟組織づくりにおける運動面を一面的に、しかも機能論的（＝活動論的）にとらえることからうみだされた偏向が、これである。この偏向は、だから、直接的には、大衆運動を左翼的あるいは革命的に展開することにかんする理論（大衆闘争論）や、われわれによる運動＝組織づくりの実体的構造を主体的に解明する理論（運動＝組織論）が、なお十分に体得されていないことを根拠としてうみだされたものである。

すなわち、たとえば「フラクがため」主義の場合には、「戦略」を実現する実体（あるいは「戦略」の担い手）というようなそれ自体間違ったフラクションのとらえかたにもとづき、しかもこのフラクションを結果的かつ形態的にとらえ、そしてこのようなものとしてのフラクションの会議において、その構成メンバーに「理論」（これはしばしば「戦略」に矮小化されるのだが）を主体化させる、といった機能主義的および思想闘争主義的な考えかたが、その根底にあるわけである。「戦略の適用」主義におちこんでいたり、またその誤りが克服されえなかったりすることからして、運動＝組織づくりそのものにかかわる問題をも運動＝組織方針をめぐる理論闘争にひきよせて解釈したり、あるいは前者を後者に解消して理解したりする、というような誤謬の必然的なあらわれが、「フラクがため」主義にほかならない。そしてこうした偏向におちこんでいる場合には、その意図と反比例してフラクションの創造それ自体が現実にはなかなかはかばかしく前進しない、という事態がうみだされるばかりでなく、同盟組織をあたかも大衆運動の裏指導部であるかのようにしかとらえることができないわけである。

運動＝組織づくりにおける右のような偏向を、種々のフラクションをつくりだし指導しているわれわれ（同盟員）のがわから規定したもの、それが「フラクへのかかわり」主義である。わが同盟組織（直接には細胞）を組織的に確立するための闘いが、すでにつくりだされているフラクションにどのようにかかわるか、といった指導内容をめぐる討論や、これからつくりだされるべきフラクションにかんする諸問題の討議などに横すべりさせられる傾向、しかも「戦略の適用」主義のゆえに戦術あるいは現実問題を戦略論的にほりさげることがすなわちフラクションづくりであるというように考える偏向、したがって同盟内の種々の組織会議はもっぱらフラクション指導の内容を仕入れ吸収するための場であるかのように錯覚するだけでなく、同盟組織をも革命的共産主義者の「たんなる連合体」であるかのように考えてしまう偏向、――これをわれわれは、同盟建設なき「フラクションへのかかわり」主義と規定した。

このような偏向の根底には、根本的には――たとえ無自覚であったとしても――「大衆運動にみあった組織形態づくり」という組織観がよこたわっている。そして大衆運動のわれわれによる組織化の構造が、運動＝組織論的にも闘争論的にも深くほりさげ反省されていないこととも、それはむすびついているのである。だから、フラクション活動、フラクションという組織形態、そしてフラクション会議という、この三つの区別と連関をさえしばしばつけることができない、ということにもなるわけである。明らかにこれは同盟組織づくりにおける一つの疎外形態であるといわなければならない。

（六）運動づくりにおける方針主義と学習会主義との折衷的統一という偏向――大衆運動への同盟としての組織的かかわり、その一側面としての「運動の組織化」（1）を運動方針の提起とそれをめぐるイデオロギー闘争（b1）に、またその他の側面としての「組織の組織化」（2）および「組織の組織的確立」

（3）を、提起されるべき運動方針の内容を保証するための学習会づくりとその強化ないし「フラクションがため」（いわばb_2）に、それぞれ一面化したうえで、この両者を機械的に結合するような、運動＝組織づくりのやり方が、それである。大衆運動の組織化をば、戦術的課題にたいしてイデオロギー闘争をいかに有効的に実現するかということに矮小化してとらえる傾向（つまりイデオロギー闘争主義）、そして全学連フラクションやマル学同組織を革命的学生運動を推進するためのものとして一面的にとらえ位置づけるという偏向などと、それはからみあわされている。ここでも、大衆闘争論・運動＝組織論・同盟建設論などの一知半解が誤謬を決定している、といわなければならない。

（七）大衆運動技術（闘争形態）緻密化主義――ここでは、いわゆる〈運動上ののりこえ〉がより左翼的な闘争形態を提起し実現するというようにのみ理解され、しかもかかる闘争形態を緻密化するためのイデオロギー闘争が〈理論上ののりこえ〉として、しかもその思想闘争主義的な考えかたのゆえに〈組織上ののりこえ〉と等置されたそれとして、とらえられているのである。この偏向は、明らかに、戦術とこれを物質化するための闘争形態との混同、大衆運動の組織化にかんする政治技術主義的な考えかた、そしてフラクションの強化や同盟組織づくりを理論闘争に一面化し矮小化する思想闘争主義などの種々の誤りが重畳したその産物なのである。

右に列挙した諸偏向は、わが同盟（革マル派）建設の過程でうみだされたものであるが、これらは根本的には、その時々の大衆運動・階級闘争への同盟としての組織的かかわりの基本的構造をまずもってとらえ、そのうえで闘争論的に、あるいは運動＝組織論的に追求されるべき対象領域を明白にしつつ理論的にほりさげられ、実践的に克服されなければならない。そしてまた、大衆運動の組織化における種々の偏向の組織的根拠は何か、あるいはそのような諸偏向が同盟組織そのものの建設に、どのようなかたちではねかえっているか、ということも、同時に明らかにされなければならない。これは同盟建設における組織面（X面）にかかわる問題である。

B　同盟建設における組織面

大衆運動への同盟としての組織的とりくみにおいてうみだされる種々の欠陥や誤りには、それ自体の組織的根拠があるだけでなく、それによって同時にまた同盟組織そのものの建設にも種々のゆがみがうみだされる。そして、後者のゆがみはそれ自身、前者の誤りの前提をなすとともにそれを措定するのである。いいかえれば、同盟組織づくりにおける組織面（X面）と運動面（Y面）とは相互に依存しあい相互に制約しあうという関係にあるのであるが、同盟建設そのものにとっては前者が主軸をなし出発点をなすのである。けれども、たえざる大衆運動の組織化を媒介とすることなしには、同盟組織の同盟組織としての強固な確立はありえないといういみで、われわれは、まずもって同盟組織づくりの運動面にかかわるその基本的構造とそのゆがみを考察してきたわけである。

その時々の大衆運動への組織的とりくみにあらわれた種々のゆがみ、その組織的根拠としては、ほぼ次の三つがあげられる。

その第一は、大衆運動の組織化におけるケルン主義、「フラクへのかかわり」主義、方針主義、闘争形態緻密化主義などの諸偏向の根底につらぬかれている共通な同盟組織づくり上の誤謬が、同盟諸組織の裏指導部化にあるということ。——もちろん、運動づくりにおける方針主義や大衆運動技術緻密化主義の場合には、同盟諸組織（とくにマル学同の支部組織の場合）が裏指導部的なものにつきおとされているだけでなく、時にはそのまま表指導部化してしまう場合さえもが現出する。

その第二は、大衆運動の組織化における政治技術主義、「フラクへのかかわり」主義、方針主義、大衆運動技術緻密化主義などを規定している組織的根拠が——意識的にせよ無自覚的にせよ——「運動の単位」としての組織形態づくりにあるということ。

その第三は、大衆運動への個人的対応、組織づくりにおける主体形成主義、そして「フラクへのかかわり」主義などの場合には、一般に組織とその構成実体との関係についてのとらえかたの一面性があり、この一面的で誤った組織観にもとづく同盟組織づくりがなされているということ。

1　同盟諸組織の裏指導部化傾向

既成の労働運動の内部におけるその左翼的展開や革命的学生運動の推進がそれなりに実現されうる、ということを物質的基礎としながら、この傾向はしばしば発生する。たとえ大衆運動の組織化において「フラクへのかかわり」主義とか方針主義とか闘争形態緻密化主義とかにおちいっていない場合でも、そうである。その時々の大衆運動の左翼的あるいは革命的な展開にかかわる諸問題ならびにそれにみあった種々の組織活動上の諸問題の追求やほりさげに忙殺されることによって、同盟組織を組織的に確立するための内部闘争がおろそかにされる場合には、それは必然的に裏指導部的なものとなってしまうのである。とりわけ○△や◇や▽などの、中央および各地方（とくに△、△△、□地方）の労働者委員会やそれらにぞくす諸労働者細胞、あるいは中央および地方の学生組織委員会や全学連書記局細胞などは、たえずそのような危険にさらされているのであって、かかる危険から解放された組織建設が目的意識的になしとげられなければならない。

ところで、こうした裏指導部化の傾向にかんする自覚が弱いか、あるいはそれを不断に打破していくという積極的な姿勢が欠落しているかの場合には、さらにこの傾向は組織形態的にも現実化されることになる。すなわち、同盟組織（とくに細胞）が、大衆運動を左翼的あるいは革命的に展開するための直接的な推進母胎であると同時に同盟の新しい組織的担い手を創造するためのイデオロギー闘争の場としての意義をもっているフラクションという組織形態と、二重うつしにされたり、あるいは前者がフラクション化されたりする（このことは同時に、フラクションがあたかも同盟細胞のようなものとして機能させられる誤謬をもともなうのがつねであるが）ということである。

とりわけ革命的学生運動の中核的担い手となっているマル学同（革マル派）の各支部組織は、その組織的力量が弱ければ弱いほど、その裏指導部化傾向や、それが全学連フラクションと相互浸透させられたりそこに解消させられたりする傾向（これは同時に、全学連フラクションがマル学同的に機能させられる偏向をもしばしばともなうとともに、また他方、運動づくり面からするならば「フラクションとしての学生運動」のようなものへ脱線することをふせぎとめ革命的学生運動の大衆的高揚をかちとるための阻害要因ともなる）が発生するのである。したがって、革命的学生運動の組織化の前提をなし、かつそれを媒介として拡大・強化されるマル学同を組織的に確立するための内部闘争が、とりわけ目的意識的に実現されなければならない。かかる組織的強化を実体的基礎とすることなしには、わが全学連とその運動の革命的推進をより一層飛躍的に発展させることは決してできないであろうからである。

それだけではない。わが同盟員が自己の職場や経営に細胞をつくりだすまでにいたっていない場合、したがってまた地区的あるいは産業別的に細胞ないし労働者委員会を構成しているにすぎない労働者同志の場合、このような場合には、わが同盟員としての独自の組織活動がフラクション活動に解消されたり、さらにフラクションをさえつくりだせないような場合には学習会（づくり）活動に一面化されたり、またこのような学習会を指導することがすなわち同盟員としての活動のすべてであるかのような錯覚さえもがうみだされたりもするのである。

要するに、わが同盟組織は、ただたんにその時々の大衆運動の組織化を目的とした単なる政治組織なのではない。ほかならぬプロレタリア革命を実現するための、その前衛部隊として不断にみずからをきたえあげ組織的に形成されつつある革命的前衛党の母胎なのである。だから、わが同盟の諸組織を大衆運動のための裏指導部的なものにおとしめたり、またはフラクション化させたりしては決してならないのである。大衆運動への同盟としての組織的かかわりの構造を闘争論的にも運動＝組織論的にもたえず反省することを通じて、大衆運動それ自体を左翼的あるいは革命的にたえず推進するだけでなく、同時にこれを媒介としてわが同盟組織を組織的に確立していく闘いが力強く前進させられなければならない。

2　政治技術主義的な組織形態づくり

その時々の大衆運動への種々の政治技術主義的なかかわりかたに共通につらぬかれている組織建設上の

誤りは、たとえ同盟組織が運動の裏指導部的なものにおとしめられていないとしても、それを大衆運動にみあった形態において、その時々の大衆闘争にたいしてただちに政治的に反応しうる政治性と機動力をそなえた組織形態として、つくりあげる、という組織観とこれに規定された組織建設が——意識的にせよ無意識的にせよ——その根底にある、ということである。

もちろん、たえず提起されてくるその時々の政治上および経済上の種々の闘争課題にたいして的確に反応しつつそれを革命的に実現しうる生々とした政治的感覚と機動力をそなえた同盟組織、とりわけ各級指導機関を確固としてうちたてることは、革命運動にとっては絶対的な条件ではある。けれども、この対応は、たんに政治的なもの、つまり大衆運動への同盟としての組織的とりくみやわれわれの組織戦術の貫徹からきりはなされた政治主義的なもの、あるいは政治技術主義的なものたらしめられてはならないし、またた同盟建設もそのようなものとして、つまり「大衆運動の単位としての組織」というかたちにおいてつくりだされてはならない。わが同盟は、まさに一切の政治を根絶することをめざした政治的組織、つまり革命的前衛組織として不断に創造されているのだからである。したがって、わが同盟指導部の名称は、たんに政治局ではなく同時に組織局としての役割と機能をも遂行するものとして「政治組織局」とされているわけである。(この「政治組織局」は、わが同盟・革マル派の大会において選出された全国委員会、その任務を恒常的に実現するための中央指導機関である。そして、書記局や編集局などは全国委員会に直属し、全国委員会で決定された同盟組織建設および階級闘争にかんする路線・方針、その他の決定事項を遂行する機関であって、それらは直接には政治組織局によって指導され統轄される。したがって書記局や編集局を構成するメンバーの一部は同時に政治組織局の構成メンバーでもある、という実体的同一性も確保されている。さらに中央労働者組織委員会および中央学生組織委員会は、当然のことながら政治組織局の指導のもとにおかれているわけであるが、しかし前二者と後者とのあいだには実体的同一性が部分的に確保されることを基礎として、それは実現されているのである。とにかくわが同盟の諸組織形態は、民主集中制の基本原則にもとづいて実体的＝本質的同一性を確保し実現しうるかたちにおいて構成されているのである。）

要するに、その時々の大衆運動への同盟としての組織的とりくみにおいても、また同盟組織の同盟組織としての建設においても、――たとえ政治的感覚のするどさや政治技術の駆使が必要であったとしても、――政治主義や政治技術主義は決してもちこまれてはならない。「大衆運動に的確に対応しうる党」とか「激烈な階級闘争にたえうる党」とかという視点のもとに同盟組織建設が政治（技術）主義的に指導されたり実践されたりする場合には、大衆運動にみあった組織形態づくりや組織形態いじり（形態主義）が、そしてまたかかるものとしての組織形態の機能主義的な運営が不可避的に発生する。しかも、同盟組織づくりに政治（技術）がもちこまれることからうみだされてくるこの形態主義や機能主義は、もしも民主集中制の逆用や不断に展開されるべき同盟内闘争の弱化・放棄・抑圧などとそれが結合される場合には、さらに疎外された形態において、つまり官僚主義という形態としてあらわれることになるであろう。革共同の第三次分裂の前後におけるブクロ官僚どもとその後の彼らの現実の姿が、そのことを如実にしめしている。

組織づくりや組織指導における形態主義や機能主義は、たしかに同盟組織建設への政治技術主義のもちこみのあらわれではある。しかし、こうした政治技術主義は、わが同盟建設の場合には、もちろん、あからさまにもちこまれてくるわけではない。たとえば「運動の単位」としての組織は他面では同時に「同盟組織の単位」として位置づけられているし、また「政治的＝組織的形成」は「理論的＝組織的形成」と統一的にとらえ実現しようとはされている。けれども「理論的＝組織的形成」なるものは基本的に組織実体の「理論」強化・「主体性」の確立、つまりは思想闘争主義的な組織建設として一面的にとらえられており、また「同盟組織の単位」としての組織（細胞および各級指導機関）も形態主義的にとらえられている。まさにこのゆえに、大衆運動への同盟としての組織的とりくみにかかわる問題を政治方針の提起に一面化し矮小化した「政治的＝組織的形成」なるものや、政治方針を物質化するためのその実体としての「運動の単位としての組織形態」、といった組織のとらえかたにもとづいた政治技術主義的な指導およびその組織建設へのはねかえりが、必然的にうみだされるのである。しかし、このはねかえりは、「理論的＝組織的形成」という名の思想闘争主義的組織づくり方式によって、あるいは隠蔽され、あるいは補完されるわけである。

同盟組織づくりの二側面のそれぞれの実体的構造を現象論的にとらえること（「組織的形成」）によって同時に、その運動面を政治技術主義的に、またその組織面を思想闘争主義的にとらえ、しかもこれらの相互補完というかたちでそれぞれの側面の一面性や誤りを是正する、というような組織建設にかんする間違った考えかたやこれにもとづく指導がうみだされる根拠は、「戦略の適用」主義の組織問題へのもちこみにある。すなわち「組織」は「戦略」の実現実体であり、かかる「組織」が不断に「運動」をつくりだす、といった存在論的把握を基礎とし基準としながら、その逆の過程を、つまり「運動」を通じて「組織」をつくりだし、これを実体的基礎として「戦略」を実現する（＝革命）、という過程を想定する、そして革命（プロレタリア階級の普遍的自己解放）への過渡的過程の特定段階においては、プロレタリア的個人は前衛党という形態で特殊的に自己形成をなしとげ、そしてこの特殊な組織的形成はその時々の大衆運動の推進を通じて政治的＝理論的に強化されていく、といった考えかたが、その根底にあるのである。一口でいえば、現在的に展開される大衆「運動」の、前衛党「組織」づくりを媒介とする、革命闘争（「戦略」の実現）への発展、といった安直な「連続的発展」観が、その根拠としてあるわけなのである。このような「発展」観は、場所的現在における大衆運動づくりと前衛党組織づくりの弁証法を、直接に現在（大衆運動）から未来（革命闘争）への時間的流れのなかに投影して「基礎づけ」ようとしたものにすぎない。こうすることによって、革命への全過程における、その時々の大衆運動への前衛党の政治技術（主義）的な対応もまた「基礎づけ」られるわけである。

相互補完しあっている政治技術主義および思想闘争主義にもとづいた同盟組織建設路線を打破するためには、それゆえに、根本的には「戦略の適用」主義と決別することが、また組織論的には思想闘争主義的ないし主体形成主義的な組織づくりの根底にある「組織と人間」にかんする間違ったとらえかたを克服することが、欠くことのできない条件となる。

3　組織づくりにおける主体形成主義

大衆運動の組織化における組織活動上の種々の疎外形態――たとえば「フラクへのかかわり」主義とか、主体形成主義的方針主義とか、その時々の大衆運動への個人的あるいは政治技術主義的な対応とかの諸形態――、それらは、同盟組織づくりにおける主体形成主義的な諸偏向を前提とし、かつうみだすのをつねとする。学習会主義への傾斜とか、立脚点主義とか、「理論」主義、さらに思想闘争主義とかは、その代表的なものである。たとえ同盟組織が裏指導部的なものにおとしめられたり、あるいは大衆運動への政治技術主義的な対応がうみだされたりするような場合でも、その裏側では同時に、同盟組織づくりにおける主体形成主義というかたちに一括されうるような諸傾向がたえず存在し、またこれによって補完されているわけである。このことは、同盟組織、一般的には前衛党組織が主体性をもった革命的共産主義者の算術的総和であるかのようにとらえられていることをいみする。前衛党（全）とそれを構成する実体としての党員（個）とが弁証法的にとらえられていないことをいみする。

党組織は革命的人間＝革命的共産主義者から構成されているとはいえ、後者のたんなる寄せあつめによって前者が形成されるわけではない。党組織が党組織として形成されるためには、革命的共産主義者がこの党組織の一構成実体としての自覚を、党員にふさわしい組織性と思想性とをかくとくすることが前提され、この前提によって党組織の組織的確立が措定されるのである。またこの形態的確立を基礎とし前提として、同時に党組織実体の主体的確立もより一層高度なものとして措定されるのである。組織的全体性とその構成実体の個別性とは、このように前衛党組織そのものにおいて統一されているだけでなく、またその構成実体においても、そうなのである。すなわち前衛党を構成する実体（党員）における全体性はその組織性であり、その個別性は共産主義的人間の主体性、それにふさわしい思想性であり、この両者（全体性または組織性と、個別性または思想性）が主体的に統一されることによってのみ、前衛党組織としての、また党員としての実践性、その時々の政治上・経済上の諸闘争への単なる政治技術的かかわりではない、まさに組織的なとりくみが、確保され保証され実現されうるのである。前衛党組織を前衛党組織として

――形態的にも実体的にも――確立するためには、党組織そのもの、したがってその構成実体としての党員の、組織性と思想性とを、たえず高度化しつつ、より高次の次元におけるそれらの統一をたたかいとるための党内理論闘争が不断に遂行されなければならない。この組織内の闘いが軽視されたり抑圧されたりする場合には、たちどころに前衛党組織そのものが形骸化されたり官僚主義的に変質させられたりするだけでなく、同時に大衆運動への党組織としてのとりくみもまた種々の疎外を現出させることになるのである。

わが同盟組織づくりにおいて主体形成主義的な偏向が発生したということは、まさに右のような前衛党組織づくりのための一般的構造が明確にとらえられていないことをその理論的根拠とする。そしてまたそれは、しばしば下部組織に発生するかかる諸偏向を実践的に克服するための系統的で計画的な組織指導がなされていないか、さもなければこうした指導をなしとげるべき指導部がまさに指導部として形態的にも実体的にもなお確立されていないか、ということをその組織的根拠としているのである。

ところで、立脚点主義を克服するためと称して「組織への形成」（非同盟員が同盟員となること）と「組織の形成」（同盟員が同盟組織づくりをすること）とを概念的に区別することが必要だ、ということがたとえ提起されたとしても、これは組織論とはなりえない。共産主義的人間への形成、プロレタリア的自覚の理論は人間論ではあっても、組織論ではない。組織の前提あるいは組織化される以前の人間にかかわる諸問題やそれへのアプローチのしかたまでもが、直接的に組織論の領域にもちこまれるならば、組織論は共産主義的人間（組織成員）の主体性を形成するための理論に一面化されてしまう。しかも、この「主体性」は組織性からきりはなされたそれでしかない。まさにこうした「主体性」のとらえかたの延長線上で「組織の形成」が論じられる場合には、「主体」形成主義的な組織づくり論がうみだされてしまうのである。組織の一成員としての共産主義者の主体性を論じることは、人間論の領域ではなく、あくまでも組織実体論の領域にぞくすのである。組織化される人間（非同盟員）とこれを組織する人間（同盟員）との実体的対立を前提的に措定したうえで「組織への形成」が、そしてまた、同盟諸組織（細胞や各級指導機関）の内部または種々の組織形態のあいだにおける指導部と被指導部との実体的な対立関係にふまえて「組織の形成」が、それぞれ論じられないかぎり、いずれも組織論とはいえないのである。いわゆる「組織への形成」論は、基本的に運動＝組織論的に解明されるべき諸問題を主体性の確立＝自覚の問題に解消した誤謬の産物であり、いわゆる「組織の形成」論は組織の形態的および実体的確立にかんする問題を組織成員の主体性の確立にもとづく組織づくりの問題に横すべりさせた誤謬の産物でしかないのである。

〔二〕　政治上・経済上その他の諸問題をめぐって展開される大衆運動の組織的前提をなすだけでなく、同時にこの運動を媒介として不断に強化され拡大されていくわが同盟組織、これを組織的に確立していくためには、——いいかえればわが同盟諸組織の裏指導部化とか、組織づくりにおける政治技術主義や主体形成主義とか、といった誤りや偏向を実践的に打破し克服していくためには、——なによりもまず第一に、大衆運動の組織化（1）および種々の組織形態の組織化（2）のベクトル（この両者は同盟建設のY面をかたちづくる）から明確に区別された、同盟組織を形態的にも実体的にも確立していく（同盟組織建設のX面）ための「組織の組織的確立」というベクトル（3）が明白に措定され位置づけられなければならない。いいかえれば、わが同盟組織を組織的に確立していく（X面）ためにこそ、社共両党にとってかわる革命的前衛党をつくりだすためにこそ、わが同盟はその時々の大衆運動へ組織的にとりくむ（Y面）のであって、その逆ではない、ということである。――まさしくこのゆえに、運動＝組織づくりの実体的構造を解明することをその課題とする運動＝組織論の対象領域（A面――→B面）と、同盟組織建設論の対象領域（X面――→Y面）とは、たとえ形式上一致する（A面＝Y面、B面＝X面）のだとはいえ、それぞれの側面へのアプローチのしかた（分析視角）とその内容は明白に異なるのである。この区別があいまいにされる場合には、たとえば同盟建設の運動面（Y面）の総括が直接に運動＝組織づくりの運動＝組織論的反省（A面とその根拠としてのB面の分析）と等置されることになるわけである。

〔二〕　そして第二には、わが同盟組織は――その基本形態としての細胞であろうと、またその各級の指導機関であろうと――全体として組織的全体性と思想的個別性とをそのうちに統一した「前衛＝革命的プロレタリア」の組織である、ということがとらえられていなければならない。

政治的国家と市民社会との分裂、そのブルジョア的個人における表現としての社会的「全体性」（この「全体性」は疎外されざるそれではない）と私的個人とへの分裂と同様に、ブルジョア資本主義社会そのものにおいてプロレタリアは、その階級的全体性と個別的主体性との分裂におちこんでいる。プロレタリアが不断の階級闘争を通じて自己をプロレタリアートとして階級的に組織化していく闘いにおいて、この分裂は実践的に止揚されていく。プロレタリアのプロレタリア階級としての形成は時間的未来（将に来るべきものとしての革命闘争）において実現されるのではなく、まさに不断に展開される階級闘争のただなかで場所的に実現されるのである。たしかに、労働者階級の自己解放を基礎とした人間の普遍的な解放は、プロレタリア階級がまさに支配階級として自己を組織化した時点（つまりプロレタリアート独裁の国家権力の樹立）を結節として実現されうる。しかしプロレタリアは、政治闘争や経済闘争の日常的展開のただなかで、自己の階級的諸利害にもとづいて団結するだけでなく、この団結を「労働組合」という形態において表現さえしてきた。たとえこの形態においては、プロレタリアの階級的全体性とその個別的主体性とが即自的に統一されているにすぎないとしても、そしてまたとりわけ帝国主義的段階いごには社会民主主義的指導部によってこの統一がゆがめられたり分裂させられたり破壊されたりしただけでなく、階級闘争そのものまでもが改良主義的に歪曲されてしまったとしても、さらにソ連労働者国家の官僚主義的変質を物質的基礎とした二〇世紀国際共産主義運動のスターリニスト的疎外に規定されて、労働組合そのものとその運動がスターリニスト的にねじまげられてしまったとしても、それにもかかわらずプロレタリア一般にとっては、「労働組合」は自己と統一された階級的全体性の一表現として意義をもつものなのである。「労働組合」という形態における、プロレタリア的全体性と個別性とのこの即自的統一を、たえず向自的なものへ高めつつ、プロレタリア階級の階級的組織化を不断に、目的意識的に実現することをみずからの課題とした前衛党が、それにもかかわらず社会民主主義的に、あるいはスターリニスト的に変質しているところに、現代における階級闘争の一切の問題性が集約されているのである。

このような悲劇的現実において、まさにそれを打破し変革するための真実のプロレタリア前衛党を創造することをめざして場所的にたたかっているわが同盟は、階級的全体性とプロレタリア的主体性とを自覚的に統一した革命的組織として、みずからをきたえあげていかなければならない。社会民主主義者の改良主義的指導部やスターリニスト党（官僚）などによって分裂させられている労働者階級、民社党や社民ダラ幹や代々木官僚などによって破壊されているプロレタリアの階級的団結、彼らによってもちこまれているプロレタリア階級の一切の内部矛盾。こんにちの労働戦線のこうした現実を根底からくつがえすためには、プロレタリア階級の全体性と自覚的に統一された革命的組織として、わが同盟はうちかためられなければならない。そして、わが同盟の組織的全体性とは、プロレタリアートの階級的全体性の自覚的表現にほかならず、そのたえざる高度化はわが同盟組織の労働者的本質の実現にほかならない。しかも、このことは、ただ自覚したプロレタリア、つまりマルクス主義で武装したプロレタリア、だから共産主義的人間という普遍的個別性をかくとくした革命的プロレタリアによって、わが同盟組織が実体的になわれ構成される場合にのみ現実的に可能となる。階級的全体性として意義をもつ組織的全体性とプロレタリア的主体性＝個別性との統一、これが革命的前衛組織としてのわが同盟の本質である。

〔三〕　そしてこのような組織の革命性を裏づけるものが、ほかならぬプロレタリアートの自己解放の理論としてのマルクス主義である。革命的マルクス主義の立場における生きた現実のたえざる理論化、階級闘争・大衆運動の実践的総括、これによる同盟組織そのものの武装、その組織的担い手（組織の構成実体としての同盟員）の思想性と人間的同一性との不断の高度化、これを組織的根拠とした実践的同一性の創造と実現、このような組織的＝理論的な闘いを通じて、わが同盟組織は組織的に形成され確立されていく。このいみでわが同盟組織は、階級的全体性につらぬかれた組織性と、マルクス主義およびそのたえざる現実的適用にうらづけられた思想性との統一をなすといわなければならない。後者はわが同盟組織の質的内容を規定するものであり、この内容と不可分な形式が前者である。内容からきりはなされた形式はなく、形式からきりはなされた内容はありえない。わが同盟の思想的内容（これは対象的には「綱領」に集約的に表現される）とその組織的形式＝階級的全体性とは不可分の関係にあるのであって、前者からきりはなされた後者はなく、また後者からきりはなされた前者もありえない。このように、形式＝組織性と内容＝思想性とを統一した組織形態であるという点に、わが同盟の革命性がある。これが第三の問題である。

組織における思想性と組織性とは、直接的には組織諸成員の主体性において、本質的には組織形態そのものにおいて、それぞれ統一されている。組織性につらぬかれていない主体性（つまり普遍的個別性ではない、たんなる個別性）、あるいは階級的全体性につらぬかれていない思想性も、また、思想性ないし普遍的個別性（共産主義的人間）にささえられていない組織性も、いずれも一面的であり誤謬である。組織性は同盟組織諸成員の主体性ないし思想性にとって決して外的なワクのようなものではない。組織性がそのようなワクとしてしかとらえられない「主体性」なるものは、それがなお組織を構成するその実体として、つまり組織的主体性として確立されていないこと（すなわち主体形成主義のより一層の疎外）をいみする。他方、思想性ないし主体性にうらづけられ、ささえられていない「組織性」なるものは、形骸化されたそれにすぎない。したがって、たとえば「組織規律」の空虚な形式主義的ふりまわしとして、また官僚主義的な支配や統制として、形骸化された組織性は現実化されるのである。要するに、組織性につらぬかれていない主体性・思想性も、また思想性・主体性にささえられていない組織性も、いずれも、同盟組織およびその諸実体の革命性を減殺し喪失させる以外のなにものでもありえない。

いいかえれば、一般に、戦術や戦略にかんする理論上のゆがみは組織上のそれを決定し、また後者は前者にはねかえるのである。運動＝組織づくりにおける大衆運動主義的偏向が「組織原則」の名における組織づくりの官僚主義的な支配および統制をうみだし、また後者が前者のより一層の深化を、完全な政治技術主義への転落と武闘主義的変質とをうみだす、ということの弁証法は、第三次分裂いごのブクロ官僚一派のありのままの現実のなかに端的にしめされているといわなければならない。

このように同盟組織そのものが思想性と組織性との統一をなすということからして、組織建設のためにはつねに必ず思想問題および組織問題をめぐって内部闘争が展開されなければならないということになる。ここにいう組織問題とは、同盟組織をかかるものとして形成し確立していくために、さけてとおることのできない組織建設に固有な問題のことである。また思想問題とは、大衆運動への組織的かかわり（Y面）にかんする理論闘争および組織活動にかかわる具体的な理論上の諸問題、ならびにそれらを規定するより抽象的で本質的な理論的諸問題、さらに組織そのものに固有な思想問題など、要するに大衆運動および革命運動にかんする一切の理論的諸問題のことである。けれども、この両者は形式的にきりはなされてはならない。すなわち、同盟組織そのものにかんするそれに固有な組織問題は、組織全体およびその構成実体の思想問題として追求されなければならないし、また他方、個々の同盟員や組織全体の思想問題は同時に組織問題として追求されなければならないのである。

いいかえれば、同盟建設における組織面も運動面も、いずれも理論活動と組織活動との統一において実現される（すなわち、前者は大衆運動および革命運動にかんする理論的追求を基礎とした組織づくりの闘いであり、後者は当面の戦術をめぐる理論闘争とこれを物質化するための種々の組織活動の展開である）のであるからして、組織問題と思想問題のそれぞれには、組織面および運動面の両者にかかわる諸問題が包括されるのであり、しかもそれらはすべて同盟組織建設の視点から個別的あるいは全体的にとりあげられ追求されるのだ、ということである。ここにおいて第四の問題、すなわち同盟組織の形態的および実体的な確立にかんする問題がうかびあがってくる。

〔四〕　思想上および組織上の問題が組織的にとりあげられる場合、これは直接的には階級的全体性を、または組織性につらぬかれたプロレタリア的主体性を、確立することをめざしている。いいかえれば、わが同盟の組織的担い手（組織実体）にふさわしい組織性と思想性とを主体化するための闘いとして、それは実現される。けれども、本質的には、わが同盟組織全体を、階級的全体性とプロレタリア的個別性とを自覚的に統一した革命的組織として、あるいは組織性と思想性とを弁証法的に統一した前衛組織として、形態的に確立することをめざして、それは実現されるのである。ところで、同盟組織建設におけるこの実体的確立（前者）とその形態的確立（後者）とは、現実には、それ自身次のように統一される。すなわち、組織問題や思想問題をめぐって、同盟員を同盟員として、つまり組織性をもった革命的共産主義者として創造するための闘い（実体的確立）を媒介として、同盟諸組織の形態的確立がめざされる。他方、この形態的確立を基礎として、ふたたび実体的確立のための闘いが、より高次の次元でおしすすめられ、またこれを媒介として前者もまた高度化されるわけである。

　同盟諸組織をまさにそのようなものとして確立するためには、諸組織会議において同盟員たちの思想性がたえず点検されなければならず、この点検を通じて組織成員としての主体性の確立、わが同盟員にふさわしい思想性と組織性との不断の質的な高度化がめざされなければならない。すなわち直接的には、大衆運動への組織的とりくみにおける、戦術をめぐる理論闘争や組織活動にかかわる諸問題を中心として、おのおのの同盟員が、相互に自己の諸活動を反省し対象化しつつ徹底的に討論し、これにもとづいて総括を組織的につくりあげ、次に展開されるべき大衆運動を組織化するための闘いの前提をつくりあげる、ということをめざして諸組織会議はもたれなければならない。いいかえれば組織会議は同盟員たちの思想性と組織性を、大衆運動づくりにかんしてうみだされた諸問題の検討と点検を通じて、不断に高めていく場なのである。けれども、同時にそれは、その時々の大衆運動上の諸問題ばかりでなく、さらにそれにふまえながら革命運動上の諸問題をも積極的に追求しほりさげていく場たらしめられなければならない。組織諸成員のあいだでの思想的・組織的・実践的の同一性を、組織討議を通じて不断に高度化していくためには、他面では同時に、たんに組織討議にとどまることなく、その基礎ないし前提となるべき、革命理論や経済学やマルクス主義の一般理論、さらに反スターリニズムの理論などを――組織的あるいは個別的に――学習し体得するための努力が、たえずつみかさねられなければならない。こうした個別的あるいは組織的な学習活動や研究活動を通じて、組織討議の質的向上をはかることが大切である。たとえ組織会議がひんぱんに、かつ長時間もたれたとしても、もしも学習や研究活動の系統的で計画的な実現から切断されたままでそれがなされるならば、組織討議の質的内容の低下をふせぎとめることは決してできないのである。運動＝組織づくりのための諸活動の展開およびその質的な高度化を確保するための学習・研究活動とは、同盟組織建設にとっていわば車の両輪をなすのである。当面の種々の闘争課題にかんする運動＝組織づくり上の諸問題を組織討議その他で理論的に追求することと、マルクス主義理論をたえず主体化しなおすとともに創造的にそれを適用し展開していくための理論活動を組織的および個別的に実現することによって、個々の同盟員の思想変革＝形成と人間変革がなしとげられ（組織実体の主体性の確立）、これを基礎として同盟組織も形態的に確立されるのであり、指導的メンバーの大量的創出、指導部の指導部としての確固とした形成もまた可能となるのである。こうした同盟組織の形態的確立や指導部の創造を基礎とするかぎり、当然のことながら同盟諸組織ならびにその実体的確立も、より高次の次元において遂行されることになるのである。

同盟組織を実体的および形態的に確立していくためのこのような構造は、組織全体（同盟）とその構成実体（同盟員）との構造的把握に、――つまり組織実体なしには組織形態は存立しえないが、しかし後者は前者の算術的総和によっては構成されえない、という組織＝全とその実体＝個との弁証法的把握に、――もとづいている。

だから、たとえばまず、同盟組織の形態的確立の「彼岸」において同盟員の同盟員としての確立がめざされる（組織実体の確立における一つの疎外形態）場合には、これは組織づくりにおける主体形成主義として、共産主義者としての主体性を確立するための思想闘争主義としてあらわれる。そして他方、組織諸成員の主体性（思想性と組織性）を形成するための組織的闘いを軽視したり無視したりして同盟諸組織を政治技術（主義）的に機能させようとする（組織の形態的確立あるいは組織指導における一つの疎外された形態）場合には、これは組織づくりにおける形態主義、あるいは組織指導における機能主義（ひきまわし主義）としてあらわれるのであって、これらは官僚主義的な組織建設の萌芽、ないしその一変種であるといわなければならない。

〔五〕 ここにおいて、さらに第五の問題、すなわち同盟組織の内部における指導（部）と被指導（部）の問題がうかびあがってくる。なぜなら、組織づくりにおける主体形成主義として一括することのできる諸偏向に共通につらぬかれている誤りは、確立されるべき主体性が階級性につらぬかれた組織性と統一されたそれ、つまり普遍的個別性（組織的主体性）としてとらえられていないだけでなく、また指導するものと指導されるものとの実体的関係にふまえて同盟組織を組織的＝形態的に確立するという問題が軽視ないし無視されているところから発生するのだからである。そして他方、組織建設や組織指導における形態主義は、組織諸成員の思想性および組織性のたえざる高度化にかかわる問題を没却し、つくりだされた組織諸形態を機能主義的にとらえ、そして指導するものが指導されるものを政治技術（主義）的に機能させるところからうみだされる誤謬だからである。

わが同盟の基本的組織形態をなす細胞そのものの内部にも、また種々の細胞群とそれを統括する各級指導機関（地区・地方・中央などの指導部）とのあいだにも、指導と被指導との関係が存在する。後者、すなわち各級の指導部とそのもとにぞくす細胞群との関係は、前者つまり細胞そのものの内部における指導と被指導との関係（内的対立）の外化された形態である。どのような組織形態でも、指導するものと指導されるものとの関係が――たとえ指導部と被指導部（下部組織）というように形態的に確立されていない場合でさえも――内在しているのである。指導と被指導との、指導するものと指導されるものとの、指導部と被指導部との関係が存在すること自体のなかに、ただちに官僚主義を発見するのは、極端な主体形成主義者の謬見でしかない。こういう主体形成主義者の場合、その「主体性」はそもそも組織性から切断されたそれでしかなく、したがってこの「主体性」なるものにとっては組織そのものが外的なワクとしてとらえられ、また指導（部）と被指導（部）との関係の存在それ自体が官僚主義のあらわれであるなどと錯覚しないわけにはいかなくなるのである。もちろん指導部と被指導部との固定化、あるいはそれらの関係の硬直化、さらにこれらを基礎とした内部闘争の沈滞や放棄などが持続されるならば、この場合には、そうした指導部および被指導部の存在は官僚主義が発生する温床へと転化される。このことは、革共同の第三次分裂においてわれわれが体験させられたことがらなのである。同盟組織をたえず生動的なものとして維持し実現していくためには、指導部と被指導部との関係が固定化されることを打破するための不断の組織的闘い、思想問題および組織問題をめぐるたえざる同盟内理論闘争の組織化が、不可欠の条件となるのである。しかもそれらは、同盟内フラクションの形成や革命的分派組織の結成を拒否したり排除したりしない形態において、実現されなければならない。

　指導と被指導との、指導するものと指導されるものとの、そして（それらが形態的に自立化されたものとしての）指導部と被指導部との関係が、――細胞組織においても、また同盟組織全体においても――民主主義的中央集権制の原則にのっとって正しく確保され、しかもそれらのあいだの種々の内部対立が誠実な理論闘争を組織的に展開することを通じて不断に解決されていく場合にのみ、わが同盟組織は組織的に確立されていくのである。階級的全体性につらぬかれた組織的全体性とプロレタリア的個別性との本質的な統一が、思想性と組織性との有機的統一が、指導（部）と被指導（部）との実体的および形態的な対立を基礎とした組織内闘争を通じて、不断に実現される場合にのみ、わが同盟組織は実体的にも形態的にも決して疎外されないかたちにおいて形成され確立されうるのである。

　すなわち、指導部（各級指導機関および細胞指導部）あるいは指導的メンバーは、組織的全体性とプロレタリア的＝普遍的個別性とを自覚的に統一していくことをめざしながら、指導されるもの（あるいは同盟に新たに参加した同志たち）にたいして、その時々の理論上および組織上の現実的諸問題にふまえ、たえず同盟員としての組織性および思想性を「附与」するための諸活動（組織会議での討論の組織化や学習会・研究活動の系統的で計画的な指導など）を展開しなければならない。しかしこの場合、思想性の附与は「理論」（しばしば一知半解的な）の官僚主義的な流しこみであってはならず、また組織性の附与は自己への従属性（親分子分関係）や上意下達式の「組織性」（官僚主義的集中制）、さらに下部主義的な意識・無責任性のおしつけや植えこみであってはならない。指導されるものの理論水準と思想性、その組織性を高め、彼らのより一層の自己変革をうながすかたちで、この「附与」はなされなければならない。だが、指導部のがわからするこの「附与」は、他面では同時に、被指導部のがわからすれば思想性および組織性の「体得」にほかならず、そしてまたこのような関係を通じて指導するものそれ自体もたえず自己変革をかさねなければならないことになるのである。なぜなら、「附与」とは既成のもののたんなる流しこみではなく、「附与」される対象（あるいは「体得」せんとする主体）の問題意識や理論水準にたえず規定され限界づけられたそれであるからだ。

このように、指導するものと指導されるものとの実体的対立（ある特定の組織形態の内部の場合）やそれらの形態的対立（同盟組織を全としてみた場合）において、その時々の思想問題や組織問題をめぐって展開される「附与」＝「体得」という内部闘争の執拗な組織化を通じて、わが同盟組織は実体的にも形態的にも確立されていくのである。同盟の組織諸成員の思想性および組織性を高度化することによるその主体性の確立、したがって彼らを指導的メンバーへ自己脱皮させること、これを基礎とした同盟諸組織の形態的確立、そしてこれにもとづいた各級指導部の指導部としての創造、さらにこれらを基礎とした組織諸実体の全体としての質的強化と量的拡大。——同盟組織建設のこのようなラセン的発展構造は、指導（部）と被指導（部）との対立における組織的全体性とプロレタリア的個別性との、思想性と組織性との、たえざる革命的統一をめざした内部闘争をバネとしてのみ実現されうるのである。わが同盟組織の革命性、その発展性は、まさにこの内部闘争の組織的実現によって確保され保証されているのであって、これが、わが同盟（革マル派）の精髄をなしているのである。

（附）党細胞について

党中央指導部（中央執行委員会あるいは政治局）、各地方（および都・府・県）委員会、それに所属する地区委員会、そのもとに包括される細胞群。——これが革命的前衛党の一般的な組織構成であり、細胞は党組織の原基形態をなす。わが同盟組織も、党組織のこうした一般的な組織構成を基軸として建設されつつある。しかも、それとともに、特定産業の労働者細胞は同時に、数地区にまたがった地方産業別労働者委員会〔これは、各地方委員会あるいはこれに所属する地方労働者組織委員会の直接的指導のもとにおかれるとともに、中央指導部（政治組織局あるいは中央産業別労働者委員会）によって統括される〕の下部組織としての組織的位置づけをあたえられている。いいかえれば（地方）産業別労働者委員会とそれに指導される、数地区にまたがる産業別労働者細胞群（後者は基本的＝一般的には、各地区あるいは地方委員会によって指導され統括されるその下部組織である）とは、わが同盟組織の特殊的組織構成をなすのである。わが同盟は、このような一般的および特殊的な組織構成をもち、この構成にもとづいた指導によって種々の細胞を拡大し強化するための闘いが、その各級指導部の建設が——すでにのべたような同盟組織づくりそのものの基本的構造にふまえつつ——おしすすめられている。

一般に、革命的前衛党の原基的な組織形態が「支部」とか「班」とかとよばれずに、まさに「細胞」と規定されているのは、党細胞それ自身が本質的に自立し自己運動する生きた実体をなすのだからであり、まさにそのようなものとして階級闘争・大衆運動を通じて、またそれを媒介として拡大・強化されるだけでなく、同時に生物の細胞分裂のように党細胞もまた組織的分化と拡大をもうみだすのだからである。しかも、細胞が生物有機体（多細胞生物）の一構成部分であるのと同様な構造と機能を、党細胞は党組織にたいしてもっているからである。このように党組織と党細胞との関係は生物有機体とその実体としての細胞との関係と本質的に同一のものであって、民主主義的中央集権制の原則にもとづいた各種の党指導機関と党細胞との関係は、あたかも生物有機体における神経系統に類比することができる。そして党組織の一般的構成（骨骼）にもとづいて建設される地区的党組織は、党組織におけるいわば筋肉系をなすのであり、さらに党内闘争の不断の展開、上からと下からとの、そのたえざる組織化と実現とは、生物有機体の新陳代謝あるいは血液の循環にもたとえることができるのであって、党組織の全体としての生々とした発展を保障する物質的基礎である。

党組織は、まさにこのようなものとして、その時々の階級闘争に組織的にとりくみつつ、形態的にも実体的にも、思想性と組織性とをたえず高次の次元において統一し、そうすることによってプロレタリア的全体性と個別性とが自覚的に統一された前衛組織として、みずからきたえあげ、プロレタリアートの自己解放のための主体的諸条件を場所的に創造する前衛部隊となりうるのである。

党組織の原基形態をなす党細胞は、ところで、それぞれの工場・職場・経営などにぞくす三名以上の共産主義者によって構成され、そのなかの一名は核（キャップ）となる。――もちろん、大きな工場細胞の場合には、細胞指導部が選出されなければならない。そしてこれは定期的に改選されるのでなければならない。

各細胞は、それぞれの職場における具体的な諸問題ばかりでなく、党（指導部）そのものが提起している運動上・理論上および組織上などの諸問題について徹底的に討議をかさね決定し、かつ実践し統制する。すなわち、まず第一に、細胞活動の基礎をなす組織討議は、いわゆる政治討議につきるのではない。細胞の諸成員が相互にみずからを共産主義者として形成していくための思想闘争として、それは実現されなければならない。したがって党組織は、運動＝組織づくりにかんする問題や理論問題・組織問題などにおける同一性のたえざる創造を基礎として、共産主義的人間へ不断に自己変革をなしとげていく場たらしめられなければならない。

細胞指導部によって定期的に招集され、ひらかれる細胞会議においては、中央指導部あるいは地方・地区諸機関などがその機関紙誌や内部文書を通じて提起している大衆運動（労働運動および学生運動）にかんする諸問題（とりわけその時々の闘争＝組織戦術）や内部論争問題、またこの細胞じしんが直面させられている運動上・組織（活動）上・理論上の諸問題、さらに革命運動の展望や理論などをめぐって、相互討論がなされなければならない。その場合、細胞指導部は、指導性あるいはイニシアティヴを発揮しつつ、これらの諸問題について理論的解明をあたえなければならない。そして、この相互討論を通じて決定されたことがらのすべては、直接には自己の闘いの場に物質化されなければならない。この物質化のための種々の活動を展開しつつ、社共両党や既成の指導部によりゆがめられている今日の労働運動を左翼的にのりこえていく闘いに広汎な戦闘的労働者をひきいれるために、そしてまたこの闘いの前提となり・その直接的な推進母胎であり・またそれを通じて強化され拡大されるフラクションづくりのために、さらに新しい同志＝細胞員をかくとくするために、党細胞（員）はたたかわなければならない。

大衆運動への党細胞としての組織的とりくみのこの側面は、細胞会議においてたえず運動＝組織論的に、また闘争論的にほりさげられ総括され教訓化されなければならない。その場合、個々の細胞員のフラクションの活動や独特な職場闘争の具体的な報告、あるいは細胞会議で決定されたことがらの遂行方法、その過程および諸結果などについての報告を基礎として、相互に点検と討論がなされ、そのうえで総括がなされなければならない。種々の活動にあらわれた欠陥やゆがみや誤りは、隠蔽されることなく、できるだけ早く発見され、理論的に切開され実践的に克服されなければならない。（とくに指導的メンバーは、細胞諸成員の個人的能力・性格・傾向などにかんしても、ふだんから的確にとらえておくように心がけることが必要である。）

しかも、細胞活動のこの総括は、文書あるいは口頭で上級機関（たとえば地区・地方・産業別などの各指導部）へ、さらに中央指導部へ集中され集約されなければならない。こうすることによってそれは、新たな運動＝組織づくりの闘いを準備したり、欠陥を可能なかぎり早く除去しながら党組織建設をつよめたりするための素材たらしめられるのである。いいかえれば、細胞員であるものは、党建設と党活動のために絶対に欠くことのできない財政をになうために組織的に決定されている党費を着実におさめ、党の機関紙誌その他の文書を配布したり、それらをめぐって討論をつみかさねていくだけでなく、同時に党機関紙誌への通信・連絡・情報活動・論文執筆その他を、たえずおこなわなければならない。

それとともに各細胞は、工場細胞新聞を独自的に編集し発刊し、これを通じて宣伝を強化するとともに煽動のための素材を具体的に提示し、戦闘的労働者を党のがわに組織化するための前提をつくりださなければならない。そのためには、各細胞員が、職場の具体的諸問題（賃銀、労働条件、労働時間、労働強化や合理化などの）内外の政治的経済的動向および諸党派の動きなどを、たえず研究し、組合新聞や社会党・代々木共産党などの諸党派の機関紙誌のおもなものを集め点検し整理し批判することが必要である。（もちろん、こうした活動を自己目的化する傾向は誤りであって、いわゆる〝ウンチング・ペーパー読み〟に堕してしまうのである。）これは細胞会議において組織的になされなければならない。このような諸問題との対決を通じて、細胞の諸成員が自己の政治的・理論的・組織的な諸能力を高めるためには、同時にマルクス主義（反スターリン主義をふくむ）の諸理論の系統的で計画的な主体化が、個別的あるいは組織的になされなければならない。細胞会議とは別に、細胞員からなる独自の学習会や研究会が組織化されるべきである。このことは、党組織全体を通じて系統的・定期的・かつ持続的に実現されなければならない。

党組織が全体として生々と発展することを保証するものは、ほかならぬ党内＝理論闘争である。一般に党員たるものは、党の中央および地方（地区）諸機関の方針・路線・理論などにたいする原則的な批判ならびに意見留保（ただし政治的のりきりのためのそれをのぞく）をする権利をもつ。それとともに党諸機関は少数意見を尊重しなければならない。けれども「討論の完全な自由、行動の完全な統一」という原則は貫徹されなければならない。そして路線上の重大な誤謬や党内諸組織に発生した種々の重要な誤りにたいする組織的闘いの形態としての党内フラクション、さらに分派組織の結成、これらをただちに組織的分裂と直結したり、またはそのようにとらえてそれらを拒否することは、党組織の生命をたちきる官僚主義的な手段であることもまた確認されなければならない。

V　激動する国際・国内情勢とわが同盟の組織的任務

第二次帝国主義戦争の終結いご二十数年をへたこんにち、現代世界はようやく激動を開始し、新しい局面をいまむかえつつあるかにみえる。

一九一七年のロシア革命を結節点としてきりひらかれた世界革命への過渡期は、レーニン死後のソ連共産党とその路線の変質によって、とりわけ一九三〇年代のスターリン・テルミドールを決定的な契機として、完全にゆがめられた。しかも、かのヤルタ協定によって、地域的にも拡大されたスターリニスト国家群とアメリカを盟主とした帝国主義国家群との外的対立がうみだされただけではなく、同時にそれは固定化されさえしてきたのであった。二〇世紀前半のこの悲劇的事態は、朝鮮戦争・ベトナム民族解放闘争のジュネーブ協定による「解決」のなかに、また一九五六年のハンガリア労働者の血叫びのなかに、象徴的にしめされている。だが、ベトナム侵略戦争における軍事的および政治的敗北とドル危機との挟撃によってゆすぶられ、没落の必然性をあらわにしつつあるアメリカ帝国主義と、さまざまのかたちで噴出しはじめた新しいラディカルな力とによって、そうした事態は、いまや打破されつつあるかにみえる。

ドル帝国主義本国におけるベトナム戦争反対の闘いと「豊富のなかの貧困」・人種差別からの解放をめざした黒人の闘いとの合流と結合。ド・ゴール帝国主義を根底から動揺させながらも、またもや議会主義的に収拾された「五月」の階級闘争。そして反スターリニズム革命的左翼に指導された日本における反戦闘争の一定の高揚。さらに、いまなお進展しつつある「中国文化革命」や東ヨーロッパにおける「自由化」・「民主化」の波に激しくあらわれているスターリニスト・ソ連圏。……

たしかに、現代世界は激動しているといえる。だが同時に、この激動を世界革命の実現にむかって突破口をきりひらきつつ転換させていくべき反スターリニズムの革命的左翼が、国内的にも国際的にも、なおきわめて脆弱であることもまた、おおいがたい事実である。

ポンドそしてドルの危機に端を発した国際通貨体制の崩壊的危機のなかにその露頭をみせはじめたところの、現代帝国主義の全体としての没落化傾向、これをくいとめるための各国帝国主義の軍事的狂暴化、ならびに、「一枚岩的団結」を誇ってきた自称「社会主義陣営」および世界各国共産党の七花八裂、帝国主義との闘争におけるそれらの完全な無力化などに象徴される現代スターリニズムの破産。――現代世界のこのような動向は、明らかに世界革命への物質的＝客体的諸条件が成熟していることを端的にしめしている。にもかかわらず、こうした世界史的事態を根底からくつがえし変革しうる革命的主体の形成とそのための世界党の結成は、わが反スターリニズム的共産主義運動の微弱さのゆえに、決定的にたちおくれている。ここに、一切の問題の核心がある。

もちろん、すべての既成左翼の規範からはみでたかたちにおいて、あるいはそれをのりこえていくかたちにおいて、さまざまな急進的または革命的な諸党派や政治的諸潮流が、決定的な危機になげこまれた現代世界を物質的基礎として、いま全世界的な規模で胎動しはじめ、かつこれを中軸として各国の階級闘争が種々の形態で爆発し、一定の高揚と挫折と敗北のおりなす闘いが激烈におしすすめられてはいる。けれども、それらには、戦略的展望における確固とした同一性もなければ、また組織的展望における一致ももちろん欠落している。いやむしろ、一切の現存秩序へ反逆するというその基本姿勢の革新性にもかかわらず、胎動しはじめた急進的で革命的な諸党派や諸潮流のイデオロギー的雑炊性ないし雑居性は、おおうべくもない事実である。まさにかかる事態をも突破していくところにこそ、わが日本反スターリニズム運動のはたすべき重大で困難な任務があるのである。わが革共同（革マル派）は、日本における階級闘争の革命的推進を物質的基礎として、いまこそ〈反帝・反スターリニズム〉世界革命戦略を支柱とした革命的インターナショナルを創成するために執拗な闘いをもくりひろげるのでなければならない。

「戦後世界体制の崩壊的動揺」、各国帝国主義支配階級による政治的および軍事的攻撃の激化、ならびに、各国スターリニスト官僚制国家においてなお持続されている圧制および各国共産党の数々の反労働者的な策謀などに、まさに直反射的に対応しつつ、もっぱら危機感をあおりたて、焦燥感にみなぎった極めて空疎な「展望」を提起することが、われわれの任務なのではない。こんにちの世界史的事態にたいして透徹した理性をもって党的に対決し、それを根底から変革しうる階級闘争の広大な大衆的基盤と組織的基礎を不断に場所的に創造していくことこそが、わが日本反スターリニズム左翼の現段階的任務である。一九七〇年代の安保闘争をも、まさにこうした前衛党にとって決定的に重要な「動中静」の態度において、われわれは現在的にたたかうのでなければならない。

それゆえにわれわれは、まずもって現段階における国際・国内情勢の基本的特徴を概観し、次に帝国主義陣営のアジアにおける「弱い環」としての日本帝国主義、それと種々のかたちで対決し、かつその打倒をめざした一切の左翼諸党派の現段階における腐敗やゆがみの核心をあばきだし、これらを通して最後に当面するわれわれの闘争＝組織戦術の核心的なものを明らかにすることが必要である。

一　アメリカ帝国主義の世界支配戦略の破綻と　それへのスターリニスト的対応の破産

A　パリ会談の欺瞞性

一九六八年三月三一日の「ジョンソン声明」とパリ「和平会談」の開催。——このようなかたちで、泥沼化したベトナム戦争を「終結」させようとする動向のなかには、腐朽し没落の深淵になげこまれたアメリカ帝国主義のあがきばかりではなく、これにたいするスターリニスト的対応の腐敗もまた、象徴的にしめされている。いやそれだけではない。現代帝国主義とスターリニズムとに基本的には分割されている現代世界そのものを根底からくつがえし変革しうる可能性を本質的にもっている国際プロレタリアート・勤労大衆が、にもかかわらずそれを現実化しうるだけの組織化された主体的な力をなお成熟させてはいない、というこの悲劇的な歴史的現実をも、同時にかかる動向はしめしている。

「ジョンソン声明」――北爆を部分的に制限し「和平」会談を提唱するとともに、しかし南ベトナムの「防衛」を鉄面皮に固持し、かつジョンソン自身が引責辞任することを明らかにしたこの「声明」は、いうまでもなく、直接的にはアメリカ帝国主義の世界支配戦略、とりわけアジア軍事戦略が、ベトナム侵略戦争での敗勢を契機として完全に破綻し、ドル帝国主義が政治的および軍事的に敗北したことを自己確認する、という意義をもっている。一九六八年初頭いらい激烈に展開されたテト攻勢。そしてこの闘いの中核部隊としての南ベトナム解放民族戦線が、それとは別に新たにつくりだされた民族民主平和連合などと組織的に提携することを宣言し、軍事上・政治上・経済上でアメリカ帝国主義に従属化しているチュー・キの軍事的ボナパルチスト政権にたいして政治的にも攻撃をかけたこと。こうした軍事的および政治的攻撃に敗退したアメリカ帝国主義は、まさにそのことによって現代帝国主義陣営の盟主としてのその政治的威信を低下させ、軍事的威力と優位を失墜させないわけにはいかなかった。そうすることによってアメリカ帝国主義は同時にまた、そのアジア軍事戦略＝支配体制の方向転換をなすべきことをも強制されたのである。それとともに、アメリカ帝国主義本国そのものにおける種々の形態の反戦平和の闘いの噴出や、恒常化した黒人解放闘争の激化によって、また独占ブルジョアジーの動揺と内部分裂（いわゆるタカ派とハト派とへの分裂）によって、それは促進されたのである。

しかもこのような政治的および軍事的敗退と軍事戦略上の転換は、他面では同時に、アメリカ帝国主義の政治経済構造そのものが根底からゆすぶられ、その没落の必然性が現実化したことを、その物質的基礎としている。いうまでもなくドル体制の崩壊的危機によって、そのことは現実的に規定されているのである。——一九六七年一一月一八日のポンド切りさげに端を発し、その後三回くりかえされたゴールド・ラッシュを通じて、ますますドル危機は深刻化し、ついに一九六八年三月一七日には当面の経済的危機を一時的にのりきるために「金の二重価格制」(金一オンス=三五ドルの管理価格と金の自由市場価格との二重制)へ移行することに、アメリカ権力者はふみきった。ここにおいて国際管理通貨体制は実質上崩壊しさったといってよい。なぜなら、二重価格制は、その内部に対立した二契機をはらみ、しかも後者の側面(自由市場価格)に金価格が暴力的に統一される(この場合には、ドルの兌換停止をともなうその引きさげとして、または金価格の引きあげとして現象する)ということによって巨大な経済的混乱(世界金融恐慌)がひきおこされる、という事態への、きわめて不安定で過渡的な制度でしかないからである。それだけではない。ドル帝国主義は第二次世界大戦いごの現代帝国主義陣営の盟主、そのいわゆる基軸国をなしている。このゆえに、ドル危機は同時に国家独占資本主義の国際的体制としての国際管理通貨体制そのものを崩壊させる世界危機の爆発を、必然的に措定することになるのだからである。

一方におけるベトナム侵略戦争での政治的および軍事的な敗退、他方におけるドル体制の崩壊的危機。——この両者によって、いまアメリカ帝国主義は決定的な岐路にたたされている。しかもこの両者は、二つの事態ではなく、相互に深くきりむすんでいる一つの事態の二つの表現でしかないのである。なぜなら、直接的にはベトナム侵略にともなう莫大な財政・軍事支出、それにともなう国内的なクリーピング・インフレーションの進行や資本輸出の増大・対外借款の累積、これらにともなう国際収支の赤字の恒常的な累積などを通して、ポンド切りさげをおいかけるように、一九六〇年いらいのドル防衛政策もむなしく、ドル危機が顕在化したのだからである。いいかえれば、現代帝国主義世界の盟主として君臨してきたアメリカ帝国主義そのものの政治経済的危機の軍事的および政治的表現が、ベトナム侵略戦争における決定的な敗北であり、その経済的な集中的表現が現段階のドル危機にほかならない。そしてこのことは、いま直接的には、一九七〇年の日米安保条約改定期をまえにしてアメリカ帝国主義がそのアジア軍事戦略を転換するために、種々の策動をおしすすめていることのなかに端的にしめされている。――しかも、ソ連および東欧の五ヵ国軍隊が一九六八年一月いらい「自由化」・「民主化」の波にあらわれていたチェコスロバキアに、八月二〇日に突如として軍事介入を強行した、というこの事態にたいする帝国主義的対応として、その条約改定が目前にせまっているNATOそのものを再強化しようとする策動もまた、現にいまおしすすめられつつある。

このようにドル帝国主義は、いま軍事的にも政治的にも経済的にも根底からゆりうごかされている。にもかかわらず、ベトナム侵略戦争反対闘争を全世界的な規模で組織化し、断乎として推進することを、これまで終始一貫して完全に放棄してきた、一切のスターリニスト官僚制国家、および、それに追従したり「自主独立」の旗をかかげて民族主義に転落したりしている各国共産党なるものは、一四年まえと同様にベトナム戦争の「ジュネーブ協定的な解決」を夢想して、パリ「和平」会談のなりゆきを心ひそかに注目しているにすぎず、一切の闘いをそこに集約し解消しているにすぎない。だが、現段階の国際情勢は、かつてのそれとは一変している。「ジュネーブ協定的な解決」を不可能なものとしている政治上・軍事上・経済上の諸条件が現実に存在しているのだからである。ポンドそしてフラン、さらにドルなどの危機として現出し深化している国際通貨体制の崩壊的危機のただなかで、いまこそ各国のプロレタリア階級闘争や反戦闘争は革命的に推進されなければならない。にもかかわらず、中国とソ連邦とのイデオロギー的および国家的分裂にたいして革命的に対決するのではなく、むしろその余波をこうむって、いま各国スターリニスト党は七花八裂の状態にたたきこまれ、そうすることによって一切の闘いの指導およびその推進がまったく放棄されている。ベトナム戦争の終結、その「ジュネーブ協定的な解決」への期待の裏がわにあるものは、まさにこうした腐敗であり、国際共産主義運動のスターリニスト的歪曲である。なおも激しくたたかわれているベトナム戦争の背後で続行されている「和平」会談、それへの平和主義的ないしスターリニスト的な期待などのすべては、没落の必然性を経済的・軍事的・政治的にあらわにしつつあるアメリカ帝国主義（およびその他の弱小帝国主義）にたいする現時点におけるスターリニスト的対応の破産を如実にしめすいがいのなにものでもありえない。

B　ベトナム戦争と激動する現代世界

そもそもベトナム戦争の勃発なるものは、直接的には中国とソ連邦とのあいだの分裂が決定的となったまさにその時に、この分裂にくさびをうちこみ、アジアにおける「反共」軍事体制をより一層強化するとともに、さらに東南アジア・中近東・アフリカなどの後進国および植民地にたいする帝国主義的権益を確保し、それら諸国の労働者・勤労大衆の搾取と収奪をますます強化することをねらったところのアメリカ帝国主義の、その本質を赤裸々にしめしたものであった。

すでに一九五六年のスターリン批判と壊滅させられたハンガリア革命の直後から、とりわけレーニン生誕九〇年記念をむかえた時期（一九六〇年――それは、「人民公社・大躍進」という毛沢東路線の破産があかるみにだされ、その調整がはじまった第一年目にあたる）から、北京官僚とクレムリン官僚とのあいだの諸対立――帝国主義にたいする戦略上・軍事上・戦術上の、また「社会主義」経済建設上の、さらにその他のイデオロギー上の諸対立――は、ますます深化しはじめ公然化しつつあった。そして一九六二年一〇月のキューバ危機を決定的なくぎりとして、中国とソ連邦とのあいだの国家的分裂さえもが現実化した。毛沢東指導部が『総路線』論文〔「国際共産主義運動の総路線についての提案」〕（一九六三年六月一四日）を皮切りとして、中・ソの「くいちがいの由来と発展」を続々と暴露しただけではなく、現代ソ連邦を「官僚国家資本主義」などと断罪した（第九論文、一九六四年七月一四日）、まさにその直後（八月二日）に、トンキン湾爆撃事件が発生したのである。そしてグエン・カオ・キ辞任にしめされた南ベトナムの政治経済情勢の不安定。さらにフルシチョフ解任にもとづくブレジネフ＝コスイギン体制の出現と中国の第一回核爆発実験の成功。――スターリニスト陣営のこのような分裂にくさびをうちこむために、正式に大統領に就任したばかりのジョンソンは北爆を強行し、ベトナム戦争の拡大にふみきったのであった。中・ソ分裂によってゆすぶられていた各国スターリニスト党は、当然のことながら、アメリカ帝国主義のこの悪らつなベトナム侵略にたいして断乎たる反対闘争を組織化しえず、わずかに帝国主義的侵略に抗議しベトナム人民への道徳的支援をおこなったにすぎなかった。クレムリンや北京のスターリニスト官僚もまた、軍事的・物質的援助より以上の対応をなしえなかった。しかも「ナサコム体制」のスターリニスト的再編成をねらったインドネシア9・30クーデタの失敗、それによる「北京＝ジャカルタ」ラインの崩壊。そして一九六〇年前後の「民族解放闘争」の高揚期に生誕した、いわゆる「民族民主国家」の相次ぐ瓦解（アルジェリアやガーナなどの反革命クーデタの成功)。さらに「文化革命」という名の中国における党内=権力闘争の勃発と全世界のスターリニスト党の震撼。……他方、アメリカ帝国主義ばかりでなく、韓国・フィリピン・ニュージーランドその他の参戦国化によるベトナム派兵のたえざる増強。いわゆる「聖域」爆撃による戦争地域の拡大と侵略戦争の泥沼化。……

ソ連圏そのものの内部分解、世界のスターリニスト戦線の動揺と「自主独立」の名における民族主義への転落、これにもとづいたインターナショナルな平和擁護運動の完全な放棄。しかも現代の公認共産主義とその運動のこうした腐敗を弾劾しのりこえてたたかわれた各国の種々の形態での反戦闘争の推進、にもかかわらずその決定的な弱さ、とりわけ日本と世界の反スターリニズム運動の決定的な脆弱性。――このゆえに、帝国主義陣営とスターリニスト陣営との、アジアでの接点における、それらのあいだの矛盾の爆発として意義をもつベトナム戦争を阻止し、しかもこれを踏み台として現代世界そのものを根底からくつがえし変革することをめざした闘いの巨大な前進が、いまなおかちとられてはいないのである。まさにこうした否定的現実が現在的に集約されているところのもの――それが、まさしくパリ「和平」会談にほかならない。パリ会談こそは、ドル危機によって深刻に動揺させられているアメリカ帝国主義と、分解と没落の歩をより早めている現代スターリニズムとの新たな取引きと妥協、相互瞞着と陰謀の公然たる場でしかないのである。

パリ会談の真最中に、しかもその欺瞞的本質をあばきだすかのように、そして事実それをあばきだすために、「五月の激動」が、現代フランスにおける階級闘争が勃発した。「金のためこみ」によってドル帝国主義に対抗してきたフランス帝国は、それによって根底から震撼させられた。地におちた〝ド・ゴールの栄光〃、危殆にひんした第五共和制は、しかし一〇年まえとまったく同様に、フランス共産党やCGT［労働総同盟］をはじめとする一切の既成指導部の反労働者的行為、それらの議会主義に助けられながら延命した。延命しただけではなく、地におちたド・ゴールの威信とフランスの栄光をとりもどすために、南太平洋上で第一回の水爆実験（八月二四日）が、全世界の反対をしりめに強行された。

「五月の階級闘争」において、またしてもその本質を自己暴露した右翼スターリニスト党、その総本山であるクレムリンの官僚どもは、ソ連および東欧五ヵ国の軍隊二〇万を動員して、八月二〇日にチェコスロバキアへの軍事介入をあえてした。ノボトニーの官僚専制国家とその官僚主義的政治経済体制にたいして最右翼的に反撥しはじめた傾向の政治的代弁者として登場したドゥプチェク、「ユーゴ主義者」ともいえる彼を頂点としたチェコスロバキアの「自由化」・「民主化」の名における危険な傾向――「社会主義建設」を放棄し、ワルシャワ条約機構とコメコンを危機におとしいれる傾向――を、事前にチェックし、ふせぎとめる、などと称して。だが、この軍事侵入こそは、一方では東ヨーロッパの人民民主主義諸国にたいしてクレムリン官僚が、政治的にも経済的にも、かつてのスターリン＝フルシチョフ時代のように支配し管理し統制することが、もはやできなくなったということを如実にしめすものにほかならない。他方それは、チェコスロバキアの現指導部の政策と志向が、フルシチョフなきフルシチョフ主義者どもにとってさえも右翼的なものでしかないことを、しめすものである。すなわち、ドゥプチェクを先頭としたプラハ新官僚どもは、ノボトニー＝スターリニスト官僚制国家の反労働者的な強権的本質や官僚主義的計画経済の破綻を、まさに革命的に打破するための一切の手段と方法と展望をまったく喪失し、ただただルーマニアと同じように「ユーゴスラビア方式」を政治的にも経済的にも（だが「軍事的に」ではない、なぜなら

「非同盟・中立」つまりワルシャワ条約機構からの脱退はなおかかげられてはいないから）模倣し導入しようと企図しているにすぎない。ドゥプチェク指導部とクレムリン官僚との対立は、双頭の蛇と化した東欧右翼スターリニズム、その双頭でしかないのである。いやむしろ東ヨーロッパにおける人民民主主義諸国は〝やまたのおろち〟と化した右翼スターリニズムとでもいうべき事態におちこんでいるのである。（もっともアルバニアという頭は毛沢東主義にそめあげられているのだが。）しかも、こうした「上からの民主化」のまやかしを暴露しのりこえていくべき左翼反対派はなお微弱である。チェコスロバキアの労働者・勤労大衆は、ソ連軍につれさられたドゥプチェクへの幻想からときはなたれてはいない。だから彼らは、わずかに抗議ストをうったにすぎず、デモやソ連軍にたいする妨害より以上の闘いを展開しえなかったのである。一九五六年のハンガリア労働者の闘いの血の教訓を、彼ら労働者・勤労大衆はわすれてしまっているかにみえる。

東ヨーロッパにまきおこったこのような事態は、毛沢東主義に敵対的に対立してきたフルシチョフ主義、この右翼スターリニズムそのものの新たな内部分解の進展と深化とを端的に露呈させたものにほかならず、スターリニスト・ソ連圏が全体としてその分解と没落の度合をますます早めつつあることを如実にしめすものにほかならない。

チェコスロバキアの勤労者や知識人たちがそれを希求し、そしてドゥプチェク指導部がそれを体現しているところのもの、つまりノボトニー時代の官僚制国家にとってかえられるべきものと想定されている「民主主義」なるものの本質は、かの『二千語宣言』からしても明らかなように西ヨーロッパのブルジョア民主主義をモデルとしたものでしかなく、また破産した官僚主義的計画経済にとってかえられるべきものと想定されている経済構造のモデルも、東ヨーロッパにおけるユーゴスラビアのそれである。しかも、さらに西ヨーロッパへの、とりわけ戦後アメリカ帝国主義の強力なテコ入れによって急速に復興し高度経済成長をなしとげた西ドイツへの憧憬がその基底にあることも、かくしえない事実である。彼らによる「民主化」・「自由化」なるものの提起のしかたとその内容に、また「解雇の自由」をふくむ「企業の自主性」にかかわる内実に、そのことは明白にしめされている。まさしくこのゆえにクレムリン系官僚は、西ドイツ帝国主義へのチェコスロバキアの接近をあらかじめ防ぎとめるために、あえて武力介入・占領という暴力的手段にうったえなければならなかったといえるであろう。このことからして、スターリニスト官僚の軍事的行為を正当化しようとするのは、もちろん誤りなのである。

ところで、チェコスロバキアの勤労大衆や知識人の政治的代弁者としてたちあらわれたドゥプチェク指導部が、破綻した自国の官僚主義的計画経済をたてなおすために接近しはじめた西ヨーロッパの工業社会、それはドイツ帝国主義である。

第二次世界大戦以後、ソ連圏（直接的には東ドイツ）にたいする軍事戦略にもとづいてアメリカ帝国主義が強力なテコ入れをした結果、西ドイツの経済復興は急速になしとげられ、ドイツ資本主義はめざましい高度経済成長をしめした。こうしてそれはコメコンに対抗してつくりだされたＥＥＣ〔欧州経済共同体〕の中軸となり、没落帝国主義イギリスやド・ゴール帝国に対抗して経済的にも軍事的にも強化され、ドイツ帝国主義として確立するまでに成長し発展した。――あたかも、対ソ連圏、とりわけ対中国の軍事戦略上からしてアメリカ帝国主義によって経済的に再建され再編強化された日本帝国主義と同様に。だが、ポンド・ドル危機によって西ヨーロッパ各国資本主義は全体として試練にたたされている。

C　現代世界の構造的特質と国際階級闘争の変質

「ジョンソン声明」に端を発し、一九六八年秋のアメリカ大統領選挙を目前にひかえて、ベトナム戦争を「終結」させようとして開かれているパリ会談、そのただなかで、またその背後で展開されている、このような事態。――それは、まさしく現代帝国主義と現代スターリニズムとが、相互に依存しあいながら演じている現代の悲喜劇いがいのなにものでもありえない。

ベトナム人民の「反米・救国」の民族主義的闘いとドル危機とによってゆすぶられているアメリカ帝国主義にたいして断乎たる闘争を推進しえないだけでなく、高揚したフランス階級闘争を第五共和制のワク内にキャナライズするとともに、自称「社会主義陣営」の極めて重要な一角をかたちづくっているチェコスロバキアにふきあれた「民主化」・「自由化」の嵐を軍事力をもって弾圧することしかできない現代のスターリニズム。そしてこのスターリニズムの数々の反プロレタリア的行為によって助けられ延命しているアメリカ・ドイツ・フランスをはじめとする各国帝国主義。

もはや一つの「陣営」を構成することさえもできないほどまでに分解し多極化し、それによって同時に内部矛盾をますます激化させつつあるソ連圏と、金の二重価格制への移行によって国際管理通貨体制が実質上崩壊した点に象徴されるように、これまたそれ自体としての世界体制を形成しえなくなっている今日の帝国主義陣営とが、相互に依存しあっていながらも同時に相互に反撥しあい敵対しているというこの現実こそは、プロレタリア世界革命が挫折し、それへの過渡期があまりにも長く固定化されたことから必然的にうみだされた、現代世界の驚くべき変質と腐敗を、したがって二〇世紀後半の全世界のプロレタリアート・勤労大衆の悲劇を、如実にしめすものにほかならない。

現段階におけるこのような国際情勢は、一九五〇年代後半から一九六〇年代はじめにかけての、ネルー＝周恩来の「平和五原則」あるいは「バンドン精神」にささえられた東西両陣営の平和共存状態（朝鮮戦争やベトナム民族解放闘争などのジュネーブ協定にもとづく「解決」によってもたらされた、いわゆる〝ジュネーブ体制〟）とも異なるし、またスターリンの緊張政策によって第二次世界大戦直後から数年間（一九四五～五三年）持続された、いわゆる「東西の冷戦構造」とも異なる。

すなわちまず第一に、ソ連共産党第二〇回大会でうちだされた国際情勢の把握のしかたと「平和共存」の戦略化（①ますます強大化し発展しつつある社会主義陣営、②各国資本主義においてますます強化されているプロレタリア階級闘争、③植民地および半植民地や後進国においていよいよ高まっている民族解放闘争などが、「平和共存」戦略にもとづいて帝国主義を包囲し追いつめていく、というようにフルシチョフによってバラ色にえがかれた「展望」）は、ほかならぬ「社会主義」陣営そのものの内部分解――とりわけアメリカ帝国主義にたいして「平和共存」政策を堅持しようとするクレムリン官僚と、反米世界革命戦略の武力的実現を呼号する毛沢東指導部との分裂――によって、さらに各国スターリニスト党の「自主独立」化傾向がますます濃化することによって、現段階においてはその右翼的「効果」をさえ喪失してしまっているのであり、その集約としてアメリカ帝国主義によるベトナム侵略が現実化されているのだからである。

そして第二に、ベルリン危機や朝鮮戦争などに象徴される「冷戦構造」の背後には、あるいはスターリン的緊張政策の根底には、「社会主義」陣営と各国共産党の一枚岩的な団結として讃美されてきたソ連中心主義体制（スターリン的官僚体制の国際的形態）が、スターリンによる国際的および国家的な官僚主義的支配および統制が現存していたのであったが、しかし現段階においては、そのようなスターリニスト的団結は、各国共産党およびソ連圏各国の「自主独立」化＝多極化として美化されているスターリニスト路線の七花八裂によって完全に失われているのだからである。それと同時にまた、現段階におけるアメリカ帝国主義そのものの経済力、その政治的威信、その軍事的優位は、第二次大戦直後の「冷戦」時代とも、また一九六〇年前後の「平和共存」時代とも異なり相対的に低下しているのであって、その集約的な表現が、急速に深まったドル危機を物質的基礎としそれに対応したベトナム戦争におけるアメリカ＝南ベトナム軍の敗退なのである。

とはいえ、もちろん、スターリンがチャーチルやルーズベルトとともにヤルタでかわしたかの「密約」によってつくりだされた戦後世界体制（東ヨーロッパとアジアの一部とに軍事力を背景として地理的に拡大したソ連「社会主義」陣営と「民主主義的帝国主義」陣営との二大体制への、現代世界そのものの分割）、いわゆる〝ヤルタ体制〟は、現段階でもなお基本的には維持されている。けれども、ヤルタ協定にもとづいたこの分割を基軸としながらも、同時に、それぞれの「陣営」そのものの内部分解が進行し内部分裂が深化し、こうすることによって「陣営」のあいだの外的矛盾とそれぞれの「陣営」そのものの内部における諸対立・諸矛盾とが複雑にからみあいつつ――トロツキーの表現をかりれば――「複合的に発展」している、という点に、現段階における国際情勢が一九五六年のハンガリア革命以前のそれと決定的に異なる特質がしめされているのである。

まさしくこのような現代世界の構造のゆえに、一方ではアメリカ帝国主義のベトナム侵略の狂暴化とそれを許容するような全世界のスターリニスト党およびその官僚制国家なるものが出現するのであり、他方ではベトナム戦争をジュネーブ協定的に「解決」しようとする試みが、たえず帝国主義者（たとえばド・ゴール）のがわからも、またスターリニスト（クレムリン官僚＝フルシチョフ主義者や非同盟のチトー主義者など）のがわからもなされてきたわけなのであり、そしてまた今日のパリ会談にたいしては反米武力総路線にもとづいた毛沢東主義的反撥がうみだされることにもなっているのである。

現段階における世界情勢のこうした特殊的構造のゆえに、ベトナム戦争のジュネーブ協定的な「解決」ではなく、そのプロレタリア的解決をめざして反戦闘争を国際的に組織化し推進し、これをバネとし実体的基礎として各国革命を永続的に完遂していくことこそが、全世界のプロレタリアート・勤労大衆の任務なのである。このような闘いの導きの糸となり、かつそれに不断につらぬかれなければならないところのもの――それがすなわち〈反帝・反スターリニズム〉戦略なのである。

二　ゆらぐ現代帝国主義と多極化するスターリニズム

A　ドル危機にゆすぶられた帝国主義陣営

一九六七年一一月のポンド切りさげにつづいて発生した三回にわたる激烈なゴールド・ラッシュによってドルが崩壊的危機にさらされ、ここにおいてアメリカ帝国主義は金の二重価格制にふみきった。これとほぼ時を同じくして、ベトナム人民軍によるテト大攻勢が敢行され、帝国主義軍隊はこれに基本的に敗北した。こうしてかの「ジョンソン声明」がだされなければならなかったのである。だから前者はアメリカ帝国主義の現在的危機の経済的表現であり、後者はその政治的・軍事的表現であるといえる。前者（ドル危機に象徴される政治経済構造の激動）と後者（軍事的・政治的敗北）とは現実的に相互に制約しあう関係にあるのであるが、しかし基本的には前者は後者の物質的基礎をなし、後者は前者の必然的帰結なのである。そして「ドル・核」帝国主義の現在的危機の経済的要因と政治的＝軍事的要因との結節点をなすものが、国際収支の赤字の累積を直接的に決定しているところの莫大な対外援助および軍事支出であるといってよい。たとえばベトナム戦争のための特別費は、公然たる侵略の前年度（一九六五年度）には約一億ドルであったにもかかわらず、一九六六年度には約二〇〇億ドル、一九六八年度には約三〇〇億ドルというように急増しているのである。とはいえ、それはもちろん現在的危機の実体的一要因をなすにすぎないのであって、危機の本質はアメリカ帝国主義の政治経済構造そのものに深く根ざしているのである。

いいかえれば、もしもベトナム戦争が終結して、たとえ特別軍事支出などを削減したり、またブルジョアジーの抵抗のゆえにこれまで実施されてこなかった増税によっておぎなうことができたりしたとしても、それによって問題の根本的な解決がなされるわけではない。それによって一時的に国際収支の赤字を多少とも減少させることができたと仮定しても、これは累積してきた赤字を解消することをいみするものでは決してない。むしろベトナム戦争の「終結」や軍事費などの削減ないし増税によるその補塡は、他面では同時に一般にアメリカ経済そのものの景気後退を、直接的には失業者の拡大や利潤率の低下を、したがってまた独占ブルジョアジーによる種々の抵抗や階級闘争の激化を、ともなわざるをえないのである。

それだけではない。国際収支を改善するための一手段として、帝国主義経済の死活にかかわる資本輸出を法的に規制する措置（民間資本のEEC諸国への新規直接投資の一年間延期とか、対外融資の抑制および引き揚げとかのそれ）が一九六八年一月にとられたのであったが、このことは同時にアメリカ独占体の在外子会社への輸出の減少というかたちではねかえっていくであろうし、また対外援助の削減は後進国・半植民地などへの商品＝資本輸出の減退としてもあらわれざるをえないわけである。

こうした対外面における矛盾とならんで、同時に国内的にも種々の矛盾が累積されざるをえない。たとえば、直接的にはベトナム戦争の深化と拡大にともなって軍需インフレーションが進行し、それによってより高度の技術革新のための設備投資が停滞し、こうして当然にもドル商品の対外競争力は低下させられている。じっさい、こんにちのアメリカ金融独占資本の国内市場は、他の資本主義諸国（たとえばＥＥＣ諸国や日本）のダンピングの場とさえ化している。このことは、ほかならぬアメリカ帝国主義の経済援助によって復興し技術革新・独占資本家的合理化にもとづいて再建され構造的に強化されてきたその他の資本主義各国（とりわけ西ドイツや日本の帝国主義的再編成）がその生産力を高度化し高度経済成長をなしとげてきたことからして、現代帝国主義各国の不均等的発展があらわとなったことをいみする。帝国主義各国のこの不均等的発展を通じて、戦前の資本構成をなお全面的に革新しえていないアメリカ独占資本主義は、まさにそのゆえに世界市場における絶対的＝排他的な優位を喪失しはじめているのであって、これがドル危機の基底によこたわっているその現実的要因をなしているのである。このいみで現段階におけるドル危機は、なかんずくアメリカ帝国主義と西ヨーロッパ諸帝国主義との対立が激化したことの集中的な表現であるといってよい。

アメリカ帝国主義の現在的危機は、莫大な軍事支出や対外援助などの削減、民間独占体の資本輸出の制限ないし抑制、財政・金融政策による景気調整その他をもってしては解決することができない政治経済構造的なものなのであって、こうした国家独占資本主義に固有な構造的危機の端的な表現が「金の二重価格制」への移行（ドル切りさげへの過渡形態）にほかならない。

それだけではない。たとえベトナム戦争において敗退したとはいえ、「ドル・核」帝国主義は「自由世界の防衛」という名のその世界支配戦略を、直接的にはアジア軍事戦略＝支配体制を完全に放棄してしまうわけにはいかない。たしかにマクナマラ戦略（「共産ゲリラ」への反撃を中心とした、いわゆる柔軟反応戦略）が破産したのだとはいえ、アメリカ帝国主義は、いまやそれにかわる新しい軍事戦略（核攻撃を中心としたもの）にもとづいて、アジアにおける「反共」軍事体制のたてなおしにのりだしている。核基地沖縄を要石とし、韓国・台湾・フィリピン・ニュージーランド・タイなどのベトナム参戦国を数珠つなぎにしたところの、対中国軍事基地包囲網を確立するための策動が、それである。――一九七〇年以降の日米安保条約は、まさにこうしたアメリカ帝国主義のアジア軍事戦略のもとに位置づけられながら「改定」がたくらまれているのである。他方、一九六九年にその改定がせまったＮＡＴＯもまた、クレムリン系官僚の軍隊のチェコスロバキアへの侵入と占領という新しい事態に対応して再強化されるであろう。

ドル危機にゆすぶられているとはいえアメリカ帝国主義は、こうした世界支配戦略を実現するためには、もちろん不断に宇宙開発・核やミサイルの強化・その他のための軍事支出を――ベトナム戦争の泥沼化の時期と同様にではないとしても――増大しなければならない必然性におかれている。ベトナム戦争の「終結」は、ただちにアメリカ帝国主義の経済的危機を打開するための一契機をうみだすことにつながるわけでもなければ、またそういうことにもならないのである。

右のことは、まさに「ドル・核」帝国主義の経済構造そのものがその内部に政治的軍事的諸要因を内在化し、国家独占資本主義的な財政・金融政策にうらうちされた軍需生産を構造化することによってのみ、自己の存立を確保してきたし、また現にそうであることをいみする。こうした帝国主義的政治経済構造は、もちろん、第二次世界大戦のただなかでの、また戦後処理をめぐっての、「民主主義的帝国主義」とスターリニズムとの「密約」、この両者による戦後世界の分割という「構想」によって決定されたのであって、これにその直接の歴史的根拠がある。

「連合軍」の一翼として反ファシズム闘争をたたかうことによって、アメリカおよびイギリス帝国主義の是認のもとに、東ヨーロッパと東北アジアにその勢力圏をば軍事力を背景として拡大しつつ成立した「社会主義陣営」という名のスターリニスト・ソ連圏。これに政治的および軍事的均衡をたもちつつ敵対的に対立して形成されたのが、アメリカ帝国主義を基軸とした帝国主義陣営であった。スターリニスト陣営と帝国主義陣営とへの、このような現代世界の二大分割が、いわゆる〝ヤルタ体制〟であり「冷戦構造」である。これによって、一方では資本主義各国、とりわけ敗戦帝国主義国（ドイツ・イタリア・日本）における戦後危機の革命的危機への転化が圧殺されるとともに、他方では対ソ連圏軍事戦略にもとづいた戦後帝国主義体制の経済的再建が、アメリカ帝国主義の決定的な経済力を物質的基礎としておしすすめられたのであった。すなわち、アメリカ帝国主義は、戦後ただちに技術革新とインフレーション的軍事支出とによって巨大独占体の蓄積と経済成長を促進するとともに、第二次世界大戦で疲弊した各国資本主義・後進国・半植民地などへの「経済援助」の名における商品＝資本輸出を拡大した。とりわけ対ソ連圏軍事戦略上きわめて重要な位置をしめている敗戦帝国主義国のドイツや日本などにたいしては、ドル撒布によるテコ入れを強化することによって、それらとアメリカ本国とのあいだの構造的不均衡をなくすための諸政策を、アメリカ帝国主義国家権力は実施したのであった。もちろんアメリカの莫大な金ストックにもとづいて、ドルを中心とした国際通貨体制（ドル・ポンド体制）を確立することを基礎として。こうして西ヨーロッパ（とりわけドイツ）と日本の資本主義経済は再建されただけではなく、独占体間の技術革新・設備投資競争を物質的基礎として高度経済成長がなしとげられた。そしてこの傾向は、大英帝国の老朽化・その経済的低成長、そしてアメリカの生産力発展の停滞化・重工業輸出力の衰退・過剰資金の海外流出・などと著しい対照をなすとともに、生産力のこの不均等的発展は世界市場において矛盾を露呈させはじめた。一九五七〜五八年の恐慌。……一九六〇年のロンドン自由金市場における金価格の急騰とドル危機の到来。ここにおいてアメリカ帝国主義は国際金融協力をもとめつつドル防衛に狂奔しはじめた。国家独占資本主義的財政・金融政策を基軸としたドル防衛政策にもかかわらず、アメリカの国際収支の赤字はますます巨額となり金流出は慢性化した。……そしてベトナム戦争の強行、ポンド・ドル危機の爆発にもとづく国際通貨体制の崩壊的危機の現出。アメリカ帝国主義の現在的危機は、おおよそこのような歴史的背景をもち、それを根拠としている根深いものなのである。

　二大「陣営」に分割された戦後世界体制――「一国社会主義」ソ連邦が軍事力をもって地理的に拡大し東西に緩衝国を確保しつつ形成されたスターリニスト陣営と、これに軍事的・政治的・経済的に敵対して再建された戦後帝国主義陣営との、いわゆる冷戦構造――、第二次世界大戦いごのこうした構造のゆえに、アメリカ帝国主義はその政治経済構造の内部に軍事的要因をはじめから内在化し、それと国家独占資本主義的諸政策および資本輸出とを両輪としながら、資本過剰にもとづく恐慌をのりきってきたのであるからして、ベトナム戦争の「終結」が直接にドル危機の解消につながるわけではない。ベトナム戦争の敗北およびドル危機というかたちであらわれたアメリカ帝国主義の現在的危機は、まさに構造的なものなのであり、まさにこのゆえに同時にそれはプロレタリア階級闘争を激化させる物質的基礎でもある。そして、金二重価格制への移行によって、すでにフランやポンドが新たな動揺にたたきこまれているのであるが、しかしやがておとずれるであろうドル切りさげは、国際為替レート体系の再編成を不可避にし、国際貿易に巨大な攪乱をまきおこすであろう。国際金融協力体制はすでに今日でも危機的な事態にあり、そしてまたインフレ的財政・金融政策のゆきづまり、関税引きさげ交渉などによる輸出拡大その他のドル防衛政策のゆきづまりというような事態に直面させられる場合には、たとえ一九三〇年代のような閉鎖的なブロック化（為替管理、輸入割当などによる世界市場の分断）ではないとしても、ドル防衛のために一種のブロック化政策をアメリカ帝国主義は採用せざるをえないはめにおいこまれるかもしれない。

けれども、アメリカ帝国主義は、現段階におけるその政治的・軍事的威信の失墜とその経済的危機から脱出するために、より一層狂暴な手段をたくらみつつ、現在的危機の突破口をきりひらくことをめざして種々の策略を弄しはじめている。

一方ではアジアにおける、また西ヨーロッパにおける「反共」軍事体制を、対中国・対ソ連の核兵器を中心とした軍事基地網の再検討と再強化を、ＮＡＴＯ改定期（一九六九年）および日米安保条約改定期（一九七〇年）を契機にかちとることをめざして、いま「ドル・核」帝国主義は種々の策略をめぐらし、これを実施するために死闘を開始している。そして他方では、ドル危機として露呈した国際通貨体制の実質上の崩壊を出発点として、ますます激化されるであろう資本主義世界市場の分割競争にそなえて、いまアメリカ帝国主義はその政治経済構造をたてなおそうとやっきになっている。というよりはむしろ、現にいま露呈しつつある世界資本主義の不均等的発展と市場分割戦の激化、とりわけドル帝国主義とその「援助」によって（だからアメリカに金融的に従属したかたちで）帝国主義的に自立したドイツ資本主義あるいはＥＥＣとの、またアメリカ帝国主義とこれに政治的・軍事的・経済的に規制されながら再建された日本資本主義との、種々の帝国主義的同盟を基礎とした帝国主義的諸対立の激化と激突。——帝国主義陣営内部のこのような現状において、「ドル・核」帝国主義は、たとえ没落の危機を現実化させつつあるとはいえ、自己にとってかわる強大な帝国主義国が現存していないことからして、いまや対外的にも対内的にも危機を突破するために、ますます狂暴化しないわけにはいかないのである。

一方ではスターリニスト・ソ連圏にたいする核軍事基地網を再強化するための策略を、種々の帝国主義的同盟の再検討と再編強化をおしすすめながら、他方では同時に、ＥＥＣ諸国や日本などの独占資本による外からの経済的攻撃・市場分割戦やアメリカの巨大独占体による内からの抵抗および圧力に対処し、それらをはねのけ、うちかつために、その政治的経済的地位の相対的な低下にもかかわらずアメリカ帝国主義国家権力は、新たな政治的・軍事的・経済的な冒険にとびこもうとしている。しかも、一枚岩的団結を完全に喪失したソ連圏および各国スターリニスト党の「左」からの援助をうけながら。……しかしながら、それにもかかわらず、アメリカ帝国主義のこうした賭は、その本国の内部における階級闘争の激発と尖鋭化におびやかされるばかりでなく、全世界のプロレタリアート・勤労大衆の新たな反撃に直面させられるであろう。ドル危機にゆすぶられている帝国主義陣営は、同時に、国際階級闘争の新しい高揚をひきおこし、それによって激しくゆすぶられるであろう。アメリカ本国の内部における「植民地」の暴動・反乱、各国における反戦平和の闘いのもりあがり、日本やフランスにおける階級闘争の一定の高揚や挫折などは、その一端をのぞかせているといってよい。スターリニスト陣営の分解と没落に対応して、いまや帝国主義陣営も、全体として、いまだかつてない動揺にさらされ、崩壊の危機に直面させられている。

B　帝国主義国における急進主義の抬頭

「金の二重価格制」に象徴される国際通貨体制（ドル・ポンド体制）の現在的危機は、スターリンの反プロレタリア的な裏切り政策に助けられて成立した第二次世界大戦後の世界帝国主義体制の崩壊をつげしらせる弔鐘であるといってよい。

いうまでもなく第二次帝国主義戦争は、資本主義的世界市場のブロック化——これは革命ロシアの成立とその官僚主義的変質を外的条件とし、一九二九年恐慌の国家独占資本主義的のりきり（つまり金本位制の崩壊にもとづく管理通貨体制の形成）を内的条件としてうみだされた——そのものの矛盾の爆発であり、弱小帝国主義（敗戦ドイツ帝国主義のナチズム化、イタリア資本主義のファシズム化、天皇制ボナパルチズム日本帝国主義の軍国主義化、それらの同盟＝「日・独・伊防共協定」）による領土の軍事的再分割戦であった。この帝国主義戦争を「大祖国戦争」と呼称したスターリンのソ連邦と「連合」して大戦をのりきった「民主主義的帝国主義」（米英をさすスターリン概念）は、かのヤルタ協定を基礎としつつ、ドルを基軸通貨としポンドを補助的基軸通貨とした国際通貨体制を形成し、そうすることによりブロック経済の矛盾を国際的な規模で国家独占資本主義的に「解決」（つまり擬制的に解決）してきたのであった。ところが、第二次大戦いご約二〇年のこんにち、戦後帝国主義世界体制のこの基軸（国際通貨体制）はドル・ポンド危機によって実質上瓦解し、しかも種々の国際金融協力体制も危殆にひんしている。明らかに現代帝国主義は、いま決定的な危機にたたされている。

ドル危機によってゆすぶられているアメリカ帝国主義は、ベトナム戦争の「終結」をめぐる支配階級のタカ派とハト派とへの分裂や国内の巨大独占体のさまざまな圧力に直面させられながら、国家独占資本主義的な種々の金融・財政政策（これまでベトナム戦費の赤字を増税によってうめることがブルジョアジーの圧力により阻止されてきたのであるが、しかしこんにちではこの増税政策も積極的におしすすめられつつある）を実施することによって、その危機の「打開」をもくろんでいる。それとともにまた、西ヨーロッパ諸国むけの直接的投資の全面的禁止その他の政策や、駐留アメリカ軍経費の負担の肩代りとかアメリカからの武器購入とかというような種々のドル防衛政策もまた、実施にうつされた。こうして一九六八年七月に域内関税の全廃にこぎつけたＥＥＣ、とりわけドイツの独占体とアメリカ民間独占資本とは激烈な争闘をくりひろげている。他方、「ドル・核」帝国主義は、ベトナム戦争敗退の現時点において、そのアジア軍事戦略＝支配体制を再編強化しつつ、東南アジアにおけるその帝国主義的権益を部分的に日本帝国主義へ割譲する動きをみせはじめるとともに、高度経済成長をなしとげた日本帝国主義をアジアにおける「兵站基地」としてこれまで以上に重視し、増強されたその経済力をフルに活用し動員するという政策をますます露骨にとりはじめている。（これが一九七〇年安保「改定」の政治的・軍事的・経済的背景をなしているのである。）

さらにスターリニスト陣営の七花八裂、「一国社会主義」論にもとづく現代世界革命戦略の実質的放棄（つまり「平和共存」の戦略化――クレムリン官僚とその一派の場合）およびその民族主義的歪曲（つまり「反米武力総路線」へのねじまげ――北京官僚と各国毛沢東主義者の場合）、これらに規定された各国スターリニスト党の社民化または中共化、あるいはまたその「自主独立」化傾向、などによって帝国主義本国ばかりでなく後進国・半植民地・植民地などでの一切の闘いが、こんにちでは去勢されてしまっている。とりわけ一九六〇年前後に高揚した「民族解放闘争」は完全に衰退しただけではなく、また非同盟主義の政策をとってきた後進国軍事的ボナパルチスト諸権力（いわゆる「民族民主国家」）は弱体化し、ある場合にはアメリカ帝国主義をバックとしたクーデタによって打倒され、こうして種々の政治経済的危機にさらされている（インドネシア、アラブ連合、アルジェリア、ガーナその他）。こうしたアジア・アラブ、アフリカ、そしてラテン・アメリカにおける後進国や半植民地などにたいする帝国主義的な支配・収奪・搾取を新たにより一層強化することに、アメリカ帝国主義はその経済的危機の突破口をみいだそうとしている。

アメリカ黒人解放運動の転換

危機にさらされたアメリカ帝国主義を基軸とした現代帝国主義陣営のこのような動向は、第二次大戦後に成立した帝国主義世界体制がスターリニスト陣営とともに根底からゆりうごかされていることをしめしている。にもかかわらず、現代世界のかかる全体としての危機的な事態を根底からくつがえすべきプロレタリアートの国際的階級闘争とその前衛部隊は、しかしなお決定的に未成熟である。もちろん、ベトナム戦争に反対する反戦平和の闘いが、またそれとからみあいながら黒人反乱が、アメリカ帝国主義本国で激発し、そしていわゆる「五月革命」はド・ゴール帝国を根底からゆすぶり、日本における反戦闘争の激烈な展開は佐藤自民党政府をゆるがしてはいる。たしかに、それらは、来るべき国際階級闘争の高揚をつげしらせるその前兆であるといえる。「前兆」であるということは、しかし、それらの闘いがそれ自体としての限界を認識し、この限界をあらゆる意味でのりこえないかぎり、だから現代世界そのものを転覆しうる主体的な力として自己成長しないかぎり、やはり前兆でしかないことをも同時にいみするのである。

じっさい、アメリカ帝国主義の腐った心臓部における黒人解放運動の急進化、アメリカ本国におけるいわゆる「植民地」の反乱は、当然のことながらベトナム戦争の激化に呼応してその激烈さをますます倍加した——軍事支出の増大による社会事業支出の大幅削減、それにともなう黒人たちの貧窮化の倍加、しかもなによりも黒人徴兵率の相対的高さと戦死者数の激増に規定されながら。しかも「スターリン批判」いご、とりわけ一九六〇年いご活潑に展開されてきたノン・スターリニストの社会主義的諸政治潮流・諸党派のイデオロギー闘争および組織活動やこれに指導された種々の反戦平和の闘いなどが一定の高揚をしめしただけではなく、これらの闘いが激発した黒人闘争と交叉し合流することによって、黒人解放運動にも一定の質的転換さえもがうみだされている。

現代アメリカ帝国主義の〝恥部〟としての人種差別制度によって政治的諸権利をうばわれ、経済的貧困と文化的低水準におとしいれられ、白人による迫害と侮蔑にたえなければならないようにしいられている黒人たち。——彼らの従来の運動は、非暴力主義をモットーとした抵抗運動（公民権運動）あるいは「貧者の行進」でしかなかった。ところが、黒人の自立と自衛の旗をかかげ、ブラック・アフリカとの国際的連帯と反資本主義の目標を前面におしだしつつ、ブラック・ナショナリズムと非暴力主義を排撃したマルコムXの思想、それをうけついだと思われるSNCC〔学生非暴力調整委員会〕の「ブラック・パワー」

（カーマイケル）の思想が登場し浸透した。その眼目は、つまるところ、アメリカ帝国の内部の「植民地」（黒人のゲットー）の解放をば、「第三世界」（アジア、アフリカ、ラテン・アメリカ）を帝国主義諸国の支配から解放する闘いと国際的に連帯しつつ、武力闘争をもって実現する、という点にある。このことは明らかに、これまでの黒人運動が左翼的転換をとげたことを、それが急進主義化したことを、端的にしめしている。けれどもこの急進化は、一方では「第三世界」から収奪し搾取した厖大な超過利潤のおこぼれにあずかり、かつ帝国主義者に買収されてしまっている白人労働者階級にたいする深い不信と憎悪の表現でもあると同時に、他方ではブラック・ナショナリズムの否定にもかかわらず戦略・戦術的には本質上左翼スターリニズム（毛沢東主義）に意識的あるいは無意識的に汚染され、そのワク内にあることをしめすものにほかならない。

いうまでもなく、ニューディール政策いらいアメリカの労働者階級は、いわゆる「体制内化」され、その左翼性を、その革命性を完全にうばいとられてきたのであるが、このことは同時に、「大祖国戦争」なるものへの突入にしめされる一国社会主義ソ連邦のスターリニズムの驚くべき民族主義への陥没に規定されたところの、アメリカ共産党の裏切りと組織的瓦解によって、ならびに、とくにフィンランド侵入を契機とした現代ソ連邦の評価をめぐる第四インターナショナルの、とりわけアメリカ・トロツキスト党（SWP）の大分裂にもとづく反戦＝反権力闘争の弱化＝消滅などに端的にしめされる国際共産主義運動の悲劇によって、裏づけられていたのである。アメリカ労働運動の「体制内化」および現代国際共産主義運動の腐敗と変質の深化、このような一個二重の事態の戦後二〇数年にわたる持続とこれにたいする即自的な反逆が必然的に帰結したところのもの。――それが「ブラック・パワー」の思想と行動である、といわなければならない。その実践的意義も、それにまつわる限界も、明らかに、帝国主義とスターリニズムとに分割されている現代世界そのものに根をおくものである、と同時に国際プロレタリア階級闘争にたいするスターリニスト党および官僚制国家の裏切り、そして左翼反対派の国際的分裂と瓦解、という二〇世紀共産主義運動のこの否定面をデフォルメした形態で体現しているものといわなければならない。

しかも悲痛なことには、こうした黒人解放運動の理論と実践のあらゆる限界をつきだしつつアメリカ・プロレタリア革命を世界革命へと転換させるべきノン・スターリニスト系の社会主義的諸潮流のなかには、アメリカ革命の主体を黒人・学生・ヒッピーの三者にしか「発見」できない急進主義的「社会主義」者が現存しているということである。もちろん、このことは、とりわけアメリカにおけるトロツキスト諸分派の理論および実践の旧態依然たる停滞、というよりは毛沢東主義を讃美する傾向への陥没と決して無関係ではありえない。

だからして、左翼的に転換し急進主義化しつつある現在のアメリカにおける黒人解放運動をばその内部にはらまれている一切の限界をつきだしつつ革命化していく闘いを、あらゆる既成左翼からはみだしたたちで推進されつつある諸党派の社会主義運動や反戦平和の闘いを革命的マルクス主義によって再武装した革命的な運動へ転換させていく闘いと結合させ合流させ、そうすることをバネとして、アメリカ帝国主義国家権力の打倒をめざして革命的プロレタリアートを階級的に組織化することが、またそのための真実の前衛党を現在的に創造することこそが、まさに決定的な焦眉の課題であるといわなければならない。それなしには、政治的および軍事的威信を失墜しドル危機にさらされているアメリカ帝国主義の現在的危機を革命的に突破することは、そのプロレタリア的解決は決して実現されえないのである。

ド・ゴール帝国をゆるがした左翼急進主義

ところで、「ブラック・パワー」の思想と行動への、「第三世界」の活力への憧憬は、アメリカだけでなく日本や西ヨーロッパの各国、とりわけフランスとドイツにも、いまみなぎっている。とくにフランスの「五月の激動」をささえたイデオロギー、その高揚した階級闘争の背後にあり、その前衛部隊をささえていたイデオロギーの一部を構成しているものは、まさにそのようなものであった。カストロ主義への共感、あるいはゲバラ路線への接近というかたちであらわれている左翼急進主義的傾向の抬頭もまた、その一構成部分であるといってよい。

パリ「和平」会談のまっただなかで勃発し激烈にたたかわれたフランスの階級闘争。――それは、直接的にはソルボンヌの学制問題を発端とし、ベトナム戦争反対とそれがかみあわされ、しかもこの反対闘争にたいする強権的な弾圧をキッカケとして爆発した。この闘いは続々と学園占拠として、さらに労働者階級の自然発生的なゼネ・ストや工場占拠としてもえひろがり、全国的な規模で果敢にたたかわれ、フランス全土が激動の渦中にたたきこまれた。こうして一九五八年に成立したド・ゴールのボナパルチスト型権力＝第五共和制は危殆にひんし〝フランスの栄光〟は地におちた。（これを称して「フランス五月革命」などと拱手傍観的に讃美した自称トロツキストさえもがあらわれた。）このような激烈な闘いの先頭にたち、その主要な担い手となったのは、すべての既成左翼および伝統的労働組合指導部（一切の社会民主主義者およびスターリニストの党とそれらに指導された労働組合）からはみだした数々の急進主義的な諸党派・諸政治潮流であった。だが、アルジェリア問題を契機として勃発した一〇年まえの反ド・ゴール闘争の場合と同様に、またしてもフランス共産党とCGTは、燃えひろがった労働者階級・学生の革命的なうねりを防禦し弾圧することに狂奔し、ふたたび彼らの本質がなんであるかを全世界のまえに自己暴露した。一方におけるフランス・スターリニスト党のこの反階級的行為に象徴される一切の既成左翼の腐敗。他方におけるフランス・プロレタリアートの伝統的指導部をのりこえるのではなく、ただそれからはみだしたにすぎないという、抬頭した急進主義的行動左翼およびトロツキスト諸分派そのものの限界、したがってもりあがった階級闘争のうねりをゴーリズム国家権力打倒＝フランス・コムミューン（プロレタリアート独裁）の形成・樹立へむかって転換させていくという戦略的および組織的展望が彼らには欠如していたこと、いいかえればかかる闘いの真の前衛となるべき革命的労働者党の未成熟と弱さ。――この両者に助けられながら「内乱か、ド・ゴールか」という一喝によって、高揚し激化したフランスの「五月」の階級闘争は、またしても議会主義的に終熄させられたのである――一九五八年の場合とまったく同様に。すなわち議会党に変質してしまったすべての既成左翼による側面援助と、急進主義的な行動左翼の一二集団の非合法化をテコにして。それによって失墜したフランスの栄光とド・ゴールの威信は、しかし回復されはしなかった。ドル危機の余波をこうむったフランの動揺と危機はなお持続されているからである。

「五月の激動」は、いうまでもなく〝第三世界〟を夢想するゴーリズムというイデオロギー的煙幕およびび政策によっておしかくされてきたフランス帝国主義の累積された政治経済的諸矛盾とその尖鋭化を、その物質的基礎としている。フランスには、かの人民戦線内閣の歴史的遺産が、すなわちフランス経済全体にたいしてかなり大きな比重をしめている国有化および公共の産業部門ならびに政府による一方的な賃金決定機構が現存しているのであって、これらを基礎として国家独占資本主義的な諸政策が国営企業および独占体を中心にしてとられてきた。すなわち技術革新・産業構造の合理化と設備投資の拡大、それらによる国際独占体のあいだでの競争力の増進。しかし、ゴーリズムにもとづく独自な核兵器の開発（第一回核実験は一九六〇年二月）と、その反面としての民間産業部門の技術開発のたちおくれ（これは貿易・為替管理体制によって庇護されている）との跛行性。そして進出してきたアメリカ民間資本との争闘にうちかつための、企業の集中・合併および経営管理方式の改善・合理化。さらにインフレーションの進行と賃金抑制・凍結（たとえば物価が二八パーセント上昇しているにもかかわらず賃金はストップ）とのギャップおよび衝突。……さらにドル帝国主義に対抗するための多額の金外貨保有（＝金蓄蔵政策）。しかしそれは、フランスの工業力の必然的な産物ではなくして、一九五七～五八年の平価切りさげによる輸出の拡大、とりわけアメリカ民間資本の大量輸入、旧植民地からの収奪、そして国内的強搾取＝高蓄積などによって、からくもささえられているものでしかないのである。まさしくこのゆえにドル危機は直接にフランの動揺として現象せざるをえないのである。（国際通貨体制の崩壊、そしてやがてドル切りさげにもとづいて、なしくずし的に一種のブロック化傾向がうみだされる場合には、ド・ゴールの「金本位制の復活」という主張にもとづいてフランスは金ブロックを形成しようとするであろう。）

〝偉大なフランス〟の内実は、およそこのようなものでしかなかった。一九五八年以来のド・ゴール体制＝ボナパルチスト型権力の暴力的支配とゴーリズムとによって隠蔽されてきた諸矛盾の累積こそが、「五月の激動」の物質的基礎をなしているのである。

ところで、この高揚した階級闘争の先頭にたってたたかった諸党派は、きわめて雑多であり、そのイデオロギーも雑炊的なものであった。伝統的トロツキストの諸分派（もっとも右翼的なパブロ派、ＩＣ派、ランベール派、「労働者の声」派、そしてヒーリー派など）、ゲバラ派、ルイ・アルチュセールに指導ないし影響された「Ｍ・Ｌ派」と称する毛沢東主義者集団、「三月二二日運動」やＳＤＳ、そしてアナルコ・サンジカリストやノン・スターリニスト的社会主義の諸集団（たとえば「労働者権力」派）など。——統一行動を展開したこれら諸党派、諸政治潮流の総体は、基本的に帝国主義とスターリニズムとに反逆するラディカリズムであり、そのイデオロギー的本質は、つまるところ次の点にある。

すなわち、（1）人民戦線政府瓦解いご三〇年のあいだ労働者階級を「指導」してきた一切の既成左翼諸政党（とりわけフルシチョフ路線に依拠してきた右翼スターリニスト党）のワクをはみだして、ゴーリズム体制に真っ向から反逆し挑戦したこと。それと同時に（2）老朽したフランス、没落した西ヨーロッパにたいする「第三世界」の活力への憧憬と、「第三世界」の解放運動をささえている思想と行動（黒人解放運動、カストロ・ゲバラ主義とキューバ、そしてアジアの毛沢東主義と中国など）への共感や共鳴が、その基底に流れていること。しかも（3）伝統的トロツキスト諸分派（ただし最右翼のパブロ派をのぞく）が、その「労働者国家無条件擁護」戦略にもとづいて中国文化革命を無条件に、または条件つきで支持している（現代ソ連邦やユーゴスラビアの評価の問題とともに、この「支持」問題はトロツキストの現在的分裂を規定している重要な一争点をなしている）ことからして、彼らの戦略が「中共化」しているだけでなく、まさにこのゆえに伝統的トロツキストはゲバラ主義への憧憬やフランス共産党のフルシチョフ路線にたいする毛沢東主義的反撥（アルチュセール派）などと相互浸透せざるをえなくなっていること。そして（4）「中共化」したトロツキズム、ゲバラ主義、毛沢東主義などの相互浸透＝渾然一体化は、西ヨーロッパ資本主義国への後進国革命における武装闘争形態あるいは武闘主義の直接的なもちこみとして現象していること。しかもこれが（5）ヨーロッパに、とりわけフランスに伝統的に存在するサンジカリズム（その組織論における前衛党の否定）やローザ・ルクセンブルク式の運動＝組織観とそれらの土着化（これが、自然発生的なゼネ・ストや工場占拠が急速にかつ全国的にもえひろがったことの組織的根拠であるといえるであろう）と結合される場合には、行動左翼的急進主義、あるいは左翼スターリン主義的傾向を濃厚にもった革命主義としてあらわれるということ。

このように全体としてはイデオロギー的カオスの状態にある行動左翼諸党派の革命的な闘いが、パリ・コムミューンの革命的伝統をもつフランス・プロレタリアートの反抗と反逆にむすびついて爆発した階級闘争、それがフランスの「五月の激動」の底に流れている本質的なものである、といわなければならない。たしかに反ド・ゴール闘争は高まり巨大なうねりをしめした。だが、このうねりをゴーリズム体制打倒＝フランス・コムミューンの樹立へと転換させていくための組織的展望が明確に提起されなかったこと（ただしJCRやヒーリー派をのぞく）、あるいはフランスの労働者が工場占拠より以上の闘いを推進しえなかったこと、――まさにその点には、フランスばかりでなく全ヨーロッパにおける革命的労働者党を創造するための闘いが、きわめて至難であるということが象徴的にしめされている。たんなる急進主義、たんなる行動左翼の革命的行動をもってしては、現存する一切の秩序を転覆することは成功裡に実現しえないということは、一九六〇年のわが安保闘争における一大教訓であったはずである。激化したフランスの一九六八年の階級闘争は、その挫折と敗北を、どのように教訓化するのであろうか。わが反スターリニズム運動がヨーロッパにおいて強力におしすすめられなければならないゆえんも、そこにある。

たしかに、ドル危機によってゆすぶられている現代帝国主義世界を根底からくつがえすかのように、既成のワクをはみだしたかたちで種々の階級闘争や反戦平和の闘いが、いま帝国主義各国の内部で激発している。アメリカの黒人反乱と反戦平和の闘いの一定の高揚、フランスの階級闘争、そして西ドイツのＳＤＳを中心とした学生運動などが、その典型である。けれども、それらは、いずれも本質的に左翼急進主義の地平を大きくこえでているものではない。「左」右のスターリニズムを理論的にも組織的にも実践的にものりこえてたたかうべきトロツキスト党の現在的分裂そのものによって、それは直接的に規定されている。擡頭した急進主義の歴史的・現在的意義をとらえるだけでなく、同時にその限界をみさだめつつ、それをしものりこえていくことなしには、ヨーロッパ革命の、そして世界革命の永続的完遂はありえない。ゆらぐ帝国主義陣営を打倒する世界革命の主体的力の形成とそのテコとなるべき革命党の創造とは、まさに急務である。が同時にそれはただ、ほかならぬわれわれの闘いの推進いかんにかかっている。

C　スターリニスト陣営の多極化とその没落

現代帝国主義世界が全体として根底からゆりうごかされているにもかかわらず、スターリニスト官僚制国家および各国共産党は全世界のプロレタリアートの断乎たる階級闘争の組織化と推進を完全に放棄している。いやそもそもベトナム戦争とその激化にたいして、彼らは自己の無能と破産をいかんなく発揮することしかできなかったのである。

ソ連圏の一角を構成しているニセ共産主義国=ユーゴスラビアは、その積極的な平和共存・非同盟主義にもとづいて、ベトナム戦争にたいするド・ゴールまがいの調停を試みて失敗した。スターリンから「修正主義」と断罪されたこのユーゴスラビアと和解したフルシチョフ指導部、その後釜にすわったブレジネフ=コスイギンのクレムリン新官僚どもは、スターリン冷戦政策の右翼的手なおしとして提起された「平和共存」路線をひきつづきうけついで、一方ではアメリカ帝国主義権力者とは「平和共存」体制を維持しつつ、他方では泥沼化したベトナム戦争にたいしては「武器援助」をおこなう、といったフルシチョフ以来の伝統的な二面政策をしかとりえなかっただけでなく、かつてのような平和擁護運動を推進することさえも放棄してしまっている。それというのも、各国スターリニスト党が中・ソ分裂の余波をこうむって完全に七花八裂の事態につきおとされ、スターリニスト戦線の内部においてでさえクレムリンの権威は失墜し、もはや彼らによる統制はできなくなってしまったのだからである。まさにこうした分裂にくさびをうちこむために、しかも「人民公社・大躍進」政策の破綻と三年続きの飢饉とによって経済的危機におとしいれられていた現代中国にたいして政治的攻撃をかけるために、帝国主義的平和主義者ケネディを暗殺したジョンソンは公然とベトナム侵略を開始した。したがって当然にも、北京指導部は朝鮮戦争の場合のような公然たる軍事行動をとることができず、わずかに「反米・救国」の旗をかかげた北ベトナムおよび南ベトナム解放民族戦線を物質的=精神的に援助することにとりくんだにすぎなかった。

ベトナム戦争にたいするこのようなスターリニストの種々の対応のなかに、「一国社会主義」(これにもとづいたクレムリン系の世界戦略が「平和共存」であり、また北京系のそれが「反米人民戦争総路線」である)を基軸とした現代スターリニズムの腐敗と破産が如実にしめされている。一九五六年の上からのスターリン批判とハンガリア革命の血の弾圧いご急速に深まった現代スターリニズムの「左」（毛沢東主義）と右（フルシチョフ主義）とへの分裂、そして「社会主義への多様な道」の名における右翼スターリニズムの七花八裂、「自主独立」を旗じるしとしてプロレタリア・インターナショナリズムを実質的に放棄した全世界のスターリニスト戦線の驚くべき多極化。――現段階におけるかかる歴史的事態は、スターリンと帝国主義権力者たちとの「密約」によって成立した戦後世界体制（東西両「陣営」の対立）の革命的突破と転覆が、あまりにも遅延させられたことから必然的にうみだされた腐敗と分解の集約をしめすものである。クレムリン官僚の政策に助けられてあまりにも長く延命させられた現代帝国主義の腐爛に対応した現代スターリニズムそのものの破産を、それはまさに現実的に暴露したものにほかならない。

たとえ「冷戦」時代（一九四五～五三年）とか「平和共存」時代（一九五四～六〇年）とかの段階的特殊性があったとはいえ、そもそも戦後世界体制は基本的に帝国主義とスターリニズムとに二大分割され、それらのあいだの種々のかたちでの相互依存と相互反撥において歴史的に運動してきたのであった。だからして当然にも、現段階における一方の「陣営」の危機的な様相は必然的に同時に他方の「陣営」の没落的様相を前提とし、かつ措定せざるをえないのである。いまや帝国主義とスターリニズムとは、相互に複雑なからみあいをしめしながら、全体として没落を開始し崩壊の途を突進しつつある。だが、この両者は自動的に崩壊するわけではない。現代帝国主義は国家独占資本主義的諸政策によって、また現代スターリニズムは官僚主義的経済計画（さいきんでは「計画と市場とのジンテーゼ」としての「誘導市場モデル」なるもの）によって、それぞれ腐敗したまま延命するために必死の抵抗を試みるであろうし、またこうした動向にたいして革命的プロレタリアート・勤労大衆の反撃が惹起されるのだからである。そしてかかる闘いの前衛部隊が、まさに〈反帝国主義・反スターリニズム〉を戦略とした革命的労働者党にほかならない。

深まる現代ソ連邦の変質

現代世界そのものの危機的な事態をになっている一方の「陣営」としてのソ連圏、それが分解と没落を決定的に開始した歴史的転回点は、いうまでもなく一九五六年であった。このときいらい、クレムリン官僚（社民化したスターリニズム）と北京官僚（正統派スターリニズムのアジア的形態としての毛沢東主義）との隠然たる対立が発生した。『モスクワ宣言』や『平和のよびかけ』の作成過程で中・ソの官僚のあいだの一時的な妥協がはかられたことがあったとはいえ、この対立はやがて公然たる中・ソ論争として、さらに中国とソ連邦とのあいだの国家的分裂として、ますます現実化した。そしてソ連圏内部のスターリニスト国家群のあいだにも、また全世界の自称共産党のあいだにも、この分裂がもちこまれただけでなく、中・ソの対立からの「自主独立」化の傾向が種々の形態でうみだされた。このような七花八裂の事態は、反官僚主義的社会主義者や多元的マルクス主義者や構造改革主義者らによって「現代マルクス主義の多元化」とか「複数的マルクス主義」とかとして美化された。けれども、こうした多極化にもかかわらず、現代スターリニズムは基本的には毛沢東主義とフルシチョフ主義という両極のどちらかに収れんされていく傾向をもっている。なぜなら、ユーゴスラビア的修正主義というように烙印されているところのものは、フルシチョフ主義（およびフルシチョフなきフルシチョフ主義）そのものの未来をしめしている右翼スターリニズムだからであり、また「自主独立」のスターリニズムはフルシチョフ主義そのものの内部にはらまれている民族主義的なモメントの一時的で一面的な肥大化をしめすものでしかないからである。それは、たえずクレムリン官僚に一定の反撥と批判をしめしながらも、結局において右翼スターリニズムに牽引され吸収されていく過渡的な形態でしかないのである。（たとえば、毛沢東主義路線からなしくずし的に離反しクレムリン官僚路線へ急速に接近しつつ同時に――こんにちの分解を深めつつあるスターリニスト戦線に対応できないことにもとづく官僚的自己保身のゆえに――一定の距離をたもとうとしている日本共産党なるものが、その典型である。）

このような両極分解にもかかわらず、中国毛沢東主義とソ連フルシチョフ主義（およびその亜流）とは、いずれも共通の理念と理論と物質的基盤のうえにたっている。それがすなわちスターリニズムである。それらはスターリニズムのスターリン死後における「左」右への両極的な分解の歴史的産物であるがゆえに、それらは基本的な同一性――一国社会主義――をもっている。それぞれ「社会主義国家」と自称しつつ、一方は「全人民の国家」、他方は「プロレタリアート独裁」というようにそれぞれ自己規定をおこなっているのだけれども、しかしいずれも、その本質は労働者国家ではなく官僚制国家でしかないのである。そして現代ソ連邦と中国の政治経済構造は、いずれも、党および国家官僚によって官僚主義的に計画・統制・管理・運営されているそれ、つまり官僚主義的計画経済であり、官僚的経済計画をみちびいている指導理念は「アメリカに追いつき追いこす」ことをモットーとした生産力主義である。

ところで、現代ソ連邦の場合には、なんら理論的に基礎づけられていないデタラメな「価格」表示とその体系にもとづいて、かの生産力主義が強行されている。このゆえにソ連式生産力主義は、次のような諸矛盾をうみだしているのである。

（1）農業生産物および消費手段にたいする「価格」操作やそれらへの「取引税」の付加などによる大衆収奪を通じて、それを国家フォンドに集中し、かつこれを重工業部門に優先的に投下するという重工業重点主義。――ここから重工業と軽工業・農業とのあいだの跛行的発展が不可避となる。

（2）「価格」体系のチグハグにもとづく生産の非能率、および（3）新しい技術の導入の回避ないしその排除という傾向、そして（4）国家から無償であたえられる生産フォンドの浪費（いわゆる投資効率の悪さ）、さらに（5）生産ノルマの達成だけをめざした生産物の質的劣悪さ（〝多かろう悪かろう〟式の生産）。

右のように、生産力（ないし経済成長）を現実的に増進できない生産力主義としてあらわれているのである。しかも、そのような官僚主義的計画経済が「支出された労働に応じて」の分配つまり「労働の量および質に応じて」の分配（出来高払いノルマ制および賃率制にもとづいた「賃金制度」――擬制的労賃制の疎外された形態）と結合される場合には、管理者・技術者層と労働者層とのあいだの階層分化および分裂がひきおこされる。いうまでもなく前者はフルシチョフ改革の物質的基礎をなしていたのであって、それは党および国家の官僚とともに支配層として、すなわち労働者・勤労大衆を政治的に抑圧し経済的に収奪し、政治経済の全体を統制し管理する支配層として固定化されている。

それだけではない。ソ連経済成長の停滞化傾向としてあらわれた官僚主義的な経済計画の非能率をまさに官僚主義的にのりきるために提案され実施されたのが、ほかならぬ「物質的関心の刺戟」政策を独立採算制の各企業へ導入することであった。つまりリーベルマン方式（「利潤」方式）なるものの採用が、それである。――これによって、一方では「企業の自主性」の名のもとに各企業がますます独立化されて官僚主義的経済統制に亀裂をうみだすとともに、他方では企業長・管理者・技術者からなる階層と労働者・勤労者層とのあいだの格差がより一層拡大することになるわけである。

すでに一九六二年に提案されたリーベルマン方式は、ソ連共産党第二三回大会（一九六六年四月）において正式に承認された。ところで、この大会でなされたコスイギン報告、新五ヵ年計画（一九六六年〜七〇年）の骨子は、（イ）農業生産の生産性の低さ（これはフルシチョフが失脚しなければならなかった原因の一つをなしている――だが、もちろん中・ソ対立を政治的に解決することが、クレムリン指導体制の改造における眼目をなしていたわけである）を打破し、その成長率をひきあげ、工業生産のそれに接近させること、（ロ）工業部門の内部では消費手段生産部門の成長率をひきあげ、生産手段生産部門のそれに近づけること、であった。そのために「利潤方式」を導入した新しい制度への移行が決定されたのであった。

これまで中央経済計画機関から各企業にあたえられていた諸指標は、こんどは次のような五点にしぼりあげられた。

（1）生産物の販売価格。――これまでの各企業の評価基準は価格表示と現物表示との二本だてによる「総生産高」におかれていたのであったが、これが簡単化されたこと。

（2）生産物の基本品目。――これまでの「現物表示」指標はなお存続するとされてはいるが、これは注文生産方式の拡大にともなって簡単化されるということ。

（3）賃金フォンド。――その決定権はなお中央計画機関にあるとはいえ、労働者数・労働生産性・平均賃金などの決定は各企業で自主的になされるようになること。

（4）「利潤額」と収益率。――生産の効率化の指標としての「利潤」方式、その量と率の導入。

（5）国家予算への納入金および国家予算からの支出。

さらに重要なことは、これまでは各企業に無償であたえられていたことからして浪費されていた生産フォンドが有償とされ、各企業は国家に生産フォンドの使用料（これをトラペズニコフは「利子」とよぶ）をおさめ、これを従来の「利潤控除」や「取引税」にとってかわらせ国家予算収入の中心にすえる、という方式がとられたことである。

新しく採用されたこの制度は、従来の非能率的な経済計画の官僚主義的手なおし以外のなにものでもない。企業の独立性の拡大、「利潤方式」の導入、さては「市場メカニズムの利用」（いわゆる「計画と市場との結合」）なるものなどが「合理的・能率的で計画的な管理運営方式」であるとされているのであるが、しかし、これは直接的にはユーゴスラビア型の経済構造へ著しく接近させる政策であるといわなければならない。なぜなら、ユーゴスラビアでは「労働者評議会」なるものが生産・販売・価格・賃金などのすべての決定権をもっており、非中央集権制にもとづいて各企業は自主的に運営され、しかも市場での各企業のあいだの競争さえもが導入されているのだから。

さしあたりここでは、核心的なただ一つの事柄について原則的に言及しておけば十分である。――それ自体が明確な基準にもとづいて設定されているわけではない現行の「価格」とその体系を、マルクス経済学にもとづいて抜本的に変革するのではなく（だから「価格」改定が予定されているにもかかわらず、それがいまだに発表されていないわけだ）、むしろそれを大前提とし、このデタラメな「価格」を経済計算の手段として、生産フォンド（固定フォンドおよび流動フォンド）・蓄積フォンド・賃金フォンドなどと

「利潤」との関係を少しばかり是正したとしても、これでは問題の解決とはなりえない、ということである。

いやそもそも、資本制商品経済において、資本にとって商品の価値〔Ｗ〕は費用価格〔ｋ〕に剰余価値〔ｍ〕をくわえたものとして現象する〔Ｗ＝ｋ＋ｍ〕のであるが、この費用価格は商品価値のｃ＋ｖ＋ｍという価値構成を資本家的に処理したもの、つまりｃ＋（ｖ＋ｍ）を（ｃ＋ｖ）＋ｍにおきかえたもの〔ｃ＋ｖ＝ｋ〕にほかならないこと、いいかえればｖ＋ｍは直接的生産過程における可変資本としてのｖ部分とは直接関係なく、ほかならぬ労働市場で資本家が買った労働力商品の使用価値の消費としての労働によって形成された価値生産物である、ということを費用価格は隠蔽するのだということ、――こうした資本家的費用価格のマルクスによる暴露が、完全にわすれられているといわなければならない。

ソ連経済においては――かの「価格」表現を手段として――生産された生産物の総額〔資本制経済におけるＷにあたるもの〕から労働者の賃金をふくむ全生産費〔いわばｋにあたるもの〕を差引いた部分〔いわばＷ－ｋ〕が「利潤」〔いわばｍにあたるもの〕とされている〔いわばｍ＝Ｗ－ｋ〕のだからである。便宜上、このように類推的に記号化すれば、「利潤」導入〔いわばｍ＝Ｗ－ｋ〕は、いわば資本家的仮象〔Ｗ＝ｋ＋ｍ〕に足をすくわれた官僚的経済計画の官僚的弥縫策の一つであることは明らかであろう。けれども、ソ連邦においては、必要労働部分〔いま仮りにこれをＢであらわす〕が、固定および流動フォンドの生産物へ移行した部分〔同じくＡであらわす〕とともにコスト化され、その総額〔Ａ＋Ｂ〕に「利潤」〔同じくＣであらわす〕が対比される〔$\frac{C}{A+B}$〕のである。これは資本制商品経済においては（ｃ＋ｖ）＋ｍにもとづいて利潤率$\frac{m}{c+v}$が形成されるのと類似した構造をしめしているのであるが、しかしソ連経済においては剰余労働の絶対量が不明のままであるがゆえに、剰余価値率 $\frac{m}{v}$ にいわば相当する関係、つまり $\frac{\text{剰余労働(時間)}}{\text{必要労働(時間)}}$ の関係〔ここからスターリニスト官僚的取得率が計算できるはずである〕は計算できない〔$\frac{?}{B}$〕ようにあらかじめしくまれているわけなのである。こうして「価格」表示の高い生産諸手段を大量に使用して、質的に劣悪な生産物を多量につくりだすこと（これは同時に総生産高として「価格」によって表示される）が自己目的化され（つまり生産ノルマの超過達成）、これによって同時にまた出来高払いノルマ制の形態において剰余労働の官僚的取得率がおしかくされているわけなのである。

右のような簡単な類推的考察からしても明らかなように、問題の核心は、現代ソ連邦の経済成長率をひきあげると称して独立採算制の各企業に「利潤方式」を導入することにあるのではない。まさに経済計画の手段としての「価格」表現を、社会的総労働の比例的配分を意識的＝組織的に実現するという視点から労働時間を規準として再構成し、しかも必要労働時間と剰余労働時間とを明確にし、その比率を、生産諸部門間の比率その他とともに、マルクス『ゴータ綱領批判』でしめされている諸条件（とくに社会的蓄積）にふまえ、労働者ソビエトを実体的基礎として決定しつつ、さらに全社会的生産を――価値法則そのものの止揚（労働力商品化の廃絶）、あるいは経済原則の場所的実現をめざして――組織化することが可能となる政治経済構造へと現存する官僚制機構を全面的に変革することこそが、問題なのである。

造反する現代中国の激動

フルシチョフの政治経済機構の非中央集権化政策（一九五七年）にはじまりブレジネフ＝コスイギンに

よる「利潤方式」の導入にいたるクレムリン官僚の経済政策を通じて試行錯誤的に官僚主義的計画経済の諸矛盾がまさに官僚主義的に「打開」されようとしている今日のソ連邦、これを「官僚国家資本主義」というように断罪しつつ、フルシチョフ修正主義の打倒を呼びかけ造反したのが、ほかならぬ中国共産党の毛沢東指導部であった。彼ら北京官僚は、現代ソ連邦の政治経済の大黒柱ではなく、そのこまかい諸現象をあげつらいながら、それがブルジョア資本主義化しつつある、というように没理論的に烙印しているにすぎない。外にむかってのこのような攻撃は、しかし同時に、内にむかっての攻撃、すなわち中国内のフルシチョフ主義者＝「資本主義の道を歩む一握りの実権派」にたいする攻撃をもいみしていたのであった。

中国「国民経済」をその新民主主義の段階から「社会主義的改造」へと「不断に、連続的に革命する」（そのメルクマールは「全人民的所有」の普遍化におかれる）ための決定的な政策の一つとして、「人民公社・大躍進」の政策が――「百花斉放」期（一九五六年）の直後にくりひろげられた「反右派闘争」を政治的基礎としつつ――実施された（一九五九年）。しかし生産技術の低水準、とりわけ土地の集団化にもとづく農業の機械化に欠くことのできない工業力の欠如（劣悪な土法高炉に象徴されるところの）、肥料生産のための化学工業の欠如（だから、肥料のかわりに土壌バクテリアがつかわれたり、またたとえば抗州などでは水洗便所がストップさせられ、一夜にしてオワイのただよう町に変貌したとのことである）、ダムはできたが発電設備がないというチグハグ、深耕密植農法（収獲率の高度化は、この密植にもとづく数字の魔術でしかない）や農耕・運搬のための人海戦術の採用など。――これらの前近代的な生産技術水準を物質的基礎として、「ひろがり深まる」と宣伝された「人民公社・大躍進」という毛沢東路線はたちまち破綻した（なお当時の水害はハゲ山がもたらした人災であった）だけでなく、集団化政策そのものも格下げされ、いわゆる調整期（一九六〇〜六三年）に入ったのであった。そしてこの経済的危機の破綻を打開することが、「劉少奇＝鄧小平」指導部の中心課題となった。

もともと中国の「社会主義的改造」政策は、スターリン時代のソ連邦のそれを模倣してたてられていただけでなく、きわめてジグザグしていた。スターリン的な重工業重点主義から重工業と農業・軽工業との「二本足」というマレンコフ的な政策への転換、そして毛沢東式「農業基礎」政策へのきりかえというように。それだけでなく、この調整期いごには、中国においてもリーベルマンやトラペズニコフ式の「利潤方式」の導入政策に接近するという傾向さえもが部分的にうみだされた。これらの政策上の詳細はなお知りえない。しかしとにかく、六度目の「文芸整風」（一九六五年暮）に端を発し、「中国のフルシチョフ」彭真第一書記の解任をはじめとして、一九五六年以来の党および国家の指導部が――「毛沢東＝林彪」一派にあやつられた紅衛兵運動を背景として――次々と批判され、あるいは失脚する、というかたちで爆発した「中国文化革命」の激烈な進展を通じて、事態の深刻さがいよいよ明らかにされた。

旧指導部（「劉＝鄧」派）が「実権派」として、しかも「資本主義の道を歩む」それとして烙印されたことからしても明らかなように、激化した「中国文化大革命」は、整風運動から党内闘争へ、しかも、党および国家官僚のなかで少数派であった「毛＝林」派が軍および紅衛兵を中核とした大衆運動をバックとしながら展開した新しい形態の党内闘争へ、さらに、革命的造反派を創造しかつこれを基礎として「実権派」を打倒することをめざした権力闘争（いわゆる「奪権闘争」）へ、というように急速に転回し発展した。とりわけ毛沢東の農業政策を実施するための党の経済官僚的尖兵と考えられていた陶鋳さえもが失脚

（一九六七年一月初旬）し、また「資本主義の道を歩む」ということの実体的内容がやや明らかにされはじめ（つまりソ連式の「物質的刺戟」政策などがヤリ玉にあげられたことなど）、しかも「三者結合」（軍・革命的造反派・革命的幹部の結合）の新しい革命権力を全国的に樹立すべきだという展望が明確化されうちだされる（一九六七年一月以降）におよんで、「中国文化革命」は中国社会を経済的にも社会的にも変革することをめざす政治＝権力闘争であるというその性格をいよいよ前面にうかびあがらせた。すでに一九五六年前後から「軍近代化」問題をめぐって、中共指導部内に分裂が発生し、さらにこれが世界革命戦略とそれを実現するための手段および方法をめぐる対立として発展してきたのであった。ところが、これにくわえて「中国国民経済の社会主義的改造」のための経済政策をめぐって潜在的に持続されてきた諸対立が、中国とソ連邦とのあいだの理論的対立および国家的分裂を通じてますます激化し、これが「プロレタリア文化革命」という形態において爆発したのだ、ということが、「上海コムミューン」の樹立前後から明確になりはじめたのである。『毛沢東語録』をふりかざして「実権派」打倒をめざした中国風の道徳主義的闘いは、ここにおいて新たな性格を前面化させたわけである。

毛沢東を神格化しつつおしすすめられた「実権派」打倒のためのこの大衆運動を「プロレタリアート独裁期の社会主義革命」なるものとして讃美した「毛＝林」派と、彼らから「資本主義の道を歩む」「中国のフルシチョフ一派」と断罪された「劉＝鄧」一派との諸対立の核心的なもの（ただし現段階で確認されうる範囲内でのそれ）は、およそ次のような諸点にあるといえる。

（一）戦略上の対立。――「反米総路線」といういみでは両派とも一致するわけであるが、それを実現するための手段・形態・方法にかんしては明らかに分裂が存在する。たとえば『モスクワ宣言』や『平和のよびかけ』のような妥協を強行的に排除し、反米世界革命戦略を後進国・植民地ばかりでなく先進資本主義国においても武力的に実現すべきこと（民族解放および帝国主義打倒のための武装闘争）を主張するのが、毛沢東派である。こうした反米武力総路線にもとづいた武闘主義にたいして、たとえば彭真に代表される劉少奇派は、「平和共存」政策にかんしても（『レーニン主義万歳』や『第五・第六論文』よりも）若干ではあれ柔軟な考えかたをもっているといえる。しかしこのことは、中国革命の過程で都市プロレタリアートの闘いを指導してきた劉少奇と、農村根拠地を中心に「反封建・反植民地・反帝」の闘争をくりひろげてきた毛沢東との関係、したがって後者の遊撃戦戦術にもとづいた根拠地革命路線と前者の工場労働者によるゼネストを基軸とした階級闘争路線との性格上のちがい、などと不可分にむすびついているといえる。そしてこのことは近代的兵器による軍隊の武装問題における対立につながっている。

（二）「軍近代化」問題をめぐる対立。——羅瑞卿の「軍近代化」路線の敗北と毛沢東派の「根拠地」革命路線の勝利は、ソ連邦の中国への経済・技術・軍事援助のうちきりと合体統一されることによって、ますます純化された。「世界の農村が世界の都市を包囲する」という林彪の「人民戦争」路線とその讃美（二つの『万歳』）は、そのことを端的にしめしている。こうした「根拠地」革命＝「人民戦争」路線を基軸として独自の核開発（第一回の中国核実験は一九六四年一〇月一六日）がおこなわれているのであるが、この核開発は反米武力総路線を実現するために不可欠なものとして位置づけられている。そして、この総路線は「平和共存」を左翼的に理解し実施しようとする一部の傾向（ネルー＝周恩来のかの「平和五原則」はなお中国指導部によって破棄されているわけではない）および近代的兵器による軍の再編・強化をめざす一部の傾向と衝突せざるをえなかったわけである。

（三）「自力更生」の実現のしかたにおける対立。──「自力更生」とは自給自足体制のことではないと力説されてはいるが、それはスターリンの一国社会主義（建設）の中国的表現いがいのなにものでもない。したがって「自力更生」そのものについての対立はないのであるが、一方では中・ソ分裂の必然的帰結としてのソ連邦による経済・技術援助のうちきり、他方では「人民公社・大躍進」政策にもとづく経済的混乱、という事態におとしいれられた中国の経済建設のための政策の眼目にかんしては、対立があったのである。すなわち、経済的危機のただなかでは「穏歩前進」が必要であること、あるいは生産技術の独自な開発に力をそそぐよりも、ソ連いがいの外国の技術を導入すべきことなどを主張し、かつそのような政策を実施した「劉＝鄧」派指導部と、にがむしをかみつぶしたような顔で上海からそれをにらみ「大躍進」政策を貫徹すべきことを決意していた毛沢東との対立が、それである。この対立がはっきり外面におしだされたのは、一九六七年いごの「文革」のただなかにおいてである。

（四）工業化政策における対立。──毛沢東によって提起された「二本足」政策を堅持しつつあった調整期の中共指導部と、中・ソ分裂と経済的危機という事態のもとで「農業基礎」政策（農業を基礎とし、重工業を、そして軽工業を発展させていくという路線）をうちだした毛沢東主義者との対立（失脚した陶鋳は、この後者にぞくす）が、それである。これは、反米総路線の実現形態や調整期の経済政策の基本などにかんする対立と不可分にむすびついている。

（五）企業の管理・運営方式にかかわる政策的対立。──この点はなおすこぶるあいまいであるが、とにかく、ソ連式の「独立採算制」および「利潤方式」を導入しようとする傾向を是認していたと思われる「劉＝鄧」指導部にたいして、いぜんとして「大躍進」政策（とりわけ「公社化」政策あるいは「両参一改三結合」政策）を貫徹せんとしたのが、毛沢東とその一派であったといえる。ソ連式の「価格」理論および政策の欺瞞性、「利潤方式」の導入の本質などを理論的に明らかにすることは、こんにちにいたるまで毛沢東主義者によっては少しもなされていない。ただソ連式の一切の経済政策、非中央集権化をはじめとして「利潤方式」導入にいたるソ連邦のすべての経済政策とその政治経済構造を「ブルジョア的」とか「資本主義化」とかというように、彼らは断罪するにすぎない。この空白は、『国家と革命』におけるレーニンの主張の一つ、官僚と人民との関係にかんする指示にもとづいた政策によって、道徳主義的におしかくされている。すなわち、現代ソ連邦にみられるような、一方における管理者および技術者、他方における労働者、といった「階級分裂」（『第九論文』）を現実的に止揚するための「両参・一改・三結合」政策が、それである。すなわち、管理者が現場労働に参加し（これは国家官僚の「下放運動」に対応する）、また労働者が企業管理に参加する〔つまり両参〕ことによって、企業管理制度を改革し〔つまり一改〕、さらに管理者と技術者と労働者の三者が結合して生産および管理の問題を、――ソ連邦のように官僚主義的にではなく、またユーゴスラビアのように非中央集権的＝地方分散化的にではなく――労働者民主主義にもとづいて、つまり大衆討議を通じて解決していく〔つまり三結合〕、という政策ないし制度がとられているわけである。「大躍進」期にとられたこの方式を調整期の指導部は形骸化した、というように毛沢東派は主張しつつ、さらにこの「三者結合」を権力機構にも実現しようとしているのが、一九六七年一月以降の「毛＝林」派である――奪権闘争を通じての「軍・革命的造反派・革命的幹部」の三者結合による革命権力の樹立という形態において。

（六）「物質的関心の刺戟」政策における対立。――企業の生産性向上、管理および運営にかんする政策上ならびに制度上の諸対立は、ソ連式の「物質的関心の刺戟」政策を導入しようとした調整期の旧指導部＝「劉＝鄧」派にたいする極めてはげしい攻撃としてあらわれた。「物質的関心」を刺戟するという政策は、まず企業政策にかんしては「利潤方式」の導入として、また「賃金」政策にかんしては「評工記分」（労働の量・質にもとづく分配）の厳密化として、それぞれあらわれるのであるが、この両者にたいして毛沢東一派は左翼的に反対し、かつ拒否するのである。後者にかんしては「精神的刺戟」の重視としてあらわれている（たとえばノルマを超過遂行した労働者には割増し賃金ではなく〝賞状〟があたえられる、というたぐあいに）。そしてこのことは、次のような基本的路線と不可分にむすびついている。

（七）肉体労働と精神労働との分離を除去するための政策上の対立。――肉体労働（労働者）と精神労働（管理者・技術者・学者知識人その他）との対立、都市と農村との、工業と農業との社会的分業などを、旧指導部＝「実権派」は現代ソ連邦の修正主義者と同様に現実的に除去していくという志向をもたず、むしろそれらを固定化する傾向にある、というように弾劾するのが、造反する中国の指導部＝毛沢東主義者であり、そしてもっぱらそのような諸対立を不断に連続的に除去しなければならないと彼らは主張する。その場合、基準とされているのは、いうまでもなく『人民内部の矛盾を正しく処理する問題について』のなかで展開されている「理論」である。すなわち「プロレタリアート独裁期における社会主義革命の不断の完遂」、「全人民的所有」への所有諸形態のたえざる変革と移行、大衆の思想改造＝人間変革とむすびついた階級闘争・大衆運動（たとえば「人民公社」化も大衆運動の一形態というように規定される）を通じて種々の階級対立を除去し克服すること、だから社会的分業の廃絶、つまりは「能力に応じて、必要に応じて」という共産主義社会（第二段階）への不断の接近――というようなことが指針とされている。このような毛沢東の「社会主義の不断革命」論にもとづいて、中国社会のあらゆる場面に「三者結合」方式が貫徹させられようとしているわけである。ソ連社会主義国家が反米世界革命のおくれを物質的基礎として官僚主義的に変質し、党および国家官僚が管理者・技術者層とむすびついて「支配階級」を構成し、労働者・勤労大衆を抑圧する「官僚国家資本主義」に転落した――このような毛沢東的「認識」にささえられながら、生産場面にも政治権力にかんしても「三者結合」方式がうちだされているわけなのである。文芸整風にはじまり党内＝権力闘争として発展してきた中国におけるこの階級闘争が、プロレタリア〝文化大革命とよばれるのも、そのためである。都市と農村との対立、肉体労働（者）と精神労働（者）との対立、あるいは管理者・技術者・知識人などによる「理論の占有」（『紅旗』）や「文化の占有」（菅沼正久）を打破することが、一つの中心目標とされているのだからである。

いまなおお依然としてさだかではない「実権派」と「毛＝林」派との敵対的な諸対立は、以上に列挙したものにつきるわけではないが、その核心的なものは大体において右の諸点にあるといえる。毛沢東に指導された新しい権力および政治経済諸機構は、たしかにソ連邦や東ヨーロッパでいま進行しつつある「新しい」経済計画化方式を「修正主義」としてなげすてているとはいえ、従来のスターリン的な計画経済や官僚主義的な管理・運営方式をかたくなに護持し「時代に逆行している」（すべての反毛沢東派）とは一概にはいえない。あるいはまた毛沢東＝林彪の志向するものは「スターリン時代への復帰」である（ブクロ官僚）ともいえない。

ロシア革命五〇周年記念論文で毛沢東指導部は、自信と確信をみなぎらせながら「社会主義建設のための階級闘争」という新しい理論とその実践を、誇らしげに自画自讃している。それは、たしかにマルクスもレーニンも、またトロツキーも知らなかった「新しい」ものではある。だから、紅衛兵運動と文化革命の評価をめぐって、当然のことながら現代のスターリニストとそのとりまきのすべてが動揺し混乱し沈黙しなければならなかった。それだけでなく、すでにソ連・ユーゴ問題で四分五裂した現代トロツキストもまた、それをめぐって新たな分解にさらされたのであった――「プロレタリアート独裁期における社会主義革命を不断に完遂するための階級闘争」などという錯乱した珍奇な「マルクス主義」理論をひっさげ、「反米・反ソ＝反修」の旗をかかげて登場した毛沢東とその一派のまやかしを洞察することができずに。

しかしながら、いわゆるフルシチョフ路線やブレジネフ＝コスイギンらの新経済計画化＝管理運営方式をスターリン型の官僚主義的経済計画の官僚的＝右翼的な弥縫策でしかないと規定しうるとすれば、毛沢東指導部がいま推進しつつある「プロレタリア文化大革命」は、これまでの官僚主義的政治経済構造とその破綻を「社会主義建設のための階級闘争・大衆運動」によって下から是正し補完しようとする、これまた一種の官僚主義的のりきり策＝手なおしでしかないのである。なぜなら、まず第一に、党の最高指導部ならびに国家権力の最高機関そのものの内部に「造反派」ないし「革命委員会」を結成することを、毛沢東指導部は断乎として拒否しているほどなのだから。そして第二に、彼らの党内＝権力闘争には確固とした理論的裏づけがなく、きわめて経験主義的で試行錯誤的であるだけでなく、わずかに『語録』化された毛沢東思想の学習とおしつけに象徴されている、おそろしく道徳主義的な指導によって闘争が激化させられているにすぎないのだからである。中国共産党指導部内に発生した軍事戦略上・革命理論上・経済建設上・経済政策上・そして「社会主義」の理論上の諸対立が、現在でもなお明確化されていない（あるいは明確化できない）ところに、毛沢東一派の左翼スターリニスト的本質が、あらゆる右翼的な兆候や傾向にたいして「左」から即自的＝肉体派的に反撥するにすぎないその没理論性が、あざやかにしめされている。スターリニスト党官僚のあいだの対立や分裂を「血の粛清」で〝解決〟するのではなく、「大衆運動」をバックとして「実権派」打倒のための「奪権闘争」をくりひろげることによって〝解決〟しようとした点に、毛沢東およびそれへの教条主義的追従者たちの新しさと独自性がある。だがしかし、これは同時に、諸対立を官僚主義的にのりきるための新しい形態でしかない。なぜなら、動員され組織されている大衆は、呪文のようにくりかえされる内実の空虚な「資本主義の道を歩む一握りの実権派」というシンボルによって操作されているにすぎず、またこのシンボル操作の誤謬は『毛沢東語録』への道徳主義的な拝跪によって隠蔽されているのだからである。「実権派」への造反がたとえ毛沢東指導部のシンボル操作によって推進されていたとしても、この造反運動を通じて「自己改造」＝「思想変革」を強制された中国労働者・勤労大衆の深部には、新しい造反が、「実権派」に造反した毛沢東指導部とそのイデオロギーそのものへの造反が、めばえないとは決していえない。いやそれを発芽させ、中国スターリニズムとしての毛沢東主義を根底からくつがえす革命闘争を創造することこそは、全世界の革命的プロレタリアートに課せられている任務なのである。（中共型社会主義論については『資本論以後百年』をみよ。）

たしかに、右翼スターリニズムとしてのフルシチョフ主義にたいして毛沢東主義は、或る種の「革命性」を、――修正主義反対・官僚主義反対・経済主義反対（つまり「利潤方式」や「物質的関心の刺戟」政策などの導入反対）という点にあらわされている造反性を――もっている。けれども、それは本質的には急速に分解し没落しはじめたスターリニズムのワク内におけるその「左翼的」手なおしでしかないのである。「両参一改三結合」の積極性にもかかわらず、それがマルクス社会主義論やレーニン・トロツキー的なソビエト論によって基礎づけられないかぎり、所詮それは官僚主義的計画経済の道徳主義的弥縫策(『毛沢東語録』の学習と「闘争・批判・改革」の空語的くりかえし)になりおわらなければならないのである。「反米・反修」の旗をかかげたスターリニスト中国は、それゆえに、没落しつつある現代スターリニズムの最後の橋頭堡をきずきつつ、同時に新しい分解の土壌もまた造反運動を通じてつくりだしているのだ、といわなければならない。

「民主化・自由化」でゆすぶられたチェコスロバキア

フルシチョフ主義にたいする毛沢東主義的な反逆は、新経済計画化方式を導入することによって官僚主義的経済建設の破綻を糊塗しようとしているソ連邦および東欧人民民主主義諸国のますます深まりつつある変質にたいして、一つの歯止めとしての意義をさえもっているといえる。

西ヨーロッパ帝国主義にたいする防衛、ＥＥＣに対抗するためのコメコンの強化、といった〝大義名分〟によって、これまでクレムリン官僚がソ連中心主義的に支配し統制してきた東ヨーロッパの人民民主主義諸国に、「新しい」動きが胎動している。一九五六年にポーランドやハンガリアをおそった「非スターリン化」運動の余波というよりは、むしろユーゴスラビアのニセ共産主義を模倣することによって自国の経済的および政治的危機をのりきろうとする傾向が、それである。反官僚主義の名において「自主独立」を宣言しクレムリン官僚への従属をたちきり、ユーゴスラビアや西欧帝国主義に、そしてまた毛沢東指導部の中国に接近したルーマニア。さらに一九六八年一月にノボトニーを解任し、「自由化」とか「民主化」とかの旗をかかげてたちあらわれたドゥプチェク新指導部をいただくチェコスロバキア。とりわけ後者は、『新行動綱領』（これはクレムリン官僚さえもが好ましくないと考えているほどの代物である）として、その路線をうちだしている。

ノボトニー解任いごチェコスロバキア全土を吹きあれた「自由化」・「民主化」の嵐――それは『行動綱領』に集約されている――は、その本質において極めて右翼的で反動的なものである。

チェコスロバキアは、電力・石油・鉄鋼・石炭・小麦などをソ連邦から輸入していると同時に、東ヨーロッパにおける唯一の工業国である。この工業国からクレムリン官僚は、「コメコンの強化」という名目で、しかも不平等な貿易関係をおしつけつつ、きびしく収奪してきた。こうしてチェコスロバキアの民衆のなかに、また党の内部にさえも、ソ連中心主義反対・大国主義反対の感情が醸成されてきた。それだけではない。マーシャル・プランに動揺した当時の政府に対するクレムリンの圧力を国際的背景とした、一九四八年二月のチェコスロバキア「革命」の変則的な性格（つまりソ連軍事力および警察力を背景とし、スターリニスト党による大衆動員を圧力とした、クーデタ方式による「革命」、そのあとからデッチあげられた「国民戦線」――他の東欧「人民民主主義」国では欺瞞的な社共合同によるスターリニスト専制権力の樹立がその当時強行されていた）。これによって不可避な秘密警察的弾圧・支配の強化と、それに逆比例したかたちでのヨーロッパ的＝ブルジョア的な自由主義・個人主義の非変革つまりその温存、小ブルジョア的所有意識の残存（反右派闘争・公社化運動・文化革命などによって大衆の思想変革をうながす、といった毛沢東方式さえもの欠落）。さらにスターリニスト官僚制国家による抑圧と官僚主義的計画経済の破綻、過酷な出来高払いノルマ制労働の実施と労働者・勤労大衆の生産意欲の減退。だから西ドイツ帝国主義のめざましい経済成長率とそのテンポに比しての、チェコスロバキアの生産性の停滞。――これらを物質的基礎として、チェコスロバキアの労働者・勤労大衆のあいだには、理論的には結晶化されえない不満や絶望、党および国家にたいする不信や反撥などがうっせきし、まんえんしていたのである。しかもチェコスロバキア官僚制国家の民族政策の破綻は、チェック人とスロバキア人などとのあいだの対立をさえうみだしてきたのであり、またこの対立がスターリニスト党の内部にも再生産されているほどなのである。

このような外と内とにむかってつのっていた民衆の不満・反感・反撥・不信を察知し、その爆発をおそれ、官僚的保身からそれを回避するために、かつてのゴムルカと同じように「国家の民族的特殊性」を力説しつつ、上からの「自由化」・「民主化」の旗手として登場したのが、アレクサンドル・ドゥプチェクを先頭とした新指導部にほかならない。この新プラハ官僚がおもいえがくチェコスロバキアは、明らかにユーゴスラビアの政治経済構造をモデルとしたそれでしかない。

じっさい、『行動綱領』には、『ユーゴスラビア共産主義者同盟綱領』を下敷きにして、ほぼ次のような正真正銘の右翼的路線が提示されている。

まず政治制度および党にかかわる「民主化」としては、反官僚主義でつらぬかれた国家機構の改革、国家諸機関および経済諸機関そして労働組合などからの共産党の分離、国民戦線の復活（これは多数党の是認とつながっている）、言論および結社の無原則的自由、民族の平等、権力のユーゴスラビア的非集中化＝地方自治、そして分派の自由など。

また経済制度および経済計画方式にかんする「民主化」＝「改革」としては、次のような政策がうちだされている。(一)各企業の「独立性」、独立採算制の強化、「利潤方式」の導入による生産効率の高度化、技術革新。(二)各企業の生産性にみあった賃金体系の確立、あるいは出来高払いノルマ制労働の厳密化、ならびに「解雇の自由」。(三)「市場の肯定的〔積極的〕機能の回復」あるいは「市場競争による自動的価格決定機能の活用」というソ連邦でも流行しはじめた「価格」政策の採用。(四)これまでの重工業重点主義を是正し、消費手段生産および農業生産部門の成長率を高め、生活水準をひきあげること。〔農業政策にかんしては、集団化の推進と小生産者の育成が同時にあげられていて、その構造はあいまいである。〕(五)コメコンの内部だけでなく、たとえば西ドイツなどのヨーロッパ帝国主義国との経済交流、技術導入や借款をおしすすめること。

右のような政治経済政策の転換によってうみだされるであろうチェコスロバキアの政治経済構造および国家権力は、明らかに現代ソ連邦のそれを深くほりくずしている右翼的なもののカゲをしめすものにほかならず、フルシチョフ修正主義のゆきつくべき未来を実体的=現実的に表現しているユーゴスラビアのそれへ大きく接近したものである、といわなければならない。明らかに現在のチェコスロバキアは、官僚主義的政治経済機構の上からの右翼的改革の波にあらわれている。だが、その新指導部は、ワルシャワ条約機構からの脱退(つまりユーゴスラビア式の非同盟・中立主義への転換)をなお宣言してはいない。とはいえ、西ヨーロッパの自由主義への小ブルジョア的憧憬にみちあふれ、完全に「マ」のぬけた「ルクス主義」をまるだしにしている、かの『二千語宣言』の「反革命性」を口実としてクレムリン官僚が圧力をますます強化する場合には、その場合にはドゥプチェク指導部はイムレ・ナジの轍をふまないとは決していえない。「ワルシャワ条約機構の強化」をタテとしたソ連官僚の大国主義的抑圧、「コメコンの強化」ないし「社会主義的国際分業」を口実とした不平等貿易によるチェコスロバキアからの収奪にたいして、フルシチョフ路線（「社会主義への多様な道」）を逆手にとって「それぞれの国の民族的特殊性」を強調しつつ、さらに右翼的＝民族主義的に反撥をしめしている『行動綱領』は、それを暗示しているといえる。

そもそもスターリニスト国家権力および政治経済構造の官僚主義的疎外を打破するために提起されている諸政策――とりわけ国家および経済諸機関から党を分離したり、種々の「自由」を無原則的に拡大したりしようとしている点にしめされているもの――、それらはプロレタリアート独裁にかんするマルクス・レーニン主義とはまったく無縁なものでしかない。一言でいえば、それらは、スターリン的官僚主義・秘密警察を基軸とした強権的抑圧機構の完全な裏返しより以上のものではないのである。そのような諸政策をもってしては、民主主義そのものの死滅をもめざしたプロレタリア民主主義は決して実現されえないのである。このことは、一方では労働者ソビエトを実体的基礎としたプロレタリアート独裁にかんするレーニン・トロツキー的理念さえもが、スターリニストどもによって完全にくずカゴになげすてられてしまっていることを直接的根拠としている。（だからこそ、こんにちの東ヨーロッパにおける「自由化」の起点をなしている一九五六年のフルシチョフ改革＝「上からのスターリン批判」においては、スターリンの個人専制にかえるに「集団指導体制」をもってしたにすぎず、完全に形骸化されているソビエトはその本来の姿に復活したのではなかった。いやそもそもクレムリン官僚どもは本質的にそれをなしえないのである。ただスターリニスト官僚の打倒をめざした革命闘争によってのみ、ソビエトの復活はかちとられうるのだからである。）それとともに他方、プロレタリアート独裁とはおよそ無縁な「民主化」とか「自由化」とかが反官僚主義の仮面をかぶってバッコしはじめたのは、いうまでもなくチェコスロバキア「革命」そのもの奇形的本質を歴史的根拠としているのである。チトーは二正面作戦（反ヒットラー・反スターリン）をもってたたかったのであったが、チェコスロバキアにおいては反ファシズム闘争がほとんどたたかわれず、したがって反ヒットラーの民族意識の限界を突破する闘いがほとんど組織化されず、ただもっぱらソ連軍と警察力とをバックとして「人民民主主義」という名のスターリニスト官僚制国家が強引に形成されたにすぎない。こうした過去の誤謬の現在的あらわれが、「自由化」や「民主化」の反（あるいは非）マルクス主義的な高まりであり、間違った経済計画方式を導入せんとする動向への期待にほかならない。明らかにそれは、プロレタリア階級闘争の試練によってきたえあげられた「共産主義的人間の大量の産出」が欠如した〝革命〟の悲劇である。

チェコスロバキア労働者・勤労大衆は、現在なお彼ら自身の諸要求の誤りにも、また彼らのまえにたちあらわれた新しい指導部の本質にも無自覚である。ドゥプチェクらの「革新派」による「保守派」の一掃とノボトニー体制の右翼的改革に、彼らは喝采をおくっているにすぎない。現代スターリニズムの破産とその根拠について彼らは、一九五六年のハンガリア労働者以下的でさえある。それほどまでに、スターリニスト官僚によって支配され抑圧され搾取されている労働者・勤労大衆は骨抜きにされている。これは、まさに二〇世紀後半に突入しているにもかかわらず、なお根底的に解放されていない現代世界の悲劇のあらわれである。

だが、チェコスロバキアの悲劇は倍加された。

チェルナ、ブラチスラバの両会談によって、クレムリン官僚とプラハ新官僚とのあいだに妥協が成立したかにみえたが、八月二〇日、ソ連および東欧五ヵ国軍隊は突如としてチェコスロバキアへ侵入した。例によって例のごとき口実をつけて。侵入したこの軍隊は、西欧の軍事専門家が驚いたほどのスピードでチェコスロバキア全土を八時間で制圧。ドゥプチェクらの党官僚はソ連軍のタンクにのせられて連行されたが、しかしチェコスロバキアの党指導部は「無抵抗」を軍・労働者・市民・学生によびかけた。そして、五ヵ国軍隊によって自国を占領されたプラハ官僚とチェコスロバキアを制圧したクレムリン系官僚とのあいだのモスクワ「会談」。「カダール型の政権」の樹立に失敗したとはいえ、クレムリン官僚一派はドゥプチェクらを屈服させることに成功。——アメリカ帝国主義は国連でソ連軍事介入にたいする非難をわめきたて、NATO軍の移動を開始し、またフランス帝国主義はその全方位戦略の正当性を自己確認し、さらに日本帝国主義の政治委員会は胸をなでおろしながら七〇年安保条約再強化の必要性を声高にしゃべりたてた。

他方、それに信頼をかけ幻想をいだいていたところの「革新派」指導部に「無抵抗」をよびかけられたチェコスロバキアの労働者・勤労大衆は、抗議デモ・集会・時限ストライキなどをたたかった。だが、一二年まえのポーランド政変のときのようなもりあがりも、またソビエトの結成を基礎として武装闘争にたちあがったハンガリア労働者たちのような革命的高揚も、彼らはつくりださなかった。一九六八年初頭からすすめられてきた「民主化」・「自由化」の右翼的本質は、クレムリン系官僚軍隊にたいする抵抗闘争のなかに、そしてドゥプチェク指導部をのりこえていく革命闘争の欠如のなかに、いかんなくしめされた。

民衆のかかげたプラカードには——

「ドゥプチェク！　スボボダ！」、「一九三八年逆まんじ印、一九六八年槌と鎌じるし」。

そこには、「革新派」指導部にたいして労働者・勤労大衆がいだいている期待と幻想が、そして自国領土を占領したヒットラーとソ連との軍隊を同一視する素朴なナショナリズムが、つまりは革命的マルクス主義とはほど遠い、いやそれとは無縁な、だが抑圧されてきた民衆の痛苦な心情が、象徴的にしめされているにすぎない。

こうしてチェコスロバキアの現在の事態は〝第二のハンガリア事件〟となることなく、いわばポーランド政変とハンガリア革命とが右翼的に重ねあわされたかたちで終熄させられようとしている。かかる事態は、一方ではチェコスロバキアに吹きあれた「民主化」の嵐そのものの右翼的本質がもたらしたその必然的帰結であり、一九五六年のハンガリア労働者が武装蜂起にたちあがったことの世界史的意義がチェコスロバキア民衆のなかでなんら教訓化されなかったことを雄弁に物語るものである。と同時に他方それは、分解と没落の歩を早めている現代スターリニズムの本質をも、またしても全世界のプロレタリアート・勤労大衆のまえにさらけだしたものでもある。

われわれは、それゆえに、スターリニスト官僚軍隊のチェコスロバキアへの侵入そのものが反労働者的であることをあばき弾劾するだけでなく、同時により一層民族共産主義の方向に転落したドゥプチェク指導部による「民主化」の内実が誤謬であり、まやかしであることを鮮明にしながら、チェコスロバキア労働者・勤労大衆の革命化のためにこそたたかうのでなければならない。

明らかに現代のスターリニスト陣営は、スターリンの死後とくに一九五六年以降、きわめて深刻な分解を次々と露呈しながら、その没落を開始しつつある。いまソ連圏の東方は「中国文化革命」という名の党内＝権力闘争によってゆすぶられ、その西方は、ハンガリア労働者の血の弾圧にはじまり、アルバニアのクレムリン官僚からの離反つまり毛沢東主義へのその接近、ユーゴスラビアやルーマニアなどの右翼的反逆、それに追従しようとして軍事的・政治的にチェックされたチェコスロバキアの混乱などをはらみながら急速にその矛盾を尖鋭化させつつ、新たな分解へ突入している。「一国社会主義」国の地理的拡大＝算術的かきあつめによって形成されたソ連圏の、このような現在的分解は、さらに各国共産党の七花八裂としてはねかえり、デフォルメされた形態で再生産されている。とりわけ、かの「軍事介入」に賛成したのがキューバ・北朝鮮・モンゴル・北ベトナム・ルクセンブルクなど数ヵ国のスターリニスト党だけであったという事実、西ヨーロッパ諸党さえもの離反および「自主独立」派の新たな分解という事態は、没落しつつあるスターリニズムの今日的な姿をしめしているといえる。一二年まえとは雲泥の差があるといわなければならない。

現代スターリニズムの分裂と多極化というこの歴史的事態は、しかし、プロレタリア世界革命があまりにも遅延させられてきたことのゆえに現代世界そのものが腐敗しきっている、ということの一側面でしかない。問題は、むしろ世界革命への過渡期においてうみだされたその悲劇的な挫折の根拠を根底からほりおこし、現代世界そのものを全体としてくつがえすことにこそある。ドル危機によって動揺している帝国主義国家権力を、種々の形態での造反によって分解を深めつつあるスターリニスト国家権力とともに、打倒するための闘いを、全世界的な規模でくりひろげ着実に前進させていくことこそが、現代世界そのものの危機を打開しうる唯一の途なのである。

三　日本帝国主義の現段階とわが同盟の闘い

A　日米軍事同盟の強化をねらう日本帝国主義

1　深刻化する現代世界危機のなかの日本帝国主義

一方ではさまざまの内部対立を尖鋭化させ内部的諸矛盾の種々の形態での爆発におびやかされている現代スターリニスト陣営、他方ではドル・ポンド体制の危機の露呈によってゆりうごかされている現代帝国主義陣営。しかもこの両「陣営」の複合的なからみあいを通じて、その全体としての没落を本質的にあらわにしつつある現代世界。ますます深刻化しつつあるこのような世界的危機の動向は、現段階における日本独占資本主義をも根底からゆりうごかし、その政治経済構造の新たな帝国主義的再編成を強制し、そのすべての政策を再検討・転換せざるをえないように日本独占ブルジョアジーに物質的圧力をかけている。

だが、こんにちの日本独占資本主義は、それが背負わされてきた過去から断絶して、その再編成および政策転換をなしとげることは決してできない。現段階における日本帝国主義の動向は、日・独・伊防共協定をバックとした中国侵略戦争と東南アジアへの軍事侵略、この大東亜戦争の敗北にもとづく一切の植民地および半植民地（朝鮮・台湾・樺太・満洲その他）の喪失、アメリカ帝国主義軍隊による占領、というような結節的事態によって歴史的に規定づけられている。しかし直接的には一九五一年九月のサンフランシスコ条約の締結にともなって、「自由世界」という名の帝国主義陣営の一角をになうことを運命づけられた日本資本制国家権力の法的独立、しかも同時に安全保障条約（および行政協定）という日米軍事同盟を媒介としてアメリカ帝国主義に軍事的・政治的に規制されるという形態でのその法的独立、さらに「経済援助」という名のドル撒布・技術導入・アメリカ資本の流入その他によって経済的＝金融的にも規制されることを基礎としてのみ再建されてきた、敗戦帝国主義日本の資本主義国家としての独立、これらによって現段階における日本帝国主義の動向、その政策は制約されているのである。ところで、日本国家権力の法的独立（占領状態の終結）をアメリカ帝国主義にうながした決定的な国際的要因は、いうまでもなく毛沢東中国の出現と、南北分割という形態で終熄させせられた朝鮮戦争（帝国主義とスターリニズムとの妥協形態の、朝鮮における縮小版）とであった。「社会主義陣営」のアジアにおける地理的拡大に対応して、戦勝帝国主義アメリカは、対ソ連圏とりわけ対中国の軍事戦略を再検討し、アジアにおける「反共」軍事体制を強化するための政策の一環として、日本資本主義の法的独立を決意したのであり、アメリカ帝国主義による政治的・軍事的および経済的＝金融的規制のもとでの日本資本主義の政治経済構造の帝国主義的再建はおしすすめられた。その集約的表現がサンフランシスコ条約第三条であり日米安保条約の締結であった。すなわちアメリカ帝国主義は前者によって、地理的にも東西対立の谷間に位置し軍事的にはアジア支配戦略のカナメ石をなす沖縄を、日本本土からきりはなしてひきつづき占領状態におきながら完全な核軍事要塞として確保した。また後者によって彼らは、日本本土にも軍事基地を確保するだけでなく、とりわけ朝鮮戦争特需に助けられながら再建されつつあった日本独占資本主義の経済力を、アメリカのアジア軍事戦略＝支配体制にもとづいた諸政策を物質的＝経済的にうらづけるために動員する、という目的を確保した。こうして、いわゆる「ドルと核のカサ」のもとで日本資本主義は帝国主義的に再編され強化されてきたのである。このような大きなワクのなかで、それに規定されながら再建され強化されてきた日本帝国主義がその物質的力を背景として日米同盟を強化したのが、一九六〇年の安保条約改定であった。……それから八年。内外情勢は激動し、また激動することによって同時に現代世界そのものの危機はますますあらわとなった。

ベトナム戦争での軍事的敗退と政治的威信の失墜、ドル危機による経済的困難の倍加、それらの政治的表現としてのアメリカ支配階級のタカ派とハト派とへの分裂、そして一九六八年秋の大統領選挙。――これらに規定されつつジョンソンは、一方では北ベトナム・スターリニストをパリ「和平」会談にひきだして彼らと欺瞞的なとりひきをえんじながら、他方では南ベトナムで戦争をなお激化させ北爆を継続しつつ同時にアメリカ帝国主義のアジアにおける対「共産圏」軍事体制を再編し強化するための種々の策略をいまくりひろげている。

アメリカ帝国主義は、いまや政治的にも軍事的にも、また経済的＝金融的にも、昔日の面影を完全に喪失し、帝国主義的世界の盟主、その基軸国としての地位をゆすぶられ、そうした性格をうしなった。とはいえ、それにとってかわる強大な帝国主義がもちろん現存しているわけでもなければ、また現代帝国主義を打倒することをめざしていたはずのスターリニスト陣営と各国の自称共産党も現実的に破産して七花八裂のなかでうごめいているにすぎない。西ヨーロッパにおけるドイツやフランス、アジアにおける日本などは、アメリカ帝国主義の種々の経済的および軍事的「援助」やスターリニスト党による階級闘争の数々の絞殺に助けられて帝国主義として再建されたのだとはいえ、いずれも、アメリカ帝国主義にとってかわるだけの力をそなえているわけではない。そこに、現にいま直面させられている深刻な危機にもかかわらず、ドル帝国主義がその地位を相対的に低下させたにすぎないという現象を呈している根拠がある。だが帝国主義陣営の心臓部の動揺と軍事的および経済的破綻は、現代帝国主義世界の全体としての政治的危機と経済的破局を、それらによって惹起されるであろうプロレタリア階級闘争の激化とともに、必然的にうみだすであろう。各国独占体のあいだでの市場争奪戦の激化、やがておとずれるであろうドル切りさげにともなって「金本位制の復活」を強調するド・ゴール的傾向とドルのいわゆる「なしくずし的ブロック化」傾向との抬頭、そしてフランスの五月の階級闘争のような高揚などは、その露頭であるといってよい。

とりわけ「ドルと核のカサ」のもとにくみこまれている日本独占資本主義は、現代帝国主義の心臓部の小さな障害によっても、つねに必ず大きな混乱におとしいれられてきた。だから、一九六八年三月のゴールド・ラッシュによるドル相場の世界的暴落は、たちまち日本経済に波及してドルにたいする「円」の相場の下落としてあらわれたのであって、この「円」こそが国際金融危機における最も弱い環をなしているのである。戦後日本経済の復興過程からこんにちにいたるまで、ドル体制に依存しそれに従属しつつ再建されてきたという日本独占資本主義のこの特質のゆえに、金の二重価格制の暴力的統一の過程においては、きわめて大きな経済的危機と混乱の渦中に日本経済はたたきこまれるであろう。それだけではない。六〇年安保条約改定をくぎりとして、日米の帝国主義的同盟を強化してきた日本独占ブルジョアジーは、いままた、ベトナム侵略で敗退したアメリカ帝国主義がその対中国「反共」軍事戦略体制を再編し強化する策動に規制されながら、一九七〇年の安保条約改定期を目前にしているのである。アメリカ帝国主義のアジア支配戦略の破綻とドル危機とによって、まさに直接的に日本帝国主義の現在と未来は根底から規定され制約されているのである。

そもそも日米安保条約は、サンフランシスコ条約の締結（いわゆる片面講和）によって帝国主義諸国から独立することを法的に承認された（日本との講和条約をとりむすばなかったスターリニスト官僚制国家からは間接的に独立を認容された）日本資本制国家権力が、同時的にアメリカ国家権力とのあいだで締結した軍事同盟であるが、これは、ソ連邦や中国にたいするアメリカ帝国主義の軍事戦略にもとづいた、日米のあいだの極めて重要な軍事的・政治的階級同盟を規定づけた国際法的とりきめである。一九六〇年の安保条約改定によって、「日米新時代」の名のもとに「対等な」（双務的な）帝国主義的同盟として、安保条約は強化された。アメリカ帝国主義は、この安保同盟にもとづいて、それを媒介として、帝国主義的に再建され強化された日本独占資本主義を軍事的および政治的に規制しつつ、本土内の軍事基地の拡大・強化や軍需物資の発注および労働力提供その他をおしつけてきた。そして経済的にも、すなわち種々の経済協力や経済協定にもとづいて媒介的に、またアメリカ独占体の日本への資本輸出や技術導入などによって直接的に、日本資本主義はアメリカ帝国主義に規制されながら帝国主義的に再編され強化されてきたのである。

このように日本資本制国家権力は国際法的に独立をみとめられたとはいえ、その政治経済構造は、帝国主義陣営のアジアにおける拠点として、安保条約をはじめとするその他の種々の国際的とりきめを媒介として、軍事的にも政治的にも、また経済的にも規制され統制されつつ、再建され自立し強化されてきたのである。――このような日本帝国主義の政治経済構造を「安保体制」というように規定しえないわけではないけれども、しかし、「安保体制」の名において日本資本制国家権力の法的独立、その帝国主義的再編・強化を完全に否定し、現代日本を「半ば占領された事実上の従属国」と規定し、もって日本革命戦略を「反帝〔つまり反米〕・反独占の人民民主主義革命」すなわち「民族民主主義革命」とするのは犯罪的な誤謬である。なぜなら、それは、まず経済的下部構造（政治的上部構造の反作用をうけた経済的土台、つまり政治経済構造）とこれから相対的に独立して成立している国家権力とがなんら区別されておらず、むしろ前者の政治的性格そのものに後者を解消させるという誤謬につらぬかれているからであり、また誤った「権力規定」（「従属国」という規定は権力規定とはいえないのであるが）と間違った戦略（スターリン＝ブハーリン型二段階革命論にもとづいた人民戦線戦術を直接の源流としたフルシチョフ革命論、ないし毛沢東型新民主主義革命論）の適用とが合体させられているのだからである。こうして代々木共産党は、さいきんでは「対米従属下の日本独占資本の軍国主義的、帝国主義的復活」というように現段階の日本資本主義をあいまいに規定しないわけにはいかなくなっている。ところで、こうした「従属国」論の裏返しの誤りにおちこんでいるのが、ブクロ官僚どものアンチョコとしてこれまでしばしば活用されてきた構造改革派の日本帝国主義の単純な経済的政治的自立論である。

したがって、来るべき安保条約改定（ないし自動延長）問題は、一方ではベトナム戦争で敗退したアメリカ帝国主義のアジア軍事戦略の転換に規定された、アメリカと日本との権力者のあいだの帝国主義的軍事同盟の性格および役割の再強化にかかわる問題として、同時に他方ではドル危機にゆらぐアメリカ帝国主義による新たな政治的および経済的な規制に媒介された日本帝国主義そのものの対外膨張の性格および構造にかかわる問題として、政治的・軍事的および経済的の諸側面からとらえられなければならない。つまりはベトナム侵略での敗北とドル危機とによって不可避的にもたらされている現代帝国主義の全体としての危機をのりきるためにたくらまれている、アメリカ帝国主義のアジア支配体制の再編・強化、その動向の重要な一環として、七〇年安保問題はとらえられなければならないのであり、日米安保同盟を基礎とした日本帝国主義そのものの対内的強化と対外的進出のからみあいの現段階が明確にされなければならない。

2 日本帝国主義の政治的・軍事的側面

朝鮮戦争の特需ブームによって敗戦帝国主義日本がその政治経済構造を帝国主義的に再編成する出発点をきずいたとするならば、日米安保同盟とドル体制のもとでの高度経済成長をなしとげた日本資本主義はベトナム戦争への政治的・経済的な協力＝加担を通じて帝国主義的対外膨張の物質的基礎をさらにうちかためた、——このように単純化していうこともできるほどに、ベトナム戦争は日本独占資本主義にたいして政治的にも経済的にも重大な比重をしめている。たとえ朴軍事的ボナパルチスト政権やアメリカの半植民地フィリピンなどのように南ベトナムへ直接に派兵し参戦するという形態をとることが日本国憲法の存在のゆえに不可能であったとしても、日本帝国主義は——まさに日米安保同盟＝帝国主義的同盟に規制されつつ——アメリカ帝国主義のベトナム侵略のための軍事基地・兵站基地としての軍事的役割をえんじてきた。それだけでなく、アメリカのアジア支配＝侵略政策を背後から経済的にささえ（国内特需、ベトナム参戦国への経済援助その他）、かつベトナム特需にもとづくアメリカ本国への商品輸出を増大させることによって、日本帝国主義は媒介的にベトナム侵略に協力しつつ、同時にその帝国主義的基盤を強化し確立してきたのである。いわゆる中国文化革命による全中国の激動のまっただなかでのベトナム戦争のエスカレーション、〝聖域〟と称されてきたハノイ・ハイフォン爆撃に呼応して、アメリカ原子力潜水艦の日本寄港がひんぱんになっただけでなく本土の空軍基地も十全に活用されてきたこと、そして中小企業の相次ぐ倒産、独占体の強化、その集中・合併が強行されてきたことなどの事実のなかに、そのことは明白にしめされている。

とりわけ、サンフランシスコ条約第三条によって本土から分離された沖縄は――アメリカ帝国主義による継続的占領、直接的な軍事的支配のもとにおかれていることからして――全島が完全に軍事要塞化され、直接にベトナム戦争の前進・補給・兵站基地としての役割をにない、さらにB52戦略爆撃機の直接的な発進基地としての機能をはたしてきた。日米権力者の帝国主義的同盟の本土におけるあらわれが安保条約とその実体的表現形態としての軍事基地・兵站基地であるけれども、「民政府」という名の軍事基地権力により戦後二十数年にわたって直接的に支配されてきた沖縄の悲劇的な現実そのものは、日米帝国主義的同盟の本質をむきだしにしているといわなければならない。沖縄の経済は軍事基地に寄生したものとして、基本的に基地経済化され、いまなお沖縄の民衆は経済的貧困にさらされ苦しめられブルジョア的諸権利をさえ剝奪されている。こうした現実への抵抗と反逆、対日講和いごつづけられてきた「祖国復帰」運動の民族主義的な一定の高揚にもかかわらず、アメリカ帝国主義軍隊は横暴をきわめ基地権力の専制は持続されている――沖縄労働者・民衆の民族意識や民族主義を代弁しようとする側面を「琉球政府」がしめす場合には、それにわずかばかりの譲歩をしながら。こうした沖縄の現実はまさに大東亜戦争をしかけた日本帝国主義の歴史的遺産であるにもかかわらず、こんにちのわが支配階級は「沖縄がかえされるまで、まだ戦後は終っていない」とうそぶきつつ、同時にアジアの安全保障と称してアメリカ帝国主義の軍事的支配への忍従を沖縄の人民大衆に強制している。アメリカ帝国主義およびそれに軍事的に従属している日本独占ブルジョアジーにとって、沖縄は対中国軍事基地包囲網のまさに一大結節点、カナメ石をなすのだからである。

軍事的にきわめて重要な地位をしめている基地沖縄は、ベトナム戦争での政治的軍事的敗退にともなうアメリカ帝国主義の世界戦略の転換に規定されて、いよいよその重要性を倍加している。それはアメリカの核軍事戦略体制の中心環をなし、アジアにおける最大の核基地であるからだ。この核基地沖縄を要石とし、韓国・台湾・フィリピン・タイなどをむすぶ軍事基地網を最前線とするアメリカの軍事戦略体制を、裏から軍事的にささえているのが、日米安保条約およびその実体的表現形態としての日本列島に散在する一四〇以上の軍事基地諸施設であり、それを経済的にささえているのが日本帝国主義の工業力である。

アメリカ帝国主義のアジア軍事戦略体制を強化するための策動の一環として、日米安保条約の「改定」が一九七〇年にむけていまたくらまれている。その眼目は、およそ次の点にある。

一方では、とくに「8・19佐藤来沖阻止闘争」(一九六五年)いらい激化し全軍労ストライキの敢行(一九六八年四月二四日)にいたる、核基地沖縄における労働者・学生の闘いの発展、これに呼応した本土における「沖縄返還要求」運動ならびにそれをのりこえてたたかわれつつあるわれわれの沖縄闘争の大衆的前進、という圧力をうけ、他方では帝国主義的に自立した日本独占ブルジョアジーの政治的威信にかけて、わが支配階級は、沖縄問題のブルジョア的解決をはかろうとしている。（その一つの結節点が、一九六七年一一月の佐藤訪米であったし、また一九六九年春に予定されているアメリカ新大統領と日本政府代表との会談である。）すでに日本独占ブルジョアジーの政治委員会は、一方では基地沖縄返還をブルジョア的＝支配階級的になしとげるために、「基地と施政権との分離」にもとづく沖縄返還とか、また「教育権だけをきりはなしての早期返還」とかといった種々のアドバルーンをブルジョア・ナショナリズムにもとづいてあげるとともに、他方では紀元節復活その他によって日本ナショナリズムをあおりたて「核アレルギーの解消」とか「国益・国防意識の高揚」とかといって「核基地つき返還」のイデオロギー的免疫を本土の労働者・勤労大衆にうえつけることに極力つとめてきたのであった。ところが、さいきんでは彼ら権力者たちは公然と「本土と沖縄との一体化」（やがて沖縄返還＝本土の沖縄化）政策をうちだし、「核基地つき沖縄返還」政策にふみきった。――たとえばアメリカを訪問した佐藤がマクナマラにむかって、施政権が返還されないと沖縄住民に失望をあたえることになり、かえって「基地の機能は低下する」と主張したことのなかに、そのことは明白にしめされている。つまり現在の核基地沖縄の機能と役割を維持し強化するためにこそ沖縄の施政権返還が必要であることを、わが支配階級は力説しつつアメリカ帝国主義者を説得しようとしているわけなのである。（もちろん、この点にかんして、ブルジョア政治委員会そのものもなお必ずしも統一されているとはいえないのであって、その内部には「核基地つき返還」に反対する傾向が、つまり「本土なみ返還」を主張する旧池田派＝前尾派が存在するわけである。）

ところで、核基地沖縄には、それがアメリカ帝国主義の占領支配のもとにあるがゆえに当然のことながら日米安保条約は適用されていないのであるが、「本土と沖縄との一体化」政策にもとづいて「核基地つき沖縄返還」策動が実現されるならば、沖縄もまた日米安保条約の適用範囲にくみこまれることになる。その場合、まず第一に、六〇年安保条約第六条（「事前協議制」にかんする規定）にまつわる諸制約をとりはらうことが必要となり、それによって沖縄だけでなく、日本本土にも核兵器が公然ともちこまれ、また本土からのアメリカ軍の自由出動が合法化されることになる。そして第二に、六〇年安保条約第五条（日米共同作戦行動にかんする条項）にもとづいて自衛隊を沖縄に派遣し日米「共同防衛」態勢にふみださざるをえないだけでなく、すでに沖縄そのものが米韓・米台・米比・アンザスなどの「反共」軍事同盟の「共同防衛地域」とされているがゆえに「日米共同作戦」地域は必然的に実質上アジア全域に拡張されざるをえないのである。たとえ現行安保条約の条文が改定されない場合でさえも、右のようなかたちで日米軍事同盟は実質的に再編・強化されうるのである。まさしくこのゆえに佐藤自民党政府は、安保改定反対闘争の高揚を回避するために一九七〇年には、六〇年日米安保条約を改定することなく、それを「自動延長」することにふみきったわけなのである。――もちろん、核基地の十全な活用やアメリカ軍隊の行動の自由が保障されるためには「事前協議制」の廃止が必要条件となるのであるが、これは「交換公文」によってなされるであろう。また、「日米共同作戦地域」の拡大も、現行の日本国憲法が存在するかぎり、一定の制限を形式上ともなうのである。

このように「安保同盟強化」問題と沖縄の「祖国復帰」問題とは一つの事態の二側面をなすのである。沖縄問題のブルジョア的解決（日本国家への施政権返還）は、同時に日米軍事同盟の再強化に、その核軍事同盟への実質的な転換に、直接につながっているのである。アジア核戦略体制の強化をねらっているアメリカ帝国主義は、後者からきりはなされた前者を承認することは決してありえない。あくまでも、日米の帝国主義的軍事同盟の強化と核基地沖縄のブルジョア的返還とは、メダルの裏と表の関係にあるのである。ところで、もしも「核基地つき沖縄返還」を承認した場合、アメリカ帝国主義は別の困難に直面させられる。すなわち日本国憲法の存在、その「戦争放棄」条項の制約によって、一方では「戦力なき軍隊」と称する自衛隊の海外派兵が形式上できないということ、他方では本土と沖縄とが「一体化」された日本列島への核兵器の無制限のもちこみが制約されるということが、それである。だからして、沖縄問題は、経済的側面を捨象した政治的側面だけからしても、アメリカ帝国主義と沖縄労働者・大衆との矛盾、後者およびアメリカ労働者と連帯する日本プロレタリアートと日本独占ブルジョアジーとの矛盾、日本労働者階級とアメリカ帝国主義との矛盾、日本国家権力とアメリカ帝国主義権力とのあいだの対立などの結節点となっている、といわなければならない。

わが支配階級は、沖縄問題をめぐって、いま一方ではそのアジア軍事戦略にもとづいてアメリカ帝国主義のがわからくわえられている圧力、他方では沖縄における軍事基地撤去を中心とした反戦闘争・「祖国復帰」運動とこれをのりこえつつある革命的な闘い、および本土における軍事基地反対＝撤去をはじめとする種々の形態の反戦闘争・「沖縄返還要求」運動とそれをものりこえつつたたかわれている沖縄闘争・安保破棄をめざした闘いなど、――この両者に挟撃されているのである。

アメリカ帝国主義のアジア軍事＝支配体制の転換と再編成に規定されて日本帝国主義が日米軍事同盟を――たとえ安保条約を正式に改定しない場合でさえも――強化し、それを核軍事同盟へ実質上転換させることなしには、沖縄問題のブルジョア的解決はありえず、また、基地沖縄の「祖国復帰」＝「施政権返還」

をブルジョア的に解決するためには、アメリカ帝国主義が作成した日本国憲法を、実質上ふみにじりながら日本の核武装化を実現しないわけにはいかない――このような事態に、日本独占ブルジョアジーの政治的代表部はおとしいれられているのである。彼らの対沖縄政策と安保条約の「自動延長」策動との交叉点、それが「核基地つき沖縄返還」にほかならない。

日本帝国主義のかかる策動は、基地沖縄および本土における強力な反対闘争をよびおこさないわけにはいかない性格を、そのうちにもっている。種々の形態でいま推進されつつある沖縄闘争は、それ自身同時に、ベトナム戦争反対・軍事基地反対その他のスローガンをかかげた反戦闘争や七〇年安保粉砕をめざした闘いなどと必然的にむすびつかざるをえないのである。反戦・反安保・沖縄闘争を革命的に推進することは、現段階におけるわれわれの大衆運動の中心課題をなしている。それらの闘いを断乎として推進することによって、日本帝国主義の政治的・軍事的再強化を、日米の帝国主義的核軍事同盟を粉砕するのでなければならない。

3　七〇年安保同盟強化の政治経済的基礎

核基地つき沖縄の施政権返還をかちとるために、アメリカとの帝国主義的軍事同盟を強化することをわが支配階級がねらっているということは、それ自身同時に日本資本主義経済の帝国主義的再編成をその物質的基礎としている。

すでに大東亜戦争の賠償というかたちで東南アジア諸国へ国家資本を輸出し、また一九六五年の日韓条約の締結によって朴軍事的ボナパルチスト政権に支配されている韓国へ商品＝資本輸出をおこないうる政治的基礎をかため、かつ実際にそうした新植民地主義的な経済的進出をすでに開始した日本帝国主義は、アメリカ帝国主義のベトナム侵略に日米安保条約にもとづいて政治的および軍事的に加担し経済的に協力してきた。アジア・アラブの後進国および半植民地をソ連・中国の侵略から防衛すると称する、アメリカ帝国主義のアジア支配体制を、アメリカの「核のカサ」のもとで経済的に側面援助する、という対外政策を日本帝国主義は終始とってきた。なぜなら、それは日本国憲法第九条によって自衛隊の海外派兵ができず、またそれだけの軍事力を保有していないからである。したがって日本帝国主義は、基本的にアメリカ帝国主義のアジア軍事体制に依拠しながら、アジア・アラブの後進国＝軍事的ボナパルチスト国家（インドネシアやアラブ連合など）やアメリカ・イギリス・オランダ・フランスなどの半植民地などを、単なる原料資源市場とするのではなく、同時にそれらにたいして国家資本を中心とした資本輸出や商品輸出をおこなってきたのである。

ところが、ベトナム戦争の泥沼化によって不可避的にもたらされた尨大な軍事費を削減するために、そしてまたアジア市場がそれ自体として不安定で危険をたえずともなうがゆえに、アメリカ帝国主義は、東南アジアにたいする「経済援助」を日本に肩代りさせること（この場合、資本の自由化を日本に強制して、アメリカ資本を直接に投下し、この日本民間資本への直接的投資を媒介としてアメリカ独占資本は東南アジアの収奪を間接的におこない利潤をあげる、ということがめざされている）を決定した。こうして日本独占ブルジョアジーは、アメリカ帝国主義の軍事的庇護のもとでの経済的対外膨張を、東南アジア諸国への新植民地主義的な経済的侵略（独占体の資本輸出を推進要因とする国家資本輸出）を開始した。ベトナム戦争後の南・北ベトナムへ経済援助をおこなう用意がある（「ベトナム復興特別基金」という構想）といったことを三木武夫がしばしば口にしていることは、その端的なあらわれである。

すでに「政経分離の原則」なるものにもとづいて対中国貿易やシベリア開発などにも意欲をみせてきた日本帝国主義の右のような対外進出は、「アジア太平洋経済圏」構想によってうらづけられている。「八紘一宇」の精神にもとづいた「大東亜共栄圏」の形成という野望が大東亜戦争の敗北によってくずれさり、一切の植民地をうばわれたことからして、戦後の日本独占資本主義はそれ自体の経済圏を形成しえなかったし、またもってもいなかった。ところが、それ独自の安定した経済圏を確立することをめざして現段階の日本帝国主義がその対外経済政策を強化していることを、「アジア太平洋経済圏」構想はしめしている。

日本独占体は、貿易・為替の自由化、さらに資本の自由化のただなかで、外国資本と結合し、あるいは争闘をくりひろげながら、その産業構造を合理化し技術革新的設備投資と高蓄積をなしとげてきた。さらに集中・合併によって独占体は巨大化し、しかも独占価格の長期的な維持による大衆収奪と非独占体の犠牲（倒産）において、それは成長し国際競争力を高めてきた。だが同時に、強化された独占体は、――政府による種々の労働対策や農業構造改善政策の積極的な実施にもかかわらず――労働力とりわけ若年技能労働力の不足に直面させられた。資本過剰のためばかりでなく、まさにこの労働力不足の側面からしても、アジアの後進国・半植民地諸国へ、重化学工業を中心とした独占体および国家の資本輸出を推進することが、現段階における日本帝国主義の経済的必然性ともなっているのである。

アメリカ帝国主義のアジア支配体制の経済的側面をこれまで背後からささえてきた日本独占資本主義は、いまや「核のカサ」のもとにであるとはいえ、「アジア太平洋経済圏」を――アジア開発銀行を基軸として――形成することをめざした対外諸政策を強力におしすすめようとしている。（それは現在では、とりわけインドネシアの豊富な原料資源をねらって、そこに集中されようとしている。スカルノ体制＝「ナサコム体制」を崩壊させたインドネシアは、いまや各国帝国主義による争奪戦の場とさえ化している。）一方では核基地沖縄を要石とした、アメリカ帝国主義のアジアにおける軍事戦略体制を強化するための策動の一環として、日米の帝国主義的同盟を軍事的にも経済的にも強化しようとしていること、そして他方では「核のカサ」のもとで東南アジア・アラブへの経済的進出を新植民地主義的におしすすめつつあること。――ここに、現段階における日本帝国主義の政治的および経済的な性格が、ドル危機にゆすぶられている現代帝国主義陣営の内部でのそのアジアにおける地位と役割が、集約的にしめされている。けれども、それらは同時に、日本帝国主義の現段階的構造そのものの脆弱性、その内的諸矛盾の外的あらわれなのであって、その対外膨張はその内的諸矛盾と深くからみあっているのである。

すなわちまず第一に、帝国主義の一般的存立条件の一つである軍隊・軍事力およびそれをバックとした植民地を、日本帝国主義国家権力はなおもっておらず、アメリカ帝国主義の軍事力に完全に依存しその機構にくみこまれているのだからである。（このいみでは、挫折した日本国憲法の改正に、だからその前提として小選挙区制の実施に、わが支配階級はおそかれ早かれのりださざるをえないのであって、やがて選挙法改正・憲法改悪への反対闘争が爆発する時期がおとずれるであろう。）そして第二に、すでに各種独占体のあいだでの激しい競争がくりひろげられているだけでなく、高度経済成長の停滞化傾向を打開するとともに国際独占体との競争力をさらに増大することをめざして、大独占体の集中・合併――寡占の形成――が、いま各生産部門・金融部門で急速におしすすめられつつあるということのなかに、現段階における日本独占資本主義の諸矛盾が、アメリカ帝国主義の巨大独占体にたいする日本独占体の弱体性およびこれに起因する内的諸矛盾が、端的にしめされている。

日本独占資本主義の現段階をつくりあげてきたのは、いうまでもなく、ほぼ一九五五年いごの重化学工業を中心とした「高度経済成長」によってであった。一方では日米安保同盟に全面的に依拠することによって軍需支出の負担を軽減させ、ないしアメリカに代行させてきた日本資本主義は、重化学工業を中心に急速な設備投資をおこなってきた。拡大された設備投資が生産諸手段の需要を増加し、これがまた次の設備投資をよびおこす条件となる、というように波及的効果をともないながら、しかも自己資本をはるかに上まわる銀行融資をテコとしつつ、全体として急速に経済成長がなしとげられ、またそれによって過当競争が激化しはじめた。しかも他面では、アメリカ帝国主義の経済援助や資本輸入などによって日本資本主義は、循環的に到来した国際収支の赤字に象徴されるその金融的限界を、そのつどのりきってきたのであった。いいかえれば日本独占資本主義は、たえずアメリカ帝国主義によって背後から軍事的かつ金融的に操作される、という構造におかれてきたのである。

ところが、ほぼ一九六〇年代にはいって（ちょうど貿易・為替の自由化が実施されはじめたころ）、急成長をとげた日本経済は新たな困難につきあたった。たとえば耐久消費諸手段の普及一巡にともなう消費諸手段需要の頭うち、過剰生産および労働市場の相対的悪化、過当競争の激化、これらにともなう利潤率の低下。いわゆる構造的不況の現出。そしてこのような事態を突破するために、産業構造の近代化、直接的生産過程の合理化、とくに技術革新にもとづく資本の有機的構成の高度化が、だから固定資本のより一層の巨大化などがおしすすめられた。こうして重化学工業の全産業部門においてしめる比率がいちじるしく増大し、日本経済の生産性は「ヨーロッパなみ」となった。それとともに「共産圏」をふくむ外国市場の開拓、日本独占体の対外膨張が開始された。

このようにして独占体は自己資本の割合いを相対的に増加させたとはいえ、合理化過程でうみだされた不況を緩和するための諸政策、つまりは種々の国家独占資本主義的政策（合理化のための減税、政府金融機関による設備投資に必要な資金の貸出し、東南アジアその他の市場開発のための種々の経済援助、国内需要の停滞を人為的に打破するための公共投融資政策の強化、さらに国債・公債の発行その他）によって保護された。独占資本を救済することを目的としたかかる財政・投融資政策は、合理化の強行とあいまって、一方ではインフレーションの進行、実質賃金の低下、労働者・勤労大衆の生活水準の低下をうみだした。それとともに他方では、一九六〇年以前のように各企業の生産量の拡充およびカルテル形成その他による独占価格の安定にとどまることなく、企業の合併や系列化というかたちでのトラスト化の傾向もまたうみだされた。こうした独占体の「体質改善」は、従来は独占体のもとに系列化させられてきたところの中小企業をきりすてる傾向をうみだしただけでなく、一般に非独占体の相次ぐ倒産として現象した。大企業に対抗するための設備投資（一九六二〜六三年）、それにともなう減価償却費や金利負担の増大などによって、中小企業の利潤が加速度的に低下したからである。こうして物価上昇と不況とがからみあいながら進行したのであった。

他方、独占資本家的合理化は、種々の労務管理の徹底化や労働組合の破壊工作などと平行して強行された。こうして資本の合理化は、労働者にとっては、その労働強化・配置転換・系列企業への出向・首切り・指令解雇・新採用の停止または削減・一時帰休制の採用・職務給の導入や賃金ストップなどとしてあらわれ、かつ強行された。こうした独占資本家的合理化攻撃は、しかし同時に、日本労働運動の右傾化の波にのって、労資協調・政策転換路線などの改良主義や「二つの敵」論にもとづいた反合理化闘争の放棄などによって、「左」からささえられつつ進行したのであった。

要するに、重化学工業を中心とした産業構造の合理化・設備投資競争にもとづく高度成長（一九五五〜六一年ごろ）によって、日本独占資本主義はその体質を改善しつつ強化された。しかし、そのあとにおとずれた高度成長のゆきづまり、いわゆる構造的不況から脱出するために、独占体のあいだの争闘が激化した。そして、なお整理されていない過剰資本を整理し商品過剰を解決するために、独占体は政府の財政・金融政策（赤字公債発行による公共投資の拡大をもふくむ）によって援助されながら、一方ではさらに高度な集中・合併に、他方では商品＝資本市場をかくとくするための対外膨張にのりだした。独占体のカルテルからトラストやコンツェルンへの移行は、しかし、金融資本の再編成（銀行系列ごとの「ワン・セット」主義を除去せんとする傾向）とからみあわされて進行した。日産とプリンスとの合併、三菱三重工の合併、八幡と富士鉄との合併、さらに王子系三社の合併の動き、あるいはまたアメリカ独占資本と日本のそれとの種々の結合、つまりは巨大独占体（寡占）の形成が急ピッチでおしすすめられはじめた。他方、ベトナム戦争のエスカレーションにともなう特需およびアメリカ本国への商品輸出の増大などによってたちなおりをみせた日本独占体は、東南アジア諸国への商品＝資本輸出、さらに先進資本主義国の市場への割りこみなどに、その活路をきりひらこうとしている。日本独占体の重要な商品市場となっているアメリカ本国への輸出は、しかし現在では輸入課徴金問題などで壁につきあたっている。それと同時にアメリカ帝国主義は、その一つの資本輸出市場としての日本に「資本の自由化」を徹底させるべきことを強制している。日本独占体の海外進出の裏がわでは同時に、アメリカを中心とする外国資本と日本独占体とのあいだに激しい抗争がくりひろげられているのであって、これが巨大独占体・寡占の形成（これにもとづく市場独占ならびに独占価格の長期的な維持）を日本独占ブルジョアジーに強制しているわけなのである。

このように一方では独占体のあいだの激烈な争闘がくりひろげられているだけでなく、外国資本にたいする競争力を増大させるための大型合併をおしすすめ、同時に他方では種々の形態での対外膨張（対中国貿易、シベリア開発などをふくむ）を画策しつつある日本帝国主義は、しかし、露呈したドル・ポンド体制の危機のまっただなかにおかれている。もっぱらドルに依存し国際通貨のなかで最も弱い「円」は、やがて到来するであろうドル切りさげにともなう国際金融危機のあおりをくってその相場を暴落させるだけでなく、日本経済そのものが全体として根底からゆすぶられるであろう。したがって日本帝国主義は、一方ではアメリカ帝国主義との軍事同盟を再強化し、これを不可欠の条件としながら、他方ではその独占体の巨大化を、さらに国際収支の慢性的危機にしめされている経済的脆弱性にもかかわらず軍需生産の強化・軍事力の増強をおしすすめるとともに、アメリカと日本との権力者のあいだの政治的および経済的諸矛盾（輸入課徴金問題や自動車の自由化問題などに端的にあらわれているところの）をかかえながら、先進工業国だけでなく東南アジア諸国への経済的進出を強行しないわけにはいかないのである。

「ドルと核のカサ」のもとに再建されてきた現段階の日本帝国主義は、ドル危機にゆすぶられているアメリカ帝国主義に対抗しうるだけの経済力を、いわんや軍事力をもってはいない。にもかかわらず、その独占資本主義経済の諸矛盾とはらまれている危機を打開するために日本帝国主義は、国内独占体の巨大化をはかりつつ、アメリカ帝国主義のアジア支配体制にくみこまれながら「アジア太平洋経済圏」の形成をめざして新植民地主義的諸政策を強行しないわけにはいかないのである。日米安保同盟の核軍事同盟への転換、これにもとづく経済的同盟関係をふくめた日米帝国主義的同盟の強化、という現段階の動向を規定している物質的基礎が、それである。

しかも決定的なことは、高度成長期における独占資本の合理化攻勢に、すなわち徹底した労務管理の実施や労働組合の御用組合化工作の成功、そして一切の既成指導部の腐敗の深化、その労資協調への転落などに助けられた資本の合理化攻撃に、日本プロレタリアートがひきつづき敗北してきたことからして、彼らが現段階における日本帝国主義にたいして徹底的な闘いをいどみえない状態におとしいれられているということだ。その変質の度合において日本労働組合運動はアメリカ型のそれに接近し、全体としていわゆる「体制内化」され、日本プロレタリア階級闘争はその戦闘性をうばわれている。ＩＭＦ・ＪＣや民社党系組合の伸長と総評の組織的後退のなかに、そのことは端的にしめされている。ただわずかに反代々木左翼の諸党派やわが反スターリニズム革命的左翼に指導された種々の闘いが、日本プロレタリア階級闘争の質的転換をめざして苦闘をつづけているにすぎない。日本帝国主義の現局面は、まさに日本労働者階級の闘いの弱さ、その公認指導部の堕落によっておしかくされ、独占体が延命するための策略を具体化することがそれによって保障されているといわなければならない。だが、階級闘争のかかる危機は、わが同盟（革マル派）の闘いを中核として突破されなければならない。

B　日本左翼の深まる分解

国鉄労働者の6・4政治ストライキをピークとした日本プロレタリアートの闘いにもかかわらず、一九六〇年の安保闘争は、全体としては小ブルジョア的高揚の波に没しさった。とはいえ、一切の既成左翼の指導性喪失、とりわけ反米民族主義と「平和と民主主義」の幅広イズムにもとづいた代々木共産党の裏切り的指導とその前衛党失格が、そしてまたそれらをものりこえようとしながら当然にもその左翼スターリニズム的本質のゆえにのりこえることができなかった行動左翼集団＝「ブント」の破産とその崩壊の必然的な根拠が、わが反スターリニズム革命的左翼の闘いによって公然とあばかれたことは、きわめて重要な事態として日本階級闘争の歴史にきざみこまれた。そして高度経済成長をつづけてきた日本経済のひずみが、その構造的諸矛盾が、アメリカ帝国主義のドル防衛政策の深化とからみあいながら次第に露呈しはじめた一九六一年には、日本革命戦略をめぐって代々木中央から右翼的に分裂した日本トリアッティ主義者群の「構造的改良」路線が「高度成長下の労働運動方針」として民同支配下の労働戦線の内部にもちこまれ浸透した。しかも、「政策転換」路線などと総称されたこの右翼的方針が民間独占体の強化された労務管理政策と結合されることによって、日本労働運動は全体として右傾化の歩をはやめ労資協調の傾向が支配的となった。国鉄や全逓のたたかう労働者による反合理化闘争や4・17ストライキ、さらに日韓闘争の一定の政治的高揚の一時期があったとはいえ、こうして日本プロレタリアートの階級闘争はその右翼的変質を加速度的に深めてきた――ベトナム戦争の激化と中・ソ分裂という国際情勢に規定された代々木共産党のジグザグや、「平和・中立・民主」の旗をかかげた日本社会党の平和共存主義・経済主義・議会主義などにささえられながら。だが同時に、こうした労働運動の急激な右翼的変質にたいする種々の反逆が噴出した。とりわけわが革命的共産主義運動が労働戦線の内部に着実に定着化しはじめたことを実体的基礎とした左翼的な闘いが、既成指導部の規範をうちやぶり、のりこえる形態において、さまざまの生産点でたたかわれた。そしてまた、とくに一九六七年の砂川基地拡張反対闘争ころからクローズ・アップされた「反戦青年委員会」の闘いは、反代々木左翼諸党派に指導された戦闘的労働者・学生の統一行動として組織化されたのであり、変質した日本プロレタリア階級闘争とその未来にたいして新しい胎動の一端をしるしたのであった。だが、自民党政府および独占資本のがわからのイデオロギー的＝組織的攻撃、これとタイ・アップした民社党系による組合分裂＝第二組合づくり、さらに公認左翼指導部のがわからの右翼的指導としめつけ、などによって、日本労働者階級の本隊は去勢されてしまっている。これが一九六〇年安保闘争いご八年のこんにちにおける日本労働者階級のありのままの現実である。

1　変質した日本階級闘争と社会民主主義の没落

総評民同型労働運動の破産と民社党系＝「同盟」型労働運動の伸長――ここに、現段階における日本プロレタリア階級闘争の変質が、労働組合の組織化のレベルで如実に表現されている。

日本労働者階級の基幹部隊をそのもとに結集してきた総評は、「太田＝岩井」ラインから「堀井＝岩井」のそれへの右翼的な再編成をなしたにもかかわらず、ＩＭＦ・ＪＣや民社党系の組合きりくずしから自己を防衛しえず、いまやその組織力は危機的な事態におとしいれられている。全繊同盟・海員組合などの「同盟」系四単産が脱落したいごの総評は、すでに日産自動車・王子製紙・日鋼室蘭などのストライキ敗北にもとづく第二組合の続出によってゆすぶられはじめ、さらに全金プリンス・三菱長崎造船・合化労連東洋高圧などの拠点組合を次々と失ってきた。とりわけＩＭＦ・ＪＣの伸長は日本労働組合の組織的右傾化に拍車をかけたのであって、重化学工業（たとえば鉄鋼・電力・造船・機械・電機・自動車・石油化学など）の民間独占体労働組合のヘゲモニーは基本的に民社党系ダラ幹ににぎられ、「同盟」系組合は全体として強化されてきた。全逓宝樹式の一層右よりの「労働戦線統一」構想は、危機にたたされている総評と日本労働戦線のさらに全面的な右旋回を急速に完成するであろう。まさにこうした動向の政治的表現が、これまで総評民同型労働運動に全面的に依拠してきた日本社会党の一九六八年参議院選挙での惨敗であり、これにもとづいてその組織的分解の危機が深刻化したという事実である。

労働戦線のこのような全体としての急速な右旋回は、いうまでもなく、日本独占資本の徹底的な合理化・技術革新、独占体の集中・合併、その寡占化の強行を、したがってプロレタリアートの反合理化闘争の相次ぐ敗北を、その物質的基礎としているのである。資本の合理化攻撃に労働者階級が全体としては後退をつづけ敗北してきたことの組織的表現が、民同型労働運動の破産にもとづく総評の危機＝「同盟」系組合の拡大という現実であり、企業別組合の経済主義をかかげた既成「ナショナル・センター」からの自立化の傾向にほかならない。

ほぼ一九六〇年以前に独占体や非独占体のあいだの過当競争がくりひろげられていた段階では、独占体はその企業労働者の搾取とともに非独占体や農民階層からの収奪をその基盤としていたともいえるのであるが、しかし高度経済成長期いご基幹産業の独占体は、その雇用労働者を従来とは異なる形態で完全にそのもとに吸収し従属し支配してきた。アメリカ直輸入の種々の労務管理政策の徹底化によって、直接的生産過程そのものにおける労働者の個別的分断＝支配機構が確立されたことが、それをしめしている。この機構は、独占ブルジョアジーによる労働者階級の「体制内化」政策の職場における直接的なあらわれであり、まさに独占資本の合理化・技術革新にみあったかたちで労働者の分断と支配そのものを合理化したものである。

もともと資本の合理化は、ただたんに新しい機械の導入（ないし技術革新）だけをいみするのではない。それは資本家的合理化の客体的側面（生産諸手段の技術化ないし近代化）でしかないのであって、かかる合理化はつねに必ず同時に生産過程の主体的契機（資本によって統合された諸労働者）そのものの種々の合理化をともなうのであり、この後者の側面つまり資本家的合理化の主体的側面がすなわち資本による労働者の個別的分断＝支配のための諸機構の確立にほかならない。（いうまでもなく、そもそも第一次世界大戦いごの敗戦ドイツにおいて、旧来の生産技術のワク内で労働生産性を高度化するために採用された労働強度の異常な増進政策が「合理化」とよばれたのであり、そのアメリカ的表現形態が、スターリンによって賞揚されたテイラー・システムなのである。）いいかえれば、独占資本家的合理化は直接的には技術革新として（経済学的には固定資本の巨大化として）あらわれるのであるが、これは直接的生産過程における労働様式の、したがって技術的構成の変革をもたらすがゆえに、同時に生産過程の主体的側面のブルジョア的変革（人べらし、労働配置の種々の転換、さまざまのかたちでの労働強度の増進（ＨＲ・ＺＤ・ＱＣ運動などをふくむ）、労働者の物質的および精神的な疎外の深化、だからその戦闘性の喪失＝脱政治化など」をともなうのであり、このようにして資本の有機的構成の高度化が、したがってまた利潤量の増大がかちとられるのである。種々の労務管理政策は、まさに独占資本家的合理化の主体的側面をばその客体的側面にみあった形態において機構的に確立することをめざしたものにほかならない。

このように、技術革新と労務管理とは独占資本の合理化の二側面、その客体的および主体的側面をなすのであって、この両者は不可分にむすびついているのである。そして資本による労働者の分断＝支配機構（組長・作業長・班長制度および「人間管理」その他）は、賃金にかんしては職務給の導入として、さらに種々の賃金抑制方式の採用としてあらわれ、また労働組合組織にかんしてはその御用組合化、その破壊や労働者の諸権利の剥奪、などとしてあらわれている。

このような種々の労働者分断＝支配は、たんに労資協調のイデオロギーの資本家のがわからの注入によって保障されているだけでなく、さらに日本型労働組合の特殊性がむしろ積極的に独占資本家のがわから利用されながらおしすすめられてきたのである。戦後日本の労働組合は、敗戦によってもたらされた経済的荒廃のただなかで労働者たちが自己の最低生活をなんとか確保するためのギリギリの闘いを遂行するためにつくりだした工場委員会型の組織を前提とし、同時に占領軍の「民主化」政策に規定されながら企業別につくりだされた（いわゆるポツダム組合）のであった。そして、このような企業別組合を欧米型の産業別労働組合へ編成がえすることが組合がわで終始追求されてきたのであったが、しかし独占資本家的合理化の進行にともなって企業別組合というこの欠陥は資本家によってむしろ長所に転化されさえしたのである。すなわち企業別組合に所属している労働者に、労資協調を基調としてさらに企業意識をうえつけ、そうすることによって独占資本家は労働者の分断と支配をより一層強化することに成功したのである。

（だから欧米の資本家が日本型労働組合をうらやむという現象さえもがうみだされているわけである。）資本家のこのような企業主義的労働政策と結託しつつ伸長したのが、ほかならぬ民間大単産における民社党系＝「同盟」系組合なのである。このことは、他面からすれば、資本家のさまざまな合理化攻勢そのものにたいして、総評とそのもとに結集してきた労働者階級が断乎たる反対闘争を推進することができずに敗退をかさね、こんにちでは既成労働組合指導部は全体として合理化攻撃にほとんど完全に屈服してきた、ということの組織的表現いがいのなにものでもありえない。

もともと総評は、２・１ストをたたかい敗北した産別会議から右翼的に分裂し「反共」を旗じるしとして形成された産別民主化同盟を母胎とし、しかもＧＨＱ〔連合国軍総司令部〕の肝入りで一九五〇年に結成された組織でしかない。アメリカ帝国主義軍隊の占領のもとで日本経済を資本主義的に再建することに従属化させられた企業別労働組合の連合体として、それは発足したのであった。しかしその指導部が左翼社会民主主義者に移行したこと（いわゆる「ニワトリからアヒルへ」転換した総評）を契機とし、また朝鮮戦争・日本共産党のＧＨＱによる非合法化、対日「片面」講和の締結・日米安保条約の発効、「戦力なき軍隊」の強化、ベトナム戦争のジュネーブ的終結、スターリン死後のソ連圏の〝雪どけ〟（対外政策としては冷戦政策にかわって平和共存政策がとられた）というような内外情勢（基本的には帝国主義とスターリニズムとの「平和共存」状態）に規定され、これに立脚しながら、「平和と民主主義」の闘い（全面講和・中立堅持・軍事基地反対・再軍備反対の平和四原則を基調としたそれ）を、総評は賃闘とともに「戦闘的」に展開してきたのであった。これが民同型労働運動の出発であり、その基調をなすものである。そして、企業別労働組合の産業別勢揃いという形態での春闘方式、春闘の産業別統一闘争のスケジュール方式として、それは定着化されたのであった。しかも、とりわけ一九五一年火焔ビン綱領とこれにもとづいた武装闘争の強行や「平和・民主・独立・中立」への右翼的転換といったジグザグ路線のゆえに労働者・大衆から遊離し、民間大単産や官公労でのその組織的影響力を次々と失ってきた代々木共産党によって、こうした民同型労働運動の形式主義的な闘いは「左」から補完されさえしたのである。日本階級闘争の全体としての右傾化は、内外情勢の相対的安定（平和共存状態）に即応した「平和と民主主義」のムードとそれを自己の政策の基調と化した社会民主主義者（党）とスターリニスト（党）との相互依存・相互補完によってつくりあげられてきたといえる。

総評の民同型労働運動をつくりだした左翼社会民主主義は、いうまでもなく第二インターナショナルの社会民主主義（とりわけそのカウツキー的形態）の流れをくむその日本版であって、こんにちの西ヨーロッパの社会民主主義とは異なって若干の戦闘性をもつことをその特質としている。とはいえ、経済闘争と政治闘争とを機械的に分離し、前者を主として総評が、後者を日本社会党が、それぞれ推進する（だから日常闘争にかんして後者は全面的に前者に依拠することによって、後者それ自体の組織的基盤の拡大とその組織力の強化は放棄されることになる）という形態が基本的にとられてきている。総評は「太田・岩井」体制によって確立された春闘方式による賃上げの経済闘争を基軸とするのであって、社会党から要求される政治闘争の大衆的部隊をつくりだすための割当動員指令をこなし、おろす機関としての役割を、外的に付与されてきたにすぎないのである。このように、経済闘争と政治闘争とを機械的に分離するということをその基本路線としている以上、そしてまた「平和と民主主義」というその基調が代々木共産党によって「左」からささえられている以上、外国独占資本との市場争奪戦にのりだし自己の国際競争力を増大させるために、しかも国内的にも激しい市場争奪戦をかちぬくために、日本独占体が次々としかけてくる合理化攻撃にたいして、たとえ総評指導部（協会派系よりの）が「抵抗闘争」をよびかけ組織化したとしても、所詮その経済主義・改良主義および議会主義にもとづく敗退をさけることができなかったのである。しかもこの敗退の根拠は、つねに必ず総評そのものの組織形態に、企業別組合の連合体というその性格に、だから産業別労働組合へのその脱皮がなお実現されていないということに、帰着させられてきたのであり、また現在もそうなのである。

たえずかけられてくる資本家的合理化攻撃にたいして、左翼社民＝協会派のように「体制的合理化」にたいする長期的な「抵抗闘争」をよびかけて「抵抗組織」（いわゆる五人組のようなものであって、これは労働組合の補助的組織ともよばれている）の組織化や産別組合への組合の再編成を力説しただけでは、それをはねかえすことはできないのである。せいぜい「新技術の導入＝資本家的合理化」反対を戦術的課題としつつ、まず獲得目標（たとえば首切りをださない、標準作業量をひきあげさせない、労働強化にならない、労働条件を向上させる、労働時間を短縮する、賃金をひきあげる、というような「基本要求」または「戦略目標」）をたて、それを実現するためにたたかう、というような、一歩後退したところでの要求獲得闘争に、つまりは条件闘争に、反合理化闘争を横すべりさせることしかできないのだ。こうして、資本家がわの一方的な「ＰＲの場」ではない「要求獲得のための団交の場」としての「決定権をもった事前協議」または同意条項をとりつけるための事前協議の活用が、正当化されることにもなるわけである。こうすることによって彼らの「抵抗闘争」なるものは、右翼構造改革派の「政策転換」路線と必然的に相互浸透せざるをえなくなるだけでなく、「第三者機関」（たとえば人事院や中労委）依存としても現象するのである。こうしてそれは「闘う」という仮象をもった政転路線いがいのものではなくなるわけである。明らかにそれは経済主義的な合理化反対闘争への転落をしめすものである。こうして、うみだされるのは反合理化闘争の横への不拡大であり、無抵抗状態の出現、労働者の無力感のまんえんとその蓄積、労働組合の組織的弱体化でしかないのである。そして、うみだされたかかる事態に直面して、「組合員への指導・教育を強化し、職場に組合をつくり、抵抗闘争をつよめ」、事業別・職場別のセクト主義を排して、産業別統一闘争を推進すべきである、というようなことが、たとえ再び三たび強調されたとしても、これは、すでに破産した民同型労働運動をたてなおし日本階級闘争の危機を打開することにはなりえないのである。

さしあたり問題は、次の点にある。現段階における合理化攻撃の階級的本質を、激動する現代世界の全体的構造との関係において赤裸々にあばきだしつつ、それに「抵抗」したり条件闘争に逃避したりするのではなく、まさしくそれを粉砕する闘いをおしすすめ、これを通じて労資協調路線のゆえに眠りこまされているプロレタリアの階級意識をよびさまし団結させ、もって既存の労働組合とその運動の右翼的変質を根本的に変革していくことをめざした組織的な闘いを、――たとえその「路線」(「国民のための国鉄」を基調とし、「基本要求」を先行的に解決し協約化するとか、運転保安の見地から合理化攻撃に反対するとかといった方針)において種々のゆがみや限界をもちながらも、そして実際に挫折し敗北しながらも、たたかっている国鉄の仲間たちのように――断乎としておしすすめることこそが大切なのである。だが、そのためには経済闘争と政治闘争とを第二インターナショナル式に分離しかつ「党」を労働組合に寄食するものたらしめたり、あるいは「抵抗」の名において反合理化闘争を条件闘争へすりかえたりするような誤謬から脱却するための闘いが絶対的な条件となる。いいかえれば、協会系左翼社会民主主義者の反合理化闘争論をもってしては、独占資本家的合理化（直接的生産過程の主客両側面にわたる）に対抗し抵抗することはできないのである。しかも、一九六一年ごろから社会党および総評指導部の一部に浸透しはじめた構造改革路線あるいは政策転換路線（要するに、大衆運動をかまえて、政府や独占をおいつめていくための諸政策を積極的に提起する、という改良主義を精密化した路線、さらに具体的には経営権に介入したり議会において多数派を獲得したりして、社会主義革命いぜんに資本主義的生産関係を積極的に変革するという路線）なるものと「抵抗闘争」路線が結合され、かつこの両者が相互浸透させられる場合には、そのような〝路線〟は、資本家的合理化への条件主義的な「合理的」屈服方針として、その本質をあらわにしなければならなかったのである。

総評民同による賃金闘争もまた、反合理化闘争の場合とまったく同様である。ただちがう点は、毎年一回春闘というかたちで形式上だけの産業別統一闘争が種々の形態でスケジュール的に「組織化」される、というところにあるぐらいである。民間独占体企業における合理化反対闘争の敗北は、職務給の導入や賃金ストップ政策とこれらにもとづいた労働者分断＝支配機構の確立という現実をうみだしてきたのであった。敗退のなかでの賃金闘争のスローガンは、つまるところ高度経済成長がもたらした景気上昇にみあった賃金でしかなかった。形式上産業別統一闘争として毎年毎年たたかわれてきた春の賃金闘争方式――すなわち、かつては公労協や私鉄、あるいは炭労や国鉄などの戦闘力のある労働組合が、先頭をきってたたかっていたのであるが、経済成長期にはいってからは重化学工業を中心として民間大単産が先行して〝春闘相場〟をきりひらき、それを公労協や交運共闘が確定しつつ全体に拡大していく、といった春闘方式

――が採用され定着化されてきたことのなかに、そのことは端的にしめされている。だが、これまでトップ・バッターをになってきた民間大単産の労働組合が総評から脱退し、あるいは組織的に弱体化したことからして、もはやこの春闘方式も維持しがたくなっているのが現状である。（だから一九六八年春闘は、いわゆる〝駆逐艦方式〟でたたかわれたのであった。）しかもその場合特徴的なことは、たえずストライキを「構え」るにすぎないか、時限ストライキでお茶をにごしながら、団体交渉に、さらには「第三者機関」にもちこむ、という方式がとられてきたことである。もちろん中労委斡旋や人事院勧告などに依存するのではなく、「第三者機関」は〝活用〟されなければならない、ということが主張されてはいるが。そしてストライキ権を剝奪されている公労協の場合には、「労資対等の自主交渉」（たとえば電通）とか、調停期が切れる直前にストライキを設定して「社会問題化」する（たとえば国鉄など）とか、といったぐあいに闘争方式が若干緻密化されてきたにすぎなかった。さらに、総評の春闘方式、形式上産業別的なこの統一闘争を横からささえるかたちで展開されてきたのが、全国一律最低賃金制を法制化するための闘いであり地区・地域共闘のうつろな力説であった。

独占資本の合理化攻撃にたいして労働者階級が「事前協議」をかさねながら次々と屈服したことから導入されるにいたった職務給の本質は「労働者の差別分断と会社査定による労働者の従属」にあることがしばしば強調されてきたのであるが、しかしかかる職務給の導入をはねかえす闘いは完全に放棄されてきた。そして「同一労働（量および質）同一賃金」の〝原則〟化とこれにもとづいた賃金要求の緻密化、男女間や企業間の賃金格差の打破、本工と臨時工・高齢労働者とのあいだの格差縮小などが、うちつづく賃金闘争の敗北のなかで追求されてきたにすぎない。「合理化＝近代化は時代の趨勢である」として合理化絶対反対の闘いが放棄され、業務量設定・要員確保・時間短縮・労働諸条件の改善などを労働者自身が自主的に規制すべきであるといった闘いへ反合理化闘争がねじまげられてきたのであったが、これと同様に、賃金闘争もまた、〝高度経済成長ないし好景気にみあった賃金〟要求とか、「分配率」なるものをひっさげて〝利潤にくいこむ賃金〟要求とか、さらに職種別個別賃金・横断賃率その他にもとづく〝緻密化〟によって、しかも太田式春闘方式や「第三者機関」依存=活用路線というような闘争形態を正当化することによって、その敗北がおしかくされてきたのであった。

反合理化闘争においても、また賃金闘争においても民同型労働運動は本質上破産し、現実的にも没落しつつある。その政治組織的表現が、日本社会党の現在的危機にほかならない。

総評への完全依存という党組織の体質そのものを改善しなければならないということが、すでに久しく論じられてきたにもかかわらず、右翼構造改革派系の派閥と反代々木・親中国・反トロツキストの「左派」(佐々木派や平和同志会など)にいたる諸派閥の寄合い世帯と化している日本社会党。――これは、日本階級闘争における指導性を喪失し、そうすることによって同時にその組織的弱体化に必然的におとしいれられた総評の現在的危機とかさなりあって、いま決定的な試練にたたされている。種々の経済闘争は全面的に総評に(社会党党員協議会などを通じて)まかせ、また選挙戦やその時々の政治闘争への大衆動員も総評の組織力に依存してきた社会党は、民同型労働運動の破産とともに、新たな分解と没落に直面させられている。

その非同盟平和主義、その議会改良主義、その護憲国民主義などにもとづいて、「護憲・民主・中立」の旗をかかげ「『護憲・安保廃棄』を任務とする政権樹立」の構想を提起し、そして「反独占の国民戦線」の結成・「多角的重層的な共闘」を基礎とし、これを通じての選挙戦によってかの「政権」を一九七〇年代に樹立するという展望をうちだした『中期路線』。そこには、たしかに社会党の組織および運動の本質がその目標とするところのものが、如実にしめされている。だが、それが現代世界の動向に規定された日本における階級闘争のただなかにおいては、まったく非現実的であるということは、一九六八年参議院選挙で実証されてしまったのである。社会党は「ベトナム反戦・沖縄返還闘争、日中国交回復」を一九七〇年闘争の方向としてうちだしているわけであるが、その基底に流れているものは、あいもかわらず非武装中立主義、非同盟平和（共存）主義でしかない。だから、たとえば、その本質において「反代々木・反社民」的なものとして反戦闘争をたたかっている反戦青年委員会は、組織的＝形式的には社会党や総評のワク内にあると同時にそれをのりこえることを通じてのみ強化されてきているのである。平和運動にかんしてはこの反戦青年委員会の闘いを自己の「傘下」におさめたつもりになったり、また民同型労働組合運動にもっぱら組織的に依拠してきたりした社会党にのこされている道は、それゆえにブルジョア的現存秩序への労働者のより一層のくみこみを結果するほかない構造改革派と、その存立基盤をますます狭隘化しつつある左翼社会民主主義とへの、さけがたい分解であり、全体としての没落である。

2　四分五裂のスターリニスト戦線

こんにちの日本階級闘争のますます深まりゆく全体としての右翼的変質に抗して断乎としてたたかうのではなく、むしろ民同型労働運動の危機をいわば「左から補完」しているのが、代々木共産党とその労働運動方針である。もちろん、第一〇回大会六中総の決定として発表された日共の労働運動方針そのものが自認しているように、代々木共産党の政治的組織的力量の右翼的＝「日曜娯楽版」的拡大のゆえに「民間独占企業の労働組合での党の進出は依然として停滞しており、重要な部分で後退すらしている」わけなのであるからして、「左からの補完」といっても、それほど強力な「補完」であるわけではない。

たとえGHQの圧力があったとはいえ産別会議が2・1スト中止指令を発し戦後の革命的高揚を決定的に退潮させ、またそれによって労働戦線の右翼的分裂がひきおこされ、代々木共産党の力量は急速に弱化したのであった。これとほぼ同様に、宮本書記長が不在であった代々木中央が「反米・愛国」の名においてではあるが4・17ストやぶりを強行することによって、日本共産党は大衆からうきあがり、労働戦線におけるその組織力は当然にも弱体化した。こうした事態を収拾するためのその「路線」の「自己批判」（第八回大会九中総）と検討（第八回大会四中総路線＝「階級的民主的労働組合」路線からのなしくずし的転換）は、中・ソ分裂と日本スターリニスト戦線におけるその縮小再生産とからみあい、これに規定されながら極めてジグザグしたものとなった。しかし結局において「自主独立」路線へ転換（一九六六年二月）することによって代々木共産党は、その組合づくりにおける「階級的」（労資協調反対・社民的経済主義反対・企業主義反対・未組織労働者の組織化＝「一細胞一組合」）および「民主的」な（社民ダラ幹の官僚主義反対・特定政党支持の義務づけ反対）路線と称するものをホゴにしたわけではないが、そしてまた依然として「米日反動二つの敵」との対決をひきさげているわけではないが、実質上の右旋回をなしくずし的にはかったのであった。「平和・民主・中立」という基本において彼らは社会党や総評民同と一致するのであって、それらに前者が「独立」を、後者が「護憲」を付加するという点に、わずかにこの両者のちがいがあるにすぎない。だから、こんにちの代々木共産党が民同型労働運動とその路線を批判する場合の独自性は、ただ「政党支持の自由」を組合にみとめさせることに力を注ぐという点にあるにすぎなくなっているわけである。もちろんこの要求は、「議会内での多数派」をめざしている日共の議会主義（票あつめの自己目的化）の労働組合へのもちこみでしかない。そして、賃金・合理化・諸権利・独立平和・労働戦線統一・人民の生活を守る共通要求（物価・税・社会保障・事故防止その他）などにかんする代々木の方針は、社会党や総評のそれと——ただし路線上の基本的ちがいと「理論」展開におけるその淡き投影をのぞけば——ほとんどまったく同じであるといってよい。そのいみでは、やはり民同型労働運動の腐敗と破産を代々木共産党が補完しているわけなのである。そして事実、毛沢東主義路線にもとづいた労働組合づくりにおける社会党との敵対傾向（「階級的民主的労働組合」づくり）をなしくずし的に是正しつつ、日韓闘争での「社共一日共闘」をステップとしながら、あらゆる場面での「社共共闘」を彼らは追求しつつあるのであり、「政党支持の自由」問題もまたその一つのあらわれである。

代々木共産党の労働組合運動の方針は、したがって、なんら積極的なものではない。——「労働組合が労働者の経済的利益を守りかつ民族民主統一戦線〔職制層をまきこみ第二組合を民主的に強化し中小企業主をまきこんだところの広汎な米日反動反対勢力のこと〕の中心とならなければならない」のであって、そのために党は「大衆に密着し大衆の要求をとりあげて闘い、信頼をかちとり、機関に進出し、他方党勢拡大をする」というにつきる。そして選挙の時点では、この「二本足活動」（大衆運動と党勢拡大）に「票あつめ活動」が接ぎ木されなければならない、というわけである。〔池ブクロ官僚どもは、こういう代々木の猿まねをやっているにすぎないのだ。〕

こうした労働組合運動方針をもってしては、しかし、こんにちの民同型労働運動の破産をのりこえることができないのはもちろんのことであり、ＩＭＦ・ＪＣや企業別組合の自立化傾向、および民社党系＝「同盟」系労働組合の伸長、総評系労働組合のますます深刻化しつつある組織的弱体化を打破するだけでなく、現存する労働組合の全体としての組織的危機を打開することも決してできないのである。いやむしろ現段階における日本労働組合の運動および組織の驚くべき変質＝右旋回という現実をあらかじめ是認したうえで、しかも「二つの敵」論にもとづいた階級闘争の反米民族主義的ねじまげにほおかぶりしながら、日本階級闘争の敗退を弥縫するための完全な技術主義的緻密化を、代々木共産党は意図しているにすぎないのである。既成の労働組合諸組織とは別個に産業別的に「階級的・民主的労働組合」をつくりだすという工作がゆきづまって「企業別組合の長所」なるものをみとめ、それによって同時に従来の路線をなしくずし的に転換しつつある代々木官僚の労働組合方針。また賃金・合理化その他の闘争方針を、これまでの闘いの敗北を全面的に総括し教訓化することにふまえてうちだすのではなく、むしろ敗退し後退してきた場においてそれを構造改革派とまったく同様に技術的＝政策的に緻密化しはじめた代々木共産党。――それらに、こんにちの代々木中央官僚の労働組合運動方針の腐敗が端的にしめされている。ということは、数年まえの毛沢東主義路線から「自主独立」路線なるものへ転換した宮本指導部が、一九六一年に代々木共産党から分裂した日本トリアッティ主義者群＝「構造改良」派の前身であった「現代マルクス主義」派（通称現マル派）に所属していたイデオローグたち（たとえば上田耕一郎や不破哲三など）の「理論」（一九五八～五九年頃のそれ、代々木中央から発禁処分をうけた第一次『現代の理論』にあらわれているそれ）によってそめあげられつつあることをいみする。

いうまでもなく、民族解放民主革命を火焔ビン的武装闘争でもって実現することを通して「独立日本」

をたたかいとる、という極左主義的方針を第六回全国協議会で自己批判した代々木共産党は、一九五六年のスターリン批判およびハンガリア革命の勃発によって震撼されたのであったが、基本的には平和共存・「社会主義への平和的移行」というフルシチョフ路線にもとづいてその再建をかちとろうとした。しかし、対日講和条約発効いごの日本資本主義の性格（「従属か自立か」）ならびに日本革命戦略（「民族民主革命か社会主義革命か」）を基本争点とした第七回大会前後からの綱領論争がますます激化し、そしてついに第八回大会の直前（一九六一年春）に、フルシチョフ主義のヨーロッパ的形態としてのトリアッティ路線に全面的に依拠する「構造的改良」派の諸グループが、六〇年安保闘争のただなかでは前衛党失格を自己暴露した代々木中央に追従していたにもかかわらず、代々木共産党から右翼的に分裂した。分裂した右翼スターリニストのこの諸集団は、日本社会党の内部にもぐりこんで社会民主主義のイデオローグになりあがったり、あるいは「反綱領主義」の旗をかかげて結党に終始反対したり（この傾向は理論戦線上では第二次『現代の理論』として、また政治的にはたとえば統一社会主義同盟の結成として、それぞれ表現された）、さらに社会主義の革新をめざした「運動」を展開したりする、という四分五裂の事態を現出させた。

しかも、中国とソ連邦とのあいだの諸対立の進展と激化の波は、中・ソ論争そのものにたいしてはなんらの主体的態度をとりえず自主性喪失をあらわにした代々木中央官僚どもを次第になしくずし的に毛沢東路線へかりたてた。こうして部分核停条約の日本国会での批准をめぐって志賀・鈴木らのソ連派が、つづいて4・17ストやぶり問題その他をめぐって神山・中野らが、代々木共産党から除名されただけでなく、同時に原水爆禁止運動もまた分裂に分裂をかさねなければならなかったのであった。すなわち、一九六三年第九回原水禁大会は社共の分裂集会となり、第一〇回のそれからはソ連派がしめだされ、こうして「敵を明らかにし」「核戦争阻止」をめざす「反帝」＝反米のための平和運動へと、日共系原水爆禁止運動はますます純化されてきた。そして一九六五年二月のアメリカ帝国主義による北爆の開始、それへのスターリニストの「平和共存」的および反米民族主義的な対応の無力さの現実的暴露、また9・30インドネシア・クーデタの失敗とインドネシア共産党の瓦解と非合法化、さらに中・ソの国家的分裂の決定的段階への突入と中国「文化革命」の激烈な進展。こうした一連の事態の進行にたいする代々木官僚の対応は、毛沢東主義路線からの決裂とフルシチョフ修正主義への批判的接近というかたちで、つまりはクレムリンと北京の両官僚からの「自主独立」を標榜した路線の提出という形態でしめされた。

ベトナム戦争の激化にたいして、一方では先進資本主義各国における平和運動を民族解放の反米闘争として推進するのではなく、それを後進国や植民地における民族解放とむすびつけ相互に助けあうものとして位置づけなおすこと（帝国主義各国における平和運動の、大衆運動としての独自性の強調）、他方ではフルシチョフ主義は修正主義ではあるけれどもアメリカ帝国主義の戦争および戦争政策に反対するためにはフルシチョフ主義的傾向をもふくめた全世界のスターリニスト党が一致団結すべきこと（「国際共産主義運動の不団結」という事態を打開するための官僚的提案）、――こうした二つの志向をもって、中共型平和運動路線からの離反を代々木官僚指導部は提起した。「二・四論文」がそれであり、代々木共産党の「自主独立」路線なるものが平和運動の場面にまずもって貫徹されたことを、それはいみした。当然のことながら、かかる転換によって第一二回原水禁大会は、一切の純粋中共派をしめだす結果をうみだし大混乱のうちに終結した。この混乱を「理論的」に正当化するために「八・八論文」の援護射撃がくわえられた。そこでは、あからさまではないが中共型「人民戦争」路線を批判するとともに「フルシチョフの二面政策」にたいする公然たる批判が展開された。こうして日本共産党第一〇回大会の直前に、日共内の毛沢東主義者群が党外に放逐され、ここにおいて代々木共産党は宮本指導部を頂点とする「自主独立」派に純化された。さらに代々木官僚は、「議会的手段による人民民主主義革命」という路線を基礎づける（「四・二九論文」）とともに、「文化革命」を激化させた中共毛沢東指導部から自己を区別するために、それにたいする公然たる批判（「一〇・一〇論文」）を開始してクレムリン官僚への接近を倍加させつつ、その新しい「路線」を基礎づけるために種々のまやかしを平然とやってのけた。「自主独立の十年」などというセリフのなかに、代々木官僚指導部の無原則性、その御都合主義、その「左」右へのジグザグをおしこめながら。……

このような宮本指導部の「路線転換」にともなう組織的「整備」に呼応して、すでに日共からしめだされ「日本共産党（日本のこえ）」なるものを結成（一九六四年一二月）していたソ連派と「社会主義革新運動」などの構改諸分派とが新党結成にのりだし、種々の混乱ののち「社革新」のヘゲモニーのもとに前者の一部を吸収して、一九六七年のはじめに「共産主義労働者党」と称する構改左派集団が結成された。（もちろん反綱領主義・反官僚主義を維持せんとする右翼構改派＝「統社同」その他はこの結党には参加しなかった。）ますますフルシチョフ路線への傾斜を深めはじめた代々木中央から自己を区別だてするために、とくにその「議会主義・平和主義への陥没」なるものから自己を区別し自己の戦闘性を誇示するために、また「反独占」の傾向を著しく濃厚にしてきたその反米民族主義にたいして自己の反独占闘争主義を前面におしだすために、この構改左派集団は「行動する党」のスローガンをかかげて活動を「強化」した。一九六〇年安保闘争の市民主義的高揚の一つのシンボルであった「声なき声」運動が衰退してきているという現実にふまえて、一部の市民主義者やアナキストたちが結成した「ベ平連」(「ベトナムに平和を!」市民連合)のなかに代々木から組織的に排除された右翼的小官僚や職場闘争の組織化を放棄したルンペン的常任どもがもぐりこんで、それを換骨奪胎しながら急進化させ、これをもって「行動する党」の実績として自画自讃しているのが、こんにちの共労党である。資本の労務管理政策の徹底化に対抗して生産点そのものでたたかうべきであるにもかかわらず、——既存の労働組合の形骸化、既成の労働運動指導部の指導性喪失などのゆえに——それを放棄して街頭化した一部の労働者たちを小市民の群れのなかに埋没させ、労働者を吸収した小市民の群れの急進化・直接行動主義化をつくりだし、これを「七〇年安保闘争の一部隊」にしたてあげようとしているところにこそ、生産点に足をもたない労働者党なるものの悲劇的な現実が如実にしめされている。しかも彼らは、その組織的脆弱性を打開するために「産業別労働者委員会」の形成をうたいながら、他面では職場反戦青年委員会の横断的=産別的な全国的連合をつくりだすことを当面の課題としても提起している。これらは彼らの組織路線の即自性、その政治技術主義的本質をしめす以外のなにものでもありえない。

他方、代々木共産党から組織的に排除された日本毛沢東主義者群は、宮本指導部の修正主義を北京官僚指導部の尻馬にのりつつ弾劾し、反代々木の行動左翼諸分派とこれにあやつられた「三派全学連」のなかの中共派よりの武闘主義的な闘いを物質的に援助することのなかに、その存在理由を発見しているだけである。

日本のスターリニスト戦線は、現段階では、このように、「自主独立」の旗をかかげて右往左往している代々木中央官僚に指導された日共、これを本来のフルシチョフ主義ないし「反帝・反独占」の路線に接近しつつもなお反米民族主義が色濃く残存しているとして非難するにすぎない構改派の諸分派、さらに「反米・反修」、「米日反動反対・ソ連および宮本修正主義指導部反対」を旗じるしとして日共に敵対している中共派（「日中友好協会正統本部」）などの諸集団に細分化されている。このようなスターリニスト戦線の四分五裂は、わが革命的共産主義運動によって、われわれの理論的および組織的闘いを通じてうみだされた、「全学連グループ」の日共からの限界をもった左翼的分裂（一九五八年）を発端として開始された代々木共産党の急速な分解過程の現在的帰結である。と同時に、この事態は、わが反スターリニズム運動の弱さ、われわれの組織的および理論的闘いの非貫徹によってもたらされたものでもあるのだ。

六全協によって組織分裂を形式上では打破した代々木共産党、その後の種々の形態の党内闘争のたえざる激化と組織的分裂の連続とによって分解をかさねてきた日共。それからはみだした純粋ソ連派や構改派の諸分派。そして中共派毛沢東主義者群。――日本スターリニスト戦線のこの七花八裂は、一九五六年以降の公認国際コムニスト戦線の深刻化した分裂と多極化という名のその七花八裂の日本的縮小版にほかならず、現代スターリニズムの没落の日本的現象形態にほかならない。まさしくこのゆえに日本スターリニスト諸党派は、民同型労働運動の没落過程を「左」から補完することより以上の役割をえんじてこなかった。それだけでなく、小ブルジョア的に高揚した平和擁護運動の限界突破を革命的マルクス主義にもとづいて実現することが問題であるにもかかわらず、代々木中央官僚は、その時々のジグザグ路線にもとづいて原水爆禁止運動を四たび大分裂させてきた。突如として開始されたソ連核実験を支持した日共系官僚は、それに断乎として反対したわが全学連を原水協から除名したり、また平和擁護運動に「反米」路線をもちこむことによって、それに反対した社会党・構改派系を原水協からしめだしたり、さらに部分核停問題をめぐってはソ連派を、平和運動の「自主独立」路線への転換をめぐっては純粋中共派を、それぞれ原水爆禁止運動から組織的に排除してきた。こうして、かつては中共路線にもとづいて〝基地めぐり〟のために大衆動員をおこなったり、第一回中国核実験を断乎支持したりしてきた代々木共産党は、原水爆禁止運動の衰退とあいまってアメリカ原子力潜水艦の日本寄港阻止や軍事基地拡張反対などの闘争をほとんど放棄してきただけでなく、ベトナム戦争反対を「ベトナム人民支援」にすりかえてきたし、また中国核実験やフランス帝国主義の太平洋水爆実験にもオズオズと「抗議」することしかできなくなっている。そしていまや代々木官僚指導部は、平和運動にかんするその路線転換(「二・四論文」)を基礎として、労働組合運動におけると同様に、平和運動においても「社共共闘」を再開し、分裂をかさねてきた原水爆禁止運動の衰退を打開するための模索を開始している。これまでの平和運動とはまったく異なる形態において推進されてきたわれわれの革命的反戦闘争やそれによって強力にささえられている反戦青年委員会の闘い、そして武闘主義的な傾向を純化しつつある反代々木的行動左翼諸集団の種々の反戦の闘いなどのゆえに、そのような模索は水泡に帰すべきものでしかないにもかかわらず。

ところで、一九六七年一一月の佐藤訪米を契機としてクローズ・アップされてきた沖縄問題にかんして代々木共産党は、その反米民族主義にもとづいた「祖国復帰」運動と本土での「返還要求」運動を、「即時・無条件・全面返還」を旗じるしとして展開している。「本土＝半占領」、「沖縄＝軍事占領」であるがゆえに全体としてアメリカ帝国主義の「半占領」のもとにある今日の日本の現実(「サンフランシスコ体制」あるいは「安保体制」とよばれる)を打開する闘い(＝「日本の独立」のための闘い)の一環として、つまり「反帝・反独占」の闘いの一環として、沖縄の祖国復帰運動はたたかいとられなければならない、というように最近の日共は主張する。これまでの沖縄における「祖国復帰」運動の自己完結的で反米民族主義的なゆがみが若干訂正されだしたことを、それはしめしている。けれども、それは、従来の「反帝＝反米」に「反独占」の視点・路線を接ぎ木することによって、沖縄と本土とにおける沖縄闘争の「一体化」をねらったものでしかない。「祖国復帰」運動の反米民族主義的な性格および「日本の独立」をめざすという反米民族民主主義革命戦略に、なんらかの訂正や変更がくわえられているわけではない。これまでのスターリニスト日本革命戦略のワク内において、その若干の緻密化がなされているだけなのである。

しかも、このような沖縄闘争路線が、あらゆる国家の自衛権の承認、「安保条約の終了を通告する」連合政府の樹立、などという代々木官僚が新たにうちだした七〇年安保闘争方針【これは、「人民民主主義権力」への過渡形態としての「平和・民主・独立」の連合政府を樹立するという議会主義的路線（もちろん「敵のでかた」と議会への圧力手段としての大衆運動の位置づけをともなったそれ──「四・二九論文」）の安保闘争論への適用である】と合体される場合には、その本質は歴然としている。すなわち、この「民主連合政府」なるものは、「護憲・安保廃棄」の「民主・中立」政権の樹立という社会党の政権構想と本質的に同一のものであって、あらゆるいみで現段階ではまったく不可能な、スターリニストと社会民主主義者との小ブルジョア的連合政権でしかないのである。そのような「政府」の樹立は、本質的に平和主義・議会主義・反米民族主義などからあみあげられた小ブルジョア的願望にすぎない。アメリカ帝国主義の軍事基地支配下にある基地沖縄の「祖国復帰」も、「安保終了通告」も、いずれも本質的には反米民族主義につらぬかれた小ブルジョア的願望を、しかも決して実現されえないそれを、あらわすものでしかないのである。それらすべては、現段階における日本帝国主義の政治経済構造および国家権力の間違った分析にもとづいて、しかも日共式二段階革命論を適用してうちだされた反労働者的な方針であり、決して実現されえない非現実的な政治的願望でしかないのである。

いやそもそも七〇年安保闘争をたたかう主体としての統一戦線をどのようにつくりだすか、ということにかんする展望それ自体をも、代々木共産党はまったく喪失している。六〇年安保闘争の場合には、わが反スターリニズム運動や安保全学連によってのりこえられたとはいえ、まがりなりにも「安保共闘」という「統一戦線の一形態」が存在し機能していたのであった。ところが、現段階では「安保共闘」再開の見通しは、まったくない。七〇年安保闘争では、せいぜい「社共一日共闘」方式がとられるにすぎないであろう。なぜなら、代々木共産党が「全学連トロツキスト」を排除した「社共共闘」を主張しているのにたいして、日本社会党は現段階ではそれに反対し、また、トロツキストには反対であるが「反日共系全学連」のもとで闘っている一般学生は無視できないとしてその排除に反対している部分をかかえているほどなのだから。それだけではない。今日では「反社民・反代々木」の左翼諸党派が、そしてわが同盟が一定の組織的力量を蓄積して現存しているだけでなく、社共両党の運動をのりこえようとして独自的な組織的闘いをおしすすめているのであり、そしてこれが反代々木系の「全学連」の闘いとして、また反戦青年委員会の闘いとして、つくりだされているのだからである。

他方、七〇年安保改定期にむけての社共両党の「政権」構想や「統一戦線」構想はいかなる運動のための共闘機関であるのかも、またいかなる闘争形態のそれであるのかも無視している非現実的なものだとする構改左派集団＝共産主義労働者党は、「反戦・反安保・沖縄奪還・佐藤政府打倒」をメイン・スローガンとしている。彼らは、とくに「祖国復帰」とか「本土復帰」とかといわずに社会主義協会派のまねをして「沖縄奪還」と表現し、そうすることによって沖縄闘争方針の民族主義的偏向からまぬかれているかのように錯覚している。たとえ「返還」を「奪還」といいかえたとしても、しかし事態の本質はなんらかわるわけではない。日本革命の一環として沖縄人民解放をかちとるための過渡的要求には、祖国ないし本土「復帰」とか施政権「返還」とかというブルジョア的意識まるだしの表現や、「奪還」などという領土意識ないし所有意識まるだしの表現などが入りこむ余地はない。あくまでも「サンフランシスコ条約第三条の破棄」をめざした革命的闘いを場所的にくりひろげ、かつそれを通じて永続的に沖縄人民解放をたたかいとることこそが、問題なのである。（「第三条の破棄」とは「祖国復帰」以外のものではない、などという分析悟性主義者の石頭については、ここでふれる必要はない。）

しかも「反独占」主義者でしかない彼らは、「沖縄奪還」の闘いを、日米軍事同盟を形骸化しその機能を麻痺させる闘いに一面化しているだけでなく、安保廃棄をめざす七〇年闘争が日本の支配体制そのものを変革する「革命闘争の直接の序曲」となると考えている。しかも、コッケイなことは、七〇年安保闘争にむかって彼らが、急進化している小市民の群れの拡大と反戦青年委員会の全国的組織化に淡い期待をかけ、また「生産点における労働者階級の階級的自立性の確立」を夢想している、ということである。それは「行動する党」にとってふさわしい願望ではあっても、それ以上ではない。反代々木ではあっても決して反スターリニズムではない彼らの革命観や組織観のみじめさをしめす以外のものではない。

いわゆるトロツキスト系の左翼諸党派との反代々木的な種々の統一行動の展開や組織的提携を――統一社会主義同盟をはじめとする他の右翼的な構改系三派とは異なって――おしすすめてきた共労党は、ところで、さいきんでも基本的にはフルシチョフ路線をつきすすんでいるとはいえ、かなりの左翼的急進化へふみきりつつあるかにみえる。日本トリアッティ主義者群のなかの一潮流としての「社会主義革新運動」として出発した当時（一九六一年）とくらべるならば、こんにちの共労党の特色は――これまでかなり構造改革理論で粉飾してきた関西ブントがゲバラ主義へ接近しはじめたのと機を同じくして――、その構造改革路線にカストロ・ゲバラ路線を導入し接ぎ木しはじめているという点にあるといってよい。彼らが「行動する党」と自称しているのは、ラテン・アメリカの後進国における革命路線としてのカストロ・ゲバラ路線を先進資本主義国の階級闘争にも適用し物質化しようとしていることの端的なあらわれであるといえる。もちろん、経済援助問題や対アメリカ帝国主義の外交政策などをめぐって、毛沢東指導部から離反してクレムリン官僚に接近したかと思えば、次にはその逆の傾向をしめしたりするキューバ・カストロ政権は、本質的には左翼スターリニズムとして極めてプロ毛沢東主義の色彩を濃厚にもっているのであるが、カストロ・ゲバラ路線への傾斜を急速にしめしはじめているわが構改派は、しかし決してプロ毛沢東主義ではなく、いまなお依然としてフルシチョフ修正主義のワク内にあり、それを左翼的に修正しようとしているにすぎない。「自主独立」路線へ転換した代々木共産党が毛沢東主義よりの路線からフルシチョフ主義へ大きく接近したことをその特色としているのにたいして、さいきんの共労党は、フルシチョフ路線ないし構造改革路線にカストロ・ゲバラ主義を結合して「左傾化」をしめしはじめているのであり、この両者は路線上本質的に著しく接近している。けれども、代々木共産党と共労党とは、とくに日本型トロツキズムにたいする態度において、また党組織（建設）観において、あるいはまた市民主義運動にかんして、決定的な対立をしめしている。ブクロ派やブントなどの本質が反代々木的左翼中間主義であるとすれば、左翼構改派＝共労党は反代々木的右翼中間主義的性格をその本質としているのである。まさしくこのゆえに「激動の七ヵ月」の直後におとずれた反代々木行動左翼の影響のムード的拡大を、共労党は右翼的にかりとりつつ一定の運動上の伸長をなしとげることができたのであった。だが、どのようにカストロ・ゲバラ路線を公然と導入しはじめ、その右翼的本質をカバーしはじめようとも、わが「行動する党」は右翼スターリニズムの左傾化形態をその本質とし、小ブル的に急進主義化した構造改革派でしかないのである。七〇年安保闘争の主体を、戦闘的学生活動家の突撃部隊、それを補完する急進化した市民運動、およびこれらと労働者本隊との「媒介」としての反戦青年委員会などであるとみなし願望している点に、そのことは端的にしめされている。われわれは、反戦その他の戦術的課題をめぐって彼らとの統一行動をもおしすすめながら、同時に彼らの小ブル急進主義への傾斜、その右翼スターリニスト的本質を暴露しつつ、その解体のためにたたかうのでなければならない。

こんにちのスターリニスト戦線は、日本型社会民主主義の分解と没落に歩調をあわせて細分化している。それは直接には国際スターリニスト戦線の七花八裂の日本的縮小版であるが、根本的には現代世界そのものの危機的事態への突入によって規定されている。スターリニスト諸党派は、労働戦線においても、また平和運動の場面でも、もはや、指導権をにぎりつつプロレタリア階級闘争を革命闘争にむかって前進させることはできない。七〇年安保闘争にたいする彼らの政治的展望のなかに、いや現時点における大衆闘争の展開そのもののなかに、そのことは明白にしめされている。

3 反代々木行動左翼の分解と再編成

日本型社会民主主義の分解と没落、そして日本スターリニスト戦線の四分五裂、という点にしめされている公認左翼の腐敗の深化、それらによって指導されている日本階級闘争の全体としての変質。――このような事態は、世界帝国主義の一翼をなす日本独占資本主義の帝国主義的再編に一切の既成左翼が本質的には屈服したことの端的なあらわれである。だが同時に、そのような事態を突破することをめざした革命的力が現存することによって、既成左翼諸党派の分解と凋落が促進されつつあるとともに、変質した日本階級闘争を打開するための闘いも無視しえない底流として力強く動きはじめている。すなわち、わが反スターリニズム的共産主義運動の着実な前進、とりわけ労働戦線の内部におけるわが同盟（革マル派）の組織的定着化が、そのような事態の根底にあってそれを本質的に規定し必然的にうみだしているのである。もちろん、われわれの理論的＝組織的闘いは、戦闘的街頭行動の激烈な展開を自己目的化した反代々木的な行動左翼諸集団・左翼中間主義的諸党派（ブクロ官僚派をふくむ）という奇形児をもうみだし、かつこれを革命的に解体しながらおしすすめられている。

公認左翼のワクをうちやぶり、それをのりこえつつ推進されている闘いは、直接的には、佐藤ベトナム訪問を実力で阻止することをめざした10・8羽田闘争いごの激闘のなかに、わが反スターリニズム革命的左翼や反代々木の中間主義的諸集団に指導された学生運動と反戦青年委員会の波状的な闘いのなかに、端的にしめされた。佐藤訪米阻止、エンタープライズ佐世保寄港阻止、王子野戦病院設置反対、ベトナム反戦国際統一行動、沖縄闘争、軍事基地撤去、アメリカ軍需物資輸送阻止などの諸闘争の先頭にたってたたかい、かつそれを指導したのは、わが同盟（革マル派）を中心とした革命的労働者・学生であり、そして反代々木行動左翼諸党派にひきいられた戦闘的学生・労働者であった。「闘いの主役」はジャーナリズムの表面に浮沈する武闘的街頭行動主義者どもにあるのでは決してない。敵を機動隊や軍事基地などに実体化したうえで、それらへくわえる「打撃」やその激烈さをもって、したがってまたこの攻撃にともなって発生する種々の社会的センセイションの度合をもって、革命性のあかしとみなすなどというのは、革命的左翼たるものの死をいみする。その時々の闘争課題にむけて、既成の一切の運動をのりこえていくかたちにおいて大衆闘争を原則的に組織化し展開し、慎重かつ大胆に種々の闘争形態をとりながら戦術を物質化するだけでなく、この闘いを運動の担い手の意識変革とその先頭にたってたたかった諸組織の組織的強化をかちとる、ということを不断に追求し実現することこそが、革命的左翼たるものの任務でなければならないからである。

じっさい、日帝打倒主義にもとづいて「七〇年安保階級決戦」を戦略目標とし、内容空虚な実力闘争方針を呼号しながら、もっぱら街頭行動の戦闘化を、その武闘主義的純化のみを自己目的化する、という点で一致し連合してきた「三派連合」（ブント・ブクロ派・社青同解放派）――この行動左翼連合は、学生大衆の組織化の彼岸において少数活動家軍団による武装闘争形態のエスカレーションをきそいあい、しかもそれに反戦青年委員会の闘いをも従属させ、これをいわゆる〝旗だけをひるがえした石なげ反戦〟にまでゆがめちぢめたのであった。あたかも安保ブントが、学生デモの後尾に戦闘的労働者の一群を接続させることを追求し破綻したのと同様に。そしてまた、6・15国会デモのあとの極左戦術論議をめぐって「革命の通達」派と「プロレタリア通信」派とへの分裂が不可避的にうみだされたのと同様に、「激動の七ヵ月」

のただなかで、またその直後に、第二次ブントは結成いご一年あまりで旧「マル戦派」系と関西ブント系とに武闘（所感派のリンチのような）をともなってまっ二つに分解しさったのであり、また社青同解放派も右旋回を公然と開始し、そしてブクロ＝中核派は反中央分子を組織的に弾圧し排除しながら鉄面皮な右翼的大転換をやってのけたのであった。一九六八年三月下旬に三派「全学連」の書記局が中核派系とブント系の二つに分裂したことを契機として、三派連合系の「戦闘的学生運動」は実質上分裂しただけでなく、この分裂は七月の「全学連大会」問題において現実的に確認された。しかも反ブクロ連合それ自体も、武闘のすえ関西ブント系（および中共派と合流したM・L派）と「反帝学評」を名のる社青同系とに分解した。こうして急進主義的行動左翼という一点で野合してきた三派連合は完全に三分解をとげ、線香花火のように一時的に高揚した「武闘的学生運動」はもろくも崩壊しさったのである。

とりわけ組織的激動にみまわれたのは、左翼主義的小児病患者ブクロ官僚どもの相次ぐ恫喝に屈服し、その官僚主義的統制のもとに武闘主義的な街頭行動にかりたてられていた学生および労働者組織であった。その街頭流出主義的大衆運動を自己目的的に展開することによって組織的危機においこまれていた中核派を「世界観の形成」というギプスでとりつくろい、たてなおそうとした今井重雄が、彼のこの「路線」にさえも反対した岡田新＝武井健人の恫喝に屈して脱盟したとき（一九六七年六月）に、すでに中核派の組織的破綻は成熟していたのであった。4・15王子闘争においてその武闘力の完全な喪失を自己暴露したこと（秋葉原駅に武器をおきざりにしマンガ的な交番襲撃を散発的にやったにすぎなかったこと）を契機として右翼的大転換をはかり、もってその組織的瓦解をくいとめようと躍起になったが、しかしもはや武闘的学生運動の急速な没落をかくしえなくなった中核派のみじめな姿として、危機は深刻化した。しかもなお「激動の七ヵ月」を二度三度くりかえさなければならないことを強制されて茫然としている中核派の生き残りの下部残党。……

他方、職場でたたかえない「闘う労働者」たちをルンペン・プロや常任とともに〝石なげ反戦〟に波状的に総動員することを官僚主義的におしつけたブクロ中央官僚どもにたいして「現地闘争万能主義」・「市民主義への傾斜」・「少数軍団による代位主義」・「先駆性論の復活」というように「怒りをこめて」弾劾しはじめたブクロ派関西地方委員会および下部労働者たちによる反抗の噴出。「労働者本隊のなかに中核をつくり反戦ゼネストをやるべきだ」などと主張して政治闘争のために労働者が街頭化することを拒否したり、また「党として春闘にかかわる」などと力説したりするのは「労働者主義・労働組合主義・経済主義・経験主義」だ、などとやりかえしたブクロ官僚武井および野島三郎らは、「反対派つぶしだ」と叫んだにすぎなかった浜野哲夫らの弱々しい抵抗をしりめに、ブクロ派関西地方委員の全員を不信任し、それを壊滅させた（一九六七年一二月二九日）。「地区党がつくられていないからこそ地区反戦が関西ブントに比して極めて弱体なのであって、これは産別セクト主義のあらわれだ」と断罪された教育労働者たちは、「地区反戦のための地区党」に反対し「石なげ反戦」を強要するブクロ中央官僚の「小ブル急進主義」を弾劾し、また「七〇年安保闘争ではたとえ一〇人にへっても一〇〇〇人の労働者が大阪で武装蜂起すべきだ」とわめきたてた書記長の「方針」（三月一一日の全国常任会議）を拒否し、さらにその組織の「スターリニスト党への変質」を口実としながら、しかし、なんら分派闘争を展開することなく「脱盟」に続々ふみきったのであった。そしてこうした脱盟騒ぎは、いま西から東へと波及しつつある。

「日本革命のため指導部の小ブル急進主義を弾劾する」という竹中明夫らの『意見書』（右の引用はこの

文書にもとづく）のなかには、ブクロ官僚一派の変質の現段階が、じつにあざやかにしめされているのであって、彼らの変質の核心的なものは、ほぼ次の諸点に要約できる。

（1）その第一の特徴は、「戦闘的労働運動の防衛」を旗じるしとした「三全総路線」からの転換である。今日の国際情勢、とりわけ「戦後世界体制の崩壊的動揺」のアジアにおける矛盾の焦点としての日本帝国主義は、前革命情勢に、つまり「満洲事変前夜と朝鮮戦争前夜と一九〇五年の三つが重なりあった情勢」にあるのだからして、「七〇年安保決戦」にむかって不断に波状的に暴力的な極左的街頭行動や軍事基地飛び込みの闘いがますます激発させられなければならず、そのために全組織をあげてそれらにとりくむべきであって、そのためには一切の日和見主義を排除し敵権力の狂暴な弾圧にたえうるように全同盟組織のボルシェビィキ化が必要である、というようにブクロ官僚指導部はわめきたてている。そのために彼らの機関紙『前進』はデマと誹謗とホラ吹きをないまぜにした歯の浮くような煽動にみちあふれ、種々の評論は彼らの主観的願望の「現実性」を誇示し、石頭同盟員と「闘う大衆」を欺瞞し愚弄していることを隠蔽するための「理論的」粉飾で充満している。こうして「革命の現実性」の名において彼らは、いまや「戦闘的労働運動の防衛」などというミミッチイ路線を放てきし、大衆運動と革命運動との、また階級闘争と権力打倒のための革命闘争との区別と連関などはとりはらい抹殺しつつ、一切の大衆運動を直接的に同時に革命闘争として、「日帝打倒」闘争として武闘主義的にたたかうべきことを官僚主義的に強制しているのである。

ルカーチのいう「革命の現実性」とは、ロシア一〇月革命の実現を結節点として現代世界が本質的に世界革命への過渡期に突入し、「世界革命の前夜」というレーニンの現実認識がまさに現実性となったということを意味するものにほかならない。しかも、この「現実性」というカテゴリーは、わがクソ現実主義者本多延嘉が理解しているようなそれとはまったく無縁である。それはそれ自身のうちに「ザッヘ・条件・活動」という三つの契機をもち、しかもこれらの諸契機のゆえに「展開する」ところの「現実性」として、つまり（「展開された現実性」としての）「必然性」としてとらえられているところのものなのである。「現実性」というカテゴリーのヘーゲル的構造ならびにそのルカーチ的なとらえかたがわかっていさえすれば、「革命の現実性」を現段階において安易にふりまわすことはできないはずである。なぜなら、「現実性」の「条件」的＝客体的側面がたとえ「戦後世界体制の崩壊的動揺」としてとらえられたとしても、「現実性」の「活動」的＝主体的側面は、まさにスターリニスト党および官僚制国家権力によってゆがめられ変質させられている国際階級闘争でしかないのだからである。現代革命の主体のかかる変質を根底から打破することをめざしているのがわれわれの闘いであり、そしてこの反スターリニズム運動の現在的脆弱性のゆえに、国際階級闘争の変質の間隙をぬって種々の左翼急進主義的な運動が抬頭しているわけなのである。いや「活動」的側面のかかる変質とそれと相関している「条件」的側面の危機との即自的統一において現代世界の「ザッヘ」（その基底にある「本質」が革命的プロレタリアートの闘い＝反スターリニズム運動である）が構成されつつ、全体として現代世界の激動する「現実性」が「展開」されているのである。

　われわれの世界革命戦略を「反帝」イズムに歪曲し、わずかに「反帝・反スタの綱領的立場」という耳飾りならぬ鼻輪をつけているにすぎないブクロ官僚どもは、「現実性」というカテゴリーの一知半解にもとづいて、しかも「客体の主体化と主体の客体化」という哲学的レベルの問題を直接に革命論の領域にもちこみ（こういうやりかたを哲学主義というのである）、「客観情勢の主体化と主体の客観情勢化」なるものをわめきたてている。しかしこれは、単純な経済決定論ではないが、一知半解の政治経済分析とおそろしく軍事力学＝政治力学主義的な情勢分析との奇妙な折衷にもとづいた決定論的行動方針（国家権力への闘牛的突進方針）を「哲学」的に美化しようとして破綻したことの紋章でしかない。五年まえには「理論」と「実践」を媒介する「組織」にかんするルカーチ理論を一知半解的にではあれ剽窃して自己を「武装」してきたブクロ政治技術屋どもは、いまではそれをさらりと忘却し、「激動する情勢の主体化」によって流動化した自己の頭脳をそのまま「情勢化」した結果、ブクロ派の組織そのものが流動化し激動化したというのでは、茶飲み話のタネを製造することになるのがオチである。

（2）「三全総路線」からの転換を「基礎づけ」ているものは、だからまず第一に、代々木共産党まがいの軍事力学主義的分析方法を旧来の政治力学主義的分析方法に接ぎ木してできた「方法」でもって、政治技術主義者集団でしかないブクロ官僚どものおそろしく主観主義的な判断を恣意的に正当化したにすぎないところの、彼らの「情勢分析」である。すなわち、ひんぱんに呪文のごとくくりかえされる「日本の核武装化と参戦国化」、「全土総基地化と臨戦態勢化」が、それである。彼ら官僚どもが好んで使用する「代々木以下的」とは、まさしくこういう「情勢分析」にあたえられるにふさわしい形容詞であるといわなければならない。——ブクロ派「第三回大会」なるもの以後の一つの特徴は、情勢分析を深化させることがすなわち「綱領的立場」の前進であると称していることである。しかも、この情勢分析たるや、国際スターリン主義運動史・国際階級闘争史・一知半解の政治経済構造分析・政治力学主義的情勢分析・そしてブクロ官僚の主観主義的判断などのチャンコナベでしかないのである。

（3）政治力学主義的で軍事力学主義的な情勢分析とあいまって「三全総路線」からの「逸脱」（竹中の言葉）を正当化しているところのものは、組織戦術の欠落のより一層の徹底化である。主観主義的情勢分析にもとづいた「決戦論」的行動方針の提起のなかに、しかも武闘主義的に純粋化された実力闘争形態の提起のなかに、それはしめされている。（組織戦術を没却してより左翼的な闘争方針を自己目的的に追求しながら崩壊しさったのが安保ブントであった。「革通派」として純化される直前の「東大派」の肩をもったことがあったが、しかし結局は「プロ通派」に流れついたことのある清水丈夫が、脱盟した今井重雄にかわってブクロ系学生運動の武闘主義化を推進した官僚的尖兵となったことは、偶然のことがらではない。）

組織戦術から完全に切断された武闘主義的な闘争戦術および闘争形態は「日帝打倒の立場」やかの主観主義的情勢分析を前提としているとともに、前者が後者と直結される（つまり単純決定論）場合には、大衆運動の「革命闘争」化という左翼主義小児病的誤謬がうみだされるだけでなく、戦術と戦略とを相互浸透させ、戦略的課題は戦術的課題のなかに包摂されるというような裏返しのヘーゲル主義的な誤謬もまたうみおとされるのである。「社会主義は民族解放闘争に内包され、永続的に〔社会主義革命にそれは〕転化発展する」という関西ブントの主張を猿まねして、「沖縄の本土復帰のための闘争は安保粉砕・日帝打倒を根底的に内包した革命的闘争として発展せざるをえない」とか、「軍事基地撤去の闘いは直接に社会主義革命的課題を意味するものではないが、にもかかわらず……」とかと本多延嘉こと武井「書記長」は苦渋にみちた手なおしをはじめることになるわけだ。帝国主義的段階論や農業理論などの政治経済学にマルクス主義革命理論を還元し解消するようなザル頭のもちぬしでしかないからこそ、革命理論上の問題をとりあつかおうとするやいなや、関西ブントとの同一性を自己確認することになってしまうのである。これは悲劇ではなくまさに茶番でしかない。こんにちのブクロ官僚どもはトロツキーの永久革命論を否定しはじめただけでなく、レーニンの「労農同盟を基礎としたプロレタリアート独裁論」をもまったく理解していないということを、それらは雄弁に物語っている。まさにこういう輩をこそ「構改以下の観念的反スタ主義者」というのだ。なぜなら、構改派は「革命的闘争」なるものに日帝打倒を「根底的に内包」させるのではなく、大衆運動カンパニア主義的にではあれ、とにかく、「部分的改革」から「根本的改革」への発展を夢想することができるのだから。

（4）組織戦術の欠落した武装闘争の武闘主義的純化を通じて「組織の激動」にみまわれたブクロ官僚どもは、脱盟したブクロ関西派から少しばかり教育され、いまや「党としての闘争」（裸おどり的独自活動の貫徹のこと）と「党のための闘争」（反革命的策動・組織破壊攻撃やスターリニストによる実体的肉体的抹殺などにたえうる党づくりのこと）とを同時におしすすめるべきことを強調しはじめた。しかし、もちろん、そういうことが空語的にくりかえされるだけで、その内実はほとんどまったくない。たとえば「党としての闘争」とは、つまるところ「反帝・反スターリン主義の綱領的立場にたって、安保粉砕・日帝打倒の基本路線を労働者運動の内部において現実的に貫徹させていくこと」、あるいは「日帝打倒にむかって独自に労働者大衆を組織しつつ、その立場と組合内諸活動との内的統一をつくりだすこと」（ブント主義者の陶山健一）なのだそうである。しかもこれが「労働組合内における共産主義者の活動」のすべてであるとされるにいたっては、もはやあいた口がふさがらない。五年まえまではコミンテルンの『戦術にかんするテーゼ』にのみ依拠してきた彼ら政治屋どもは、そのごそれさえも忘れさって「現代世界の複合的構造的変動」をあげつらうにすぎなかったのであるが、いまや組織的危機に直面させられて「党としての闘争」と「党のための闘争」を力説しはじめたものの、その内実たるやかくもみすぼらしいものでしかないのである。かつては「大衆運動と党の弁証法」という言葉を彼らはもてあそんでいたのだけれども、現在はそれさえも忘却の淵になげこんでしまっている。そのかわりに提起されたのが「客観情勢の主体化と主体の客観情勢化」というものでしかなかったわけである。

（5）わがおめでたき政治技術主義者どもは、組織戦術にかかわる一切の諸問題の追求を放棄しつづけてきただけでなく、同盟員の無原則的な量的拡大による組織そのものの質的低下のゆえに、対権力闘争に次々と敗北した弱いメンバーを続出させなければならなかった。こうしてブクロ官僚どもは、一方では同盟組織のボルシェビィキ化、「党のための闘争」の名において組織の分割支配と官僚主義的統制を一段と強化した。それとともに他方、種々の組織会議の時間短縮とメモ禁止の指令にもとづくブクロ＝中核派組織そのものの質的低下と量的不拡大、その激しい新陳代謝をカバーするために、すこぶる技術主義的な組織づくり方式がとられはじめた。すなわち、シンボル操作による「党づくり」が、それである。――「戦後世界体制の崩壊的動揺と日本帝国主義の危機」、「日本核武装化と参戦国化」、「日本全土総基地化と臨戦態勢化」、「日米強盗同盟の強化」、「激動の七ヵ月」、「資本との断乎たる闘争」、「国家権力の弾圧や謀略との血みどろの闘い」、「密集した反革命との闘い」、「全自連メンシェビィキ」、「世界革命の現実性」、「反帝・反スタ―日帝打倒の綱領的＝組織論的前進」、そして「不動の確信の獲得」。……こうしたブクロ的シンボルによる同盟組織の技術主義的操作と官僚主義的統制によって、こんにちのブクロ派組織の崩壊的危機がからくも隠蔽されているにすぎない。「政治主義的ひきまわしによって人間をつぶす組織だ」というように「人間」今井重雄を慨嘆させただけでなく、「政治」と「理論」から超絶した「思想」の觔斗雲にとびのった彼をうみおとしたブクロ派組織の本質は、まさにその点にある。

ブクロ派組織そのもののこのような驚くべき変質のゆえに、「七〇年安保階級決戦」をめざしたブハーリン以下的な電撃的攻撃、つまり、毛沢東主義的武闘一辺倒路線を実践してみたり「マージャン学生やゲタばき学生をまきこんだ学生デモ」を叫んだりするというジグザグを、彼ら政治技術屋どもは平然となしうるのである。ブクロ派組織は官僚主義的に変質し、その戦略は「反帝・反スタ」の造花をつけた「反帝」イズムでしかなく、その組織戦術は雲散霧消し、その武闘主義的な闘争形態は組織的瓦解のゆえに昔日の夢と化してしまっている。これらのことは、自己のブント主義を少しも変革しようとしない腐敗分子、ブクロ派内ブント主義者によって組織と運動と理論の全体が完全に変質させられてしまったことを意味するのだ。にもかかわらずますますブント主義を濃厚にしはじめたブクロ官僚どもは、「社会問題化」を自己目的とした種々の街頭行動を激発させ、一般市民をまきこんで騒然たる事態を現出させて「眠れる労働者をめざめさせる」などとうそぶいている。だが、こういう政治技術屋どもは、革命的共産主義運動とはまったく無縁な存在でしかない。しかも、誇大宣伝とデマゴギーとデッチあげで「激動の七ヵ月」を謳歌したり、自己の組織的＝内的危機をおおいかくすために「戦後世界体制の危機」をがなりたてて危機感をあおり「人口の密集地帯での騒然たる闘いの展開」をその行動方針としたりするような自称政治組織は、その組織成員を愚弄しているだけでなく、まさに反組織的な犯罪をおかしているのだ、ということを知るべきである。のこされているのは、ただわが同盟（革マル派）による彼らの組織の革命的解体だけである。

池ブクロの腐敗分子＝ブント主義者にあやつられた中核派ともっぱら武闘をきそいあってきた第二次ブントは、「激動の七ヵ月」のまっただなかで完全に二つに分解した。もともと野合集団として一九六六年九月に結成されたのであったから、うみだされたこのような事態は、あまりにも当然のことであった。第二次野合ブント結成直後の明大闘争（一九六七年春）の裏切り的指導によって、旧関西ブント系は挫折し後退した。そのごレーニン主義の「暴力的側面」を肥大化してうけついだ彼らは、彼ら自身の過去の構造改革派的側面を一掃しながら、その反帝闘争主義を、その最大限綱領主義を純化してたちあらわれ、軍団組織にもとづいた武装闘争形態の実現を自己目的化しはじめた。こうして「過渡的戦術としての反帝闘争」なるものを重視する旧マル戦派系が、とくに羽田闘争いご後退をかさね、ついに「解党主義・無政府主義・経済主義・一国階級闘争主義」といったレッテルを旧関西ブント系からはられ、かつ暴力的に組織外にたたきだされたのであった。

野合いぜんの段階（一九六五年春ころ）においては、かの「打撃部隊」論にもとづいてその行動を律していたマル戦派のほうが、むしろ純粋な反帝闘争主義を代表していた。ところが日韓闘争の敗北いご、岩田弘の示唆やその『世界資本主義』とか『革命綱領とは何か』とかにのっとって、現代世界は（「世界危機─→世界戦争─→世界革命」への）過渡的動揺期であるがゆえに、「過渡的戦術」がとられなければならず、また「プロレタリア的革命的統一戦線戦術」が駆使されなければならない、というように主張するほどに、彼らは軟化したのであった。この軟化は、関西ブントの持論（一九六一年の全学連第一七回大会ころだされた「小戦術から大戦術へ」という「政治過程論」なるもの）と符合し吻合したことからして、マル戦派がそのヘゲモニーのもとに関西ブント系の「統一委員会」を「機械的に包摂」することによって成立したのが、ほかならぬ第二次ブントであった。にもかかわらず一九六七年初夏のころから第二次ブント内旧関西ブント系のほうが純粋暴力革命主義へと脱皮しはじめた。旧マル戦派系は「抵抗闘争」（戦術スローガン）から「革命闘争」（戦略スローガン）への発展、およびこの両者の結合を「過渡的戦術」として追求していたのであったが、暴力革命主義へ転換した旧関西ブント系は、一切の闘争を直接に「国家暴力装置」にたいする「陣地戦」と「機動戦」とに分類し、それらの「暴力性と国際性」を力説しはじめた。そして「世界同時革命」の空語的絶叫として、彼らの路線は集約された。そのために同盟組織そのものが「軍団」化されなければならない、というわけなのである。だから彼らにとって反戦闘争とは「自衛隊の帝国主義軍隊化を阻止する」ためのものとしてのみ位置づけられる。まさにこのような「路線」によって、旧マル戦派系を組織外に放逐した第二次ブント、つまり今日の関西ブントは、そめあげられているのである。

近代ブルジョア政治学と構造改革理論との折衷という右翼的体質をその特色としていた関西ブントが、「プロ通派」末期の姫岡と同様に「武装蜂起の思想」と反帝の「時間的同時戦略」をひっさげて登場したのは、なぜか？　いうまでもなく、その左翼スターリニスト的本質のゆえに関西ブントは、一方では「文化革命」によって激動する中国（とりわけ紅衛兵の造反運動）と毛沢東主義に心情的に接近しつつそれをうけつぎ、他方では流行しはじめたゲバラ主義への憧憬をおさえることができずに、一挙に暴力革命主義へと自己脱皮をとげたのであった。この「脱皮」における一つの特徴的なことがらは、これまで彼らがまったく不問に付してきたところの、まさにそれゆえに彼らが対決することを完全に回避してきたところの「ソ連圏社会主義」について、ようやく論じはじめた、ということである。

かつては「社会主義」であるとしてソ連圏の諸国家および政治経済構造を美化してきただけでなく、同時に帝国主義陣営の内部に存在している各国スターリニスト党との理論的および組織的対決をも回避してきたことによって、反代々木ではあるが、その本質において左翼スターリニズムのワクをこえでることが、関西ブントは決してできなかった。ところが今日の彼らは、造反する毛沢東主義者の猿まねをしながら「現代過渡期世界の修正主義」というようにスターリニズムを〝規定〟（？）しはじめた。「世界革命根拠地国家」はキューバだけ（チェコスロバキアへの軍事侵入・占領をしたソ連・東欧五ヵ国の官僚を支持したキューバ！）であり、毛沢東の造反中国はそれへ「経験主義的に半転化」しているにすぎないのであって、「労働者国家〔ソ連圏のこと！〕内部の修正主義」は全体として「世界革命根拠地国家にむけてのプロレタリアート独裁を放棄」している、とされている。そして「帝国主義国家内部の修正主義」は「総体として帝国主義と和解する」ものでしかない、というのである。

明らかに今日の関西ブントも、依然としてプロ・スターリニストでしかない。それは一口でいえば反米民族主義をぬきとられた毛沢東主義なのである。陣地戦・機動戦にかんするグラムシぼけを毛沢東式遊撃戦戦術（根拠地革命路線）にかさねあわせることを跳躍台として、そのような転換がなされたといえる。そして、かかる形態における彼らの再登場をうながしたものこそは、まさにゲバラ主義への憧憬、その手ばなしの讃美であり、中共化したトロツキスト系のソ連観の密輸入である。こうして今日の関西ブントの支柱をかたちづくっているものは、「文革」を遂行することによって現代中国を「根拠地国家へ半転化」させつつある「毛＝林」路線、左翼スターリニズム化したトロツキズム（とりわけポサドス派）やゲバラ主義（チェはポサドスの影響をかなりうけている）などの不恰好でオタリオまるだしの折衷である、といわなければならない。こうして、後進国においては社会主義をそのうちに「内包」した民族解放闘争の武力的実現を、また先進資本主義国においては帝国主義軍隊を解体し国家権力を物理的に粉砕するための武装闘争を、そしてソ連圏＝労働者国家の内部における「スターリニスト党官僚打倒」を、まさに時間的に同時的に実現することが急務なのであって、反帝闘争の「国際性と暴力性」が決定的な環をなす、というように彼らは力説するわけなのである。まさしくこのゆえに関西ブントは、ブクロ＝中核派ともっぱら武装闘争形態の激烈さをきそいあうことになるのであり、また後者の変質にともなったその路線は、前者のそれに極めて接近したものとなっているのである。ブクロのなかのブント主義者と関西ブントとの同一性（日本帝国主義打倒の暴力的実現、「安保階級決戦」という展望にもとづいた大衆運動の直接的な革命闘争化、武闘主義的闘争形態、組織戦術の欠如、そして同盟組織そのものの軍団化、などにおける同一性）のゆえに、学生運動におけるそれらのあいだの相互反撥は暴力的となっている。関西ブントの暴力革命主義への純化に対応して、これまで彼らと連合しつづけてきた社青同解放派は、それが本来的にもっている社会民主主義的本質のゆえに、彼らとの連合を放棄しないわけにはいかなくなっている。こうして「三派連合」は「激動の七ヵ月」の終熄とともに完全に解体し、反代々木行動左翼は新たな再編期に突入したのである。

一九六七年七月の砂川基地拡張反対の闘いから翌六八年四月の王子野戦病院設置阻止の闘いにいたる一連の反戦闘争の推進を通じて、反代々木の中間主義的諸分派のすべてが試練にかけられた。「三派連合」が解体しただけでなく、反代々木的諸党派のそれぞれが七〇年安保闘争以前にすでに組織的危機にさらされている。もっぱら武装闘争形態のエスカレーションが自己目的化されてきたという点に集約されている彼らの行動左翼的本質を打破し、その戦略・戦術・組織方針にかんする左翼小児病的誤謬を克服することなしには、一切の既成左翼運動をのりこえつつ、その組織的解体をおしすすめることは決してできない。まさにこのような観点から、わが同盟（革マル派）は終始一貫して左翼中間主義的＝行動主義的諸党派にたいして党派闘争を、イデオロギー的＝組織的闘いを、その時々の闘争課題にむけての大衆運動の組織化過程においておしすすめてきた。「三派連合」と「三派全学連」の分解、反代々木的諸党派の組織的危機は、われわれのこの闘いによって決定され促進されてきた。けれども、われわれの闘いの弱さのゆえに、四分五裂している反代々木行動左翼諸集団を革命的に解体しつつ反スターリニズム革命的左翼の戦線を確固として形成することは、なお実現されていない。それへの過渡にある現段階において、わが革共同・革マル派は、反代々木の左・右の中間主義的な諸党派との統一行動の組織化を追求するとともに、原則的なイデオロギー闘争を展開し、それによって反代々木左翼の全体としての再編成をかちとるのでなければならない。この闘いは、一九七〇年の安保闘争にむかって動きはじめている一切の左翼諸政党との決定的な対決、運動上・理論上・組織上の対決を通じて実現されなければならない。

C　われわれの当面の闘争＝組織戦術

激動する国際情勢のただなかにあって、その政治的・軍事的および経済的動向に規定されながら、日本帝国主義の政治委員会は、一九七〇年の安保改定期にそなえて、いま種々の策動を積極的にくりひろげている。日本帝国主義の政治経済的諸矛盾の政治的表現としての自民党内の派閥抗争が露呈しはじめているなかで、佐藤自民党政府を持続するために「佐藤三選」をねらった党内派閥がかためられ、一九六九年春に予定されているアメリカ新大統領との会談の下準備が着々とおしすすめられている。現行日米安保条約の条文を改定することなく、それを「自動延長」し、しかも「沖縄返還」問題や日米軍事同盟を再編し強化するという問題にかんする政策を緻密化するだけでなく、政経分離にもとづいた対中国貿易やシベリア開発問題をふくめた日米のあいだの現在の経済的諸矛盾を調整しつつ経済的同盟関係をも強化することをねらって、つまりは日米の帝国主義的同盟の全体としての再強化をねらって、わが支配階級はその戦列をととのえつつある。

敗戦帝国主義日本は、帝国主義の存立条件としての植民地を太平洋戦争の敗北のゆえに完全に喪失しただけでなく、憲法第九条によって自衛隊の海外派兵が禁止され、その帝国主義軍隊への転化が法的に拘束されているがゆえに、基本的に「ドルと核のカサ」のもとで、その帝国主義的再編成をなしとげてきた。アメリカ帝国主義のアジア支配戦略の一環にまきこまれ、そのようなものとして次第に増強されてきた自衛隊を、わが支配階級は「自主防衛」の名において帝国主義軍隊へ転化させることをたくらんでいる——国益・国防意識をめざめさせ、ある場合には日本ナショナリズムを動員し、それで補強されたブルジョア・ナショナリズムをあおりたてるという政策（そのためのマス・コミ対策をもふくむ）をとりながら。（もちろん、こうした策動は現行憲法と抵触せざるをえないのであるが、しかし伝統的なしくずしの方法で強行されつつある。）しかも、一方では「ジョンソン声明」にしめされるアメリカ帝国主義の政治的および軍事的敗退、これにともなう対中国軍事戦略ならびにアジア・アラブの後進国および半植民地支配体制の再編と強化（それは、没落帝国主義イギリスが、その経済的危機をのりきるための一手段として、一九七〇年までにスエズ以東からその軍隊を撤退させるという事態ともからみあっている）によって、その内部における日本帝国主義の政治的・軍事的地位と経済的役割の比重は倍加しつつある。それとともに他方では、クレムリン系官僚の軍隊がチェコスロバキアへ侵入したという事態をとらえて、わが支配階級はそれを「国防」のために最大限に利用しつつ、日米軍事同盟を強化するための種々のイデオロギー攻撃をかけてきている。

日本独占資本主義の帝国主義的強化は、このように基本的に「アメリカの核のカサ」のもとでの軍事力の増強として追求されているとともに、さらにこの日米帝国主義的同盟を基礎とし、それに規制されながら、「アジア太平洋経済圏」構想にしめされる新植民地主義的な経済的侵略、さらにアメリカ権力者との対立を調整しながら対中国貿易やシベリア開発に積極的にのりだしていること、などとしてもおしすすめられている。しかも、ドル・ポンド危機にしめされる戦後国際通貨体制の現在的動揺のただなかで、それらはたくらまれている。まさしくこのゆえに日本帝国主義ブルジョアジーは、一方では大独占体の集中・合併をより一層推進しはじめ、かつ国鉄五万人合理化に象徴されるような国家的独占体の合理化、民間設備投資にたいする社会間接資本のたちおくれの除去、あるいはまた農業構造改善政策の再検討と強化などをおしすすめている。それとともに他方わが国家権力は、種々の政治的反動攻撃をも強化せざるをえないはめになっている。たとえば、治安態勢を強化するための警察力の増強、機動隊による弾圧とともに治安維持を名目とした自衛隊の出動準備、また学生運動を法的に規制するための諸措置の考案その他に端的にしめされている弾圧態勢＝反動攻撃の強化が、すでにうちだされている。

このような日本帝国主義の動向をささえ促進するかのように、日本階級闘争は全体として急速に右旋回している。直接的には総評民同型労働組合運動の破産と没落、民社党系=「同盟」系組合の伸長および各企業別組合の政治色なき自立化などのなかに、そして日本型社会民主主義の分解と凋落、さらに国家・民族の自衛権を超階級的に公然と是認しはじめた代々木共産党の反プロレタリア的路線への転落のなかに、そのことは集約的にしめされている。既成左翼指導部のすべては、七〇年安保条約改定期をまえにして、すでにわが支配階級の攻撃に完全に屈服しているといわなければならない。「護憲・安保破棄」の民主政府とか、「安保終了を通告する」民主連合政府とかというような社共両党の政権構想こそは、不断に場所的に推進されるべき反戦闘争や階級闘争を放棄して、日本帝国主義へ屈服したことのしるしいがいのなにものでもありえない。

日本階級闘争の右翼的変質、一切の公認指導部の議会主義的堕落を弾劾し、それらをのりこえていくかたちでの闘いをおしすすめているのは、わが反スターリニズム革命的左翼や反代々木行動左翼諸集団、それらに指導された種々の運動であり、反戦青年委員会の闘いにその露頭をみせている青年労働者の闘いである。そして国鉄労働者の反合理化・アメリカ軍需物資輸送阻止の闘い、港湾労働者の弾薬荷揚げ拒否ストライキ、また沖縄の全軍労のストライキなどである。

一切の既成左翼の規範をうちやぶりつつ推進されている、このような闘いは、しかし、もちろん、それ自身の限界をもっている。とりわけ「安保階級決戦」を呼号している反代々木の行動主義的左翼諸党派が、「体制内化されている労働者階級」を覚醒させると称して、一切の闘いを「社会問題化」することを自己目的化しながら、街頭での武闘主義的闘争形態の展開をきそいあっているところに、それは集約的にしめされている。しかも反戦青年委員会の闘いをも、そのような闘いに彼らは従属化させているにすぎず、現段階の反戦闘争におけるプロレタリアートのヘゲモニーの確立という決定的に重要で困難な闘いを、その行動左翼主義のゆえに彼らは実質上彼岸化しているのである。しかし、こうした反代々木的行動左翼との反戦統一行動の推進を追求するとともに、その限界を突破し、その誤謬を理論的にあばきだしつつのりこえていく革命的な闘いを組織化することは、ほかならぬわが同盟（革マル派）を中核とした反スターリニズム運動の当面する決定的に重要な任務である。

ところで、既成左翼諸政党の指導性喪失、労働組合の空洞化および労働運動そのものの形骸化のゆえに、そしてまたわが革命的共産主義運動の弱さのゆえに、市民大衆の権力への即自的な反抗、反議会・反権力の直接的な街頭行動が、持続的な物価騰貴を物質的基礎とし、また全学連や三派系の学生運動に触発されながら、さまざまの形態で噴出しつつある。「平和と民主主義」の安定ムードが安保条約改定でうちやぶられることに不安をいだいて街頭に流出した六〇年安保闘争のときの「市民主義」者の群れと比較するならば、それは、たしかに急進化し左翼化してはいる。けれども、街頭的急進化のためのさまざまのタネがまかれているがゆえに、ただ現象的に左翼性をそれはしめしているだけのことであって、それをもってただちに「自己権力のための闘いの噴出」などとして美化することは決してできない。それは、むしろ日本労働者階級のうちつづく敗北がうみだしたアダ花でしかないのである。

一九七〇年の安保条約改定期をまえにしたわが支配階級の政治的および経済的な種々の攻撃の計画性と系統性に比して、日本労働者階級の反撃態勢はきわめて微弱である。「反戦・反安保」の旗をかかげた学生運動のそれ自身限界をもった激烈な闘いの展開や反戦青年委員会の闘いの一定の高揚が、わずかにそれをカバーしているにすぎない。日米の両帝国主義にとって七〇年安保条約問題（その長期固定化、その自動延長、その再改定などにかんする）は、激動する現代世界の動向に規定されて極めて重要なものとして位置づけられているがゆえに、それに反対するわれわれの闘いも、国際的な性格を刻印された闘いなのである。まさにそれゆえに、この闘いは現時点における「反戦・反安保」の闘いとして場所的に推進されなければならない。わが反スターリニズム革命的左翼は、戦闘的学生・労働者の少数軍団による街頭主義的行動の自己目的化傾向を断乎として粉砕し、労働戦線の深部において当面の戦術的課題（合理化反対・賃上げ・反戦その他）をめぐっての種々の組織的闘いを展開し党派闘争にかちぬき、これらを実体的基礎として、独占資本と既成左翼指導部の両面から骨抜きにされている現在の日本プロレタリアートの基幹部隊を決起させることをめざしてたたかうのでなければならない。

現段階におけるわが革共同・革マル派の組織的任務は、それゆえに次の三点にある。

その第一は、反戦・反安保・沖縄闘争を革命的に推進することである。その第二は、反戦・反安保の闘いとともに合理化反対・賃上げ闘争を断乎として推進し、これを媒介としてわが同盟組織の組織的強化をかちとり、これをテコとして日本プロレタリアートの主体性と指導性を確立するためにたたかうことである。そして第三は、これらの闘いの前提となり、またそれらの闘いの組織化過程において、それらを媒介として実現されなければならないところの、わが同盟組織を組織的に強化し拡大するためにたたかうことである。

1　反戦・反安保・沖縄闘争の推進のために

東西両陣営の「平和共存」のための軍拡競争・核兵器開発競争なるものに断乎とした大衆闘争をもって反対する闘いを、わが同盟と全学連は一九六一年のソ連官僚政府による核爆発実験の強行を契機として強力に推進し、この闘いをわれわれは「現段階における反戦闘争」と規定した。ところが、現代世界の危機の特殊性とその根拠を把握できなかった輩は、反戦闘争とは本来的には帝国主義戦争の勃発の前夜における闘い、あるいは「帝国主義戦争を内乱へ」転化させるための闘いであるがゆえに反戦闘争を「平和な」現段階においてくりひろげるのは誤りである、というように自己の純粋レーニン主義への陥没をさらけだしながら嘲笑したのであった。だが、わが同盟とそれに指導された全学連は「米・ソ核実験反対」をはじめとする数々の反戦闘争を一切の既成平和擁護運動をのりこえつつ組織化してきたのであり、またこのゆえに一九六五年二月のベトナム侵略の公然たる開始にたいしても、たんなる「抗議」や「支援」ではなく断乎たる実力闘争をもってたたかうことができたのであった。

ところで、これまではアメリカ帝国主義のベトナム侵略にたいして「抗議」することしかできなかった総評が「ベトナム反戦」をよびかけた。そして一九六六年一〇月二一日には、ハノイ・ハイフォン爆撃の開始（六月下旬）にたいする怒りをこめて、労働者の反戦ストライキがうちぬかれた。たとえ公務員賃金闘争などとだきあわせるという形態において敢行されたのだとしても、この闘いは、日本労働者階級が「反戦」という課題をめぐって生産点ではじめて政治的ストライキをうちぬいたものとして記録されうるであろう。ベトナム戦争にたいする反対闘争は、しかし、社会党系の「平和・中立・共存」路線や代々木中央官僚の平和運動方針の驚くべきジグザグにも規定されて、そしてまたわれわれの闘いの弱さのゆえに、労働戦線の内部に広く深く浸透したわけではなかった。わずかに、とくに一九六七年春の砂川基地拡張反対闘争いご、わが同盟（革マル派）や反代々木的行動左翼諸集団などが中心となって組織化した青年労働者の闘いとして、「反戦青年委員会」の闘いとして凝縮され、そしてこれが羽田・佐世保・王子その他の反戦の闘いの中核となり、そこに労働者階級の闘いの一端が表現されてきたのである。

しかし、青年労働者を基軸としたこの闘いは、なお微弱であり限界づけられている。この反戦の闘いをそれぞれの職場に逆流させ、また横へ拡大しながら、各生産点そのものにおいて反戦の闘いを定着化させるための組織活動を強化することが、わが革命的左翼の闘いの重要な一つの任務である。軍事基地反対・アメリカ軍需物資輸送阻止などの戦術的課題をめぐる反戦闘争にむけて「地区反戦」や労働組合青年部あるいは「職場反戦」などを組織し動員しつつ、労学提携の闘いを展開するとともに、この闘いをそれぞれの職場や組合に根づかせるための組織活動を緻密化しつつ、同時に種々の職場闘争をば既成指導部をのりこえて左翼的に推進しうる革命的労働者の部隊（わが労働者細胞やフラクションを中核とした）を強化し拡大するために、わが同盟組織（員）は全力をあげてたたかわなければならない。

このような、地区や職場や都段階その他での反戦統一行動の組織化において決定的に重要なことは、平和運動における社共両党の指導性喪失、その平和主義的および議会主義的腐敗や反米民族主義的ゆがみをあばきだし、さらに安保反対の闘争方針を「日本民族の主権の回復」とか「佐藤政府の対米追随外交の打破」とか「民族の独立と平和の擁護」とかというように理由づけている社共両党の誤謬をあばき、のりこえることにふみとどまってはならない、ということである。さらにすすんで、もはや「連合」を形成しえず分解してしまった反代々木三派の行動左翼的本質を、すなわち、その反帝闘争主義にもとづいた「安保階級決戦」論、その街頭的武闘主義、「敵」（機動隊や軍事基地などに実体化されたそれ）への「打撃」をメルクマールとした武装闘争形態の自己目的化傾向などを、公然とあばきだしのりこえていくためのイデオロギー的および組織的闘いが原則的かつ強力におしすすめられなければならないのである。反戦統一行動の組織化過程は同時に断乎たる党派闘争としても推進されなければならない。このような闘いは、なんらセクト主義ではない。なぜなら、戦闘的な学生活動家の少数軍団による「打撃」闘争のまやかしを暴露し、少数精鋭主義的な街頭的武闘を自己目的化した中間主義的諸分派（とくにブクロ＝中核派や関西ブント）のエセ革命性を克服することなしには、労働者階級を中軸とした反戦闘争の巨大な前進は決してかちとられないのだからである。もっぱら「打撃」の度合（基地内への単なる飛びこみをもふくむ）をメルクマールとして闘争形態それ自体の激烈さをきそいあうにすぎない単純武闘主義＝極左的偏向こそがセクト主義の標本なのであって、反戦統一行動の組織化とそのただなかにおいて党派的なイデオロギー闘争を貫徹することは、なんらセクト主義ではないのである。この貫徹は大衆運動を原則的に組織し推進するためのイロハであり、「他党派解体のための統一行動」路線なるものとは無縁である。運動上の課題（戦術的課題）の遂行と組織上の課題（組織戦術の貫徹にかかわる課題）の実現とをまさに機械的にきりはなして考えているがゆえに、この両者の立体的構造を平板化しそれらを即自的に合体させてとらえることとしかできない、あわれむべき大衆運動主義者どもの観念性について、ここでふれる必要はまったくない。

　軍事基地撤去・野戦病院設置反対・米タン輸送阻止その他の闘いを、「全土総基地化」とか「臨戦態勢化」とかといった代々木以下的な現状分析にもとづいて危機感をあおりたてつつ激発させることを自己目的化したり、またそうした「血みどろの闘い」を「日本階級闘争の質的転換」として讃美したりすることが、問題なのではない。「和平」会談のかげにかくれたベトナム戦争のより一層の泥沼化に呼応した、アメリカ軍事基地の拡張や軍需物資の輸送増大などにたいする反対闘争を、的確な情勢分析と正しい闘争＝組織戦術のもとに原則的に組織化し、ある場合には武装闘争形態をもってたたかい、またこれらを通じて同時に日本帝国主義者によるベトナム戦争への加担の国際法的根拠をなしている日米安保条約そのものの存在とその本質を明らかにし、「安保反対」から、さらに「安保破棄」をめざした闘いへと反戦闘争が内容的に高められ、かつ反戦の闘いと反安保の闘いとが結合されなければならないゆえんを自覚した労働者・学生を大量にうみだし組織化するためにこそ、われわれはたたかうのでなければならない。

日米安保条約の実体的表現形態が日本本土に一四〇以上も散在している軍事基地であり、アメリカ帝国主義の戦争と侵略のための軍事基地・兵站基地・その他の軍事施設は、安保条約の実体的支柱をなしている。そのような軍事基地などにたいする直接的な「打撃」や軍需物資輸送の実力阻止の闘いそれ自体は、もちろん一時的に日米軍事同盟の機能を弱め麻痺させることができる。だが、そのような実力闘争のつみかさねが、ただちに日米の帝国主義的軍事同盟そのものを破壊し解体させることになるのではない。もっぱら激烈な「打撃」闘争を波状的に激発させ、その直接的延長線上に日米軍事同盟の破壊や解体を夢想するのは、まさにタダモノ主義でしかなく、いわゆる〝モノとり主義〟の反戦運動へのもちこみでしかないのである。

日米安保条約の実体的表現形態としての軍事基地その他に直接的な「打撃」を種々の形態であたえることを自己目的的に追求したり、しかもさらに部分的で激烈なかかる「打撃」闘争をば、安保条約を媒介としてアメリカ帝国主義と同盟している日本資本制国家権力そのものを打倒するための労働者階級の階級的＝組織的な闘いと等置したり、あるいは前者から後者への直接的な発展を願望したり、さらにまた後者を前者へ投影して「日本帝国主義打倒の綱領的立脚点を反戦闘争のうちに物質化する」などという理由づけをしたりするのは、明らかに誤謬である。なぜなら、現存するブルジョア国家権力を打倒するための革命闘争はプロレタリアートの階級的自己組織化（その組織的表現がソビエトである）を、しかも前衛党に指導されたそれを実体的基礎としてのみ実現されうるのであって、現段階における種々の反戦や反安保の闘いが、たとえ激烈に、かつ波状的・恒常的におしひろげられたとしても、それがただちに革命闘争へ転化するわけではないのだからである。また、それによってたとえ革命闘争への前提条件（たとえば、あらゆる生産点や地区におけるストライキ委員会の結成を基礎とした、プロレタリアートの階級的組織化とそのヘゲモニーの確立）が形成された場合でも、これが革命闘争へ質的に発展し転化していくためには、国家権力との巨大な暴力的衝突をたたかいぬくことができるプロレタリアートの組織性と武装力が絶対的な条件となる。ソビエトを実体的基礎とした革命闘争を実現するためにこそ、場所的現在において革命的プロレタリアは経済闘争および政治闘争を通じてたえず自己を訓練しきたえあげ、闘いの経験を蓄積していかなければならない。しかも他方、プロレタリアートの内部には彼らの諸利害を代表し彼らの行手をさししめすと称するスターリニストや社会民主主義者が数多く現存しているのであって、これらを革命的に解体するための組織的闘いを同時に推進することなしには、プロレタリアートのヘゲモニーを真に確立することはできないのである。軍事基地撤去などの激烈な闘いを波状的に展開することによって、たとえ運動上で社共的な平和運動をのりこえ、多くの勤労大衆や市民をそのもとに部分的に結集し、そうすることによって階級関係に一定の変動をつくりだすことができたとしても、これは階級闘争に一つの新たな要素をつけくわえたにすぎず、それを「質的に転換」させることができたわけではないのである。依然としてスターリニスト党や社会民主主義者党そのものが組織的にのりこえられていないからであり、また既成左翼指導部になお幻想をいだいている幾百万の労働者・勤労大衆をその影響下からときはなつことができていないのだからである。一切の既成左翼を革命的に解体するための組織的闘いの彼岸において、「安保粉砕、日本帝国主義打倒」を呼号しつつ基地撤去闘争への激烈な突進を、しかも戦闘的学生の少数軍団や〝石なげルン・プロ反戦〟などによる激しい反対闘争を、波状的に激発させるだけでは、日本革命のための真の主体を形成し組織化することは決してできないだけでなく、「安保条約破棄」のような過渡的要求をもたたかいとることはできないのである。

　軍事基地は日米安保条約の実体的支柱であるとはいえ、安保条約を軍事基地そのものに実体化し、そして実体化された軍事基地に「打撃」をあたえることがすなわち日米軍事同盟の解体であり破壊である、などと考えるのは、アメリカと日本との帝国主義国家権力（実体的力＝暴力装置を物質的基礎とした）そのものの現存を、また権力者のあいだで締結された法の威力を忘却した実体論的誤謬にもとづいた幻想でしかない。このようなものとしてそれは、「安保終了を通告する民主連合政権」という代々木官僚の政権構想とその路線の裏返しの誤謬をなすのである。

　軍事基地反対のためのあらゆる実力闘争はそれ自体が目的なのではない。それはプロレタリアートの階級的組織化のための一手段である。基地反対ないし撤去をたたかった労働者・学生が実力闘争を通じてかちとるべきものは、反戦の確固とした意志であり、アメリカ帝国主義の軍事基地の存在を法的に根拠づけている日米安保条約への反対、その破棄についての、また社共両党的な「反安保」のまやかしについての革命的自覚であり、これらにもとづいた自己の階級的組織化、反スターリニズム的前衛党づくりへの主体的参加でなければならない。こうして種々の形態でたたかわれる反戦闘争、軍事基地反対・米タン輸送阻止などの諸闘争は、安保条約反対の闘いの一環として（存在論的に）とらえかえされるのであり、したがって前者から後者への内容的高揚も、また前者と後者とを結合した闘いも、社共両党に指導された平和主義的で議会主義的な運動をのりこえつつ革命的に推進されうるのである。

いいかえれば、「ベトナム参戦国化と日本核武装化、全土総基地化と政治的臨戦態勢化」なるものをはねかえすことそれ自体が「革命的闘争」であるわけではないし「革命闘争への直接の序曲」であるわけでもないのである。ベトナム戦争反対・中仏核実験弾劾、軍事基地反対、安保反対などのスローガンをかかげた諸闘争において、そのような戦術的諸課題をば、既成左翼諸政党や行動左翼諸党派をのりこえていくかたちにおいて革命的に実現することは、われわれの運動上の直接的な目的である。とはいえ、そのような闘いは同時に闘いの担い手たちの革命的意識化および組織化として物質化されなければならない。この後者のような組織的目的からきりはなされた前者そのものだけを自立化するのは、大衆運動主義であるというよりは、正真正銘のブント主義いがいのなにものでもないのである。〈運動上ののりこえ〉はまさに〈組織的のりこえ〉として結実させられなければならず、そしてこれを保障するものは党派的なイデオロギー闘争の果敢な実現（〈理論上ののりこえ〉）であり、これにささえられ規定されたわれわれの組織活動の展開である。大衆運動のこのような論理にかんする無知を、おそろしく軍事力学主義的で政治力学主義的な情勢分析（これは代々木の「軍国主義復活」論以下的なものでしかない）でもって隠蔽したり、武闘主義的街頭行動の激発やルンペン・プロレタリアおよび市民の権力にたいする即自的反逆の爆発をもって「日本階級闘争の質的転換」として美化したりすることしかできないのが、ますます自己の本質をあらわしはじめたブクロのなかのブント主義者どもなのである。だからこそ、「激動の七ヵ月」の必然的産物はブクロ＝中核派そのものの組織的激動でしかなかったのであり、脱盟者の続出、安保ブント末期と同様の論議の沸騰でしかなかったのである。

腐敗したブクロ内ブント主義者の未来は、ところで、旧マル戦派を組織的に排除して軍団的に自己純化をとげた第二次ブント、つまりこんにちの関西ブントの「路線」のなかにしめされている。関西ブントは日米安保条約改定を「日米の反革命同盟における〔日帝の〕ヘゲモニーの拡大＝対米自立性」として、つまり「自主防衛（帝国主義的軍隊の確立）――沖縄返還（アジア侵略反革命の前線基地の掌握）」としてとらえている。まさにこのゆえに彼らの安保反対闘争は、暴力革命主義者にふさわしく「帝国主義軍隊を解体するための反戦闘争」なるものに矮小化されざるをえないのである。――一九六一年の「米・ソ核実験反対」闘争のなかで「プロレタリアートによる軍隊の獲得」路線を提起した今井重雄（『学生戦線』第一号掲載の小野田襄二論文をみよ）を尻おしした武井健人を彷彿とさせる効果をもった関西ブントのこの「軍団」主義は、しかし「プロレタリア通信」派末期の姫岡玲治が提起した「武装蜂起の思想」の二番せんじでしかない。〔そして、かつては姫岡の子分であり「プロ通派」の軍曹であった清水丈夫が、斎藤一郎主義者でもあるブント主義者陶山健一とともに、こんにちのブクロ官僚一派の武闘主義的街頭行動の先頭にたっているだけでなく、安保ブントへの劣等感をぬぐいきれないでいる本多延嘉を正真正銘のブント主義者にしたてあげることに成功したということは、ブクロ官僚派の現段階における組織的変質を象徴してあまりあるといわなければならない。」

しかも、一方では、戦後二十数年のあいだアメリカ帝国主義の直接的な軍事的支配のもとにおかれている核基地沖縄における「祖国復帰」運動の高まりとこれに呼応した本土での「沖縄返還要求」運動、そしてこれらの議会主義的（施政権の返還を要求するという）および民族主義的（アメリカ帝国主義による民族的分断を打破するという）な誤謬におちこんでいる既成の沖縄闘争をのりこえつつたたかわれているわれわれの闘いなどの圧力をうけ、他方では、アジアにおけるアメリカの対ソ連圏軍事戦略の再編・強化に規定されながら、一九七〇年安保条約改定期をまえにした佐藤自民党政府は、その政治的威信をかけて、沖縄返還のブルジョア的解決にのりだしている。軍事基地と施政権とを分離して祖国復帰をかちとる、という沖縄問題の支配階級的解決方式がアメリカ帝国主義から拒否されたことからして、わが政治委員会は「本土と沖縄との一体化」政策に、さらに「核基地つき沖縄返還」政策にふみきった。しかし、このような形態における沖縄の「祖国復帰」＝「施政権返還」は他面では同時に日本の核武装化を、日米の帝国主義的軍事同盟の強化を必然的にともなうのである。たとえ安保条約そのものを改定しないとしても、そうなのである（「事前協議制」を規定した「条約第六条の実施にかんする交換公文」を廃止するだけで十分なのである）。核基地つき沖縄のブルジョア的返還は日米軍事同盟の再強化と表裏一体の関係をなすのであって、この両者は一つの事態の二側面をあらわすのである。――基地沖縄のブルジョア的返還は「アジア侵略反革命の前線基地の掌握」（ブント）を直接もたらすわけではない。あくまでも日本帝国主義の軍事力はアメリカ帝国主義のそれに従属しているのであって、アジアにおける対中国軍事基地包囲網の要石としての核基地沖縄をアメリカ帝国主義が確保しつづけることを、日本国家権力は政治的・軍事的に、また経済的に側面から援助するにすぎない。また、たとえ民政府・琉球政府・日本政府の三者からなる「共同管理」の協議が提案されたとしても、これをもってただちに「日米帝国主義による沖縄の共同管理」とみなすわけにはいかないのである。

日本帝国主義支配階級にとって、「本土と沖縄との一体化」さらに「沖縄の施政権返還」問題と「安保同盟強化」問題とは本質的に同一の問題なのであって、この二つの問題をブルジョア的に同時的に解決しようとする政策の集約的表現こそが、「核基地つき沖縄返還」政策にほかならない。現行安保条約を、自動的に延長しようとたくらんでいる佐藤自民党政府は、これまでその改悪に失敗してきたところの現行の日本国憲法を実質上ホゴと化しつつ、吉田内閣いらいの伝統的なしくずし方式でもって「核基地つき沖縄返還」を、したがって日本本土の核武装化を実現しようとしているのである。それゆえに、本土における反戦・反安保の闘いは必然的に同時に沖縄問題のプロレタリア的解決をめざした闘いとむすびつかざるをえないのであって、現段階における沖縄闘争と反戦・反安保の闘いとの結び目のスローガン的表現が、まさに「核基地つき沖縄返還」策動粉砕！　にほかならない。

核基地沖縄においては、ベトナムへのＢ52戦略爆撃機発進基地化反対・基地拡張のための土地接収反対をはじめとする種々の反戦闘争、全軍労ストライキ、そして社会大衆党や人民党の「祖国復帰」運動の腐敗（そのブルジョア民族主義的ないし反米民族主義的で、かつ議会主義的な堕落）をのりこえ、サンフランシスコ条約第三条の破棄を通じての沖縄人民の解放を永続的になしとげることをめざした革命的な闘いを、沖縄マルクス主義者同盟に指導された革命的労働者・学生がたたかっている。この闘いに呼応して本土のわれわれは、社共両党の「沖縄返還要求」運動の議会主義的で民族主義的なゆがみを暴露し、それをのりこえつつ、沖縄人民解放を日本プロレタリア革命の一環としてたたかいとることをめざした運動を革命的に推進してきた。そして、いま佐藤自民党政府が「核基地つき沖縄返還」策動を積極的におしすすめつつあるがゆえに、われわれのこの沖縄闘争は同時に反戦・反安保の闘いと結合して推進されなければならず、また反戦・反安保の闘いは必然的に沖縄闘争とむすびつくのであり、このような統一した闘いがいま推進されつつあるのである。

他方、本土におけるわれわれの反戦・反安保・沖縄闘争の革命的推進に呼応して、核基地沖縄の仲間たちは、種々の闘争課題をめぐって革命的反戦闘争を、また諸権利剝奪反対の闘いを、「祖国復帰」運動をのりこえた闘いを、これまで果敢にたたかってきた。とりわけ「人民党系の闘争放棄と原水協指導部の〝直訴〟路線をのりこえ、基地ゲートまえ闘争をたたかいとろう」という呼びかけのもとにたたかわれた4・12のB52反対現地闘争を労学六〇〇〇が坐りこみ闘争をもってたたかい、また全軍労ストライキも敢行された。そしてアメリカ帝国主義の軍事支配にたいする種々の反抗を、とくに反基地闘争の高揚を未然にふせぐとともに、沖縄地域ブルジョアジーにテコ入れすることをねらって、アンガー高等弁務官が「一九六八年一一月に主席公選を実施すること」をうちだしたのであったが、人民党・社大党・復帰協指導部などはこぞってアンガー声明を手ばなしで讃美したにすぎなかった。既成左翼のかかる議会改良主義的本質と一一月の「三大選挙」（主席公選、立法院および那覇市長選挙）への陥没を弾劾しつつ、主席公選の本質を「〝自治権拡大〟の名においてブルジョア民主主義制度を一定ていど確立することを通じて、地域支配階級の階級的強化をはかり、したがって琉球政府の強化を媒介として民政府＝弁務官制度がその支配を今日的に貫徹することを容易ならしめようとするもの」というようにあばきだし、断乎たる闘いをいまくりひろげているのが、沖縄マルクス主義者同盟に指導された革命的労働者・学生にほかならない。

〔このように、あらゆる大衆闘争を革命的に組織化し推進しつつある沖縄労働者・学生にとっては、ブント主義者になりあがったブクロ官僚本多延嘉が提起した「反帝」イズムまるだしのスローガン、「沖縄の永久基地化反対、本土復帰・基地撤去」というスローガンが、もの笑いの種としかならなかったのは、けだし当然のことであった。沖縄における権力構造ならびに階級闘争の生きた現実にかんするまったくの無知と、トロツキー永続革命論の否定に立脚した政治主義的革命論（間違った民族理論をふくむ）との合体からうみだされた、日帝打倒主義まるだしの観念的な結果解釈の見本——それが、「沖縄の本土復帰……のための闘争は、安保粉砕・日帝打倒を根底的に内包した革命的闘争として発展せざるをえない」という彼の主張である。場所的現在における大衆闘争の革命的展開をあたかも国家権力打倒のための革命闘争であるかのように思いこみ（これは「革命的闘争」という用語にしめされている）、かつそれを実践し、また本土と沖縄において場所的に闘いをおしすすめるという構造を完全に無視抹殺し、つまるところ「日帝打倒を根底的に内包」しさえすれば「反スタ」であると信じこんでいる、このみじめさについては、むしろ言及するほうがヤボというものである。〕

要するに、一九七〇年の安保条約改定期をまえにして、たとえわが支配階級が安保条約の「自動延長」にふみきろうとも、日米安保同盟は——「核基地つき沖縄返還」策動とむすびつけられて——実質上アメリカと日本との帝国主義的核軍事同盟へ再編・強化されることになるのである。日米軍事同盟のこのような強化は、ベトナム侵略に敗北しドル危機によってゆすぶられているアメリカ帝国主義がそのアジア軍事戦略＝支配体制を再編成しなければならなくなったことと不可分にむすびついているのであって、日本労働者階級にたいする日米帝国主義者の極めて露骨な攻撃なのである。しかも、六〇年安保条約の条文を変更することなく、ただその「第六条の実施にかんする交換公文」（事前協議制の規定）を廃止することによって、現行の安保同盟を実質上核軍事同盟へ転換させることを、日米の権力者はたくらんでいる。その場合、「核基地つき沖縄」の施政権が日本政府へ返還されるということと日本本土の核武装化とは不可分の関係にある。ベトナム戦争――沖縄および本土のアメリカ軍事基地の拡張と強化――日米安保同盟の再編と強化――核基地つき沖縄返還――日本本土の核武装化。これらの諸事態は相互に密接につながりあっているのであり、一つの事態、すなわちアメリカ帝国主義の対ソ連圏軍事戦略体制の強化の諸側面をしめし、日本帝国主義にたいするそのあらわれにほかならない。しかも日本帝国主義は、それらを実現するための政治的態勢をかためているだけでなく、そのための政治経済的基礎をも確立しつつあるのである。

かくして現時点において展開されている反戦闘争、ベトナム侵略反対・中仏核実験弾劾、軍事基地反対・軍需物資輸送阻止などの戦術的課題をめぐるわれわれの闘いは、必然的に安保反対・沖縄闘争とむすびつくのであり、これらは統一的に推進されなければならない。日米の帝国主義的軍事同盟の再編・強化をねらう七〇年安保粉砕をめざした闘い、安保条約の「自動延長」阻止にとどまることなくその破棄を、したがって自民党政府打倒をめざした闘い、これらは場所的に組織化されなければならない。反戦と反安保とを結合した闘いを、日本帝国主義権力者の「核基地つき沖縄返還」・「日本核武装化」の策動を粉砕する闘いとともに、われわれは統一的におしすすめなければならない。これらの諸闘争は、直接的にはわが革共同・革マル派を推進基軸とした反代々木左翼の統一行動として組織化され推進されなければなら

い。

しかも、チェコスロバキアへのクレムリン系官僚軍隊の侵入を最大限に利用しつつ「自主防衛」の必要性とそれを強化するためのキャンペーンを、わが支配階級はいま精力的に展開している。かかる事態にたいしてわれわれは、日米軍事同盟を強化せんとしている日本帝国主義者どもの策動に手をかしているスターリニストの反労働者性をあばきだすだけでなく、同時にプラハ官僚の「自由化・民主化」政策のまやかしをも公然と暴露してたたかうのでなければならない。

われわれの推進すべき反戦・反安保・沖縄闘争は、一切の既成左翼諸政党ならびに反代々木的行動左翼諸党派の間違った闘争戦術・闘争形態およびイデオロギーを――種々の反戦・反安保の統一行動のただなかで――公然と暴露し批判しつつ、それらの運動をのりこえていくという形態において実現されなければならない。このような闘いは、必然的に同時に、これらの諸党派を革命的に解体するための組織的闘いとしても実現されなければならない。現存する一切の運動をのりこえていくことをめざしたわれわれの大衆闘争は、同時につねに必ずわれわれの組織戦術にうらづけられ、つらぬかれていなければならない。それなしには、七〇年安保粉砕、自民党政府打倒をめざした闘いは決して組織化されえないのである。

一　日米軍事同盟の再編・強化をねらう七〇年安保粉砕！
二　アメリカ軍事基地反対！　軍需物資輸送阻止！
三　日本核武装化阻止！
四　米帝と同盟した日帝の「核基地つき沖縄返還」策動を粉砕せよ！

五　沖縄の「祖国復帰」・「返還要求」運動をのりこえ、サンフランシスコ条約第三条の破棄を通じて、沖縄人民の解放をめざしてたたかおう！

六　米帝のベトナム侵略反対！　中・仏核実験弾劾！

七　ソ連・東欧五ヵ国のチェコスロバキア軍事侵入反対！　ドゥプチェク式「民主化」反対！

2　反合理化・賃金闘争の前進のために（略）

3　反代々木左翼との統一行動と党派闘争の推進のために

いわゆる「激動の七ヵ月」を通じて、それを武闘主義的にたたかった反代々木的行動左翼諸集団のすべては組織的危機にさらされただけでなく、ブクロ＝中核派・ブント・社青同解放派からなる「三派連合」もいまや完全に解体することによって「三派全学連」は崩壊し、その戦闘的学生運動は分散化した。

その組織的瓦解と運動の衰退を糊塗するために中核派は、ブクロのなかのブント主義者（陶山・清水・北小路・田川・本多）を総動員して破廉恥な右旋回をやってのけた。しかも七〇年安保闘争にむかって「激動の七ヵ月を二度も三度もくりかえさなければならない」といった官僚的恫喝をくらって、中核派系の消耗しきった学生活動家たちは、軍事基地撤去・弾薬庫闘争などへ没理論的肉体派よろしく突進しはじめた――「全土総基地化、〔政治的〕臨戦態勢〔体制とも表現される〕化」をはねかえし、「ベトナム参戦国化、日本核武装化」を阻止すると称して。「七〇年安保条約粉砕、日本帝国主義打倒」をメイン・スローガンとしてかかげていることからしても明らかなように、こんにちのブクロ＝中核派は、七〇年安保闘争を「階級決戦」として想定しながら現在の階級闘争や大衆運動のただなかに、「日帝打倒」とか「反帝・反スタ、日帝打倒の綱領的立場」とかを直接もちこみ「物質化」し、そうすることによって大衆運動そのものを革命闘争へ転化させることをねらっている。現代世界が、とりわけ激動するアジアの焦点としての日本が前革命情勢にある、といった現状分析ならぬ彼らの〝信念〟にもとづいて、ブクロ官僚＝中核派どもは、日帝打倒戦略を武闘している大衆のなかにじかにもちこむことをその組織的任務としているわけなのだ。そこには、一方では主観主義的な情勢分析にもとづいた危機感のあおりたて、これをテコとした「日帝打倒」主義の前面化が、他方では運動づくりにおけるブント主義の全面的な開花が、端的にしめされている。組織内のブント主義者どもによって制圧された今日のブクロ派は、革命的共産主義者としての組織戦術のかわりに、政治主義的とりひきおよび政治技術主義的な運動づくりを導入し貫徹させるとともに、シンボル操作による官僚主義的組織統制を徹底化させ、こうして同盟員を骨抜きにし（思考停止、イデオロギー闘争の放棄、雑巾主義の充満）、かつ同盟員を水ぶくれ的に拡大させたり激しい新陳代謝にみまわれたりしながら、その組織的危機をのりきろうとしてもがいているのである――「未来への不動の確信の獲得」なるものを、動揺している下部同盟員たちにお説教しながら。

そしてまた、延安時代の毛沢東組織路線（党と軍隊と農民の直接的統一）を模倣しながら同盟組織そのものを軍団化し、ますますその最大限綱領主義、その反帝闘争主義を純化してきている第二次ブント＝関西ブントは、数々のマンガ的な武闘的街頭行動をくりひろげながら自滅へとバク進しつつある。また六月まではブントとともに「反ブクロ連合」を維持してきた社青同解放派は、中核派やブントの武装闘争形態主義にひきずられたおのれの過去を社民的＝右翼的に反省するとともに、軍団化したブントとは対極的に、レーニン型前衛党の否定つまりローザ・ルクセンブルク式の組織＝大衆運動観へ里帰りしはじめ、その組織と運動と理論のたてなおしをはかって混迷しながらジグザグをかさねている。さらに第二次ブントから武闘によって排除されたマル戦派もまたそれ自体が三派閥に分解し、M・L派はその名称にふさわしく日本毛沢東主義者群に吸収され、そして七花八裂の第四インター系のトロツキスト諸分派は混迷したまま閉鎖集団化してしまっている。……

こんにちの反代々木左翼戦線は、戦略・戦術・組織方針のすべてにわたるジグザグのゆえに、収拾しがたい混乱にたたきこまれている。だが、反代々木左翼のかかる現状は、ひとえにわが革共同・革マル派の非力によってのみ、われわれのイデオロギー闘争にうらづけられた組織活動の断乎たる貫徹の弱さによってのみ、不可避的にうみだされている現実なのである。七花八裂のかかる現実を、反戦・反安保、反合理化などの諸闘争の展開過程で最後的に打破し克服していくことは、わが同盟（革マル派）にかせられている重要な組織的任務である。もちろん、反代々木左翼戦線の内部でのこのような組織的闘いは、七〇年安保闘争にたいして議会主義的な幻想をばらまいている社共両党、とりわけ「安保共闘」の再開を意図した反トロツキスト策動を強化している代々木スターリニスト党にたいする理論的＝組織的闘いを断乎としておしすすめていくというベクトルのもとにたたかわれなければならない。

いいかえれば、一切の公認左翼によって平和主義的および議会主義的に指導され、また反米民族主義的にねじまげられた安保反対闘争をのりこえていくという形態において、つまり「反社民・反代々木」という形態において、われわれの反戦・反安保の統一行動は推進されなければならない。しかもその場合われわれは、反代々木の行動左翼主義的・中間主義的な諸潮流（とりわけ旧三派）の本質を徹底的にあばきだし粉砕するためのイデオロギー闘争をより一層強化しなければならない。とくに、わが革命的共産主義運動から脱落しただけでなく、さらに現在では組織の内部に温存させられてきたブント主義者どもによる〝クレムリン革命〟によって完全に変質をとげたブクロ官僚派を、革命的に解体するための理論闘争を強化するとともに、そのための組織戦術をも緻密化しなければならない。西から東へ、東から西へと波及しつつある脱盟騒ぎ（もともと組織がないので南と北には波及するはずがない）でゆすぶられているブクロ派を解体することは、わが同盟の急務である。いまなお彼ら変質分子が革命的左翼づらをしていられるのは、腐敗しながらも彼らが「反帝・反スタ」の鼻輪をなおつけているからなのであって、この鼻輪をむしりとるための無慈悲な党派闘争を、われわれは断乎として貫徹しなければならない。

反代々木の行動左翼諸党派とのかかる理論的＝組織的闘いは、しかし、もちろん個別的闘争課題にむけての彼らとわれわれとの統一行動の組織化をなんら排除するものではない。いやむしろ9・13闘争（一九六三年）が中核派ダラ幹の指導で暴力的に分断されたいごも、わが同盟（革マル派）とそれに指導された全学連はたえず統一行動をよびかけ、かつそれは現実的にしばしばかちとられてきたのであって、むしろブクロ＝中核派のほうが統一行動を拒否しつづけ、たえずそれを棍棒で分断してきたセクト主義者なのである。わが同盟ならびにマル学同（革マル派）とわが全学連によるイデオロギー闘争を彼ら中核派がおそれおののくのは、ザル頭・石頭の官僚どもではなく彼らにだまされているひ弱な下部同盟員や活動家たちが動揺するからなのであり、またブクロ＝中核派にだまされつづけてきている学生大衆が必然的に離反するであろうからなのである。このような事態が現出することをもって彼らは「他党派解体のための統一行動」だとするわけなのであるが、これは、自己組織のセクト主義と党派的利害の肉体派的追求をおしかくすための欺瞞的言辞いがいのなにものでもない。

わが同盟およびマル学同（革マル派）は、学生戦線においては、反戦・反安保・沖縄闘争を、一切の既成左翼の平和主義的で議会主義的な堕落や反米民族主義的ゆがみをのりこえつつ革命的に推進するために、すべての反代々木左翼諸党派に統一行動の原則的な展開をよびかけつつ組織的にたたかわなければならない。直接的には当面の種々の闘争課題にむけての行動方針上の一致をたたかいとりつつ大衆的統一行動を組織し推進するために、従来のような数々の「反革マル」策動を弾劾しはねのけながら、われわれはたたかわなければならない。そしてまた、「行動上の統一」を堅持しながらも同時に「批判の自由」という原則をもつらぬくために、われわれはたたかうであろう。その時々の統一行動の組織化過程での、またそのただなかでのイデオロギー的党派闘争を基礎として、われわれの組織的闘いは種々の形態で実現されなければならない。

日米軍事同盟の再編・強化（安保条約の「自動延長」ないしその再改定）をねらう七〇年安保条約の破棄、自民党政府打倒をめざした統一行動を革命的に推進することは、現時点における反戦・軍事基地反対、安保反対の統一行動を――社共両党的な反対運動を革命的にのりこえつつ、しかも行動左翼諸分派の単純街頭行動主義や武闘オンリー主義にもとづいた運動をも粉砕しつつ――、セクト主義におちいることなく原則的に推進することをつみかさねていくことを基礎として、はじめてかちとられうるのである。そのような闘いは、ただたんに大衆運動それ自体を戦闘化＝左傾化させ大衆的に拡大し、さらに直接に革命闘争化していくことによっては決してたたかいとられはしない。それは、あくまでも、一切の既成左翼諸政党ならびに反代々木行動左翼との断乎たる党派闘争を推進することによってのみ保障されるのである。一切の鍵は、わが同盟（革マル派）の理論的＝組織的闘いそのものにかかっている。

他方、労働戦線においては、反戦闘争の前進のためにも、これまでと同様に、その時々の闘争課題をめぐって種々の形態のフラクションをつくりだし強化し、これを実体的基礎として今日の労働運動の右傾化を根底からくつがえしていくための闘いを着実におしすすめていかなければならない。ここでは、さしあたり労働戦線における反代々木左翼の闘いの一つの表現ともなってきている「反戦青年委員会」、その性格、その組織化の問題に焦点をしぼって、労働戦線における反戦の闘いのありかたの骨子を明らかにするにとどめる。

反戦青年委員会には「地区反戦」グループや「職場反戦」グループ、そしていくつかの労働組合青年部などが結集して反戦の闘いを展開している。けれども、とくに「地区反戦」は、労働組合のしめつけを直接うけないこととあいまって、その指導内容や指導方向をめぐって反代々木左翼諸党派（構造改革派の諸潮流をもふくむ）のヘゲモニーあらそいの場と化しつつある。このことは、そもそも反戦青年委員会の組織的性格のとらえかたが諸党派によってまったく異なっていることに起因するといえる。

そもそも反戦青年委員会は、総評・社会党・社青同（協会派）の三者が事務局を構成し、「反戦」という課題にたいして青年労働者・学生が統一行動を推進するための大衆団体（統一行動機関としての性格をもった特殊な大衆組織）として結成されたのであった。ところが、これに反代々木諸党派系の組合活動家たちが種々の形態で積極的に参加することを媒介として本質上換骨奪胎されはじめ（とくに「地区反戦」

の場合）、その結果として反代々木左翼諸党派（右は統社同のような右翼構改派から左はわが革マル派にいたる）系の青年労働者・学生による反戦の闘いの場、労学提携にもとづく「反代々木」的な反戦統一行動機関としての意義をもった特殊な大衆組織へと成長してきたのである。ところが、反戦青年委員会をこのようなものとしてとらえることができずに、それを諸党派がそれぞれの党派に都合よく勝手に解釈しつつ運営しているのが、現状なのである。

たとえば「地区反戦」をそれぞれの地区の「活動家集団」として位置づけ、それを指導するのがブクロ地区党である、とするのがブクロのなかのブント主義者である。この場合には明らかに反戦青年委員会とマル青労同とが二重うつしにされ、前者が後者化されるとともに後者が前者化されるという相互浸透が不可避となる。しかも地区党が直接的に「地区反戦」を強化し指導するとされるかぎり、この「地区反戦」はブクロ派組織に直属するその活動家集団に一面化され従属化させられ、こうしてセクト主義的な分断が強行されざるをえなくなるのである。こうしたブクロ的「反戦青年委員会」と（すでに崩壊しさった）「三派全学連」と反合理化闘争の先頭にたってたたかう国鉄労働者、この三つが七〇年安保粉砕闘争の中核部隊である、などといった政治的展望を、ブクロのなかのブント主義者どもは提出しているわけなのである。

ところで、また、つくりだされている反戦青年委員会をその外がわから客観主義的にながめわたす構造改革派の場合には、それに「七〇年統一戦線の行動的中核部隊」というような意味付与をし、少数学生活動家の街頭的突撃部隊（および急進化した市民の群れ）と完全に空洞化している労働組合のもとにある眠れる労働者本隊との「媒介」としての機能を反戦青年委員会に発見する。したがってそれは反代々木諸党派のヘゲモニーあらそいの場たらしめられてはならないとし、「職場反戦」を産業別＝横断的に（地区反戦を媒介にして）全国化することが「反安保ストライキ」を準備するものだ、というように構改派は位置づけている。いいかえれば、本来的には労働者階級が七〇年安保闘争の主体となるべきであるが、しかし現状では主体たりえない、だから労学提携の闘いを展開している反戦青年委員会を「媒介」として、ブルジョア的に変質している今日の労働組合内に「反戦・反安保」の闘いをもちこんで「職場反戦」をつくりだし、それを産別的に全国化することによって七〇年安保闘争の主体的条件をつくる、というわけなのである。このような「路線」は、たしかに「行動する党」にふさわしいものではある。なぜなら、そこには、反戦青年委員会や労働運動への党としての組織的かかわりは完全に空無化され、ただ現象論的かつ機能主義的に政治的願望が吐露されているにすぎないのだからである。種々の党派にぞくしている労組活動家たちをしばしば自分たちの党員ないしシンパであると錯覚したり、また反代々木的な労組活動家たちをかきあつめさえすれば「革命闘争の直接の序曲」がかなでられるにちがいないなどと思いこんでいるオプチミスト常任の群れは、せいぜい反戦青年委員会への淡き期待がなければそのオポチュニスト的活動さえもがなかなかできないのかも知れないが。もっとも彼らの場合には、「たたかう労働者」の地区的街頭化を自己目的化しているブクロ官僚どもとは異なり、まがりなりにも「職場反戦」を媒介とする職場闘争の強化にかんする政治的展望をうちだしている。けれども、それはまったくの現象論でしかないのである。

さらに、自己の組織を軍団化した関西ブントは、①地区反戦の全国化と、②「地区反戦──→職場反戦──→ストライキ委員会への発展」という二系列を考え、そして将来的には前者から「地区ソビエト」が、後者から「工場ソビエト」がそれぞれつくりだされることによって、「工場管理─赤軍に立脚したソビエト＝プロレタリアート独裁」が展望できる、としているわけである。明らかにこれは、彼らの最大限綱領主義を反戦青年委員会に投影して解釈したものでしかない。

このように、反戦青年委員会の性格のとらえかた、その組織的位置づけおよび展望などは、それぞれの党派によってまったく異なっている。それを、ブントは将来的につくりだされるべきソビエトの母胎として直接的に位置づけ、また構改派は右傾化し形骸化している今日の労働組合運動の活性剤、したがって「七〇年安保統一戦線の推進部隊」というように位置づけ機能させ、そしてブクロ派は地区党によって指導される「活動家集団」（マル青労同員およびこれになお所属してしない活動家をふくんだ）として位置づけているわけである。これらすべては、しかし、反戦青年委員会の形式と内容、その形態・機能・実体にかかわる構造を組織論的に反省することなく、それぞれの党派の活動や政治的展望にひきよせて勝手な意味付与的な解釈をやっているにすぎない。

たしかに反戦青年委員会は、形式的には社会党および総評系の青年労働者・学生の運動を「反戦」という課題に対応しうる形態において展開するための一手段として特殊的に組織化された（だからそれが結成されたときには、労働組合に青年部がつくられている場合には、この組合青年部が反戦青年委員会に団体加盟するとされていた）のであった。しかし、それを構成する諸団体ではなく諸実体（各党派に所属し、あるいはそれらの影響下にある組合活動家たち）の党派性に規定されて、それ自体一種の大衆団体組織である反戦青年委員会は、同時に、総評系労働運動や社会党系平和運動のワクをはみだした内容を次第に獲得しはじめた。とりわけ「地区反戦」の場合には、そこに地区の活動家大衆とともに組合青年部が組合青年部として参加しているのであるが、それは、「反社民・反代々木」左翼諸党派の反戦統一行動機関としての意義を同時に付与され、そのような機能を公然と発揮しはじめたのである。こうして反戦青年委員会は、たんに反戦の闘いだけでなく、これを媒介として労働組合運動においても総評のワクを左翼的に打破していく合法的で公然たる組織形態としても成長してきているのである。

反戦青年委員会のこのような二重性――総評型労働運動・社会党系平和運動のワク内にある大衆組織の一形態でありながら同時にそれを突破し、反代々木左翼諸党派の（しかも労学提携の形態における）反戦統一行動機関としての意義と役割をも獲得した、という二重性――、これを正しくとらえることなく、むしろそれぞれの党派の政治的＝組織的展望から直接に反戦青年委員会をセクト主義的に位置づけようとしているのが、関西ブントおよびブクロ派である。そして、このようなセクト主義的な位置づけ、すなわち、反戦青年委員会をばその形式的側面を無視して、もっぱら自党派の組織的拡大のための一手段たらしめようとしている傾向を排して、その形式的側面を重視し、もって反戦青年委員会をば、労働運動そのものを左傾化させせつつ「七〇年統一戦線の行動的中核部隊」たらしめようと願望している（実体論ぬきの現象論）のが、「無原則的統一行動主義者」たることを誇りとしている構改派なのである。前者は反戦青年委員会を党派的利害に従属させながら組織的に分裂させるという結果をうみださざるをえない（とくに「地区反戦」におけるブクロ派のセクト主義をみよ）。これとは逆に、反戦青年委員会が実質上は反代々木左翼系の青年労働者・学生たちによってになわれているにもかかわらず、このような実体的構造をないがしろにして、それへの党派としての独自的かかわりを没却し、「統一戦線の推進部隊」として反戦青年委員会を直接的に美化しているにすぎないのが、後者である。こうすることによっては、もちろん基本的に社会党・総評系組合運動のワク内にありながら同時にこのワクを突破しつつある反戦青年委員会とその闘いにたいする、上からのしめつけ（民同系ダラ幹による官僚主義的統制）をはねかえすことさえできなくなってしまうのである。

反戦青年委員会にたいする左翼セクト主義的誤謬（ブクロ派やブントの場合）や右翼的＝組合主義的美化（構改派の場合）を、われわれは克服しなければならない。とりわけ労働戦線において現在の反戦闘争をおしすすめていくうえで障害となるのは、もちろん前者の傾向である。自党派を組織的に拡大するための一手段にまで反戦青年委員会をおとしめ、それを分裂させようとするセクト主義的傾向にたいして、われわれは断乎としてたたかわなければならない。（現在までのところ、組合青年部とは別につくられはじめている「職場反戦」の場合には、他党派にたいして「かこいこみ」スタイルで対抗しうる余地がある。だが、それが職場につくられていることからして比較的統一行動がたもたれ公然たる分裂が強行されない例もある。しかし組合青年部の積極的参加がかちとられていないような「地区反戦」の場合には、しばしばセクト主義的分裂が発生している。）

こうしたセクト主義を克服するためには、まずもって、反戦青年委員会の形式的側面（総評系組合運動・社民的平和運動の一環としてのそれ）を十全に活用するとともに、その内容的側面（民同型労働運動・社民系平和運動を左翼的にのりこえていくという志向）をさらに強化していく、という基本的な展望が確認されなければならない。そして反戦青年委員会を内容的に強化するためには、それ自体一つの大衆運動組織であるところのそれ（とりわけ「地区反戦」）の団体構成および実体構成にふまえて、反戦青年委員会が実質上同時に反代々木左翼の反戦統一行動のための機関としての意義をもつ大衆団体であるということを明確化し、そのような役割をえんじるものとしてそれは運営されなければならない。いいかえれば、一定の「地区反戦」をば、それを構成する特定の党派の利害に直接に従属させたり分裂させたりしてはならないということである。もちろん、大衆団体の実体的力関係によって、ある「地区反戦」が特定の党派のイニシアティヴないしヘゲモニーのもとにおかれることを、そのことは決して排除するものではない。ある一定の「地区反戦」が特定の党派の党派性を刻印されたとしても、このことは、ただちに「地区反戦」の大衆組織としての性格を、また「反社民・反代々木」的な反戦統一行動機関としてのその役割を、喪失させられることをいみしない。それぞれの「地区反戦」は、それを構成する諸党派の力関係にみあったかたちで指導され運営されなければならず、これを基礎としながら反戦青年委員会の全体としての運動は「反社民・反代々木」という性格・傾向を濃厚にもった反戦闘争の展開となるように発展させられなければならない。

このように反戦青年委員会は、それ自体としては社民的＝民同的ワク内にある一つの大衆組織であるけれども、同時に実質的には反代々木左翼の反戦統一行動のための大衆闘争機関として機能させられることによって「反社民・反代々木」的な反戦大衆組織へと強化され発展させられなければならない。ところが、たとえば「地区反戦」を地区党によって指導された「地区の活動家集団」であるとか「地区ソビエトの母胎」であるとかというように勝手な組織的位置づけがなされるかぎり、それは、もっぱら反代々木左翼諸党派がそれぞれの党派を組織的に拡大するための一手段、諸党派のいわば反戦フラクションのようなものとして位置づけられ機能させられ、したがって党派別に分断されることが不可避ともなるのである。いいかえれば、諸党派が背後で独自的におしすすめるべき種々の組織活動を、まさに無媒介的に「地区反戦」にもちこみ展開する、という組織活動上の誤謬の集約として、「地区反戦」の諸党派による分断が現出しているのだ、ということである。

反戦青年委員会が実質的には反代々木左翼諸党派の反戦統一行動のための大衆組織となっているかぎり、そこでは、当面の闘争課題をめぐっての諸党派のあいだでのイデオロギー闘争が徹底的になされなければならない。けれども、闘争戦術や闘争形態をめぐるくいちがいや理論闘争上の分裂は、反戦青年委員会の組織的分裂に直結させられてはならない。ところが、前者が後者に直結させられることによって、それぞれの「地区反戦」や「職場反戦」が直接的に党派別的に系列化され分断されるということは、各党派が独自的に展開すべき組織活動を反戦青年委員会に代行させるという組織論上の誤謬、あるいは各党派がそれぞれの組織的利害やイデオロギーを反戦青年委員会に直接的に貫徹させるという誤謬に起因するのである。

わが同盟（革マル派）は、反戦青年委員会を右のように組織論的に位置づけることを基礎として、反代々木行動左翼諸党派による種々のセクト主義的な分断策動をあばき弾劾しつつ、労学提携の「反社民・反代々木」的な統一行動を組織化し展開するためにたたかってきた。各地区・各職場の同盟員や活動家たちを反戦青年委員会の集会やデモへ恫喝をもってひきずりだすことを自己目的的に追求するとともに、街頭に流出した青年労働者群を直接そのままかこいこむ、という組織方針をとっているブクロのなかのブント主義者どもは、当然にも反戦青年委員会とマル青労同との二重うつしに陥没し、また組織的混乱をまきおこさないわけにはいかなかったのである。これにたいしてわれわれは、わが同盟（革マル派）を組織的に強化し拡大するための種々の組織活動（独自活動やフラクション活動など）とこれらにささえられた職場闘争の左翼的推進、これらを通じてつくりだされた諸組織形態およびわが同盟組織を絶対的基礎としたがら、同時に「地区反戦」への組織的とりくみとこれを通じての（産別的および地区的な）組織的かりとりを——反戦青年委員会の組織論的位置づけにのっとって——実現してきたのであった。（反戦青年委員会へのわが同盟の同盟としての組織的とりくみそのものの内的構造については、これ以上ここで論じるわけにはいかない。）だから、ブクロのなかのブント主義者のようにマル青労同を反戦青年委員会と相互浸透させたり、あるいは後者を前者よりもひとまわり大きな「活動家集団」とみなしたりするような誤謬とは、われわれは無縁であった。そしてまた、反戦青年委員会を「学生突撃部隊」と「動かない労働者階級本隊」との「媒介」というようにみたてて労働組合運動へ党として組織的にとりくむことを完全に放棄し、そして反戦青年委員会の産別的全国化によって労働者本隊が左傾化＝革命化されるであろうことを客観主義的に願望し期待している自称「行動する党」の右翼スターリン主義者どもの方針とも、われわれはまったく無縁であった。

形式上は社民＝民同的な大衆運動の一翼をになうものとして、「反戦」という課題に対応した青年労働者・学生の大衆的組織形態としてつくりだされている反戦青年委員会を、実質上「反社民・反代々木」的な反戦統一行動をおしすすめるための大衆組織として位置づけ、そのようなものとして脱皮させ発展させていくために、われわれは、あらゆるセクト主義的分断をはねのけながらたたかわなければならない。けれども、地区や職場における反戦青年委員会の闘いの限界、反代々木左翼による反戦統一行動の限界を、われわれは同時に明確にしなければならない。たとえば「地区反戦」を創造されるべき「地区ソビエトの萌芽形態」とみなし、現在的には武闘主義的な街頭行動の中核部隊として機能させることが誤謬であることは自明であるが、しかし反戦青年委員会の闘いをそれぞれの職場に定着化させるためにたたかうだけでも十分ではない。そのような闘いは、わが同盟（革マル派）に独自な種々の組織活動やそれらにささえられた労働運動の左翼的あるいは革命的推進にとってかえられてはならないからである。わが同盟組織がなお確立されていない種々の職場や地区に、われわれの諸活動を拡大するために反戦青年委員会の闘いは活用されなければならないし、またそのようなところでは反戦青年委員会づくりとその系統的指導はわれわれのフラクション活動の一環として追求され推進されなければならない。とはいえ、それにとどまることなく革命的フラクションを、さらに基本的にはわが同盟労働者細胞をつくりだすためにこそ、われわれの組織活動はくりひろげられなければならない。

しかも注意すべきことは、たしかに現段階では反戦青年委員会が組合的合法性をもっている（たとえば労働組合の青年部が組合青年部としてそれに参加していることなどにしめされている）とはいえ、それが反代々木左翼の各党派のもとに公然と系列化され組織的に分断されていく度合に応じて、一方では反戦青年委員会にたいする社会党・総評の方針転換がおこらないとはかぎらないし、また他方では国家権力のがわからもそれがねらいうちの対象とされるであろう、ということである。われわれは、これまでのように反戦青年委員会を「反社民・反代々木」的な反戦・反安保の闘いのための青年労働者・学生からなる共闘的大衆組織として発展させ活用していかなければならない。けれども、同時にそのような闘いは、わが同盟組織（員）に固有な種々の組織活動や独特な職場闘争の推進におきかえられてはならない。そしてこのことは、他面では、七〇年安保闘争にむけての「統一戦線」の一翼として、反戦青年委員会を直接的に位置づけようとする種々の傾向への批判をいみする。

いうまでもなく、七〇年安保闘争にむけて「安保反対国民共闘会議」のような社共両党の提携を軸とした共闘組織（統一戦線の萌芽的一形態というように、代々木中央がよんできたような組織形態）を再建することは、現状では不可能である。いわば「容トロ」的な反代々木統一戦線を社会党が志向している（もちろん向坂派を排除した「社会主義協会三原派」なるものは反トロツキズムの急先鋒であって、反戦青年委員会つぶしの先頭にたっているのだが）のにたいして、「反トロ」社共統一戦線を代々木スターリニスト官僚は主張しているのだからである。そして、かかる現状にふまえて、反戦青年委員会を中核とした「戦闘的統一戦線」なるものを願望しているのが、反戦青年委員会中央指導部の一部の傾向である。また「地区反戦」を地区ソビエトの萌芽形態とみなしている関西ブントは、反戦青年委員会と「反帝全学連」とが七〇年安保闘争のための「反帝統一戦線」の中核を形成するとしている。（もちろん、関西ブント内組合主義者の一群は、労働組合の本来の機能を回復させるための「労研・社研」方式を強化すべきことを主張し、反戦青年委員会を「地区ソビエトの母胎」ではなく闘争委員会的なものとすべきだとする反対意見をのべて対立している。）さらにブクロ官僚どもも、一九六七年六月に提起した「極悪非道の社民をふくめた社会民主主義者との統一戦線」をひきおろし、ブントとほぼ同じように「中核派学生群」・〝石なげ反戦〟・たたかう国鉄労働者などが「革命的統一戦線」の担い手であるとしている。また「七〇年安保統一戦線の推進軸」として反戦青年委員会を位置づけ、これが戦闘的学生および「反議会・反権力」の急進化した市民の突撃部隊とともに七〇年安保闘争の中核部隊をなす、と考えているのが構改派である。

反代々木の行動左翼諸集団が提起しているこれらすべての政治的＝組織的展望は、一方では反戦青年委員会の性格と役割を組織論的に反省しほりさげることをまったく無視し、他方では今日の階級闘争のきびしい現実、労働戦線の右翼的統一という傾向の濃化にしめされている腐敗した現実（総評の指導性喪失と組織的弱体化、「同盟」系組合の伸長、中立労連にもぞくさない企業別組合の「無党派」的自立化傾向の増大など）をどのように突破していくのか、というような前衛党としての組織的課題へ肉迫することを没却したことからうみだされた淡き願望でしかない。

七〇年安保闘争にむけて、「革命か反革命か、帝国主義か帝国主義打倒か、革命的共産主義かスターリン主義か」とか、あるいは、「社共共闘か、それとも反戦青年委員会および反日共系全学連を中軸とした統一戦線か」とか、といった二者択一的な単純な問題のたてかたそれ自体に、われわれは反対する。なぜなら、それは、われわれの組織戦術にかかわる諸問題をすべて没却した最大限綱領主義と、前革命情勢への突入という「認識」との機械的結合の産物でしかないからである。そして、一九六〇年の安保反対闘争において社共両党を中心とした「安保共闘」がいかなる妨害をえんじたかを想起するまでもなく、われわれは「社共共闘」の本質を認識しているからであり、また反戦青年委員会そのものの現在的限界や反代々木的行動左翼諸分派に指導された「全学連」の闘いの誤謬をものりこえていくことなしには、反戦・反安保の闘いを革命的に推進することができないということを、われわれは自覚しているのだからである。

核心的な問題は、あらかじめ七〇年安保闘争の激突、その「革命闘争への直接の序曲」への転化を想定し、そのために種々の形態の統一戦線を観念的かつ政治力学的に案出すべきではない、という点にある。こんにちの階級情勢のもとで、その的確な分析にふまえつつ、反戦・反安保・沖縄闘争を革命的に組織化するために、わが同盟（革マル派）は全力をあげてたたかわなければならない。平和主義的かつ議会主義的に堕落させられ、また反米民族主義的にゆがめられた社共両党の安保反対運動をのりこえていくという基本的方向において反代々木左翼の反戦・反安保のための統一行動を、労働戦線においても学生戦線においても組織化するだけでなく、同時にこの統一行動の組織化の過程で、またそのただなかで原則的な理論的＝組織的闘いを貫徹するために、わが革共同・革マル派はたたかうべきである。一九七〇年の安保改定期をまえにした現時点における反戦・反安保・沖縄闘争の場所的推進、そのただなかでの反スターリニズムの闘いは、同時に反代々木の行動左翼主義＝武闘主義的諸党派の誤謬を──「行動における統一」を堅持しながら──あばきだし、それらを最後的に解体していくための組織的闘いとしても実現されなければならない。現時点におけるこのような統一行動と党派闘争を推進することによってのみ、日米安保条約の破棄、自民党政府打倒をめざした闘いの実体的基礎は形成されうるのである。それなしには、「七〇年安保破棄」は空語化されてしまうのである。わが革共同・革マル派は、まさにこのような闘いを、反戦・反安保・沖縄闘争にかんするわれわれの闘争＝組織戦術にもとづいて、断乎としてたたかうのでなければならない。

第二十巻　刊行委員会註記

一　第二十巻は、『日本の反スターリン主義運動 2』を収め、表題を「反スターリン主義運動の前進」とした。本書は、一九六八年十一月二十日に解放社から発刊された（その後、こぶし書房刊に）。日本革命的共産主義者同盟・革命的マルクス主義派結成（一九六三年二月）いごの組織建設をめぐる諸問題を論じている本書は、革共同第三次分裂の意義を明らかにした『日本の反スターリン主義運動 1』（一九六九年六月二十日、こぶし書房刊――本著作集第十九巻『革マル派の結成』に収録）に続くものである。

第Ⅰ部の「革共同・革命的マルクス主義派　結成宣言」は革共同・革マル派機関紙『解放』創刊号に掲載された論稿を補筆したものである。筆者は黒田寛一本人ではないが、全国委員会議長・黒田をはじめとする六名が連名で署名した「宣言」であり、本巻に収録することにした。

二　大衆運動主義を開花した政治局内多数派（池ブクロ官僚一派）を打倒し革共同の第三次分裂をかちとって以後、反スターリニズム革命的左翼は、労学両戦線において日韓闘争やベトナム反戦闘争などを社会党・共産党の闘争歪曲をのりこえ推進するとともに、春闘（賃上げ闘争）や反合理化闘争を職場から組織化した。このただなかで、国鉄をはじめとする産業別労働者組織を強化すると同時に、中央指導部建設をおしすすめてきた。この指導部は、「一切の政治を根絶することをめざした政治的組織、つまり革命的前衛組織」としての同盟の指導部にふさわしく、「たんに政治局ではなく同時に組織局としての役割と機能をも遂行するものとして『政治組織局』とされ」た（本巻二八八頁）。革マル派結成当時は、黒田の指導のもとで二十歳そこそこの若き学生・労働者たちによって指導部が担われ、あらゆる場面で活発な論議がなされたのである。

黒田は本書において、革マル派結成以後の組織建設を総括し、運動上および組織上の諸問題をめぐってくりひろげてきた組織内理論＝思想闘争の教訓を明らかにしている。その核心をなすのが、運動＝組織論、大衆闘争論、同盟組織建設論という組織論の新たな領域（組織現実論）を開拓し深めてきたことである。黒田は言っている、「マルクスやレーニンがなしとげえなかった理論領域を創造的に発展させてゆく……それが問題」である（『組織現実論の開拓』第一巻十六頁）と。第三次分裂以前の組織論追求は『組織論序説』（一九六一年刊）に集約されているが、この前衛党組織の本質論的追求にふまえることによって組織現実論の追求が可能となり、その内容の核心が本書で明らかにされているのである。運動＝組織論や大衆闘争論などにかんしては「実践・理論・組織の弁証法的構造について」（一九六六年八月、『組織現実論の開拓』第一巻所収）において詳しく提示されている。

三　第Ⅱ部「革命的マルクス主義派建設の前進のために」は、機関紙『解放』第四～六号に掲載された山本勝彦署名の論稿である（一九六三年五月）。黒田は、ブクロ官僚式の大衆運動主義と二段階戦術を克服していく拠点をうち固めるために、同盟組織ならびに同盟員が展開する諸活動を実践論的に追求した。わが同盟組織が大衆運動（労働運動）を展開し・これをつうじて同盟組織を強化・拡大する、こうした運動＝組織づくりの構造を実体論的に掘り下げ、活動の三形態を解明した（本巻六一～六三頁）。この活動の三形態は、一九六三年一月十八日の山本派（政治局内多数派に反対する党内フラクション）の労働者・学生代表者会議において、黒田が話しながら「自然とうまれた」（『平和の創造とは何か』一八三頁）といわれている。

四　本書の主要部分を構成する第Ⅲ部「日本反スターリン主義運動の現段階」は、一九六八年八月に開かれた革共同（革マル派）第二回大会で提起された基調報告（その一部）である。

　ここでは、まず革命的マルクス主義派建設の「五ヵ年の教訓」が明らかにされ（第Ⅰ章）、同盟組織建設にかかわる諸教訓が展開されている（第Ⅱ章）。〔第Ⅲ章「指導部建設にかんする諸問題」は本書では省略されているが、一九六八年八月のテープ「革共同（革マル派）第二回大会へのメッセージ」でこの問題が論じられている（『組織現実論の開拓』第五巻収録）。〕

五　第Ⅲ部の第Ⅳ章「前衛党組織建設のために」において黒田は、革マル派結成以後おしすすめてきた組織建設のための実践的および理論的追求を集大成し、理論的に掘り下げている。

第一節「党組織建設論――その過去と現在」では、反スターリン主義運動の創成から革マル派結成までの時期における組織づくりにかんする理論的追求が三期に区分して反省されている。ここでは、『組織論序説』の一定の理論展開について、組織現実論を確立してきた地平にたって検討が加えられている。

第二節「組織現実論の展開」において黒田は、マルクス主義における革命理論とは何か、その固有の領域を明らかにしつつ、現段階における世界革命戦略としての〈反帝・反スターリニズム〉戦略の「必然性とその構造」を基礎づけている。他方、革命実践論としての革命理論を構成する戦略論・組織論・戦術論の関係を、普遍的本質論・特殊的実体論・個別的現実論という論理的位置づけのもとに整理している。これらにふまえて、同盟建設論・運動=組織論・大衆闘争論の相互関係が闡明されている。同盟組織が既成の労働運動・大衆運動と対決し、これを左翼的あるいは革命的にのりこえていく、この運動づくりのただ中において・またこれをつうじて同盟組織を強化拡大していく――こうした運動上・理論上・組織上の「〈のりこえ〉の構造」や「運動=組織づくりの構造」が、図解を付して展開されているのである。

同盟建設論そのものを追求しているのが、第三節「同盟組織建設の基本的構造」である。明らかにされている前衛党組織の形態的および実体的確立の論理は、革命的戦闘的な労働者・学生がうみだした誤謬や偏向を内部論議をつうじて反省し克服してきた、その努力の結晶であり貴重な教訓である。

六　最後の第Ⅴ章「激動する国際・国内情勢とわが同盟の組織的任務」において黒田は、一九七〇年安保・沖縄闘争にむけての革命的左翼の実践的指針を提起している。

ベトナム戦争の泥沼化とドル危機にあえぐアメリカ帝国主義、「ブラック・パワー」や「五月のパリ」などの急進主義運動の帝国主義国における擡頭、中国とソ連との対立の激化とチェコスロバキアへのソ連・東欧諸国軍の侵略――一九六〇年代後半の激動する世界を、黒田は深く分析し洞察している。ここには、帝国主義とスターリン主義とに分割支配されている現代世界そのものの分析方法もがしめされている。
そして、一九七〇年の安保条約の自動延長と沖縄の施政権返還（「核基地つき自由使用」という形態でのそれ）、これらによって日米の帝国主義的な軍事同盟が飛躍的に強化されようとしているこの局面において、反戦・反安保・沖縄闘争をいかにたたかうかの闘争＝組織戦術が、また大衆闘争を推進するただ中で既成左翼と反代々木行動左翼を組織的に解体し革マル派を唯一の前衛党へと高めていく指針が提起されている。

七　黒田は「第三次分裂以降の一九六〇年代は組織実践論の追求と解明の黄金時代」であった（『平和の創造とは何か』一九三頁）とふりかえっている。第三次分裂直後の一九六三年六月に病床に伏した黒田は、「一九六八年三月までの五年間の執筆論文は皆無」（『黒田寛一のレーベンと為事』九一〜九二頁）であったという。だが、黒田は、運動＝組織づくり上の諸問題や理論的諸問題について大量に録音テープに吹きこみ、またマットレスに寝転がって若き学生・労働者との討論を精力的に続行した。とりわけ国鉄戦線の労働者たちの日々の苦闘を共有しつつ、それを不断に理論化しながら「ケルン主義」や「フラクションとしての労働運動」を克服するために奮闘した。黒田と労働者同志との文字通りの〝協働〟で労働戦線における運動＝組織づくりと組織建設がおしすすめられたのだ。
黒田が先頭に立っておしすすめてきた組織現実論を形成し確立するための追求は、同盟（員）の組織実践そのものを解明するという前人未到のものであり、世界に冠たるの意義をもつ。革命理論を哲学として、組織論を哲学として追求することによって、黒田は前衛党組織論の新たな地平を切り開くとともに、みずからの〈実践の場所の哲学〉をうち鍛えてきたのである。

黒田寛一著作集刊行委員会

プロレタリア解放のために全生涯を捧げた黒田寛一

全世界の労働者階級の自己解放をめざし、革命的実践と理論的探究に生涯を捧げた黒田寛一。盲目の哲学者にして偉大な革命家であった黒田寛一の著作集全四〇巻を、ここに刊行する。

黒田寛一は、一九五六年十月に勃発したハンガリー事件（「非スターリン化」を要求しソビエトを結成して蜂起したハンガリーの労働者人民を、「労働者の母国」と信じられてきたソ連の軍隊が虐殺した事件）にたいして、「共産主義者の生死にかかわる問題」として対決した。そして、全世界の共産主義者や左翼的知識人がこれを擁護しあるいは黙認するなかで、彼はただ一人、一九一七年に誕生した革命ロシアはレーニンの死後スターリンによってすでに反プロレタリア的な「スターリン主義国家」へと変質させられてしまっているということを看破し、ただちに反スターリン主義の革命的共産主義運動を興す歩みを開始した。黒田寛一こそは、時代のはるか先を行く偉大な先駆者であり、二〇世紀が生んだ「世紀の巨人」なのである。

翌一九五七年以降、黒田は、夫人の荒木新子とともに、日本のスターリン主義党である日本共産党を解体し真実の労働者党を創造するための闘いに踏みだした。彼は日本革命的共産主義者同盟（革共同）を結成し、＜反帝国主義・反スターリン主義＞をその世界革命戦略として掲げた（一九五八年）。彼の率いるこの革共同の闘いに揺さぶられて、日本共産党内の多くの青年党員たちが党中央への造反を陸続と開始した。こうして「日本共産党＝前衛党」神話は崩壊し、一九六〇年安保闘争が空前の規模でたたかわれた。銘記されるべきことは、国鉄戦線の労働者たちが、日本労働運動史上初の反安保政治ストライキをたたかったことである。こうした闘いは、黒田の闘いをぬきにしてはありえなかったのである。

またその後黒田は多くの同志と共に、革共同内の大衆運動主義者たち（主に元共産党員たち）と訣別し、革共同を革命的マルクス主義で武装した組織（革マル派）へと純化させた（一九六二～三年の第三次分派闘争）。以降、黒田議長率いる革共同革マル派は、日本階級闘争を領導しつづけた。「階級決戦」主義者の盲動の破産をのりこえてたたかわれた戦闘的労働者・学生による七〇年安保＝沖縄闘争の革命的高揚。政府＝支配階級を震撼させた一九七五年の史上空前の「スト権奪還スト」の爆発。日本労働運動の戦闘化に恐怖した国家権力が仕掛けてきた革命的左翼破壊のための謀略的殺人襲撃とこれを打ち砕くための決死的闘いの勝利。日本階級闘争史上特筆すべきこれらの偉業もまた、黒田率いる世界に冠たる日本反スターリン主義運動の底力の一端を示すものであった。

黒田寛一がたった一人で既成の共産主義運動に挑み、たちまちのうちに日本の階級闘争を大きく造りかえたことは、驚くべきことである。だがさらに驚嘆すべきことは、盲目の黒田がこれをなしとげたことである。

黒田寛一は、一九二七年十月二十日、埼玉県秩父町に医師の長男として生まれた。若き日の彼は、医学を志していたという。だが、この若き黒田を病魔が襲った。「人生航路の転換」を余儀なくされた黒田は、絶望と実存の危機の淵に突き落とされておのれの生きる意味を問い続けた。そしてついに黒田において、おのれのどん底とプロレタリアのどん底とがまじりあい合一化され、彼はマルクス主義をみずからの実存的支柱にすることを決意した。そのために彼は、一九四九年に旧制東京高校を中退し、独学を開始した。敗戦後の日本において澎湃として巻き起こった主体性論争・技術論論争・価値論論争などをめぐる梅本克己や梯明秀らの著作を師とし・かつこれらと対決しつつ、彼はみずからの思想をつくりあげていった。彼の視力は次第に衰えもはや自分では活字を読むことができなくなっていったが、それでも彼は「音読」(アルバイトの学生などに本を読んでもらうこと)を続け、思想的格闘を続けた。こうして黒田は、マルクス主義者としての確固たる主体性をみずからの内に築きあげていった。それと同時に黒田は、スターリン主義者の唯物論がマルクスのそれとは似て非なる・血の通わないタダモノ論にすぎないことを痛覚し、「マルクスに帰れ!」と叫びつつ、スターリンとそのエピゴーネンの哲学を壊滅的に批判すると同時にマルクスの実践的唯物論を深めていった。まさにこうした営為を主体的根拠として、わが黒田は、かのハンガリー事件と対決し、革命家として生きることを決意して世界に類例を見ない反スターリン主義の革命運動を興したのである。

マルクスやレーニンと同様に、黒田寛一は、革命家にして哲学者であり理論家であった。彼は自分の住まいに若い同志たちを呼んで、頻繁に各種の組織会議や学習会をもった。会議がない日の彼の一日はおおむね、午前中は世界の情勢を読むことなどに費やし、午後は前衛党組織建設のために内部文書を作ったり組織成員たちの文書を検討したりし、そして夜は理論的探究のための勉強をする、といった毎日であったという。

一九六〇年代以降の彼は、片眼は完全に失明し、もう一方も原稿用紙に鼻の頭をくっつけてマジック・

インクでかろうじて大きな文字が書けるというほどにまで視力をなくしていた。このゆえにテープに音声を吹き込むことが、論文を「書く」主な方法になっていった。さらに一九九〇年代には、彼は両眼とも一条の光も感じない完全失明者となり、もはや文字の記憶を頼りに原稿箋一枚に大きな字で三~四行を刻むことしかできなくなった。晩年の大著『実践と場所』全三巻は、こうして綴られた（その解読は困難を極めた）。こうして彼の残したものは、著作百冊余（英語版・ロシア語版を含む）・講述テープ四百数十本・未定稿・ノートなど膨大である。

こうしたことからして、今直ちに黒田寛一全集を編むことは不可能であり、それは後世に送らざるをえない。この著作集では既刊本および筆者自身が推敲を終えている論文を中心に編んだ。また黒田寛一が変革的実践のなかで思索し探究し執筆したものは哲学・革命理論・経済学・ソ連論および中国論・世界情勢論・文明論・組織建設のための内部文書などあらゆる分野に及んでおり、かつそれらは相互に分かちがたく結びついている。このゆえにこの著作集では、全ての論文を執筆年の順に配列するのではなく、あえて六つのグループに分類したうえでそれぞれを年代順に編成するという方法をとった。《哲学》（第一巻~第十三巻）、《革命的共産主義運動の創成と前進》（第十四巻~第二十五巻）、《マルクス経済学》（第二十六巻~第二十八巻）、《現代世界の構造的把握》（第二十九巻~第三十二巻）、《スターリン主義ソ連邦の崩壊》（第三十三巻~第三十六巻）および《マルクス主義のルネッサンス》（第三十七巻~第三十九巻）の六つが、それである。（『黒田寛一のレーベンと為事』を別巻とした。）

黒田は、その打倒のために死力を尽くしたスターリン主義・ソ連邦の崩壊を目の当たりにして、書いている。「それによって生きかつ死ぬことのできる世界観として、マルクス主義を、唯物史観を、おのれ自身のものとして主体化しようとしてきた私にとっては、ソ連邦の世紀の崩壊と世紀末世界の混沌への突入は、マルクス思想の真理性の証明いがいの何ものでもなかった。」「マルクスの革命的思想は、時代を超えて、私の、われわれの、そして全世界の闘う労働者たちの心奥において生きつづけ、いまなお燃えさかっている。……《戦争と革命》の第二世紀をひらくために、われわれは、革命ロシアの伝統を受け継いで、プロレタリア階級の全世界的規模での自己解放の闘いを組織しなければならない」と（増補新版『社会の弁証法』所収の「唯物史観と現代」より）。この闘いの精神的武器は、マルクス思想とこれを受け継いだ黒田思想なのである。

二〇〇六年六月二十六日、黒田寛一は永遠の眠りについた。享年七十八歳であった。彼は今、大きな自然石のままの墓の下に夫人とともに眠っている。墓石の色は深紅であり、その石には「闘」の一字が大きく刻まれている。

黒田寛一著作集刊行委員会

黒田寛一著作集　第二十巻
反スターリン主義運動の前進

2024年11月5日　初版第1刷発行

著　者　黒田寛一

発行所　有限会社　ＫＫ書房
〒162-0041
東京都新宿区早稲田鶴巻町525-5-101
電話　03-5292-1210
FAX　03-5292-1218
振替　00180-7-146431
URL　http://www.kk-shobo.co.jp/

定価は外函に表示してあります。

ISBN978-4-89989-920-4
落丁本・乱丁本はおとりかえいたします。